Strategische Positionierung und Markenführung von Flughäfen

Strategisches Marketingmanagement

Herausgegeben von Roland Mattmüller

Band 32

Zu Qualitätssicherung und Peer Review der vorliegenden Publikation

Die Qualität der in dieser Reihe erscheinenden Arbeiten wird vor der Publikation durch den Herausgeber der Reihe geprüft.

Notes on the quality assurance and peer review of this publication

Prior to publication, the quality of the work published in this series is reviewed by the editor of the series.

Jessica Gebauer

Strategische Positionierung und Markenführung von Flughäfen

Eine Analyse der strategischen Ausrichtung von Flughäfen und Entwicklung eines neuen Positionierungsmodells unter Berücksichtigung geeigneter Markenbildungsansätze

PETER LANG

Bibliografische Information der Deutschen Nationalbibliothek
Die Deutsche Nationalbibliothek verzeichnet diese Publikation in der Deutschen Nationalbibliografie; detaillierte bibliografische Daten sind im Internet über http://dnb.d-nb.de abrufbar.

Zugl.: EBS Universität für Wirtschaft und Recht, Diss., 2018

Gedruckt auf alterungsbeständigem,
säurefreiem Papier.
Druck und Bindung: CPI books GmbH, Leck

D 1540
ISSN 1860-062X
ISBN 978-3-631-78896-7 (Print)
E-ISBN 978-3-631-80160-4 (E-PDF)
E-ISBN 978-3-631-80161-1 (EPUB)
E-ISBN 978-3-631-80162-8 (MOBI)
DOI 10.3726/b16109

Peter Lang – Berlin · Bern · Bruxelles · New York ·
Oxford · Warszawa · Wien

Diese Publikation wurde begutachtet.

www.peterlang.com

Meinen Eltern

Vorwort der Herausgeberreihe

Der dem Angelsächsischen entlehnte Begriff des Marketing steht in Theorie und Praxis synonym für die systematische und zielgerichtete Gestaltung von Transaktionsprozessen. Aus diesem Grund ist letzterer als zentraler Untersuchungsgegenstand der Marketingwissenschaft und Ziel ihrer praktischen Ausgestaltung zu bezeichnen.

Die Transaktion bzw. die Transaktionsprozesse können von verschiedenen Blickrichtungen und theoretischen Bezugsrahmen ausgehend analysiert werden. Einen Ansatzpunkt hierfür bietet die Neue Institutionenökonomik, die das Denken der Wirtschaftswissenschaftler in letzter Zeit auf vielen Feldern geprägt und verändert hat. So eignen sich beispielsweise das Verständnis von Verfügungsrechten (Property Rights) als eigentliche Tauschobjekte, die Annahme unvollkommener Information oder opportunistischen Handelns dazu, Anbieter-/Nachfragerbeziehungen auf der Grundlage eines theoretischen Fundaments praxisnah abzubilden. Maßgeblich begründet jedoch die Transaktionskostentheorie mit ihrer Zerlegung einer Transaktion in ihre einzelnen Phasen und mit der Zuordnung entsprechender Kosten und Erträge die konstitutiven Phasen eines Tauschprozesses. Darüber hinaus ergeben sich hier weitere Möglichkeiten zur Einbindung verschiedener theoretischer Ansätze, wie etwa der Verhaltenswissenschaften, Economic Behavior und anderer. Unter Berücksichtigung weiterer Bezugsgruppen einer Einzelwirtschaft (wie etwa der Wettbewerber, Mitarbeiter, Anteilseigner, etc.) ist damit ein wesentliches Fundament des Marketingverständnisses am Lehrstuhl für Strategisches Marketing an der EBS Business School der EBS Universität für Wirtschaft und Recht gelegt – der Integrativ-Prozessuale Marketingansatz (IPM).

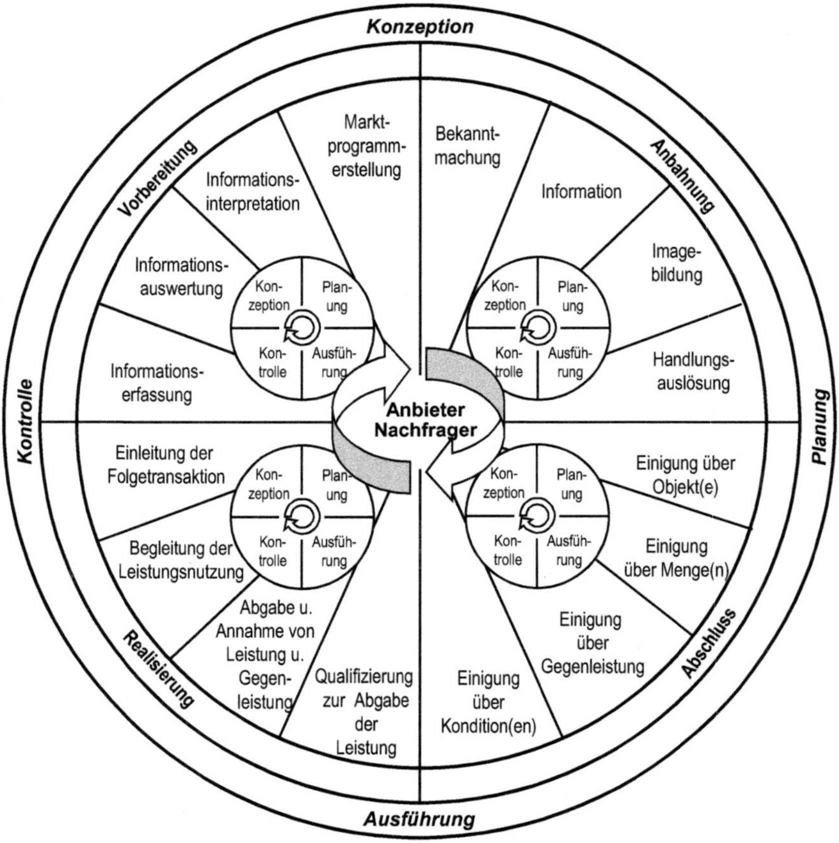

Darüber hinaus forciert der Prozessgedanke die konsequente Ausrichtung der betroffenen unternehmerischen Aktivitäten an einem durchgängigen Marketingprozess, um somit Schnittstellen, wie sie in der Praxis beispielsweise oftmals zwischen Marketing und Vertrieb bestehen, weitgehend zu vermeiden. In der Umsetzung führt dies auch zu einer Entscheidungsorientierung, die sich in einer Zerlegung der Marketingaufgaben in Konzeption, Planung, Ausführung und Kontrolle niederschlägt.

Aufgrund der weitreichenden und langfristigen Implikationen stellt insbesondere die Formulierung von Marketingstrategien eine wichtige und überaus anspruchsvolle Aufgabe für Entscheidungsträger in Unternehmen, also für das Management von Marketingprozessen, dar. Die vorliegende Herausgeberreihe „Strategisches Marketingmanagement" trägt daher praxisorientierte Arbeiten zusammen, die sich dieser Herausforderung stellen und somit einen wissenschaftlichen Beitrag zu einer entscheidungs- und marktorientierten Unternehmensführung leisten wollen. So sind als Zielgruppe dieser Herausgeberreihe gleichermaßen Wissenschaftler als auch Entscheidungsträger verschiedenster Marketingsysteme zu bezeichnen. Letztere erstrecken sich dabei von tradierten Systemen wie dem Hersteller-, dem Handels- oder dem Dienstleistungsmarketing bis hin zu verhältnismäßig jüngeren Marketingdisziplinen wie beispielsweise dem Marketing von Politikern und Parteien sowie dem Social Media- und Mobile Marketing.

Mein Dank geht an dieser Stelle vor allem auch an den Peter Lang Verlag GmbH, Europäischer Verlag der Wirtschaftswissenschaften, für die Betreuung dieser Herausgeberreihe.

Prof. Dr. Roland Mattmüller
Schloß Reichartshausen

Vorwort des Herausgebers

Faktoren wie etwa die zunehmende Deregulierung und Privatisierung des Luftverkehrs und das damit einhergehende Wachstum beispielsweise von Low-Cost-Carriern stellen nicht nur die Airlines als Anbieter auf diesem Markt vor entscheidende Herausforderungen für ihr Geschäftsmodell und dessen konkrete marktbezogene Umsetzung. Vielmehr sind im Besonderen auch die Flughäfen als zentrale Akteure in dieser Branche von diesen Veränderungen betroffen. Komplexitätssteigernd wirkt in diesem Zusammenhang die Tatsache, dass viele Airports sich zu Konglomeraten aus unterschiedlichen Strategischen Geschäftsfeldern entwickelt haben oder dies gerade tun. Neben dem eigentlichen Angebot an Luftverkehrsinfrastruktur bieten selbst mittelgroße Flughäfen heutzutage einerseits Einzelhandel und Gastronomie bzw. vielfältige weitere touristische Angebote an – oder müssten dies andererseits im Sinne einer Differenzierung eigentlich vornehmen. Profilierung in einem zunehmenden Wettbewerb um Airlines (B-2-B) wie aber auch um andere Kundengruppen im Retail-Segment (B-2-B-C) sowie steigender Druck, auf die Profitabilität zu achten, zwingen Entscheidungsträger im Flughafen-Management dazu, über die Positionierung ihres Airports auf der Basis eines konsequenten Stakeholder-Ansatzes nachzudenken und ihn als Marke im regionalen bzw. nationalen und meistens globalen Umfeld aufzubauen und zu führen.

Trotz der zunehmenden Bedeutung von Airports als Markenträger und eines erforderlichen, durchgehenden Airport-Marketing ist diese Thematik in der relevanten Literatur bisher nur in eher überschaubarem Umfang aufgearbeitet worden.

An diesem Defizit setzt Jessica Gebauer mit ihrer vorgelegten Dissertation an. Sie untersucht bestehende Positionierungsstrategien unter Berücksichtigung der aktuellen und zukünftigen Herausforderungen der Luftverkehrsbranche bzw. der Airports auf ihre Eignung und generiert daraus ein neues Positionierungsmodell. Auf dieser Grundlage identifiziert sie insbesondere Maßnahmen zur Markenbildung von Airports als zentrales Mittel der Positionierung bzw. der einzelnen Positionierungsstrategien. Jessica Gebauer schließt damit zugleich eine belegbare Forschungslücke in der relevanten – auch internationalen – Literatur.

Hierzu verfolgt Gebauer ein übergeordnetes (zweigeteiltes) Erkenntnisziel:

- Eine Untersuchung, inwiefern bestehende Positionierungsstrategien unter Berücksichtigung relevanter Entwicklungen in ein neues Positionierungsmodell

übertragbar sind und welche Maßnahmen Airports zur Implementierung zukünftig angestrebter Positionierungen ergreifen müssen einerseits
- sowie eine Analyse der Markenbildung und -führung als möglicherweise differenzierendes Kriterium zur Erreichung der Ziel-Positionierung andererseits.

Von diesem Erkenntnisziel leitet die Verfasserin ein deskriptives, explikatives und praktisch-normatives Partialziel der Arbeit ab:

- Konzeptualisierung des Untersuchungsgegenstandes „Flughafen“, der Rahmenbedingungen und Geschäftsmodelle sowie der Grundlagen der Markenbildung und -führung und Abgrenzung relevanter Teilbereiche (deskriptiv-abgrenzendes Partialziel)
- Analyse aktueller und zukünftiger Entwicklungen der Luftverkehrsindustrie und auf dieser Grundlage Ableitung eines neuen Modells geeigneter Positionierungsstrategien, dabei auch Wettbewerbs- und Stakeholderanalyse von Airports (explikatives Partialziel)
- Ableitung konkreter Handlungsempfehlungen zur Erzielung einer erfolgreichen Positionierung mit Schwerpunkt auf Maßnahmen der Markenführung für die verschiedenen Positionierungsoptionen von/für Flughäfen (praktisch-normatives Partialziel).

Vor diesem Hintergrund untersucht die Verfasserin zunächst den Flughafen als Analyse-Gegenstand und beginnt mit einer grundlegenden Klassifizierung. Es folgen zentrale Entwicklungen und Rahmenbedingungen bzw. deren relevante Veränderungen. Hierbei spielen Deregulierung und Privatisierung des Luftverkehrs im Allgemeinen und der Airports im Besonderen eine zentrale Rolle, in deren Folge sich auch für die Flughäfen die Wettbewerbsbedingungen signifikant geändert haben. Daher widmet sich Gebauer ausführlich einer Analyse der Geschäftsmodelle von Flughäfen, betrachtet detailliert dann im Folgenden die Wertschöpfung von Airports (auch in der historischen Entwicklung und Veränderung) und schließt daran eine finanzielle Perspektive über die Erlös- und Kostenstruktur an. Hierzu zerlegt Gebauer die Geschäftsmodelle der Airports in die einzelnen, zugrunde liegenden Geschäftsfelder bzw. in die davon abgeleiteten strategischen Optionen (wie etwa Diversifikation etc.). Durch Diversifikationen ergaben bzw. ergeben sich zusätzliche Geschäftsfelder, wie etwa der Retail-Bereich als besondere Ausprägung von Non-Aviation-Geschäftsfeldern. Im Ergebnis ist als Struktur von Flughäfen ihre zweiseitige Geschäftsfeldstruktur (Aviation und Non-Aviation) hervorzuheben, die allerdings eine partielle gegenseitige Abhängigkeit aufweisen.

Zur Verfolgung der Markenbildung als Umsetzungsempfehlung betrachtet Gebauer relevante Strategien zur Markenpositionierung, die sich am Konzept der Markenidentität nach Aaker orientieren. Die Formulierung der Positionierung greift auf das Verständnis der Points-of-Difference bzw. Points-of-Parity und der Perceptual Maps zurück, womit Hinweise zur Implementierung und Durchsetzung als Stufenmodell gegeben werden.

Aus dieser Basis untersucht die Verfasserin nachfolgend die verschiedenen Optionen von Airports zur strategischen Positionierung. Zunächst werden bestehende Ansätze, etwa anhand einer Typisierung nach Hubs oder Regionalflughäfen bzw. anhand des Verkehrsverhaltens sowie mit Blick auf das Wettbewerbsverhalten, aufgezeigt. Gebauer geht auf dieser Grundlage dann detailliert an die zentralen Kategorien

- Hubs/Drehkreuze
- Große Regionalflughäfen mit internationalem Verkehr
- Kleine Regionalflughäfen mit Fokus auf Low-Cost-Flughäfen
- Frachtflughäfen

heran und charakterisiert diese Ausprägungen im Einzelnen. Es folgen zentrale Entwicklungen des Luftverkehrs und die daraus resultierenden Herausforderungen für die Flughäfen. Neben deskriptiven Analysen (etwa zu Wachstumsraten) sind hier die strategischen Herauforderungen von besonderer Bedeutung – so beispielsweise die Konsolidierung der Steckennetze und deren Konzentration auf wenige Drehkreuze oder natürlich das zunehmende Segment der Low-Cost-Orientierung.

Gebauer entwirft somit ein neues Positionierungsmodell für Airports. In diesem verdichtet sie die oben analysierten Typen und leitet „Mega-Hubs“, „Attraktive O&D-Flughäfen“ (Origin&Destination) sowie “Cargo Airports“ als attraktive zukünftige Positionierungsmuster ab. Zur Untermauerung dieses Positionierungsmodells analysiert die Verfasserin anschließend ausgewählte Airports – nach den herausgearbeiteten Typen ihres Modells strukturiert – anhand deskriptiver Merkmale einerseits sowie gestützt durch die Aussagen aus Experteninterviews andererseits. Im Einzelnen werden die Flughäfen Frankfurt/Main (Primary&Secondary Hubs), Köln/Bonn (Große Regionalflughäfen), Frankfurt/Hahn bzw. Karlsruhe-Baden (Kleine Regionalflughäfen) und Leipzig/Halle (Frachtflughäfen) anhand verschiedener Kriterien untersucht.

Gebauer leitet nun konkrete und erfolgversprechende Ansätze zur strategischen Markenbildung ab (als Instrument zur Differenzierung und somit zur Erreichung der gewünschten Positionierung).

Hierzu betrachtet sie eingangs die Wertschöpfungskette im Luftverkehr bzw. von Airports einerseits sowie deren Stakeholder-Struktur andererseits, indem die Verfasserin auf der Grundlage des Integrativen Marketingverständnisses die einzelnen, relevanten Bezugsgruppen von Airports als Zielsegmente von Positionierungsstrategien beleuchtet. Neben primären Stakeholdern (beispielsweise also Fluggesellschaften, Passagiere und Endkonsumenten sowie gewerbliche Kunden und Lieferanten, Eigentümer etc.) spielen sekundäre Stakeholder (Öffentlichkeit und Politik) eine wichtige Rolle. Detailliert analysiert Gebauer die einzelnen Bezugsgruppen, deren Interessenslagen und Ansprüche sowie Auswahl- und Entscheidungskriterien als Grundlage für eine zielgruppengerechte Positionierung von Airports.

Eine Betrachtung von Markenbildungs- und Marketing-Initiativen im Sinne einer kritischen Erfassung bestehender Instrumente im „Airport-Marketing“ beendet diese Überlegungen. Zu Recht weist die Verfasserin dabei auf die bisher unzureichend strategische und häufig nur reaktive Vorgehensweise der Flughäfen in Bezug auf ein systematisches und Stakeholder-orientiertes Gesamtkonzept hin, welches zudem in der Regel nur aus einzelnen Versatzstücken und nicht aus einem gesamthaften Ansatz besteht.

Im Sinne der praktisch-normativen Zielsetzung ihrer Arbeit erarbeitet Gebauer daher nun konkrete Handlungsempfehlungen zur Erreichung der gewünschten Positionierungsvariante einerseits und zur Implementierung der dafür notwendigen bzw. geeigneten Markenbildung andererseits.

Hierzu greift Gebauer zunächst wiederum auf ihr erstelltes Positionierungsmodell zurück und zeigt die sinnvollen strategischen und taktischen Schritte bzw. Voraussetzungen zur Positionierung in der jeweiligen, gewünschten Variante auf. Als Ergebnis dieser logisch-deduktiven Herleitungen zeigen grafische Zusammenfassungen jeweils den heutigen Status-Quo (etwa „Primary & Secondary Hubs“), die entsprechenden Aktivitäten/Voraussetzungen und die resultierende Positionierung (hier beispielsweise „Zukünftige Mega-Hubs“) sowie die damit in Verbindung stehenden Anforderungen der analysierten Kundensegmente als konkrete Ansatzpunkte auf. Analog betrachtet die Verfasserin alle vier relevanten Typen von Flughäfen.

Im Weiteren geht Gebauer dann auf die Markenbildung als wesentliche Maßnahme zur Implementierung der Ziel-Positionierung ein. Unter Rückgriff auf ihr Stufenmodell werden die einzelnen Schritte – beginnend mit der Markenidentität bis hin zur Markenwertbetrachtung – abgearbeitet. Eingearbeitete Beispiele von Airports bzw. deren Aktivitäten (etwa zur Image-Werbung oder zu Markensymbolen) verdeutlichen die strukturierten Ausführungen.

Jessica Gebauer geht in ihrer vorliegenden Arbeit also anhand einer theoretisch-deduktiven Herleitung an den Entwurf eines bisher nicht vorliegenden Positionierungsmodells für Flughäfen heran. Auf dieser Grundlage zeigt sie dann konkrete Handlungsempfehlungen zur Markenbildung und -führung als Instrumente zur Erreichung der gewünschten Positionierung auf. Dies geschieht erfolgreich vor dem Hintergrund einer detaillierten Aufarbeitung der Einflussfaktoren auf den Luftverkehr bzw. auf Airports. Im Ergebnis schließt Gebauer eine Lücke in der spezifischen wissenschaftlichen Beschäftigung mit dieser Thematik und in der praktischen Anwendbarkeit gleichermaßen.

Somit bietet diese Arbeit überaus interessante, weiterführende und in konkrete Maßnahmen umsetzbare Ergebnisse und Handlungsempfehlungen für die unternehmerische Praxis des Managements von Airports sowie zugleich einen deutlichen Erkenntnisgewinn für die Marketingwissenschaft.

Prof. Dr. Roland Mattmüller
Schloss Reichartshausen Juni 2019

Vorwort der Autorin

Die Grundlagen der vorliegenden Arbeit sind während meiner Zeit als wissenschaftliche Mitarbeiterin am Lehrstuhl für Strategisches Marketing von Prof. Dr. Roland Mattmüller and der EBS Business School, EBS Universität für Wirtschaft und Recht, entstanden. Die Fertigstellung der Arbeit erfolgte im Anschluss an meine Tätigkeit als wissenschaftliche Mitarbeiterin. Im Dezember 2017 wurde sie vom Promotionsausschuss als Dissertationsschrift angenommen.

An dieser Stelle möchte ich mich bei allen bedanken, die die Erstellung dieser Arbeit unterstützt und mich auf diesem Weg begleitet haben.

Zuerst möchte ich Herrn Prof. Dr. Roland Mattmüller danken, der mir als Erstgutachter und Doktorvater die Erstellung dieses Werkes überhaupt erst ermöglicht hat und mir immer mit seinem Rat und seiner konstruktiven Kritik zu Seite stand.

Ebenfalls gebührt mein Dank Prof. Dr. Ronald Gleich für seine Unterstützung und die engagierte Übernahme des Zweitgutachtens.

Besonders bedanken möchte ich mich bei Prof. Mattmüller aber auch für die Zeit am Lehrstuhl, für die persönliche Entwicklung, die vielen Einblicke und Erfahrungen, die ich erleben konnte und auch für sein Geschick, wunderbare Menschen als Mitarbeiter für seinen Lehrstuhl auszusuchen, mit denen ich eine unvergessliche Zeit erleben durfte!

Hierzu gehört vor allem Beate Wenzl, die über alle Doktoranden hinweg der Fels in der Lehrstuhlbrandung ist und mich immer mit Rat und Tat unterstützt hat.

Danke auch an alle liebe Lehrstuhlkollegen, die mich während dieser Zeit begleitet haben und zu guten Freunden geworden sind – an Dr. Linn Ruangroj, mit der ich ein Büro sowie wunderbare Erlebnisse teilen durfte; an Lutz Müller, der unseren Lehrstuhl mit seinem Humor und seiner Herzlichkeit noch schöner gemacht hat! Danke an Julia „Vögelchen“ Dudda, für ihre Lebensfreude und dafür, dass wir auch über den Lehrstuhl hinaus ganz wunderbare Stunden, Tage und Wochenenden zusammen hatten – hoffentlich noch viele mehr!

Danke an Stephan Liebler, dafür, dass du immer da warst, dass du mich mit in den Kreis deiner Lieben genommen hast und einfach für eine wunderschöne Zeit im Rheingau, nicht nur am Lehrstuhl, sondern auch bei dir und Anne!

Bedanken möchte ich mich auch bei allen ehemaligen Lehrstuhlkollegen für tolle Doktorandenseminare und Weihnachtsfeiern sowie bei Andrea Buschmann und Anna Koenen, mit denen ich zwar eine kürzere aber nicht minder schöne Zeit am Lehrstuhl verbringen durfte.

Mein größter Dank gilt aber meinen engsten Freunden und meiner Familie, die mich unermüdlich auf diesem Weg unterstützt haben und ohne deren Motivation, Liebe und Vertrauen diese Arbeit nicht hätte entstehen können.

Danke an Dr. Katharina Lange für die unvergessliche gemeinsame Zeit am Lehrstuhl und vor allem für unsere Freundschaft, die weit darüber hinaus gewachsen ist!

Danke an Dr. Nadine Ludwig dafür, dass wir mit der Promotionszeit noch viel mehr gemeinsame Zeit verbringen konnten, dafür, dass du meine beste Freundin und immer an meiner Seite bist!

Danke Mama und Dad, dass ihr mich auf diesem Weg unterstützt habt, dass ihr auf jedem meiner Schritte für mich da seid und mir das Zutrauen gebt, alles erreichen zu können.

Inhaltsverzeichnis

Abbildungsverzeichnis

Tabellenverzeichnis

Abkürzungsverzeichnis

Allgemeine Abkürzungen

Abgekürzt:	Ungekürzt:
ACI	Airport Council International
ADV	Arbeitsgemeinschaft Deutscher Verkehrsflughäfen
AEA	Association of European Airlines
AG	Aktiengesellschaft
AMA	American Marketing Association
ASEAN	Association of Southeast Asian Nations
ATM	Air Traffic Management
Aufl.	Auflage
B2B	Business-to-Business
B2C	Business-to-Customer
BAA	British Airport Authority
BMC	Business Model Canvas
BMVI	Bundesministerium für Verkehr und digitale Infrastruktur
Bspw.	beispielsweise
CLV	Customer Lifetime Value
CSR	Corporate Social Responsibility
DAS	DFS Aviation Services
DFS	Deutsche Flugsicherung
DLH	Deutsche Lufthansa AG
DLR	Deutsches Zentrum für Luft- und Raumfahrt e. V.
ECAC	European Civil Aviation Conference
EDV	Elektronische Datenverarbeitung
Et al.	et alii (und andere)
Etc.	et cetera
EUR	Euro
FSC	Full-Service-Carrier
Ggf.	gegebenenfalls
GmbH	Gesellschaft mit beschränkter Haftung
HNA	Hainan Airlines Group
Hrsg.	Herausgeber
ICAO	International Civil Aviation Organization
IATA	International Air Transport Association
IPM	Integrativ-Prozessualer Marketingansatz

Jg.	Jahrgang
KLM	Koninklijke Luchtvaart Maatschappij (Royal Dutch Airlines)
LBA	Luftfahrtbundesamt
LCC	Low-Cost-Carrier
MCT	Minimum Connecting Time
Mio.	Million(en)
MRO	Maintenance, Repair & Operations
MSSP	Marketing Support System Plan
MTOW	Maximum Take-off Weight
Nr.	Nummer
O&D	Origin-and-Destination
P2P	Point-to-Point
PAX	Passagiere
POD	Points of Difference
POP	Points of Parity
PR	Public Relations
RDF	Route Development Fund
RFID	Radio-frequency Identification
SESAR	Single European Sky ATM Research
SGF	Strategisches Geschäftsfeld
S.	Seite
TTC	The Tower Company
u.a.	unter anderem
u.ä.	und ähnliche
USA	Vereinigte Staaten von Amerika
USD	US Dollar
u.v.m	und viele mehr
z.B.	zum Beispiel

Abkürzungen von Flughäfen

Abgekürzt:	Ungekürzt:
AMS	Amsterdam Schiphol
CDG	Paris Charles-de-Gaulle
CGN	Köln-Bonn
DUS	Düsseldorf
DXB	Dubai
FKB	Karlsruhe-Baden
FRA	Frankfurt/Main
HHN	Frankfurt-Hahn
IST	Istanbul Atatürk
LEJ	Leipzig/Halle
LHR	London Heathrow
MUC	München
NRN	Weeze-Niederrhein
STR	Stuttgart

1. Grundlagen der Untersuchung und Relevanz der Problemstellung

1.1 Einführung in den Problemhintergrund der Untersuchung

Seit der Entstehung der zivilen Luftfahrt unterliegt der Luftverkehrssektor einem stetigen Wachstum und auch für die kommenden zwei Dekaden wird ein weiterer Anstieg von jährlich ca. 5% vorausgesagt. Sowohl dieses prognostizierte Wachstum der Luftfahrtbranche als auch die Tatsache, dass Flughäfen durch ihren stimulierenden Effekt auf ökonomische, produktive, touristische und kommerzielle Faktoren eine führende Rolle in der Infrastruktur einer bestimmten Region spielen, verdeutlichen die Signifikanz dieser Industrie.[1]

Größter Treiber der Veränderungen in der Luftfahrt waren die verstärkte Deregulierung und Privatisierung des Luftverkehrs, die das Emporkommen der sog. Low-Cost-Carrier als völlig neues Geschäftsmodell innerhalb der Luftverkehrsindustrie ermöglicht haben.[2] Durch diesen strukturellen und regulatorischen Wandel stehen sowohl die Fluglinien als auch Flughäfen vor neuen Herausforderungen. Die veränderten Marktbedingungen machten sich zuerst in der Airline Industrie bemerkbar, erstrecken sich mittlerweile aber auch auf die Flughäfen. Durch das disruptive Modell der Low-Cost-Carrier entstand ein Preiskampf in der Luftfahrt, der die Rentabilität der Verkehrseinnahmen deutlich senkte und dazu führte, dass sich vollständig neue Geschäftsmodelle für Flughäfen herausbildeten. Viele zuvor unbedeutende Flughäfen erlebten enormes Wachstum durch einen Fokus auf dieses Niedrigpreissegment, während die anderen, größeren Flughäfen durch den Ausbau ihres nicht luftfahrtbezogenen

---

1 Vgl. ACI Airports Council International (2000): Creating Employment and Prosperity in Europe: An Economic Impact Study Kit, S. 5
ADV / DLR (2015): Marktbarometer Luftverkehr, S. 6
Airbus (2015): Global Market Forecast. Airbus Market Outlook 2015–2034, S. 6
Boeing (2014): Current Market Outlook 2014–2033, S. 5–7
Jarach, David (2005a): Airport Marketing: Strategies to cope with the new millennium environment, S. 1–2

2 Vgl. Airbus (2015): Global Market Forecast. Airbus Market Outlook 2015–2034, S. 6
Graham, Anne (2010): Airport Strategies to Gain Competitive Advantage, in: Forsyth et al. (Hrsg.): Airport Competition – The European Experience, S. 89
Schulz, Axel / Baumann, Susanne / Wiedenmann, Simone (2010): Flughafen Management, S. 1

Angebots versuchten, ihre gesunkene Profitabilität zu erhöhen. Der Aufgabenbereich von Flughäfen beschränkt sich also mittlerweile nicht mehr auf das reine Angebot einer effizienten Luftverkehrsinfrastruktur, sondern erstreckt sich über diverse unternehmerische Geschäftsfelder. Die distinktive Positionierung und Geschäftsfeldbearbeitung eines Flughafens kann zur Ansiedlung neuer Unternehmen und Infrastrukturen führen und daher die Wertschöpfung einer Region deutlich steigern.[3]

Als wirtschaftliche Akteure stehen Flughäfen also neuen Herausforderungen gegenüber. Sie konstituieren nicht mehr nur monopolistische Aerodrome der volkswirtschaftlichen Infrastruktur, sondern agieren als selbstständig wirtschaftende Unternehmen in der globalen Wirtschaft. Wie alle erfolgreichen Unternehmen müssen Flughäfen nicht nur ihre Angebotsstruktur an ein breites Spektrum von Kundengruppen anpassen, sondern sich auch dem Wettbewerb mit anderen Flughäfen und Anbietern stellen, mit dem Ziel, ihren Gewinn zu maximieren und die Wirtschaftlichkeit des Unternehmens „Flughafen" auszubauen. Hierzu müssen sie sicherstellen, dass ihr Angebot und ihre Positionierung sie klar von ihren Wettbewerbern unterscheidet. In diesem zunehmend umkämpften Markt wird die Profitabilität der Flughäfen eine immer signifikantere Rolle einnehmen. Die Flughafenbetreiber stehen daher unter einem verstärkten Druck, sich immer

---

3 Vgl. Airbus (2015): Global Market Forecast. Airbus Market Outlook 2015–2034, S. 6
Frank, Laurence (2011): Business models for airports in a competitive environment. One sky, different stories, in: Research in Transportation Business and Management S. 25
Graham, Anne (2003): Managing Airports: An international perspective, S. 5
Graham, Anne (2010): Airport Strategies to Gain Competitive Advantage, in: Forsyth et al. (Hrsg.): Airport Competition – The European Experience, S. 89
Halpern, Nigel / Graham, Anne (2015): Airport route development: A survey of current practice, in: Tourism Management S. 213
Jarach, David (2005a): Airport Marketing: Strategies to cope with the new millennium environment, S. 1–2
Jimenez, Edgar / Claro, Joao / Pinho de Sousa, Jorge (2013): The airport business in a competitive environment, in: European Journal of Transport and Infrastructure Research, S. 315
Trumpfheller, Michael (2006): Strategisches Flughafenmanagement – Positionierung und Wertschöpfung von Flughafentypen, S. 1
Schulz, Axel / Baumann, Susanne / Wiedenmann, Simone (2010): Flughafen Management, S. 1

weiter von ihrer Rolle als reine Infrastrukturanbieter zu entfernen und sich vollends zu wirtschaftlich handelnden Unternehmen zu entwickeln.[4]

Die aktuellen Entwicklungen hinsichtlich der Neuorientierung der Low-Cost-Airlines hin zu größeren Flughäfen und die (damit verbundene) drohende Schließung unprofitabler, kleinerer Airports verdeutlichen diese Problematik. Vor diesem Hintergrund sind eine kritische Betrachtung der Flughafenindustrie im kompetitiven Umfeld sowie eine Aufstellung neuer Positionierungsstrategien für die weitere Entwicklung und Profitabilitätssteigerung der deutschen Flughäfen unabdingbar.

Die strategische Markenbildung und -führung konstituieren in diesem Kontext signifikante Konzepte zur Implementierung der aufgezeigten Strategien und zur Differenzierung der Geschäftsmodelle. Da eine Entwicklung von Flughäfen auch eine direkte Auswirkung auf die umliegende Region hat und nicht nur eine Umsatzsteigerung für den Flughafen, sondern auch seine Einbettung in die Umwelt und Gesellschaft fördern soll, ist eine integrative Betrachtung aller Stakeholder hierbei von essentieller Wichtigkeit.[5]

1.2 Stand der Forschung und Erkenntnisziele der Arbeit

Trotz der aufgezeigten Signifikanz dieses Themengebiets und der wachsenden Dynamik der Luftfahrtindustrie wurde das Thema des strategischen Flughafenmanagements und –marketing in der betriebswirtschaftlichen Forschung nur begrenzt untersucht.

Hinsichtlich der strategischen Ausgestaltung des Geschäftsmodells von Flughäfen unter Annahme der Zielsetzung von Flughäfen, sich zu wirtschaftlich

---

4 Vgl. ACI Europe Airports Council International (2010): An outlook for Europe's airports – Facing the challenges of the 21st century, S. 14
De Neufville, Richard (2008): Low-cost airports for low-cost airlines: Flexible design to manage the risks, in: Journal of Transport Planning and Technology, S. 36
Halpern, Nigel / Graham, Anne (2016): Factors affecting airport route development activity and performance, in: Journal of Air Transport Management, S. 71
Müller-Rostin, Christiane et al. (2010): Airport Entry and Exit: A European Analysis, in: Forsyth et al. (Hrsg.): Airport Competition – The European Experience, S. 27–28
Schulz, Axel / Baumann, Susanne / Wiedenmann, Simone (2010): Flughafen Management, S. 155
The Boston Consulting Group (BCG) (2004): Airports – Dawn of a New Era. Preparing for one of the industry's biggest shake-ups, S. 3–6

5 Vgl. Halpern, Nigel / Graham, Anne (2013): Airport Marketing, S. 2
Hessenschau (anbu) (2017a): Mega-Expansion im Winter – Ryanair plant ab Frankfurt 20 neue Flugverbindungen
Manager-Magazin (2017): Ryanair erstmals vor Lufthansa

handelnden und gewinnmaximierenden Unternehmen zu entwickeln, sind die Untersuchungen von Graham (2003) und Baumann, Schulz und Wiedenmann (2010) als Grundlage weiterführender Untersuchungen besonders geeignet. Hier werden bereits die Themen „Airport Competition" und „Airport Marketing" als relevante Faktoren in der Flughafenindustrie bereits beschrieben aber noch nicht in ausreichender Tiefe untersucht.[6]

Eine Betrachtung der strategischen Positionierung und Wertschöpfung von Flughäfen hat Trumpfheller (2006) darüber hinaus in einer umfassenden Analyse unterschiedlicher Flughafentypen vorgenommen, die eine differenzierte Einordnung der Akteure innerhalb der Flughafenindustrie erlaubt. Zu diesem Zeitpunkt lag jedoch ein besonderes Interesse auf den Flughäfen, die sich auf das innovative und schnell wachsende Segment der Low-Cost-Carrier spezialisiert hatten. Aufgrund der neuen Entwicklungen im Luftverkehr und den daraus resultierenden Herausforderungen für Fluggesellschaften und Flughäfen, muss ein neues Modell zur Einordnung aufgestellt werden, das an diese zukünftigen Parameter angepasst ist.[7]

Der in den letzten Jahren entstandene, zunehmende Wettbewerb zwischen Flughäfen und die resultierenden Herausforderungen und strategischen Optionen von Flughäfen wurden von Forsyth, Gillen, Müller und Niemeier (2010) in ihrem Herausgeberband „Airport Competition – The European Experience" weitergehend untersucht und zusammengetragen.[8]

Die Relevanz von „Airport Marketing" wurde bereits von Jarach (2005) untersucht und unter Einbezug neuerer Entwicklungen von Halpern und Graham (2013) nochmals vertieft. Diese Arbeiten verdeutlichen die Notwendigkeit für Flughäfen, sich zu unternehmerisch handelnden Einheiten zu entwickeln und damit verbunden auch alle organisationalen Funktionen von Unternehmen – inkl. Marketing – zu implementieren. Im Vordergrund stehen hier jedoch die Untersuchung der verschiedenen Stakeholdergruppen und die zunehmend kommerzielle Ausrichtung von Flughäfen.[9]

---

6 Vgl. Schulz, Axel / Baumann, Susanne / Wiedenmann, Simone (2010) Flughafen Management.
Graham, Anne (2003) Managing Airports: An international perspective.

7 Vgl. Trumpfheller, Michael (2006): Strategisches Flughafenmanagement – Positionierung und Wertschöpfung von Flughafentypen.

8 Vgl. Forsyth, Peter et al. (2010): Airport Competition – The European Experience

9 Vgl. Halpern, Nigel / Graham, Anne (2013): Airport Marketing
Jarach, David (2005a): Airport Marketing: Strategies to cope with the new millennium environment

Die strategische Einordnung einer Marktorientierung in die Unternehmensführung von Flughäfen sowie die unterstützenden Auswirkungen einer tatsächlichen Markenbildung und -positionierung wurden bisher jedoch nicht in hinreichender Tiefe untersucht. Durch die bisher vernachlässigte Eingliederung dieser Themen in die allgemeine Strategie von Flughäfen ergibt sich sowohl theoretisch als auch praktisch eine konzeptionelle Lücke, die die vorliegende Dissertation schließen soll.

Die **übergeordnete Zielsetzung** der Arbeit ist also eine Untersuchung, inwiefern die bestehenden Positionierungsstrategien unter Berücksichtigung der aktuellen und zukünftigen Entwicklungen im Luftverkehr in ein neues Positionierungsmodell zu übertragen sind und welche strategischen Maßnahmen Flughäfen implementieren müssen, um die zukünftig erstrebenswerten Positionierungen zu erreichen. Darüber hinaus soll untersucht werden, inwiefern die Markenbildung und -führung ein mögliches Differenzierungskriterium in der Industrie darstellt und die Erreichung der Positionierungsstrategie unterstützt.

Innerhalb dieser Zielsetzung besteht das **deskriptiv-abgrenzende Partialziel** in der Konzeptualisierung des Untersuchungsgegenstandes Flughafen. In diesem Zusammenhang sollen die in der Flughafenindustrie bestehenden Rahmenbedingungen und Geschäftsmodelle kategorisiert und erklärt und damit die Grundlage für die weiterführende Untersuchung geschaffen werden.

Darüber hinaus soll der theoretische Rahmen der Markenforschung durch die Zusammenführung der wichtigsten Konstrukte im Bereich der Markenbildung und -führung sowie des Markenwertmanagements aufgestellt werden. Auf dieser konzeptionellen Basis soll abschließend untersucht werden, welche Teilbereiche des Markenmanagements für die Flughafenindustrie besonders sinnvoll und geeignet sind.

Zur Erreichung des **explikativen Partialziels** sollen die aktuellen und zukünftigen Entwicklungen der Luftverkehrsindustrie analysiert und auf dieser Grundlage ein neues Modell zukünftig erstrebenswerter Positionierungsstrategien vorgestellt werden.

Zusätzlich werden die aktuelle Marktorientierung von Flughäfen untersucht und die Rahmenbedingungen der Markenbildung in Form einer Wettbewerbs- und Stakeholderanalyse von Flughäfen aufgestellt.

Abschließend besteht das **praktisch-normative Partialziel** in der Ableitung konkreter Handlungsempfehlungen für die Praxis. Hierbei soll sowohl aufgezeigt werden, wie sich die verschiedenen Flughafentypen strategisch aufstellen sollten, um eine zukünftig erfolgreiche Positionierung zu erzielen als auch dargestellt werden, welche Aktivitäten im Rahmen der Markenführung für die verschiedenen Positionierungen besonders sinnvoll erscheinen.

1.3 Aufbau und Gang der Untersuchung

Zur Erreichung der eben beschriebenen Erkenntnisziele soll in **Kapitel zwei** zunächst der Untersuchungsgegenstand Flughafen konzeptionell untersucht und abgegrenzt werden. Hierzu sollen zuerst verschiedene Definitions- und Klassifizierungsansätze der Flughafenindustrie vorgestellt werden, bevor die zu Grunde liegenden Rahmenbedingungen und deren Veränderungen analysiert werden. In einem nächsten Schritt werden das allgemeine Geschäftsmodell von Flughäfen beschrieben und die einzelnen Strategischen Geschäftsfelder untersucht.

Das **dritte Kapitel** stellt im Anschluss die definitorischen Grundlagen der marktorientierten Unternehmensführung und Markenforschung vor. Das Hauptaugenmerk liegt hierbei auf der Beschreibung von Strategien und Maßnahmen zur Markenpositionierung vor dem Hintergrund einer verhaltensorientierten Markenwertbetrachtung.

In **Kapitel vier** werden dann die aktuellen und zukünftigen Entwicklungen der Luftverkehrsindustrie analysiert und resultierende Herausforderungen für die Flughäfen aufgezeigt. Auf dieser Basis wird dann ein neues Modell zur strategischen Positionierung innerhalb der Flughafenindustrie abgeleitet.

Eine qualitative Untersuchung der heutigen Positionierungsmodelle anhand Fallstudien verschiedener deutscher Flughäfen wird anschließend im **fünften Kapitel** präsentiert. Zu diesem Zweck wurden für jede bestehende Option der Positionierung verschiedene Praxisbeispiele ausgewählt und sowohl vor dem konzeptionellen Hintergrund als auch im Rahmen von Tiefeninterviews untersucht.

Das **sechste Kapitel** untersucht dann Ansätze zur Marktorientierung in der Flughafenindustrie und verdeutlicht die abgeleitete Notwendigkeit der Markenbildung. Darüber hinaus werden die zu Grunde liegenden kompetitiven und stakeholderbezogenen Rahmenbedingungen aufgestellt und bestehende Ansätze zur Markenbildung analysiert.

Im **siebten Kapitel** werden Handlungsempfehlungen für die Flughafenindustrie sowohl hinsichtlich allgemeiner strategischer Parameter als auch möglicher Markenbildungsaktivitäten aufgestellt. Im abschließenden **Kapitel acht** werden die Limitationen der Arbeit und Implikationen für Forschung und Praxis aufgezeigt, bevor eine zusammenfassende Schlussbetrachtung gezogen wird.

Die folgende Abbildung verdeutlicht den Aufbau der Arbeit nochmals in einer schematischen Darstellung der Gliederung.

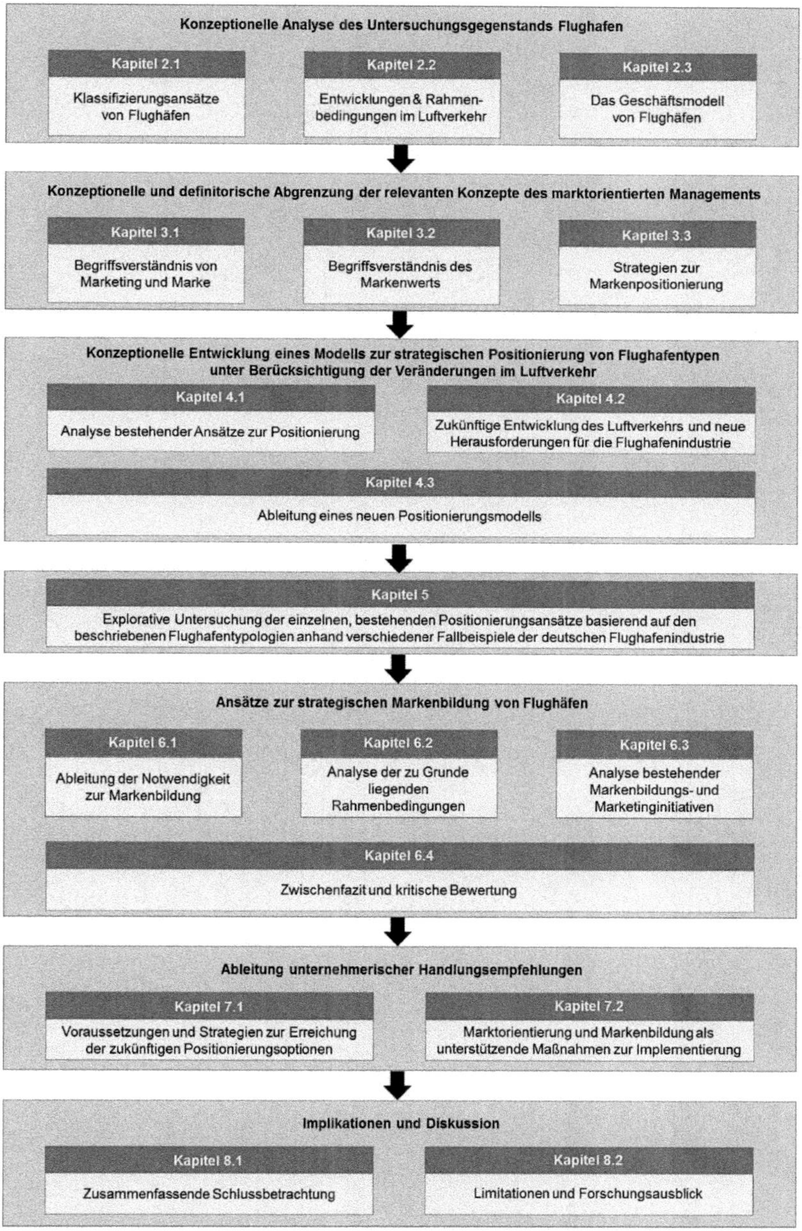

Abbildung 1-1: Schematischer Überblick über den Gang der Untersuchung

2. Konzeptionelle Analyse des Untersuchungsgegenstands Flughafen

Im folgenden Kapitel soll der Untersuchungsgegenstand Flughafen hinsichtlich verschiedener Klassifizierungskriterien und des spezifischen Geschäftsmodells von Flughäfen untersucht werden. Hierzu sollen sowohl die Entwicklungen der Industrie als auch die einzelnen Geschäftsfelder detailliert vorgestellt und analysiert werden.

2.1 Klassifizierungsansätze von Flughäfen

Laut Definition der **International Civil Aviation Organization (ICAO)** wird ein Flughafen als *„festgelegtes Gebiet auf dem Land oder Wasser einschließlich aller Gebäude, Anlagen und Ausrüstungen, das ganz oder teilweise für Abflug, Ankunft und Bodenbewegungen von Luftfahrzeugen bestimmt ist“* definiert.[10]

Diese Definition gibt jedoch noch keinen Aufschluss über weitergehende, mögliche Klassifizierungen von Flughäfen. Generell können Flughäfen anhand verschiedener Kennzahlen und Systeme unterschiedlich unterteilt werden. Die erste Einteilung erfolgt ebenfalls durch die ICAO und klassifiziert Flughäfen nach den bestehenden **technischen Einrichtungen in die Klassen A bis G**. Eine beispielhafte Größe innerhalb dieser Klassifizierung ist bspw. die Länge und Breite der Landebahn: In Kategorie A liegt die Mindestlänge bei 2.550 Metern und die –breite bei 60 Metern. In Kategorie G liegen die Werte respektive bei 900 Metern und 30 Metern.[11]

Eine weitere Unterscheidung sieht die **Einteilung in Primär-, Sekundär-, Tertiär- und Quartiärflughäfen** vor. Hierbei stellen die Primärflughäfen große Drehkreuze (Hubs) und Sekundärflughäfen ebenfalls große, in den Hubverkehr eingebundene Flughäfen mit attraktivem Einzugsgebiet dar. Tertiärflughäfen weisen zumindest einen gewissen Teil an internationalen Strecken und Fluggesellschaften auf, während Quartiärflughäfen ausschließlich regionale oder militärische Landeplätze sind.[12]

---

10 ICAO (2013): Convention on International Civil Aviation – Annex 14: Aerodromes, S. 24

11 Vgl. Trumpfheller, Michael (2006): Strategisches Flughafenmanagement – Positionierung und Wertschöpfung von Flughafentypen, S. 32

12 Vgl. Conrady, Roland / Fichert, Frank / Sterzenbach, Rüdiger (2012): Luftverkehr: Betriebswirtschaftliches Lehr- und Handbuch, S. 158–160
Trumpfheller, Michael (2006): Strategisches Flughafenmanagement – Positionierung und Wertschöpfung von Flughafentypen, S. 32

Der **Airports Council International (ACI)** agiert als weltweiter Dachverband von Flughäfen und hat eine eigenständige, auf der jährlichen **Passagierzahl** basierende Klassifikation erstellt, welche Flughäfen in vier Gruppen unterteilt:

Einteilung	Passagiere / Jahr	Beispielflughäfen
Gruppe 1	> 25 Mio.	Atlanta, Chicago, Frankfurt/Main, London Heathrow, Paris CDG
Gruppe 2	10-25 Mio.	Barcelona, Düsseldorf, Wien, Zürich
Gruppe 3	5-10 Mio.	Genf, Hannover, Köln/Bonn, Stuttgart
Gruppe 4	< 5 Mio.	Nürnberg, Salzburg, Frankfurt/Hahn

Tabelle 2-1: Flughafeneinteilung nach Passagierzahl laut ACI[13]

Neben der Klassifizierung nach (1) Passagieraufkommen kann zur Kategorisierung von Flughäfen auch die Untersuchung weiterer **Kennzahlen** unterstützend von Nutzen sein. Die wichtigsten Kennzahlen sind in darüber hinaus (2) die Zahl der Flugbewegungen, (3) die durchschnittliche Anzahl von Sitzen pro Flug (woraus die verwendete Flugzeugtypengröße abgeleitet werden kann) und (4) das Höchstabfluggewicht (MTOW = Maximum Take-Off Weight).[14]

Da das Passagieraufkommen die signifikanteste Kennzahl zur Einteilung konstituiert, bietet die folgende Abbildung nochmal eine Übersicht der weltweit größten Flughäfen laut dieser Kategorisierung:

13 Vgl. Rothfischer, Brigitte (2007): Flughäfen der Welt – Alle wichtigen Airports: Geschichte, Faken und Funktionen, S. 35–36

14 Vgl. Schulz, Axel / Baumann, Susanne / Wiedenmann, Simone (2010): Flughafen Management, S. 19

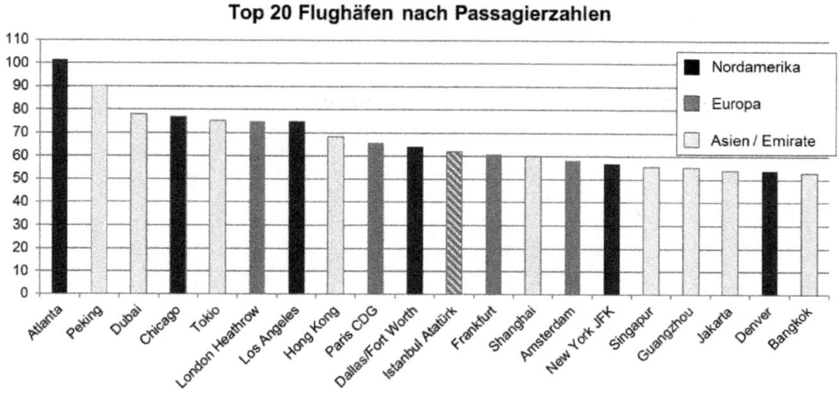

Abbildung 2-1: Rangliste der internationalen Verkehrsflughäfen nach Passagierzahl 2015 (in Mio.)[15]

Neben der Anzahl der Passagiere ist - vor allem für Flughäfen, die als Cargo Airports positioniert sind - auch die Höhe des Frachtaufkommens eine mögliche Determinante der Kategorisierung. Größenrelevante Kriterien zur Kategorisierung von Flughäfen sind also je nach Positionierung der Flughäfen vorrangig das Passagier- oder Frachtaufkommen. Als weiteres Kriterium zur Einteilung kann, wie bereits aufgezeigt, auch noch die Anzahl der Flugbewegungen allgemein betrachtet werden.[16]

Bei allen Kategorisierungsoptionen fällt auf, dass sowohl asiatische als auch nordamerikanische Flughäfen stark vertreten sind. Da sich diese Dissertation jedoch vorrangig auf die deutsche Flughafenindustrie fokussiert, gibt die folgende Abbildung einen Überblick der größten deutschen Flughäfen nach Passagierzahl. Darüber hinaus sollen im Folgenden weitere Einteilungsvorgaben herausgestellt werden, nach denen die deutschen Flughäfen kategorisiert werden.

15 Vgl. Statista (2017): Passagiere an den größten Flughäfen der Welt bis 2015

16 Eine Einteilung der größten Flughäfen nach Frachtaufkommen und Flugbewegungen zeigen Abbildungen A-2-1 und A-2-2 auf S. 298 des Anhangs. Bei der Klassifikation nach Flugbewegungen fällt auf, dass 15 der Top 20 Flughäfen in Nordamerika liegen. Dies begründet sich in dem dichten und stark entwickelten nordamerikanischen Luftverkehr, in dem vor allem viele nationale Strecken von kleineren Flugzeugtypen bedient werden.

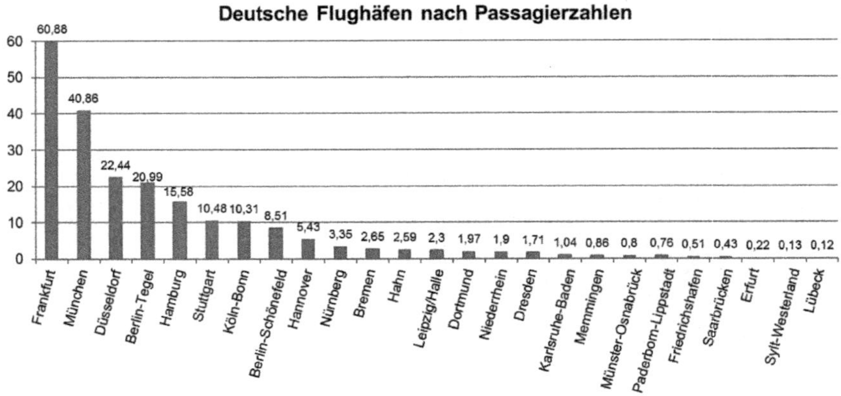

Abbildung 2-2: Rangliste der deutschen Verkehrsflughäfen nach Passagierzahl 2015 in Mio.[17]

Insgesamt werden von der Deutschen Flugsicherung (DFS) zum jetzigen Zeitpunkt 16 internationale Verkehrsflughäfen und weitere 9 Regionalflughäfen durch die The Tower Company (TTC) als vollständige Tochter der DFS kontrolliert.[18]

In Deutschland unterteilt das deutsche **Luftverkehrsgesetz** (§6, Abs. 1 LuftVG) Flugplätze allgemein in Flughäfen, Landeplätze und Segelfluggelände. Für die vorliegende Arbeit sind jedoch nur die Flughäfen von vorrangiger Bedeutung. Diese werden durch die **Arbeitsgemeinschaft Deutscher Verkehrsflughäfen (ADV)** anhand ihrer Funktion im Luftverkehrsnetz klassifiziert:

17 Vgl. Statistisches Bundesamt (2016): Luftverkehr auf Hauptverkehrsflughäfen 2015, S. 182

18 Vgl. Deutsche Flugsicherung (DFS) (2017): Deutsche Flugsicherung
The Tower Company (TTC) operiert seit Januar 2017 unter dem Namen DFS Aviation Services (DAS).
Über diese 25 Flughäfen hinaus existieren noch weitere, kleine Verkehrsflughäfen, die von anderen Flugsicherungsanbietern kontrolliert werden; aufgrund ihrer geringen Größe werden diese jedoch nicht weiter untersucht.

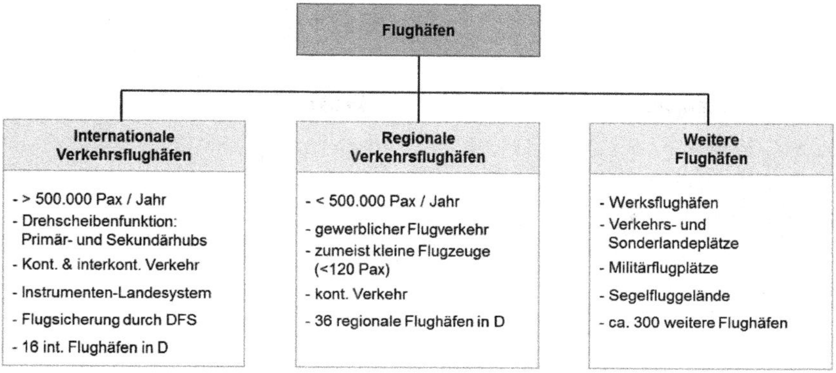

Abbildung 2-3: Einteilung deutscher Flughäfen nach operativer Funktion[19]

Ein internationaler Flughafen zeichnet sich also zum einen durch sein hohes Passagier-, Fracht- und Flugbewegungsaufkommen und zum anderen durch sein interkontinentales Streckennetz aus. Eine besondere Ausprägung dieser Klassifizierung sind die sog. **Mega-Hubs** als sehr große Drehscheiben im Flugverkehr, die für ihre angeschlossenen Fluggesellschaften einen zentralen Luftverkehrsknoten darstellen. In Europa sind diese Hub-Airline-Kombinationen (1) London Heathrow (LHR) und British Airways, (2) Paris-Charles-de-Gaulle (CDG) und Air France, (3) Istanbul-Atatürk (IST) und Turkish Airlines, (4) Frankfurt/Main (FRA) und Lufthansa sowie (5) Amsterdam Schiphol (AMS) und KLM. Ziel dieser Hubs ist es, Passagiere und Streckennetze an einem Ort zu bündeln und über den Hub als zentrale Drehscheibe neu zu verteilen (**Hub-and-Spoke-System**) anstatt jede Route gleichermaßen zu bedienen (**Point-to-Point (P2P)-Verkehr**).[20]

Regionalflughäfen, auf der anderen Seite, werden nicht durch gesetzliche oder anderweitige Klassifizierungskriterien bzgl. ihrer Größe bestimmt. Ihre Bestimmung erfolgt viel mehr anhand ihrer **operativen Funktion** innerhalb des

19 Vgl. Schulz, Axel / Baumann, Susanne / Wiedenmann, Simone (2010): Flughafen Management, S. 9

20 Vgl. de Neufville, Richard / Odoni, Amadeo (2013): Airport Systems: Planning, design, and management, S. 118–120
Maurer, Peter (2006): Luftverkehrsmanagement: Basiswissen, S. 332–334
Mayer, Gabriele (2001): Strategische Logistikplanung von Hub&Spoke-Systemen, S. 11–12

Luftverkehrs. Hier bestimmen **drei verschiedene Geschäftsmodelle** maßgeblich die Ausrichtung dieser Flughäfen. Erstens bedienen sie regionale (nationale) Strecken, sowohl als **(1) eigenständige Reiserouten** sowie als Verbindungsverkehr zwischen internationalen Routen und sind somit häufig in das internationale Verkehrsnetz der großen Flughäfen integriert. Darüber hinaus können sich Regionalflughäfen jedoch auch gesondert positionieren, entweder um **(2) den zusätzlichen Ferienverkehr als Auffangflughafen** oder als neu entwickeltes Geschäftsmodell **(3) die besonderen Anforderungen von Niedrigpreisfluggesellschaften** zu bedienen.[21]

Da Flughäfen jedoch vermehrt als Unternehmen mit privatwirtschaftlichem Charakter agieren, muss sich die Typisierung oder Klassifizierung heute noch stärker an der Marktpositionierung oder Marktausrichtung der Flughäfen orientieren. Eine solche tiefergehende Typisierung nach strategischen Gesichtspunkten erfolgt in Kapitel 4.2 und bietet damit auch die Basis für die Ableitung unternehmerischer Handlungsoptionen in Kapitel 7.

2.2 Entwicklungen und Rahmenbedingungen im Luftverkehr

2.2.1 Veränderungen der Rahmenbedingungen durch Deregulierung und Privatisierung des Luftverkehrs

Innerhalb ihres Marktumfelds unterliegen Flughäfen verschiedenen Rahmenbedingungen. Zum einen bestehen diverse **gesetzliche oder ordnungspolitische Rahmenbedingungen**, die vom Gesetzgeber und verschiedenen luftfahrtbezogenen Organisationen implementiert wurden. In Deutschland ist die damit beauftragte, rechtliche Instanz das Bundesministerium für Verkehr und digitale Infrastruktur (BMVI) und das daran angeschlossene **Luftfahrtbundesamt (LBA)**. Ebenfalls dem BMVI angeschlossen ist der **Flughafenkoordinator**, dessen Hauptaufgabe in der Vergabe der zur Verfügung stehenden Slots (Abflug- und Landezeiten) an die Fluggesellschaften und der Übersicht über die Preissetzung der Flughäfen besteht. Darüber hinaus koordiniert den zivilen, europäischen Luftverkehr die European Civil Aviation Conference (ECAC). Weltweit wird der Flugverkehr ebenfalls durch die Regularien der ICAO bestimmt, welche eine öffentlich-rechtliche Sonderorganisation der Vereinten Nationen darstellt und als regulative und quasi-legislative Instanz agiert. Sie stellt eine Plattform zur

21 Vgl. Schulz, Axel / Baumann, Susanne / Wiedenmann, Simone (2010): Flughafen Management, S. 10

Kommunikation und Standardisierung im Luftverkehr dar und gibt Standards für den Betrieb und das Management von Flughäfen vor.[22]

Ein weiterer Faktor, der mit einbezogen werden muss, sind die ökologischen **Rahmenbedingungen**. Vor allem in den Bereichen Fluglärm, Landschaftsverbrauch und Luftverschmutzung muss ein Flughafen aktiv werden, um den häufigen Protesten der Anwohner entgegen zu wirken und dem Gesetz zum Schutz von Fluglärm (bspw. Nachtflugverbot) entsprechend zu operieren.[23]

Historisch wurde der Luftverkehrsmarkt darüber hinaus stark durch bestehende Regulierungen in den Bereichen **Preissetzung, Frequenz- und Kapazitätsmanagement sowie Markteintritts- und -austrittsmöglichkeiten** bestimmt. Dieses System wurde maßgeblich durch die **International Air Transport Association (IATA)** – einem 1945 gegründeten Zusammenschluss von mittlerweile über 200 Fluggesellschaften – bestimmt, war jedoch in dem wachsenden und zunehmend kommerzialisierten Luftverkehrsmarkt nicht langfristig haltbar.[24]

Der entscheidende Wechsel dieser Ausgangssituation wurde dann durch die **Deregulierung** des weltweiten Luftraums in den 1980er und 90er Jahren vorangetrieben. Zuerst erfolgte dies auf dem US-amerikanischen Binnenmarkt durch den **Air Cargo Deregulation Act** (1976) und den **Airline Deregulation Act** (1978). Anschließend war der europäische Luftverkehrsmarkt der nächste, der eine solche Deregulierung umsetzte. Dies geschah durch eine Vielzahl von bilateralen Liberalisierungsvereinbarungen unter dem **Projekt „Open Skies"**. Diese Liberalisierung wurde zuerst innereuropäisch umgesetzt und dann weltweit ausgeweitet; ein entsprechendes Abkommen mit den USA besteht bspw. seit 2008. Seitdem wurden viele weitere Open Skies-Abkommen – in den letzten Jahren

---

22 Vgl. Flughafenkoordination der Bundesrepublik Deutschland (2017)
Trumpfheller, Michael (2006): Strategisches Flughafenmanagement – Positionierung und Wertschöpfung von Flughafentypen, S. 39
Schulz, Axel / Baumann, Susanne / Wiedenmann, Simone (2010): Flughafen Management, S. 15–18

23 Siehe Kapitel 6.2.2.2 für eine tiefergehende Analyse der ökologischen Auswirkungen und entsprechender Maßnahmen von Flughäfen.
Vgl. Schulz, Axel / Baumann, Susanne / Wiedenmann, Simone (2010): Flughafen Management, S. 15–18
Young, Seth / Wells, Alexander (2011): Airport Planning and Management, S. 366–368

24 Vgl. Arndt, Andreas (2004): Die Liberalisierung des grenzüberschreitenden Luftverkehrs in der EU: eine quantitative Analyse der Wohlfahrtswirkungen und des Anbieterverhaltens, S. 29
European Observatory on Airport Capacity & Quality (2005): Airport capacity in the EU: A strategic perspective, S. 8

vor allem in der ASEAN-Zone – geschlossen, um die Liberalisierung des Luftverkehrs kontinuierlich voran zu treiben. Diese deregulierenden Abkommen reduzieren die Restriktionen für die Luftverkehrsindustrie, vor allem für die Fluggesellschaften, bzgl. Preissetzung, Marktzugängen, Flugverkehrshäufigkeit und –anzahl sowie dem Besitz und der Kontrolle von Airlines.[25]

Durch diese Liberalisierung entstand sowohl für Fluggesellschaften als auch für Flughäfen die Möglichkeit, sich durch eine besondere Gestaltung ihres Angebots zu differenzieren und sich durch eine so geschaffene Positionierung von der Konkurrenz abzusetzen. Vor allem im Bereich der Niedrigpreisstrategie konnten durch die Deregulierung völlig neue Geschäftsmodelle entwickelt werden. Es entstand eine Vielzahl sog. Low-Cost-Carrier (LCC), die auch die Flughäfen vor die Aufgabe stellten, sich einem neuen Geschäftsmodellansatz anzupassen und nach diesem auszurichten.[26]

Zu dieser Entwicklung hat darüber hinaus ein Wechsel der **Eigentümerstruktur** von Flughäfen ebenfalls maßgeblich beigetragen. Vor der Deregulierung lag ein Großteil aller Flughäfen in öffentlicher Hand und hat daher eher als **staatliches Logistikmedium** statt als unternehmerische Einheit agiert. Seit Ende der 1980er Jahre hat jedoch eine Entwicklung in der Eigentumsstruktur hin zu **privatisierten Flughäfen** stattgefunden. Auch wenn viele, kleinere Flughäfen immer noch in staatlichem Besitz liegen, sind bereits 20% der europäischen Flughäfen (teil-)privatisiert worden und agieren seither stärker als wirtschaftende Unternehmen. Diese Entwicklung wurde allerdings auch von den staatlichen Flughäfen aufgenommen, von denen zumindest 74% sowohl kommerziell als auch fiskal unternehmerisch geführt werden. Der zu Grunde liegende Faktor für die Privatisierung vieler Flughäfen ist die **Kostenübertragung** von Ausgaben der öffentlichen Hand an den privaten Sektor. Kapazitätsengpässe an vielen Flughäfen durch den steigenden Luftverkehr führten dazu, dass starke Ausbauvorhaben notwendig waren, welche staatlich nicht vollständig getragen werden konnten. Die darüberhinausgehende Annahme ist, dass die (Teil)-Privatisierung

---

25 Vgl. Button, Kenneth (2001): Deregulation and Liberalization of European Air Transport Markets, in: The European Journal of Social Sciences, S. 258
Schulz, Axel / Baumann, Susanne / Wiedenmann, Simone (2010): Flughafen Management, S. 17
Young, Seth / Wells, Alexander (2011): Airport Planning and Management, S. 73

26 Vgl. Copenhagen Economics (2012): Airport Competition in Europe, S. 14
Gillen, David (2011): The evolution of airport ownership and governance, in: Journal of Air Transport Management, S. 4–6
Graham, Anne (2003): Managing Airports: An international perspective, S. 10–11

der Flughäfen zu größerer **Flexibilität** und **marktspezifischer Effizienz** im unternehmerischen Handeln führt und somit die Entwicklung im Luftverkehr vorantreibt.[27]

Die erste **Privatisierung** erfolgte 1987 durch die British Airport Authority (BAA) im Vereinigten Königreich, die zu der Zeit die drei Londoner Flughäfen Heathrow, Gatwick und Stansted vereinte. Diese erfolgreiche Privatisierung legte den Grundstein für weitere Wechsel in der Eigentümerstruktur von Flughäfen. In Deutschland erfolgte dieser Umbruch jedoch erst ab Ende der 90er Jahre (1997: Düsseldorf, 1998: Hannover, 2001: Frankfurt) durch verschiedene Privatisierungsmodelle.[28]

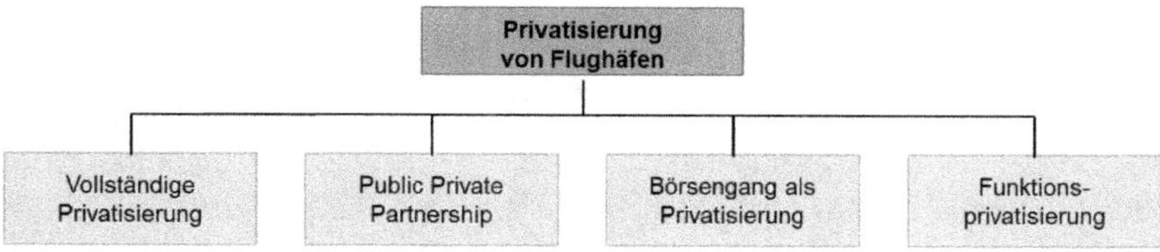

Abbildung 2-4: Arten der Flughafen-Privatisierung[29]

Von den oben dargestellten Privatisierungsformen von Flughäfen ist die **Public Private Partnership** die am häufigsten angewandte. Die privaten Teilhaber halten hierbei maximal einen Anteil von 50% am Flughafen. Meist ist dieser Anteil jedoch geringer, um sicherzustellen, dass die Interessen der diversen Stakeholdergruppen auf jeden Fall gewahrt werden, da private Teilhaber den

27 Vgl. Carney, Michael / Mew, Keith (2003): Airport governance reform: a strategic management perspective, in: Journal of Air Transport Management, S. 222
Frank, Laurence (2011): Business models for airports in a competitive environment. One sky, different stories, in: Research in Transportation Business and Management, S. 25
Maurer, Peter (2006): Luftverkehrsmanagement: Basiswissen, S. 21
Schulz, Axel / Baumann, Susanne / Wiedenmann, Simone (2010): Flughafen Management, S. 17
Young, Seth / Wells, Alexander (2011): Airport Planning and Management, S. 32

28 Vgl. Bush, Harry / Starkie, David (2014): Competitive drivers towards improved airport/airline relationships, in: Journal of Air Transport Management, S. 46
Graham, Anne (2003): Managing Airports: An international perspective, S. 17

29 Vgl. Schulz, Axel / Baumann, Susanne / Wiedenmann, Simone (2010): Flughafen Management, S. 36

wirtschaftlichen Ausbau zu Airport Cities vorantreiben, um das Marktpotential zu steigern und nur zu einem geringen Maße öffentliche Interessen (z.B. die Funktion eines Flughafens als Infrastrukturanbieter) in Betracht ziehen. Die anderen Privatisierungsformen sind nur vereinzelt in Deutschland vertreten: Der einzige, vollständig privatisierte Flughafen in Deutschland ist Düsseldorf Weeze-Niederrhein (NRN), der einzige börsennotierte Flughafen Frankfurt am Main (FRA) mit der Fraport AG. Auch für die Funktionsprivatisierung, bei der Teile des Flughafenbetriebs dauerhaft an private Anbieter übertragen werden, gibt es deutschlandweit nur ein erfolgreiches Bespiel, in dem der Flughafen München (MUC) eine entsprechende, strategische Partnerschaft mit der Deutschen Lufthansa AG (DLH) eingegangen ist.[30]

2.2.2 Kooperation und Wettbewerb zwischen den Flughäfen

Wie bereits im vorangegangenen Kapitel beschrieben, haben die veränderten Bedingungen in der Industrie auch zu einer verstärkten Wettbewerbssituation zwischen den Flughäfen geführt. Eine Möglichkeit, dem entgegenzutreten, ist die Bildung von Kooperationen, um eine verbesserte Stellung innerhalb der Branche zu erreichen. Vor diesem Hintergrund sollen im folgen Kapitel sowohl die aktuelle, kompetitive Situation präsentiert als auch verschiedene Kooperationsmöglichkeiten vorgestellt werden.

2.2.2.1 Wettbewerb

Neben den Möglichkeiten der Kooperation haben der Funktionswandel und die Deregulierung von Flughäfen aber auch maßgeblich dazu beigetragen, dass Flughäfen analog zu anderen Unternehmen in Konkurrenz zueinanderstehen, sowohl im luftfahrtbezogenen Bereich als auch mit ihren zusätzlichen Dienstleistungen und Angeboten auf der nicht luftfahrtbezogenen Seite. In beiden Geschäftsfeldern besteht vor allem ein starker Wettbewerb bzgl. der Passagiere

30 Vgl. Reiche, Dirk (1999): Privatisierung der internationalen Verkehrsflughäfen in Deutschland, S. 150–152
Schulz, Axel / Baumann, Susanne / Wiedenmann, Simone (2010): Flughafen Management, S. 37–39
Eine Übersicht der verschiedenen Flughafenprivatisierungen von 1979–2006 zeigt Tabelle A-2-1 auf S. 299 des Anhangs.

im Einzugsgebiet und der Transferpassagiere sowie auch der angesiedelten Fluggesellschaften.[31]

Die Transferpassagiere wählen den Flughafen nicht aufgrund seiner einzigartigen Lage als Start- oder Zielflughafen, sondern wegen seines distinktiven Angebots an Leistungen während ihres Transferaufenthaltes. Fluggesellschaften, auf der anderen Seite, suchen vor allem eine möglichst starke Unterstützung im Ausbau ihres Streckennetzes. In beiden Fällen haben Flughäfen durch das Signalisieren ihres differenzierten Angebots die Möglichkeit, Kunden anzuziehen und an sich zu binden. Ein solches „Signaling" kann vor allem durch eine starke Markenpositionierung und -kommunikation erreicht werden. Die genaue Ausgestaltung dieser Konzepte soll im Rahmen dieser Dissertation untersucht werden.[32]

Die Entstehung des Wettbewerbs zwischen Flughäfen und die resultierenden Implikationen im operativen Bereich wurden bereits eingehend durch die existierende Literatur beschrieben. Forsyth et al. (2010) haben die wichtigsten Untersuchungen in diesem Bereich zusammengetragen.[33] Die folgende Tabelle gibt einen zusammenfassenden Überblick über mögliche Wettbewerbsfelder, in denen zwei oder mehr Flughäfen in Konkurrenz stehen:

31 Vgl. Jimenez, Edgar / Claro, Joao / Pinho de Sousa, Jorge (2013): The airport business in a competitive environment, in: European Journal of Transport and Infrastructure Research,S. 319
Lian, Jon Inge / Rønnevik, Joachim (2011): Airport competition – Regional airports losing ground to main airports, in: Journal of Transport Geography, S. 87

32 Eine theoretische Untersuchung der relevanten Konzepte erfolgt in Kapitel 3 und wird schließlich in Kapitel 7 auf die Flughafenindustrie angewandt.
Vgl. Jarach, David (2001): The evolution of airport management practices: Towards a multi-point, multi-service, marketing-driven firm, in: Journal of Air Transport Management, S. 121
Jarach, David (2005a): Airport Marketing: Strategies to cope with the new millennium environment, S. 51

33 Vgl. Forsyth, Peter et al. (2010): Introduction and Overview, in: Forsyth et al. (Hrsg.): Airport Competition – The European Experience

Wettbewerbsfeld	Leistung des Flughafens
Leistungserbringung für Airlines	Attraktivität für Airlines, den Flughafen als Drehkreuz, Verkehrsroute oder Heimatbasis zu nutzen
Verkehr: Abflug (Einzugsgebiet)	Luftverkehrsnetz und intermodale Anbindung; Verfügbarkeit von Niedrigpreisangeboten; Convenience
Verkehr: Transferpassagiere	Ausreichend luftseitige Infrastruktur, um Verkehrsstaus zu vermeiden; Convenience
Verkehr: Ankunft (Destination)	Touristen-Attraktionen; Zusatznutzen durch Leistungen und Angebote im Flughafenumfeld
Globaler Wettbewerb	Gebote für das Management / die Versorgung anderer Flughäfen oder deren Terminals und Verkaufsflächen; Beratungsleistungen
Zuwendungen	Finanzielle Unterstützungen oder Erleichterungen durch die öffentliche Hand oder Sponsoren
Intermodaler Wettbewerb	Öffentlicher Nah- und Fernverkehr, (Miet-)Autos, Schiffe

Tabelle 2-2: Zusammenfassung der Wettbewerbsfelder von Flughäfen[34]

Die bisher existierenden Untersuchungen haben jedoch vorrangig die Wettbewerbssituation analysiert und nur sehr partiell Lösungsansätze und Faktoren zur Differenzierung im operativen Bereich aufgezeigt.[35]

2.2.2.2 Kooperationen

Sowohl horizontale als auch vertikale Kooperationen innerhalb der Luftfahrtindustrie ermöglichen es den Flughäfen, strategische sowie operationelle Ziele schneller und kostengünstiger zu erreichen. Das Hauptaugenmerk dieser Kooperation liegt auf der Ausnutzung von Synergien durch Teilung der operativen Kosten und Ausgaben sowie der Steigerung der Produktivität und Wettbewerbsfähigkeit. Hierbei können sowohl neue Marktsegmente erschlossen als auch bestehende besser ausgeschöpft werden. Die verschiedenen Möglichkeiten der Zusammenarbeit bestehen aus horizontalen, vertikalen oder diagonalen Kooperationen, wie die folgende Abbildung nochmal verdeutlicht.[36]

---

34 Vgl. Jimenez, Edgar / Claro, Joao / Pinho de Sousa, Jorge (2013): The airport business in a competitive environment, in: European Journal of Transport and Infrastructure Research, S. 320

35 Diese Differenzierungsfaktoren werden in Kapitel 7 noch eingehend untersucht.

36 Vgl. Schulz, Axel / Baumann, Susanne / Wiedenmann, Simone (2010): Flughafen Management, S. 171

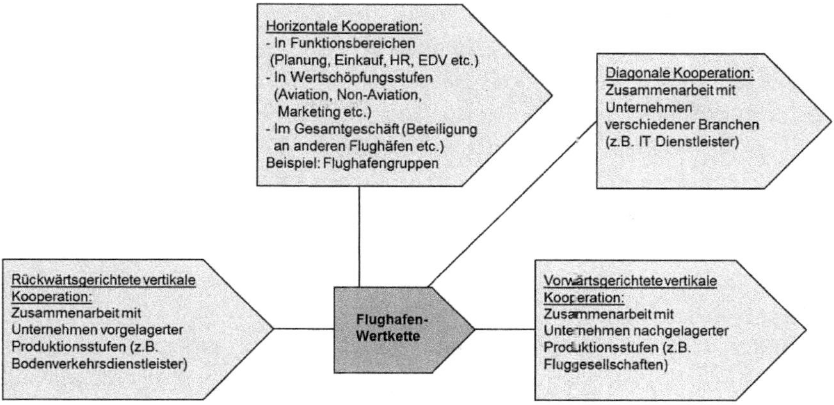

Abbildung 2-5: Verschiedene Möglichkeiten der Kooperation in der Flughafenindustrie[37]

Da vor allem die **horizontalen Allianzen** mit anderen Flughäfen und **Flughafengruppen** als Unterkategorie das Potential haben, die allgemeine Machtposition von Flughäfen entlang der Wertschöpfungskette (v.a. ggü. den Fluggesellschaften) signifikant zu erhöhen und daher auch in der Praxis am häufigsten gefunden werden, sollen diese im Folgenden noch eingehender beschrieben werden

a) Horizontale Allianzen

Insgesamt kann man **drei Formen von Flughafenallianzen** innerhalb der horizontalen Kooperationen erkennen: (1) Point-to-Point (P2P) Allianzen, (2) Multi-Point Allianzen und (3) Management Allianzen. Sowohl die erste als auch zweite Form von Allianzen beschreiben einen Zusammenschluss von zwei (1) oder mehreren (2) Flughäfen, die sowohl Wissen als auch Ressourcen austauschen, um durch gemeinsam geplante Aktivitäten möglichst effizient zu operieren. Die dritte Form von Flughafenallianzen beschreibt in der Regel eine Kooperation zwischen einem staatlich betriebenen Flughafen und einem privaten Betreiber von ggf. mehreren Flughäfen. Die Ausprägungen solcher horizontalen Kooperationen variiert in der Stärke der Bindung und der Ausprägung der Geschäftsfelder. Je stärker die Bindungsintensität der Kooperation ist, desto

37 Vgl. Köhler, Andrea (2004): Wertschöpfungsstrukturen von tradionellen Flughäfen und Low-Cost-Airports in Deutschland, S. 46

eingeschränkter ist hierbei die Selbstbestimmung und eigenständige Unternehmensführung. Diese Bindungsintensität hängt stark von der gesellschaftsrechtlichen Gestaltung der Kooperation ab. Kooperationen ohne gesellschaftsrechtliche Bindung beschreiben eine Zusammenarbeit von Flughäfen in bestimmten Bereichen, aber ein weiterhin konkurrierendes Auftreten der Kooperationspartner im Markt. Hierbei kann die Zusammenarbeit entweder in Teilbereichen oder im Gesamtgeschäft stattfinden. Auch eine reine Kooperation im Drittgeschäft oder Ausland ist denkbar. Vor allem auch im generellen Business-to-Business (B2B)-Kontext sind diese Allianzen von großem Nutzen, bspw. in Verhandlungen mit Lieferanten, Cateringfirmen oder Händlern.

Ein Beispiel für die Kooperation in Teilbereichen ist die zwischen der Fraport AG und der Schiphol Group gegründete, global agierende Pantares Allianz oder auf regionaler Ebene auch die Süddeutsche Flughafenallianz, die sich aus Hauptmitgliedern wie München und Stuttgart sowie verschiedenen Regionalflughäfen als indirekten Mitgliedern zusammensetzt und in den Bereichen Beschaffung, Technik, EDV etc. kooperiert. Das Gesamtgeschäft betreffend finden sich Kooperationen vorrangig zwischen Großflughäfen und umliegenden Regionalflughäfen mit dem Ziel einer Wachstumsbeteiligung der kleineren Flughäfen und der möglichen Umleitung auf diese bei Kapazitätsengpässen in der eigenen Infrastruktur. Beispiele hierfür sind Frankfurt/Main mit einer Beteiligung an Saarbrücken und Hannover oder Düsseldorf mit Mönchengladbach.[38]

b) *Flughafengruppen*

Auf Drittmärkten besteht zudem häufig eine Kooperation zwischen Flughäfen, um dort neue Geschäftsfelder und Märkte zu erschließen und möglichst effizient auszuschöpfen. Hierzu haben sich diverse Flughäfen zu einer sog. globalen **Flughafengruppe** – ähnlich den schon lange bestehenden Allianzen zwischen Fluggesellschaften wie der Star Alliance, One World oder auch Sky Team – zusammengeschlossen. Diese globalen Flughafengruppen agieren gemeinsam auf Managementebene und passen die entsprechenden Aktivitäten aneinander an. Auf der positiven Seite stärkt dies die Marktmacht der einzelnen Flughäfen

---

38 Vgl. Forsyth, Peter / Niemeier, Hans-Martin / Wolf, Hartmut (2010): Airport Alliances and Multi-Airport Companies: Implications for Airport Competition, in: Forsyth et al. (Hrsg.): Airport Competition – The European Experience, S. 340–344
Jarach, David (2005a): Airport Marketing: Strategies to cope with the new millennium environment, S. 61–65
Schulz, Axel / Baumann, Susanne / Wiedenmann, Simone (2010): Flughafen Management, S. 172

und steigert sowohl die beschaffungs- als auch absatzseitige Effizienz. Negativ zu beurteilen ist jedoch der Verlust der eigenen Identität der Flughäfen und somit ggf. auch ihrer individuellen Markenpositionierung. Es wird geschätzt, dass diese Entwicklung in den kommenden Jahren noch signifikant zunimmt und zu einer Konsolidierung des Marktes führt, der dann von wenigen, mächtigen Flughafengruppen bestimmt wird.[39]

Genauer verdeutlicht werden die Kooperationsaktionen solcher Flughafengruppen am Beispiel der Fraport AG:

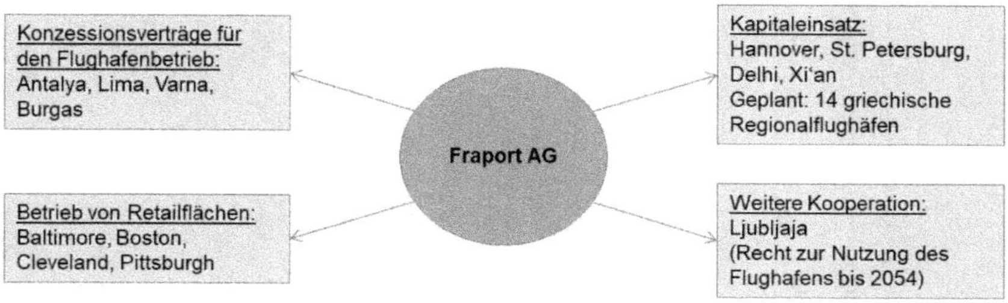

Abbildung 2-6: Flughafengruppe Fraport AG[40]

Diese Flughafengruppen bestehen aber heutzutage auch außerhalb der traditionellen Flughafenbetreiber. Das Betreiben und Bewirtschaften von Flughäfen hat sich als rentables Geschäftsfeld für diverse Organisationen etabliert. Hierzu gehören u.a. Bauträgerfirmen (wie z.B. die britische Thomas Bailey Investments), Bauunternehmen (wie z.B. Hochtief) oder auch internationale Finanzinvestoren (z.B. die australische Macquarie Bank). Umstritten ist, ob andere Akteure in der Luftfahrtindustrie Anteile an Flughäfen erwerben und diesen bewirtschaften

39 Vgl. Alsolami, Hazaz et al. (2015): Transformation of airport industries: A fresh review of global changes, in: International Journal of Economics, Commerce and Management, S. 494
Centre for Asia-Pacific Aviation (2007): Global Airport Privatisation Report, S. 10/22–25
Forsyth, Peter / Niemeier, Hans-Martin / Wolf, Hartmut (2010): Airport Alliances and Multi-Airport Companies: Implications for Airport Competition, in: Forsyth et al. (Hrsg.): Airport Competition – The European Experience, S. 339/344–346
Jimenez, Edgar / Claro, Joao / Pinho de Sousa, Jorge (2013): The airport business in a competitive environment, in: European Journal of Transport and Infrastructure Research, S. 322–323

40 Vgl. Fraport AG (2017e): Geschäftsbericht 2016, S. 5/25/50

sollten, da dies unter wettbewerbsrechtlichen Gesichtspunkten bedenklich ist. Eine Teilhaberschaft aber existiert zumindest bei gemeinsamen Investitionen in einen bestimmten Bereich des Flughafens wie es bei Lufthansa in Frankfurt als Teilhaber von Fraport (8,44%) oder mit einem eigenen Terminal in München oder auch an vielen US-amerikanischen Flughäfen der Fall ist.[41] Eine Liste der größten, globalen Flughafengruppen zeigt die folgende Tabelle:

Rang	Flughafengruppe	Land	Einnahmen in Mio USD	Beteiligungen
1	Ferrovial (ehem. BAA)	Spanien	5.309	GBR, AUS, CAN, USA, ITA, CHL
2	Aena	Spanien	4.103	ESP, COL, MEX
3	Fraport AG	Deutschland	3.338	GER, TUR, IND, PRT, AUS, PER, CHN, EGY, HUN
4	Aéroports de Paris	Frankreich	3.154	FRA, BEL, CHN, KHM, EGY
5	Port Authority of NY & NJ	USA	1.918	USA
6	Narita Intl. Airport Group	Japan	1.760	JPN
7	Schiphol Group	Niederlande	1.577	NDL, USA, SWE, AUS, KAR, CHN, IDN
8	Infraero	Brasilien	1.167	BRA
9	Avinor	Norwegen	1.150	NOR
10	Greater Toronto Airport Authority	Kanada	1.110	CAN

Tabelle 2-3: Rangliste der führenden Flughafengruppen[42]

Der Kern dieser Dissertation liegt deshalb darin, einen Differenzierungsansatz durch eine strategische Positionierung und entsprechende Markenbildung

41 Vgl. Centre for Asia-Pacific Aviation (2007): Global Airport Privatisation Report, S. 10/22–25
Fraport (2017a): Basisdaten & Aktionärsstruktur
Graham, Anne (2003): Managing Airports: An international perspective, S. 6/41–42
Schulz, Axel / Baumann, Susanne / Wiedenmann, Simone (2010): Flughafen Management, S. 173–176

42 Vgl. Schulz, Axel / Baumann, Susanne / Wiedenmann, Simone (2010): Flughafen Management, S. 175

aufzuzeigen und als möglichen kompetitiven Vorteil für Flughäfen zu analysieren. Zu diesem Zweck wird die Wettbewerbssituation von Flughäfen unter Berücksichtigung der spezifischen Positionierungsstrategien in Kapitel 6.2.1 als Basis für die Ableitung strategischer Handlungsempfehlungen noch eingehend analysiert.

2.3 Untersuchung des Geschäftsmodells von Flughäfen

Im folgenden Kapitel soll das spezifische Geschäftsmodell von Flughäfen untersucht werden. Zu diesem Zweck werden die konzeptionellen Grundlagen der Geschäftsmodelltheorie erläutert. Im Anschluss sollen zunächst die verschiedenen Funktionen von Flughäfen sowie die zu Grunde liegenden Kosten- und Erlösstrukturen dargestellt werden bevor im Anschluss die Strategischen Geschäftsfelder, die der Erfüllung dieser Funktionen dienen, detailliert untersucht werden.

2.3.1 Konzeptionelle Grundlagen zur Untersuchung des Geschäftsmodells

Zur grundlegenden Untersuchung des Geschäftsmodells von Flughäfen soll zunächst ein konzeptionelles Modell zur Bestimmung von Geschäftsmodellen vorgestellt werden. Zu diesem Zweck existieren sowohl in der Forschung als auch in der Praxis diverse Ansätze und Definitionen, die zwar viele Gemeinsamkeiten aufweisen aber aufgrund ihrer Komplexität nicht einheitlich bestimmt werden können.[43]

Doleski (2015) definiert Geschäftsmodelle beispielsweise umfassend als „*angewandtes Konzept zur Beschreibung, Analyse und Entwicklung der fundamentalen Verfahren zur Leistungserstellung. Ein solches Modell bietet eine vereinfachte Darstellung des Wertschöpfungsprozesses, der Funktionen und Interaktionen zur Erstellung des Kundenwerts, der Sicherung kompetitiver Vorteile und der Umsatzgenerierung*“.[44]

Eine prägnantere Definition von Teece (2010), die der weiteren Untersuchung des Geschäftsmodells von Flughäfen zu Grunde liegen soll, beschreibt Geschäftsmodelle als „*die Formulierung der Logik und Darstellung, wie Unternehmen Werte*

---

43 Vgl. Schallmo, Daniel (2015): Bestehende Ansätze zu Business Model Innovation. Analyse und Vergleich der Geschäftsmodelle, S. 2
Wirtz, Bernd (2011): Business Model Management. Design – Process – Instruments, S. 78

44 Doleski, Oliver (2015): Integrated Business Model. Applying the St. Gallen Management Concept Guide to Business Models., S. 6

schöpfen und an die Kunden tragen. Darüber hinaus skizzieren Geschäftsmodelle die Erlös-, Kosten- und Umsatzströme des wertbringenden Unternehmens".[45]

Aus dieser Definition ergeben sich die wichtigsten Determinanten (oder auch partielle Geschäftsmodelle), von denen ein bestehendes oder potentielles Geschäftsmodell bestimmt wird: (1) Wertschöpfungsversprechen, (2) Kunden und (3) Erlös- und Kostenstrukturen.

Eine geeignete Übertragung dieser Determinanten in ein anwendbares Modell bietet das Business Model Canvas (BMC) von Osterwalder und Pigneur (2011), welches neun einzelne Treiber (Bausteine) identifiziert, von denen die Ausgestaltung eines Geschäftsmodells abhängt. Diese Bausteine gliedern sich wiederum in vier partielle Geschäftsmodelle: (1) Produkt (Wertschöpfungsversprechen), (2) Kundenschnittstelle, (3) finanzielle Aspekte und schließlich (4) Infrastrukturmanagement.[46]

Das **Produkt bzw. Wertschöpfungsversprechen** konstituiert hierbei das Herzstück des Geschäftsmodells und beschreibt die Problemlösung, die das Unternehmen seinen Kunden bietet und damit den Wert, der für diese Kunden geschaffen wird. Daraus ergibt sich direkt das nächste partielle Modell der **Kundenschnittstelle**, dessen Bausteine beschreiben, welche Kundengruppen das Unternehmen bedient, wie die Beziehungen mit diesen Gruppen gestaltet sind und auf welchen Kanälen das Unternehmen mit ihnen interagiert. Einen weiteren essentiellen Teil in der Beschreibung eines Geschäftsmodells stellen die **finanziellen Aspekte** der Erlöse und Kosten dar, die zur Quantifizierung des Wertschöpfungsversprechens untersucht werden müssen. Über diese drei wichtigen Determinanten hinaus, die auch in der zu Grunde liegenden Definition von Teece (2010) zu finden sind, wurde die Konzeptualisierung des Geschäftsmodells im Business Model Canvas von Osterwalder und Pigneur (2011) noch um eine vierte Dimension, das **Infrastrukturmanagement**, erweitert. Diese beschreibt die notwendigen Ressourcen und Aktivitäten, die die Erfüllung des Wertschöpfungsversprechens ermöglichen sowie die zu diesem Zweck relevanten Partner im Netzwerk des Unternehmens.[47] Die folgende Abbildung bietet eine graphische Zusammenfassung des Modells:

45 Teece, David (2010): Business models, business strategy and innovation, in: Long Range Planning, S. 95

46 Vgl. Osterwalder, Alexander / Pigneur, Yves (2011): Business Model Generation: A Handbook for Visionaires, Game Changers and Challengers, S. 20–42

47 Vgl. Osterwalder, Alexander / Pigneur, Yves (2011): Business Model Generation: A Handbook for Visionaires, Game Changers and Challengers, S. 20–42

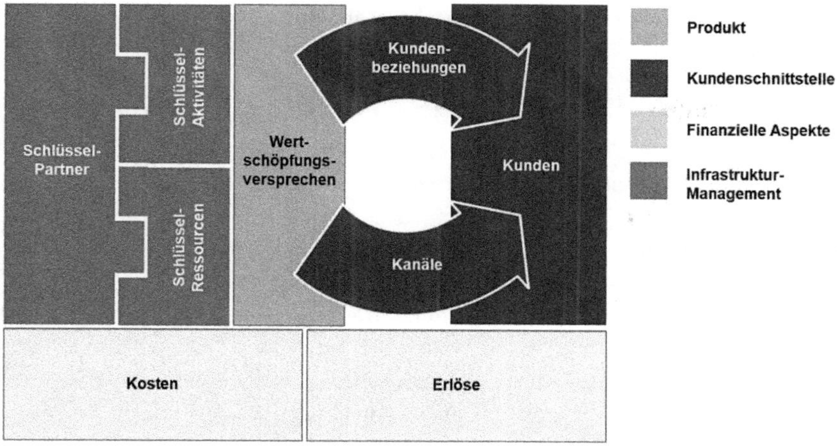

Abbildung 2-7: Business Model Canvas (BMC)[48]

Diese vierte Dimension (Infrastrukturmanagement) beschreibt jedoch bereits eine stark umsetzungsorientierte Beschreibung eines Geschäftsmodells und soll daher in der folgenden, konzeptionellen Untersuchung des Geschäftsmodells von Flughäfen nicht eingehend analysiert werden. Die anderen partiellen Geschäftsmodelle werden in den folgenden Kapiteln eingehend beschrieben. Zunächst soll das Wertschöpfungsversprechen von Flughäfen bestimmt werden, indem die zu Grunde liegenden Funktionen von Flughäfen (Kapitel 2.3.2.1) und deren Erweiterung durch die Herausbildung von kommerziellen Flughäfen und Airport Cities (Kapitel 2.3.2.2) beschrieben werden. Die relevanten Kundengruppen werden innerhalb dieses Kapitels ebenfalls beschrieben (Kapitel 2.3.4) und im weiteren Verlauf dieser Dissertation im Rahmen einer detaillierten Stakeholderanalyse (Kapitel 6.2) eingehend untersucht. Schließlich werden die finanziellen Aspekte des Geschäftsmodells in Kapitel 2.3.3 durch die Aufstellung der Erlös- und Kostenstrukturen von Flughäfen erläutert. Vor diesem konzeptionellen Hintergrund beschreibt Kapitel 2.4 die verschiedenen Strategischen Geschäftsfelder von Flughäfen.

48 In Anlehnung an: Osterwalder, Alexander / Pigneur, Yves (2011): Business Model Generation: A Handbook for Visionaires, Game Changers and Challengers, S. 18–19

2.3.2 Historische Herleitung und Abgrenzung des Wertschöpfungsversprechens von Flughäfen

2.3.2.1 Kernwertschöpfungsversprechen (Funktionen) von Flughäfen

Historisch kann die Funktion eines Flughafens vorrangig durch den „*lokal definierten und limitierten Zugang zu einer Luftverkehrsleistung*“ angesehen werden. Tatsächlich erfüllen Flughäfen aber auch darüber hinaus diverse Funktionen. Nach wie vor besteht die zentrale Aufgabe eines Flughafens in der **Wegsicherungsfunktion**, wodurch der reibungslose Verkehr inkl. Start und Landung sowie die Bereitstellung entsprechender Infrastruktur und Einrichtungen (wie bspw. Landebahn und Hangars) gewährleistet sein muss. Darüber hinaus muss ein Flughafen die **Abfertigungsfunktion** erfüllen, welche die land- (Terminal und andere vorgelagerte Einrichtungen) sowie luftseitige (Vorfeld) Bodenabfertigung von Passagieren und Fracht bedeutet. Hieraus ergibt sich auch die **Transitfunktion**, die den weiteren bzw. vorgelagerten Transport von Passagieren und Gütern nach / vor der eigentlichen Abfertigung umfasst. Gemeinsam stellen diese drei Funktionen die **Primärfunktionen** von Flughäfen dar. Die **sekundären Funktionen** von Flughäfen beschrieben darüber hinaus die Tätigkeitsfelder des Flughafens, die die Erfüllung der Primärfunktionen unterstützen. Durch die Wandlung des Geschäftsmodells von Flughäfen, hat in den letzten Jahren jedoch vor allem die **Bedürfnisbefriedigung der Kunden als Tertiärfunktion** stetig an Bedeutung gewonnen, da ein immer wachsender Anteil des Flughafengeschäfts durch nicht luftfahrtbezogene Geschäftsfelder abgedeckt wird (wie im Laufe dieses Kapitels eingehender beschrieben wird) und somit der ganzheitlichen Bedürfnisbefriedigung aller Kundengruppen eine gesteigerte Signifikanz zukommt. Letztlich muss ein Flughafen noch die **Hilfsfunktion** erfüllen, die beschreibt, dass notwendige Zusatzleistungen seitens des Flughafenbetreibers erbracht werden müssen, um die Hauptfunktionen hinreichend zu erfüllen. Hierzu gehören bspw. Bereitstellung von Flächen und Einrichtungen für Sicherheit, Zoll, Flugsicherung u.ä.. Über diese operativen Funktionen hinaus, hat ein Flughafen auch noch die wichtige Funktion, zur **regionalen Entwicklung** beizutragen, da er ein signifikanter Akteur in der wirtschaftlichen Ausrichtung seiner (un-)mittelbaren Umgebung ist. Durch den Ausbau von Flughäfen zu intermodalen Verkehrsknotenpunkten hin zu holistischen Dienstleistungszentren wird die Entstehung und Beibehaltung von

Wert- und Arbeitsplatzschöpfung sowohl am Flughafen selbst als auch in dessen Umgebung gesichert.[49]

Darüber hinaus kann das luftfahrtbezogene Angebot auch nach **Kernnutzen** und **Zusatznutzen** unterteilt werden. Dieser differenziert sich je nach der angesprochenen Kundengruppe: Business-to-Consumer (B2C) (v.a. Passagiere) und B2B (v.a. Fluglinien). In diesem Zusammenhang kann der Kernnutzen als das primäre Bedürfnis der Kundengruppe definiert werden, welches durch das tatsächliche Produkt geliefert wird. Der Zusatznutzen ist dann eine Weiterführung der Bedürfnisbefriedigung, die das angebotene Produkt von anderen unterscheidet.[50]

Im der folgenden Graphik werden diese Nutzenausprägungen für die Bereiche B2B und B2C beispielhaft vorgestellt.

---

49 Vgl. Aberle, Gerd (2003): Transportwirtschaft. Einzelwirtschaftliche und gesamtwirtschaftliche Grundlagen, S. 34 / 260
Maurer, Peter (2006): Luftverkehrsmanagement: Basiswissen, S. 21
Mensen, Heinrich (2003): Handbuch der Luftfahrt, S. 260–261
Pompl, Wilhelm (2002): Luftverkehr: Eine ökonomische und politische Einführung, S. 169
Schulz, Axel / Baumann, Susanne / Wiedenmann, Simone (2010): Flughafen Management, S. 12–15
Trumpfheller, Michael (2006): Strategisches Flughafenmanagement - Positionierung und Wertschöpfung von Flughafentypen, S. 33–35
Young, Seth / Wells, Alexander (2011): Airport Planning and Management, S. 360–361

50 Vgl. Kotler, Philip / Armstrong, Gary (2014): Principles of Marketing, S. 28–31

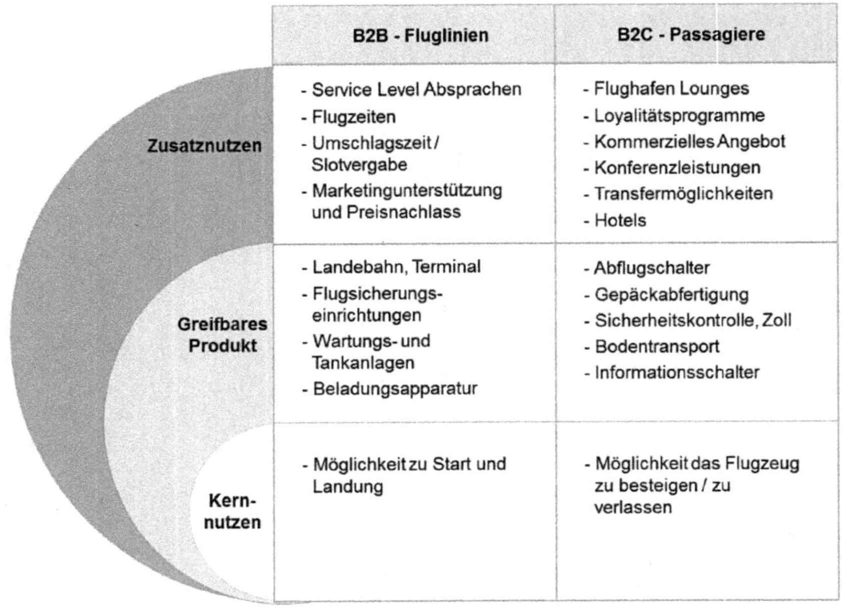

Abbildung 2-8: Nutzenkategorien des Flughafenprodukts[51]

2.3.2.2 Erweiterung des Wertschöpfungsversprechens durch Herausbildung kommerzieller Flughäfen und Airport Cities

Die veränderten Rahmenbedingungen und die finanzielle Situation der Flughäfen führte darüber hinaus nicht nur zu einer Veränderung der Eigentümerstruktur, sondern auch zu einem Umdenken im allgemeinen **Geschäftsmodell** von Flughäfen. Die sinkenden Einnahmen im luftfahrtbezogenen Sektor, die durch die Deregulierung herbeigeführt wurden, zwangen die Betreiber, nach alternativen Einnahmequellen zu suchen. Hierdurch ergaben sich, wie oben gerade ausgeführt wurde, diverse neue Funktionen und damit Wertschöpfungsversprechen von Flughäfen und damit verbunden auch neue Kunden sowie finanzielle Strukturen, weshalb diese Entwicklung als **Innovation des Flughafengeschäftsmodells** angesehen werden kann.[52]

51 Vgl. Halpern, Nigel / Graham, Anne (2013): Airport Marketing, S. 118–119

52 Vgl. Johnson, Marc / Christensen, Clayton / Kagermann, Henning (2008): Reinventing your business, in: Harvard Busiess Review S. 58

a) Entstehung kommerzieller Flughäfen

Die Wertschöpfung von Flughäfen hat sich zunehmend vom traditionellen Geschäftsmodell hin zu einer Gestaltung verlagert, die die veränderten Prioritäten der verschiedenen Endkonsumenten besser erfüllt. Hierzu gehören einerseits die Airlines, deren Geschäftsmodelle sich im Zuge der Deregulierung auch stärker diversifiziert haben, sowie die Passagiere, die aufgrund der Globalisierung und des technischen Fortschritts immer besser informiert und somit freier in der Wahl ihres Nutzenverhaltens sind.[53] Im Zuge dieser Entwicklung wurde das **nicht luftfahrtbezogene Angebot von Flughäfen**, welches bis dato ein zu vernachlässigendes Nebeneinkommen ausmachte, stark ausgebaut und zu einem Haupttreiber der Umsatzstruktur entwickelt.[54]

Neben ihrer reinen Stellung als Aerodrome und damit signifikanter Infrastruktureinheit, unterliegen Flughäfen dadurch auch zahlreichen Veränderungen und Entwicklungen anderer Industrien, die aufgrund der Herausbildung des nicht luftfahrtbezogenen Angebots ebenfalls als Wettbewerber betrachtet werden müssen. Damit verbunden entstehen auch neue Herausforderungen und Ansprüche, welche es erfordern, dass Flughäfen immer stärker als eigenständige Unternehmen agieren, um diese neuen Aufgaben sowie die daraus entstandene Konkurrenzsituation zu meistern. Diese erhöhte Kommerzialisierung steigert die Signifikanz des nicht luftfahrtbezogenen Geschäftsfeldes zur generellen Ertragssteigerung der Flughäfen.[55]

In den 1990er Jahren wurde dann auch das **Serviceangebot** von Flughäfen strategisch erweitert und umfasst nun diverse Maßnahmen in den Bereichen Co-Marketing und Co-Branding mit Fluglinien und anderen Akteuren in der Wertschöpfungskette, um sowohl die Visibilität der Flughäfen als auch deren direkten Kontakt zu ihren Endkunden (v.a. den Passagieren) zu erhöhen. Darüber hinaus haben Flughäfen auch selbstständig viel zu ihrer Visibilität beigetragen, indem sie sich stärker in der Tourismusbranche engagiert haben und in diesem Zusammenhang interessierten Kundengruppen (v.a. Luftfahrtenthusiasten) Zugang zu Einrichtungen wie bspw. technischen Anlagen oder Kontrolltürmen gewährt haben.

---

53 Vgl. Jarach, David (2005a): Airport Marketing: Strategies to cope with the new millennium environment, S. xi
Copenhagen Economics (2012): Airport Competition in Europe, S. 14–15

54 Vgl. Schulz, Axel / Baumann, Susanne / Wiedenmann, Simone (2010): Flughafen Management, S. 31

55 Vgl. ACI Airports Council Europe (2015): Performance Management at European Airports, S. 1
Graham, Anne (2003): Managing Airports: An international perspective, S. 6–8/11

Des Weiteren haben Flughäfen zu dieser Zeit damit begonnen, Studien über ihre tatsächlichen Zielgruppen und Einzugsgebiete durchzuführen, um ein besseres und stärker differenziertes Angebot zu erstellen. Hieran wird deutlich, dass die Notwendigkeit einer verstärkten Marktorientierung bereits erkannt aber bisher noch nicht hinreichend strategisch konzeptualisiert und implementiert wurde.[56]

Es hat sich auch gezeigt, dass erfolgreiche Akteure in der Flughafenindustrie davon abweichen, mono-modale Ansätze zu verfolgen, die auf einer reinen transportbezogenen Konkurrenz mit anderen Flughäfen sowie weiteren Transportanbietern (Bus, Bahn etc.) basieren. Stattdessen entwickeln sie Strategien hin zu gemeinsam entwickelten **multi-modalen Ansätzen**. Dadurch wird Passagieren und Logistikfirmen ein nahtloser Transfer zwischen Luft- und Straßen- bzw. Schienenverkehr geboten, der die Attraktivität eines Flughafens erhöht und gleichzeitig seine Machtposition verstärkt.[57]

b) Entwicklung zu Airport Cities

Falls außerhalb des bestehenden Flughafengeländes ein entsprechendes Areal zur Verfügung steht, nutzen viele große Flughäfen die Option, den Flughafenbetrieb über die traditionellen Grenzen des Luftverkehrs hinaus zu nutzen und das Leistungsangebot somit zu diversifizieren. Mögliche Einrichtungen sind z.B. Hotels, Krankenhäuser, Logistikzentren oder auch Freizeitanlagen, die durch Anwohner und Arbeitnehmer im Einzugsgebiet eine zusätzliche Zielgruppe ansprechen. Diese multi-modalen Flughäfen werden als sog. **Airport Cities** deklariert. Synonyme Begriffsbeispiele sind auch Sky City, Aviopolis, Aeroworld oder auch Aeroville. Falls die Ausdehnung des Flughafens mit der umliegenden, urbanen Gegend verschwimmt, spricht man von einer Aerotropolis.[58]

---

56 Vgl. Jarach, David (2005a): Airport Marketing: Strategies to cope with the new millennium environment, S. 36

57 Vgl. Jarach, David (2001): The evolution of airport management practices: Towards a multi-point, multi-service, marketing-driven firm, in: Journal of Air Transport Management, S. 121

58 Vgl. Alsolami, Hazaz et al. (2015): Transformation of airport industries: A fresh review of global changes, in: International Journal of Economics, Commerce and Management, S. 494

Kasarda, John (2008): The Evolution of Airport Cities and the Aerotropolis, in: (Hrsg.): Airport Cities: The Evolution, S. 7

Peneda, Mauro José Aguiar / Reis, Vasco Domingos / Macário, Rosário (2011): Critical factors for development of airport cities, in: Transportation Research Record: Journal of the Transportation Research Board, S. 1–2

Für die vorliegende Arbeit soll diese Unterscheidung jedoch nicht berücksichtigt, sondern nur das Konzept von Airport Cities allgemein in Betracht gezogen werden.

Der Treiber zur Entwicklung der Airport Cities liegt in der steigenden Globalisierung und Internationalisierung von Passagieren und vor allem Unternehmen, die es erfordert in möglichst kurzer Zeit unternehmerische Prozesse sowie private Erledigungen effizient zu gestalten. Für die Zielgruppe der **Passagiere** ist es daher erforderlich, viele ihrer in Anspruch genommenen Leistungen und Angebote an einem zentralen Ort zu bündeln und mit ihren ohnehin geplanten Wegstrecken (private sowie geschäftliche Reisen) zu verbinden. Noch wichtiger ist die Erschaffung der Airport Cities für **Unternehmen**, die sich vor Ort ansiedeln, um möglichst zeit- und lageeffizient ihre Prozesse durchzuführen und durch die multimodalen Möglichkeiten an Flughäfen ihre Produkte zu transportieren. Zu den angesiedelten Unternehmen gehören daher besonders häufig Firmen aus den Bereichen Transport und Logistik. Durch die **Mitarbeiter** dieser angesiedelten Unternehmen hat sich darüber hinaus noch eine weitere bedeutende Zielgruppe herausgebildet, die genau wie die Passagiere des Flughafens privat Leistungen und Angebote der Airport Cities nutzen. Zur Erfüllung der Bedürfnisse dieser Zielgruppen haben sich diverse Anbieter aus den Bereichen Gesundheitswesen (Flughafenkliniken), Hotels, Gastronomie oder auch Kongressbetriebe sowie Kindergärten oder auch Kapellen am Flughafen herausgebildet.[59]

Vorreiter dieser Entwicklung war in Europa der Flughafen Amsterdam Schiphol, der das Konzept der Airport Cities bereits in den 1980er Jahren vorantrieb. Heutzutage sind vor allem die Flughäfen im Raum Asia-Pazifik und den Golfstaaten darauf bedacht, ihren Kunden ein holistisches Angebot und Erlebnis vor Ort zu bieten. Durch häufig mangelnde geographische und rechtliche Beschränkungen in diesen Regionen können die entsprechenden Flughäfen weit über ihre Funktion als Verkehrsknotenpunkt hinaus Kunden durch ihr vielfältiges Angebot wie Einkaufszentren oder Freizeitanlagen anziehen und stellen somit ein attraktives Reiseziel an sich dar. Um die Wirtschaftlichkeit eines solchen Angebots zu gewährleisten, liegt die notwendige Mindestzahl an Passagieren für eine Airport City bei ca. einer Million pro Jahr. Die Konsolidierung auf eine geringere Anzahl an Drehkreuzen – die im weiteren Verlauf dieser Arbeit noch eingehender beschrieben wird – führt dazu, dass diese kritische Passagierzahl von immer

59 Vgl. Young, Seth / Wells, Alexander (2011): Airport Planning and Management, S. 48–49

mehr Flughäfen erreicht werden kann und sich somit viele Flughäfen weiterhin zu Airport Cities entwickeln. Forschungen zur Marktentwicklung schätzen, dass im Vergleich zu den heute bestehenden 47 Airport Cities bis zum Jahr 2034 die Anzahl auf 91 ansteigen wird.[60]

c) Flughäfen als wirtschaftliche Treiber der Region

Die Herausbildung von Airport Cities führt also dazu, dass der Flughafen nicht nur als internationaler Verkehrsknotenpunkt, sondern als **umfassendes Wirtschaftszentrum** angesehen werden kann, welches sowohl als Arbeitgeber sowie auch als Anbieter verschiedenster Leistungen und Produkte eine signifikante, ökonomische Rolle als **Wachstumstreiber** der Region spielt und somit auch das Interesse der Öffentlichkeit auf sich zieht.[61]

Diese wirtschaftlichen Auswirkungen von Flughäfen auf die umliegende Region lassen sich anhand ihrer **Wirkungsebenen** klassifizieren. Zum einen bestehen direkte (oder auch primäre) ökonomische Effekte durch die Herausbildung und Sicherung von Arbeitsplätzen in der Region sowie den erwirtschafteten Gewinn und die daraus resultierenden Investitionen und Steuerzahlungen. Diese Auswirkungen sind leicht messbar und direkt zuordenbar. Darüber hinaus bestehen noch weitere ökonomische Effekte, die aus der Signifikanz des Flughafens für die gesamtwirtschaftliche Entwicklung der Region resultieren. So entstehen bspw. Arbeitsplätze und Einnahmen in den direkt vorgelagerten Schritten der Wertschöpfungskette (indirekte Effekte). Weiterhin generieren sich diese Effekte durch die aus der Existenz des Flughafens resultierenden Ausgaben (induzierte Effekte) und die mit dem Flughafen verbundene Ansiedlung

60 Vgl. Arthur D Little (2008): Kostenvorteile der Middle East Carrier – Eine Quantifizierung struktureller und strategischer Vorteile im Vergleich zu europäischen Netzwerk Carriern, S. 3/21–22
Kasarda, John (2008): The Evolution of Airport Cities and the Aerotropolis, in: (Hrsg.): Airport Cities: The Evolution, S. 2
Schulz, Axel / Baumann, Susanne / Wiedenmann, Simone (2010): Flughafen Management, S. 80–82

61 Vgl. Kasarda, John (2008): The Evolution of Airport Cities and the Aerotropolis, in: (Hrsg.): Airport Cities: The Evolution, S. 4–5
Peneda, Mauro José Aguiar / Reis, Vasco Domingos / Macário, Rosário (2011): Critical factors for development of airport cities, in: Transportation Research Record: Journal of the Transportation Research Board, S. 1–2

weiterer Unternehmen (katalytische Effekte).[62] Der Flughafen Frankfurt/Main stellt bspw. mit ca. 60 Millionen internationalen Passagieren, 15 Millionen Besuchern und Abholern, 80.000 Angestellten vor Ort und 35 Millionen Konsumenten im Einzugsgebiet von 200km den signifikantesten Wirtschaftsfaktor der Region dar.[63]

Die größten Veränderungen in der Flughafenindustrie, die diesen Wandel vorangetrieben haben, waren also die **Deregulierung und Privatisierung** auf der einen Seite und die **Globalisierung und Kommerzialisierung** auf der anderen Seite. Ersteres veränderte die Art und Weise wie Flughäfen geführt und bewirtschaftet werden müssen; daraus resultiert dann die Kommerzialisierung, die Flughäfen als wirtschaftlich handelnde Unternehmen hervorgebracht hat und die Globalisierung, die einen Wettbewerb zwischen diversen, international agierenden Flughafenbetreibern geschaffen hat.[64]

Die weiteren Ausprägungen der kommerziellen Flughäfen und Airport Cities werden im Rahmen der Analyse des nicht luftfahrtbezogenen Geschäftsfeldes (Kapitel 2.3.4) noch eingehender beschrieben.

Eine zusammenfassende Übersicht über die Erweiterung des Flughafen-Geschäfts-modells bietet die folgende Abbildung.

---

62 Vgl. ACI Airports Council International (2000): Creating Employment and Prosperity in Europe: An Economic Impact Study Kit, S. 4/12–13
Kurte, Judith (1999): Produktions- und Beschäftigungseffekte von Verkehrsflughäfen am Beispiel des Flughafens Köln-Bonn, S. 31
Trumpfheller, Michael (2006): Strategisches Flughafenmanagement – Positionierung und Wertschöpfung von Flughafentypen, S. 35–38

63 Vgl. Beder, Heinrich (1999): Flughafen Frankfurt a.M.: Drehscheibe des Weltluftverkehrs, S. 14–15

64 Vgl. Carney, Michael / Mew, Keith (2003): Airport governance reform: a strategic management perspective, in: Journal of Air Transport Management, S. 229
Graham, Anne (2003): Managing Airports: An international perspective, S. 6–7
Graham, Anne (2010): Airport Strategies to Gain Competitive Advantage, in: Forsyth et al. (Hrsg.): Airport Competition – The European Experience, S. 89
Jarach, David (2005a): Airport Marketing: Strategies to cope with the new millennium environment, S. xi
Tabelle A-2-2 auf S. 300 des Anhangs bietet nochmal eine detaillierte Übersicht der verschiedenen Evolutionsstufen von Flughäfen

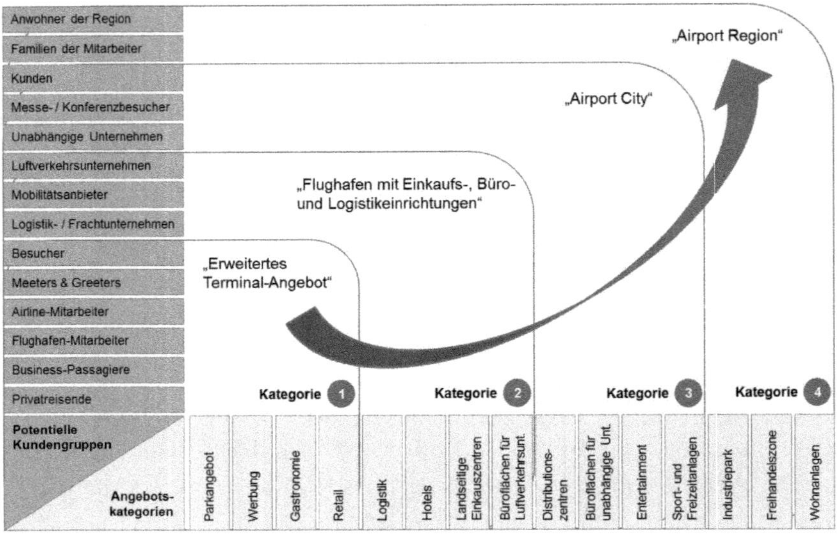

Abbildung 2-9: Die Erweiterung des Flughafen-Geschäftsmodells[65]

2.3.3 Finanzielle Aspekte von Flughäfen

Ähnlich den anderen unternehmerischen Funktionen wurde auch die Kontrolle über Einnahmen und Ausgaben der Flughäfen lange Zeit vernachlässigt, da kein ausreichender, kommerzieller Druck gegeben war. Mit stärkerer Kommerzialisierung von Flughäfen wächst allerdings auch die Notwendigkeit, die unternehmerische Leistung zu analysieren und zu bewerten.[66] Daher sollen im Folgenden die Erlös- und Kostenstrukturen als weitere Säule eines Geschäftsmodells von Flughäfen betrachtet werden.

65 In Anlehnung an: Arthur D Little (2006): Airport parking – How to maximize customer experience and value creation from airport parking activities S. 3

66 Vgl. ACI Europe Airports Council International (2010): An outlook for Europe's airports – Facing the challenges of the 21st century, S. 12
Graham, Anne (2003): Managing Airports: An international perspective, S. 61–62

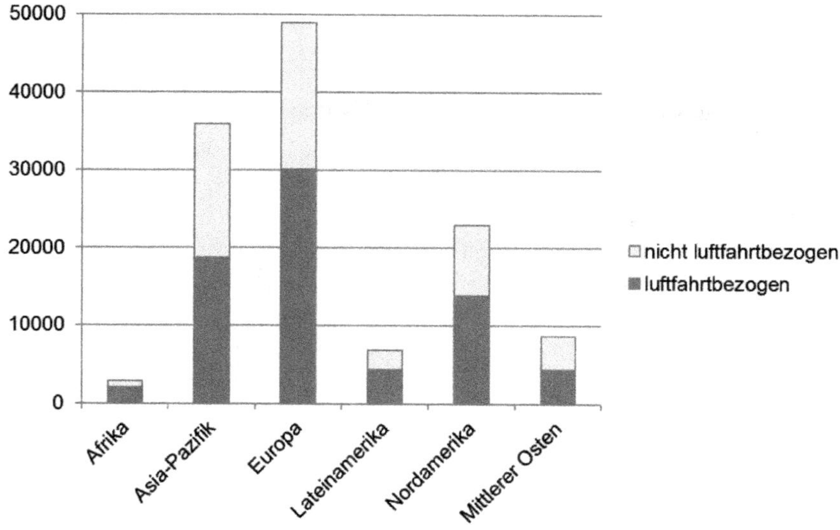

Abbildung 2-10: Flughafeneinkommen nach Regionen (in Mio. USD)[67]

2.3.3.1 Erlösstruktur

Die Erlösstruktur von Flughäfen kann in Verkehrseinnahmen (luftfahrtbezogen) und kommerzielle Einnahmen (nicht luftfahrtbezogen) gegliedert werden.

Die **kommerziellen Erlöse** beschreiben hierbei Einnahmen aus dem Non-Aviation-Segment, welche keine direkte Korrelation zum eigentlichen Flugbetrieb aufweisen. Der Anteil der kommerziellen Einnahmen steigt stetig und macht mittlerweile ca. die Hälfte der Gesamterlöse aus (bei manchen Flughäfen bis zu 70%). Darüber hinaus können bei den kommerziellen Erlösen auch noch attraktivere Margen für die Flughäfen gesichert werden.[68] Eine tiefergehende Analyse der verschiedenen kommerziellen Erlöse ist im weiteren Verlauf von Kapitel 2.3.3 integriert.

---

67 Vgl. ACI Airports Council International (2014): ACI Economics Report – Preview, S. 9

68 Vgl. Fasone, Vincenzo / Kofler, Lukas / Scuderi, Raffaele (2016): Business performance of airports: Non-aviation revenues and their determinants, in: Journal of Air Transport Management, S. 35
Freathy, Paul (2004): The commercialisation of European airports: successful strategies in a decade of turbulence?, in: Journal of Air Transport Management, S. 191
Graham, Anne (2009): How important are commercial revenues to today's airports?, in: Journal of Air Transport Management, S. 106

Verkehrseinnahmen auf der anderen Seite konstituieren die Erlöse aus dem gesamten Aviation Bereich und resultieren somit aus der Abfertigung von Flugzeugen, Passagieren und Fracht sowie den Bodenverkehrsdiensten. Darunter fallen Lande-, Passagier-, Park-, Sicherheits-, Lärm- und Emissions-, Treibstoff- sowie Bodenabwicklungs-Gebühren. Die Lande- und Passagierentgelte konstituieren hierbei den größten Teil der Einnahmen. Der Berechnung der Landeentgelte liegt generell das Gewicht der Flugzeuge zu Grunde; die genauen Parameter der Berechnung divergieren jedoch je nach Flughafen. Passagierentgelte können entweder pauschal nach Flugzeugtyp oder per Capita (mit geringeren Gebühren für nationale Passagiere) berechnet werden. Die Wahl zwischen diesen beiden Ansätzen liegt bei dem jeweiligen Flughafen; die Fluggesellschaften bevorzugen jedoch den zweiten Ansatz, da der Flughafen hier das Risiko eines nicht ausgebuchten Flugzeuges in Teilen mitträgt, da die sog. Passenger Service Charge (PSC) bei jedem gebuchten Flug durch die Passagiere an die Fluglinien entrichtet wird. Die Höhe dieser Gebühr hängt sowohl von der Strecke als auch der Länge des Fluges ab.[69]

Die folgenden Abbildungen geben einen Überblick über die wichtigsten Verkehrseinnahmen und deren prozentuale Verteilung:

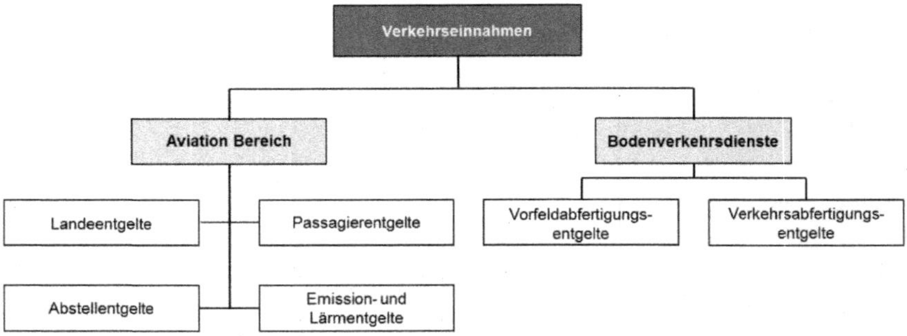

Abbildung 2-11: Übersicht der Verkehrseinnahmen[70]

69 Vgl. Graham, Anne (2003): Managing Airports: An international perspective, S. 98–103 Halpern, Nigel / Graham, Anne (2013): Airport Marketing, S. 148–152 Interview mit Prof. Dr. Georg Fundel, Geschäftsführer Flughafen Stuttgart GmbH (2016)

70 Vgl. Schulz, Axel / Baumann, Susanne / Wiedenmann, Simone (2010): Flughafen Management, S. 213

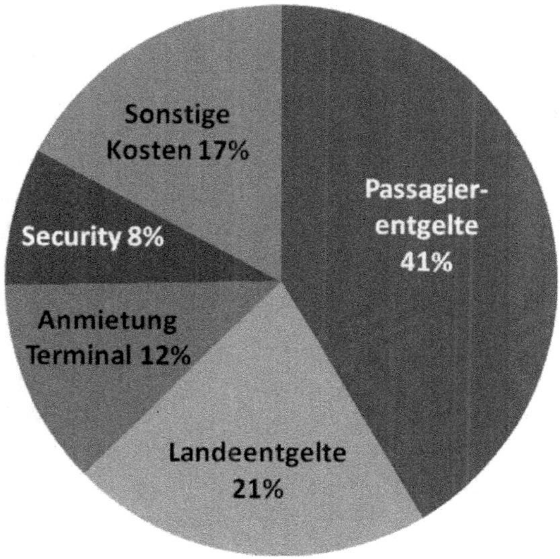

Abbildung 2-12: Verteilung der Verkehrseinnahmen[71]

Große Teile der **Preisstruktur** von Flughäfen sind jedoch durch ökonomische Regulierungen in ihrer Gestaltung begrenzt. Diese Regulierungen werden eingesetzt, um zu verhindern, dass Flughäfen ihre häufig bestehende Monopolsituation ausnutzen und ihre Preise unverhältnismäßig hoch ansetzen. Hierbei gibt es zwei verschiedene Ansätze zur Regulierung: (1) Dual Till und (2) Single Till. Unter **Dual Till**, also „Doppelkasse", werden das luftfahrtbezogene und das nicht luftfahrtbezogene Geschäftsfeld als einzelne Umsatzfaktoren betrachtet und nur die luftfahrtbezogene Seite unterliegt der Regulierung. Dieser Ansatz wird von den Flughäfen präferiert, da er ihnen erlaubt, das nicht luftfahrtbezogene Geschäftsfeld unter normalen Marktbedingungen zu führen und hierbei auch signifikante Gewinne zu erwirtschaften. Der **Single Till-Ansatz** trifft keine Unterscheidung der Geschäftsfelder und beschränkt somit die Gesamtumsätze der Flughäfen. Hierbei sind die luftfahrtbezogenen Gebühren meist niedriger, da die Umsätze aus dem nicht luftfahrtbezogenen Geschäftsfeld relativ gesehen höher sind und so erstere niedrig halten. Daher wird dieser Ansatz von Fluglinien bevorzugt und durch die Annahme gerechtfertigt, dass das nicht luftfahrtbezogene Geschäftsfeld ein direktes Nebenprodukt des Luftverkehrs darstellt.[72]

---

71 Vgl. ACI Airports Council International (2014): ACI Economics Report – Preview, S. 11

72 Vgl. Graham, Anne (2003): Managing Airports: An international perspective, S. 111–113

Darüber hinaus bestehen verschiedene **Inzentivierungsmechanismen**, die Anreize liefern sollen, bestimmte Strecken zu bedienen. Zum einen gehen diese Anreizmechanismen von Flughäfen aus, um bestimmte Fluglinien anzuziehen und an sich zu binden. Dies ist vor allem im LCC Bereich der Fall, wo entsprechende Fluglinien danach streben einen möglichst großen Teil der Kosten und Risiken mit den Flughäfen zu teilen. Auf der anderen Seite erhalten Flughäfen aber auch teilweise Inzentivierungszahlungen vom öffentlichen Sektor, sog. Route Development Funds (RDF), um Strecken anzubieten, die sich für den Flughafen oder die Fluglinien ökonomisch nicht rechnen, für die betreffende Region jedoch zuträglich sind.[73]

2.3.3.2 Kostenstruktur

Die **Kostenstruktur** von Flughäfen auf der anderen Seite wird durch die hohen **Fixkosten** bei der Betreibung und Wartung der Flughafeninfrastruktur wie Landebahnen und Terminalgebäuden bestimmt und kann in Betriebskosten und Kapitalkosten aufgeteilt werden. **Betriebskosten** entstehen regelmäßig durch den laufenden Betrieb des Flughafens und konstituieren insgesamt 62% der Gesamtkosten. Die größte Kostenstelle hierbei sind die Personalkosten, die insgesamt 35% der Betriebskosten eines Flughafens ausmachen. Generell können die Kosten für den laufenden Betrieb in landseitige und luftseitige Kosten aufgeteilt werden. Die landseitigen Kosten sind abhängig von der Art der angesiedelten Fluggesellschaften sowie dem allgemeinen Serviceniveau des Flughafens. Luftseitig beeinflusst vor allem die Menge an Verkehr sowie die Größe der Flugzeuge (durch die Notwendigkeit größerer Wartungseinrichtungen und Flugbahnen) die verschiedenen Kostenblöcke. Hier können aber durch ein effizientes Vorfeldlayout die Kosten allgemein gesenkt werden. Größenvorteile (Economies of scale) können hier nur sehr schwer erzielt werden, da ein erhöhtes Flugaufkommen meist mit einer direkten Betriebskostensteigerung einhergeht. Die Fixkosten können jedoch bei steigenden Flug- und Passagierzahlen besser verteilt werden, weshalb es für die Flughäfen auch hinsichtlich ihrer Kostenstrukturen durchaus wichtig

---

Button, Kenneth (2010): Countervailing Power to Airport Monopolies, in: Forsyth et al. (Hrsg.): Airport Competition – The European Experience, S. 59–60

73 Vgl. Francis, Graham / Humphreys, Ian / Ison, Stephen (2004): Airports' perspectives on the growth of low-cost airlines and the remodeling of the airport–airline relationship in: Tourism Management, S. 507
Halpern, Nigel / Graham, Anne (2013): Airport Marketing, S. 159, 166
Copenhagen Economics (2012): Airport Competition in Europe, S. 86–87
Starkie, David (2012): European airports and airlines: Evolving relationships and the regulatory implications, in: Journal of Air Transport Management, S. 43

ist, ständig neue Kunden anzuziehen. **Kapitalkosten** entfallen durch die Verbesserung und Erweiterung der Flughafeneinrichtungen und -infrastruktur (unabhängig von der tatsächlichen Auslastung). Hier ist der stärkste Kostentreiber mit 60% der Kapitalkosten die Abschreibung des Anlagevermögens.[74]

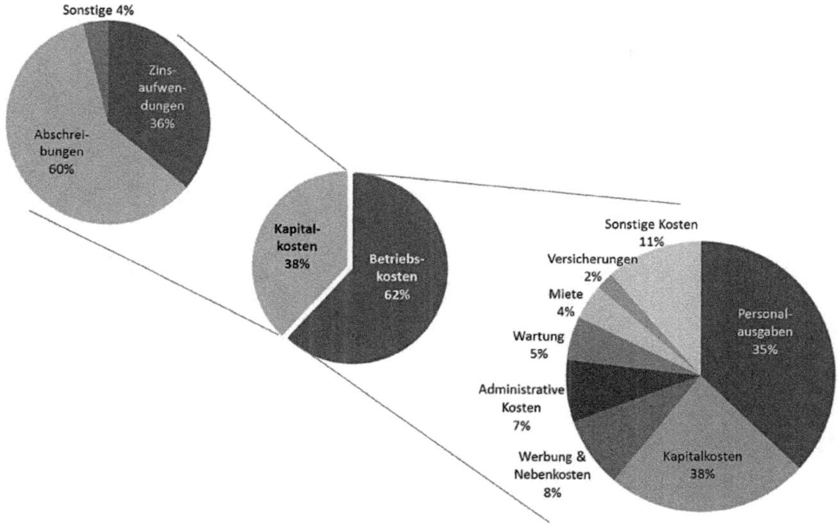

Abbildung 2-13: Kostenstrukturen von Flughäfen[75]

Innerhalb des Geschäftsmodells eines Flughafens bestehen also vorrangig zwei verschiedene Strategische Geschäftsfelder: zum einen das luftfahrtbezogene Geschäftsfeld und zum anderen das nicht luftfahrtbezogene Geschäftsfeld, welche im folgenden Kapitel (2.3.4) noch eingehender analysiert werden.[76] Die folgende Tabelle gibt nochmal einen Überblick über die verschiedenen Erlös- und Kostenstrukturen an Flughäfen bevor in den folgenden Unterkapiteln die einzelnen Strategischen Geschäftsfelder im Detail beschrieben werden.

74 Vgl. Caves, Robert E. / Gosling, Goeffrey D. (1999): Strategic Airport Planning, S. 133–138 Graham, Anne (2003): Managing Airports: An international perspective, S. 59 Schulz, Axel / Baumann, Susanne / Wiedenmann, Simone (2010): Flughafen Management, S. 218–219

75 Vgl. ACI Airports Council International (2014): ACI Economics Report - Preview, S. 10

76 Vgl. Jarach, David (2005a): Airport Marketing: Strategies to cope with the new millennium environment, S. 20

Region	Erlöse insg.	Veränderung 2012/2013	Verkehrs-erlöse	Veränderung 2012/2013	Kommerzielle Erlöse	Veränderung 2012/2013	Kosten (Betriebs- und Kapitalkosten)	Veränderung 2012/2013
Afrika	2.900	6,7%	2.100	12,5%	800	1,0%	2.100	-3,7%
Asia-Pazifik	37.000	11,8%	18.800	13,1%	17.200	9,2%	25.800	6,2%
Europa	49.800	2,2%	30.100	6,2%	18.800	1,8%	41.100	-2,5%
Lateinamerika	7.000	6,5%	4.400	5,4%	2.500	9,6%	5.100	12,1%
Mittlerer Osten	8.700	11,6%	4.400	5,8%	4.200	16,9%	7.400	6,4%
Nord-Amerika	25.500	4,4%	13.900	0,6%	9.100	4,7%	22.700	4,5%
Welt	130.900	5,5%	73.700	6,0%	50.800	5,5%	106.500	2,1%

Tabelle 2-4: Erlös- und Kostenstruktur der Flughäfen nach Regionen 2013 (in Mio. USD)[77]

77 Vgl. ACI Airports Council International (2014): ACI Economics Report – Preview, S. 9

2.3.4 Überleitung des Geschäftsmodells in einzelne Strategische Geschäftsfelder

2.3.4.1 Übersicht der Strategischen Geschäftsfelder

Strategische Geschäftsfelder (SGF) stellen konkrete **Angebots-/Zielgruppen-Kombinationen** dar, in denen ein Unternehmen aktiv ist. Als theoretisch durch diese Determinanten aufgespannten Konstrukte erlauben sie eine Unterteilung des übergeordneten Geschäftsmodells eines Unternehmens. Voraussetzung für das Bestehen eines Strategischen Geschäftsfelds sind: (1) eine eigenständige Marktaufgabe, (2) ein Handeln nach eigenständigen strategischen Konzepten (strategische Unabhängigkeit), (3) unterschiedliche Wettbewerbsverhältnisse sowie (4) eine zeitliche Stabilität und damit verbunden ein wesentlicher Beitrag zum Unternehmenserfolg. Die Erstellung der SGF legt das Fundament für die weitere Marktbearbeitung und -programmerstellung und soll im Folgenden für die Flughafenindustrie untersucht werden.[78]

Generell ist das traditionelle Kerngeschäft von Flughäfen, wie im vorangegangenen Kapitel beschrieben, die Abwicklung des Luftverkehrs und die Bereitstellung von unterstützenden Leistungen und Einrichtungen. Doch das Geschäftsmodell dieser Industrie hat sich stark darüber hinaus entwickelt, so dass man von verschiedenen Strategischen Geschäftsfeldern sprechen kann. Da ein Strategisches Geschäftsfeld von der Kombination des erbrachten Angebots und der dazugehörigen Kundengruppe aufgespannt wird, können die verschiedenen SGF von Flughäfen anhand dieser Determinanten unterteilt und analysiert werden.

Schulz, Baumann und Wiedenmann (2010) differenzieren vor diesem Hintergrund drei verschiedene Geschäftsfelder von Flughäfen: (1) Aviation (2) Bodenverkehrsdienste und (3) Non-Aviation. Das Geschäftsfeld **Aviation** wird als die *„Einrichtungen und Dienstleistungen, die direkt mit dem Flugbetrieb in Verbindung stehen“* definiert und beschreibt somit das oben genannte Kerngeschäft. Die **Bodenverkehrsdienste** beinhalten darüber hinaus alle *„Einrichtungen und Dienstleistungen zur Abfertigung von Passagieren, Gepäck und Fracht“*, sowohl auf der Luft- als auch auf der Landseite. Auf der Luftseite gehören hierzu bspw. die Vorfeldabfertigung und -kontrolle, auf der Landseite die Check-In Schalter und Sicherheitskontrollen. Das dritte, beschriebene Geschäftsfeld, **Non-Aviation**, umfasst alle *„Einrichtungen und Dienstleistungen, die nicht mit dem*

78 Vgl. Mattmüller, Roland (2012): Integrativ-Prozessuales Marketing, S. 150–153

Flugbetrieb in Verbindung stehen", also z.B. Einzelhandel, Gastronomie, Immobilien und diverse Dienstleistungen.[79] Da die Bodenverkehrsdienste jedoch primär den Aviation-Bereich unterstützen und somit als direkte Hilfsfunktion des ersten Geschäftsfeldes angesehen werden können, werden im Rahmen dieser Dissertation nur der luftfahrtbezogene (Aviation) und der nicht luftfahrtbezogene (Non Aviation) Bereich als primäre eigenständige, Strategische Geschäftsfelder angesehen und untersucht.[80]

Das originäre Geschäftsmodell von Flughäfen war, wie im vergangenen Kapitel bereits beschrieben, die Bereitstellung einer Infrastruktur zum reibungslosen Ablauf des Flugbetriebs mit den Airlines als primäre Kundengruppe. Diese Angebots-/Zielgruppenkombination stellt nach wie vor ein zentrales SGF innerhalb des übergreifenden Geschäftsmodells dar (SGF 1 in der folgenden Abbildung). Durch die kommerzielle Entwicklung von Flughäfen und den Ausbau zu Airport Cities hat sich darüber hinaus an allen Flughäfen jedoch eine starke Angebotsdiversifikation gebildet, wodurch auch neue Zielgruppen des Flughafens entstanden sind, die über die Airlines hinausgehen Kundengruppen bedienen (Passagiere, weitere B2C-Kunden und zusätzliche B2B-Kunden in Form von angesiedelten Unternehmen). Diese strategische Entwicklung kann daher als zweidimensionale Diversifikation beschrieben werden.[81]

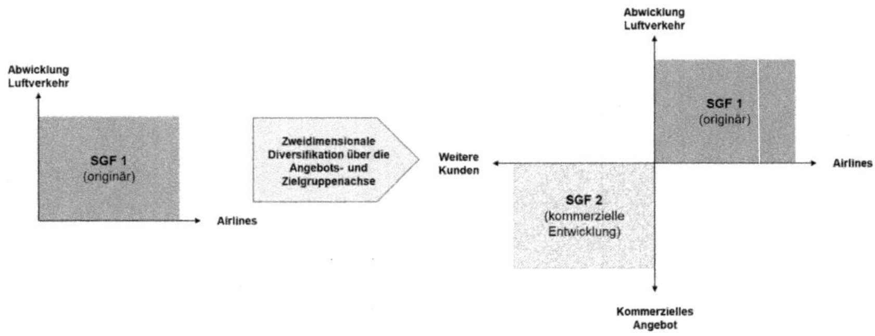

Abbildung 2-14: Zweidimensionale Geschäftsfelddiversifikation von Flughäfen[82]

79 Schulz, Axel / Baumann, Susanne / Wiedenmann, Simone (2010): Flughafen Management, S. 32

80 Interview mit Prof. Dr. Georg Fundel, Geschäftsführer Flughafen Stuttgart GmbH (2016)

81 Vgl. Mattmüller, Roland (2012): Integrativ-Prozessuales Marketing, S. 155–157

82 Vgl. Mattmüller, Roland (2012): Integrativ-Prozessuales Marketing, S. 157

Unabhängig von ihrer Typologie und Positionierung weisen alle Flughäfen, die den kommerziellen Luftverkehr bedienen diese beiden SGF in verschiedener Ausprägung auf. Die genaue Ausgestaltung dieser übergeordneten SGF kann als potentielle, nachgelagerte Diversifikation oder als Konzentration im Sinne der strategischen Beibehaltung beschrieben und soll im weiteren Verlauf dieses Kapitels eingehender beschrieben werden.[83]

Diese Dissertation fokussiert sich primär auf den kommerziellen Luftverkehr; es muss jedoch erwähnt werden, dass viele, v.a. kleinere Flughäfen auch auf andere Bereiche des generellen Luftverkehrs ausgelegt sind. Zu diesen Bereichen gehört bspw. Flugtraining und Privatflieger, Polizei- und Militärverkehr, Freizeitanlagen sowie Flugverkehr zu Zwecken von Berichterstattung oder Ernteversorgung.[84] Diese Bereiche weisen allerdings schon eine klare Positionierung in ihren entsprechenden Nischen auf und sind daher kein wesentlicher Bestandteil dieser Untersuchung.

2.3.4.2 SGF Aviation

Das **luftfahrtbezogene Geschäftsfeld** von Flughäfen beschäftigt sich naturgegeben primär mit der Durchführung und Kontrolle des Luftverkehrs. Jedoch können auch hier verschiedene Angebotslevel bestimmt werden. Da dieses Geschäftsfeld vorrangig auf der Durchführung von Prozessen basiert und somit eine **Dienstleistung** darstellt, sind viele Bestandteile des Angebots nicht greifbar (intangible), weisen jedoch greifbare Komponenten auf (tangible clues). Diese unterstützen das Leistungsangebot als Signale für Qualität und Vertrauenswürdigkeit. Im Rahmen des Flughafenbetriebs finden sich diverse greifbare Komponenten wie die luftseitige Infrastruktur (z.B. Landebahnen, Vorfeld), die landseitige Infrastruktur (z.B. Terminals, Parkmöglichkeiten, Bodentransport) oder auch die unterstützende Infrastruktur des Flughafens (z.B. Flugzeugwartung, Sicherheitseinrichtungen). Die nicht greifbaren Kernleistungen, auf der anderen Seite, werden aus den organisationalen, strukturellen und operationalen Aspekten des Flughafenbetriebs bestimmt. Hierzu gehören v.a. die Administration (e.g. Flughafenplanung und –management), Durchführung des Flugbetriebs (e.g. Flugsicherung, Flughafensicherheit), Unterhaltung des Flughafens und externe Faktoren wie Regulierungen und Umwelt.[85]

---

83 Vgl. Mattmüller, Roland (2012): Integrativ-Prozessuales Marketing, S. 155–157

84 Halpern, Nigel / Graham, Anne (2013): Airport Marketing, S. 46

85 Vgl. de Neufville, Richard / Odoni, Amadeo (2013): Airport Systems: Planning, design, and management, S. 53–54

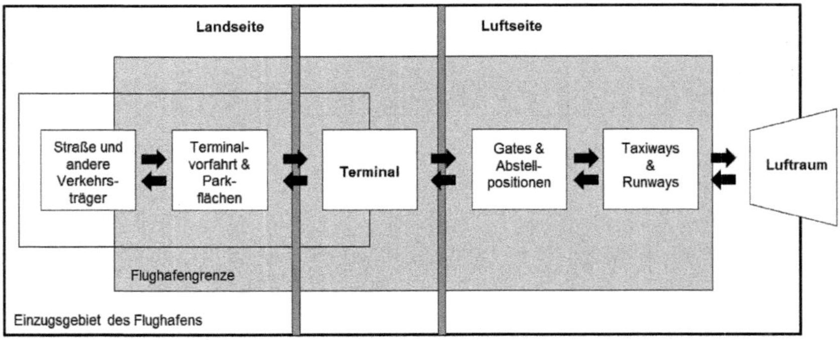

Abbildung 2-15: Flughafenstrukturelemente[86]

Wie in der oberen Abbildung dargestellt, kann der Flughafen in eine **Luft- und eine Landseite** eingeteilt werden. Die Luftseite des Flughafens besteht aus der Abwicklung und der Infrastruktur, die notwendig sind, um einen geregelten Luftverkehr zu sichern. Flächenbezogen stellt die Luftseite mit Rollhaltebahn (Taxiway), Vorfeld (Apron), Start- und Landebahn (Runway) sowie weiteren unterstützenden Flächen 80-95% des gesamten Flughafenbereichs dar. Organisiert wird die Luftseite in Zusammenarbeit mit der Flugsicherung und beinhaltet darüber hinaus auch noch die Vergabe der Abflug- und Ankunftszeitfenster (Slots).[87]

Die Einnahmen, die aus diesem Strategischen Geschäftsfeld resultieren, wurden im vorangegangenen Kapitel bereits eingehend beschrieben. Dadurch, dass die Airlines – vor allem durch das Emporkommen des Niedrigpreissegments – gezwungen sind, immer kostengünstiger zu operieren, entsteht auch ein Druck für die Flughäfen, ihre luftfahrtbezogenen Gebühren immer weiter zu senken, was die Erlöse aus diesem Geschäftsfeld erheblich schmälert. Die Anziehung der Low-Cost-Airlines ist daher strategisch zwar notwendig, um den Luftverkehr an einem Flughafen zu erhöhen, resultiert jedoch langfristig in einem Preiskrieg zwischen den Flughäfen und verringert so nachhaltig die Margen und Erlöse aus

---

Schulz, Axel / Baumann, Susanne / Wiedenmann, Simone (2010): Flughafen Management, S. 112–114/127–129

86 Vgl. Young, Seth / Wells, Alexander (2011): Airport Planning and Management, S. 103

87 Vgl. Young, Seth / Wells, Alexander (2011): Airport Planning and Management, S. 102–103

den Verkehrseinnahmen. Umso wichtiger ist es, dass Flughäfen weitere Erlösstrategien verfolgen, um weiterhin rentabel operieren zu können.[88]

Zu diesem Zweck differenzieren einige Flughäfen ihre Angebotsgestaltung je nach Typologie innerhalb dieses übergeordneten Geschäftsfeldes. Eine Option hierzu ist eine **eindimensionale, angebotsspezifische Diversifikation** über die Kernabwicklung des Flugbetriebs hinaus durch ein vergrößertes Leistungsspektrum, welches z.B. Bodenverkehrsdienste, Wartungsleistungen oder eine über das normale Maß hinausgehende Infrastrukturbereitstellung umfassen kann.[89] Je nach Typologie des Flughafens ist auch eine **eindimensionale, kundenspezifische Diversifikation** denkbar, bei der die verschiedenen Arten von Fluggesellschaften (Full-Service-Carrier (FSC), Regionalfluggesellschaften oder auch Low-Cost-Carrier) als eigenständige Kundengruppen angesehen werden.[90]

Die folgende Abbildung verdeutlicht diese Beispiele nochmals:

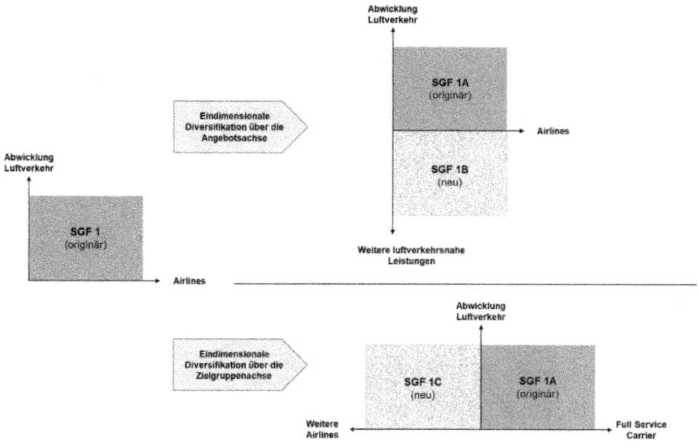

Abbildung 2-16: Möglichkeiten der Diversifikation im luftfahrtbezogenen SGF[91]

88 Vgl. Graham, Anne (2003): Managing Airports: An international perspective, S. 141 Jarach, David (2005b): Aviation-related airport marketing in an overlapping metropolitan catchment area: The case of Milan's three airports, in: Journal of Air Transportation, S. 97

89 Ein Beispiel hierfür ist das Angebot von MRO-Leistungen durch den Flughafen, da diese üblicherweise von Fluggesellschaften geleistet werden.
(MRO = Maintenance, Repair & Operations, also Wartung, Reparatur und Betrieb)

90 Vgl. Mattmüller, Roland (2012): Integrativ-Prozessuales Marketing, S. 155–157
Eine tatsächliche Diversifikation liegt in diesem Fall vor, da die unterschiedlichen Arten von Fluggesellschaften eine diversifizierte Ansprache und damit eine eigenständige Bearbeitung erfordern.

91 Vgl. Mattmüller, Roland (2012): Integrativ-Prozessuales Marketing, S. 157

Eine weitere Möglichkeit ist der Ausbau des nicht luftfahrtbezogenen Geschäftsfeldes, in dem generell höhere Margen zu erzielen sind und das verstärkt Möglichkeiten zur Differenzierung bietet. Dieses Geschäftsfeld wird daher im Folgenden eingehend beschrieben.[92]

2.3.4.3 SGF Non-Aviation

In der Vergangenheit wurde das Geschäftsmodell von Flughäfen maßgeblich von luftfahrtbezogenen Aktivitäten bestimmt. Durch den limitiert möglichen Luftverkehr (Slots, Bewegungen) und die sinkenden Einnahmen im luftfahrtbezogenen Geschäftsfeld basiert die Wertschöpfung von Flughäfen nicht mehr ausschließlich auf deren transportorientierten Kernfunktionen, sondern erfordert einen Managementansatz, der neue strategische und ökonomische Potentiale erkennt und ausschöpft.[93] Hierdurch hat das nicht luftfahrtbezogene Angebot als zweites, übergeordnetes SGF stetig an Bedeutung gewonnen: 1990 machte dieses ca. 30% des gesamten Flughafenumsatzes aus, 2010 bereits 46,5%. In diesem Bereich stellen Händlerlizenzen, Einkommen aus Vermietung und Verpachtung von Immobilien sowie Parkmöglichkeiten die wichtigsten Treiber dar.[94]

Diesen sekundären Aktivitäten eines Flughafenbetreibers kommt eine besondere Relevanz zu, da sie eine fundamentale Ergänzung zu dem primären Angebot der Flughafeninfrastruktur darstellen und somit eine bedeutende Einkommensquelle ausmachen. Diese sekundären Aktivitäten sind in Bezug auf ihren Einkommensbeitrag auch stabiler, da sie zwar in Korrelation mit dem luftfahrtbezogenen Angebot stehen, jedoch weniger abhängig von nicht beeinflussbaren Faktoren wie wirtschaftlichen Zyklen oder Krisen sind. Darüber hinaus bieten die kommerziellen Einnahmequellen dem Flughafen die Möglichkeit, seine Abhängigkeit von den luftfahrtbezogenen Einnahmen zu verringern und sein Angebot gegenüber den Kundengruppen zu diversifizieren. Eine Interdependenz zwischen den beiden Geschäftsfeldern ist jedoch durchaus gegeben, da die Kundengruppen des SGF Non-Aviation sich vordergründig aufgrund des

92 Vgl. ACI Europe Airports Council International (2010): An outlook for Europe's airports – Facing the challenges of the 21st century, S. 6
Francis, Graham / Fidato, Alessandro / Humphreys, Ian (2003): Airport-airline interaction: the impact of low-cost carriers on two European airports, in: Journal of Air Transport Management, S. 271

93 Zur Übersicht der Wertschöpfungskette der Flughafenbranche S. Abbildung A-2-3 auf Seite 301 des Anhangs

94 Vgl. Halpern, Nigel / Graham, Anne (2013): Airport Marketing, S. 145–147

luftfahrtbezogenen Angebots (SGF Aviation) am Flughafen aufhalten.[95] Aufgrund der rein eindimensionalen Diversifikation kann eine völlige Unabhängigkeit der Geschäftsfelder jedoch auch modellbasierend nicht gegeben sein.[96]

Der primäre Grund für Passagiere, sich für einen Flughafen zu entscheiden, ist also deutlich mit der Art, der Qualität und der Quantität des luftfahrtbezogenen Angebots sowie der günstigen Lage des Anreise- oder Abreiseortes verbunden; nicht luftfahrtbezogene Nutzenversprechen spielen nur eine sekundäre Rolle in dieser Entscheidung.[97] Flughäfen, die diese Anforderung fast gleichermaßen erfüllen und somit in direkter Konkurrenz stehen, können sich durch das diversifizierte, kommerzielle Angebot jedoch voneinander differenzieren und somit die Entscheidung der Konsumenten für sich beeinflussen. Dies ist auch notwendig, da die meisten Flughäfen ihre gewünschte oder benötigte Anzahl an Kunden nicht ausschließlich aus dem ihnen klar zugehörigen Einzugsgebiet (Catchment Area) gewinnen können und sich in überschneidenden oder anderen Flughäfen zugehörigen Einzugsgebieten in ein Konkurrenzverhältnis begeben müssen.[98]

Durch die oben beschriebenen Entwicklungen und rückläufigen Umsatzströme im luftfahrtbezogenen Geschäftsfeld ist es wichtig, neue Mittel zur Umsatzgenerierung zu finden und auszubauen, was das Ziel der Fokussierung auf den nicht luftfahrtbezogenen Bereich widerspiegelt. Auch wenn jeder Flughafen einen solchen Bereich betreibt, gibt es im Gegensatz zum luftfahrtbezogenen Geschäftsfeld keine genaue Definition darüber, welche Teilbereiche unabdingbar zum **nicht luftfahrtbezogenen Geschäftsfeld** gezählt werden müssen, was dazu führt, dass diese Einteilung nicht bei allen Flughäfen einheitlich vorgenommen wird. Generell findet man über die verschiedenen Analysen in der Literatur

---

95 Vgl. Fasone, Vincenzo / Kofler, Lukas / Scuderi, Raffaele (2016): Business performance of airports: Non-aviation revenues and their determinants, in: Journal of Air Transport Management, S. 35
Graham, Anne (2003): Managing Airports: An international perspective, S. 140–141
Jarach, David (2005a): Airport Marketing: Strategies to cope with the new millennium environment, S. 68
Macário, Rosário (2008): Airports of the future: essentials for renewed business models, in: European Journal of Transport and Infrastructure Research, S. 166

96 Vgl. nochmals die Kriterien zur Abgrenzung eines eigenständigen SGF: (1) eigenständige Marktaufgabe, (2) Handeln nach eigenständigen strategischen Konzepten (strategische Unabhängigkeit), (3) unterschiedliche Wettbewerbsverhältnisse sowie (4) eine zeitliche Stabilität

97 Für eine weitergehende Analyse des Wahlverhaltens von Passagieren, vgl. Kapitel 6.2.2.

98 Vgl. ACI Airports Council International (2013): ACI Economics Report – Preview, S. 11

jedoch einen gemeinsamen Nenner, so dass man folgende Teilbereiche als integrale Bestandteile des Strategischen Geschäftsfeldes „Non-Aviation" hinzuzählen kann: (1) Einzelhandel, (2) Gastronomie, (3) Besuchereinrichtungen, (4) Immobilienmanagement, (5) Serviceeinrichtungen, (6) Parkmöglichkeiten, (7) Beratungsleistungen und (8) Vermietung von Immobilien, Verkaufs-, Werbe- und Büroflächen. Die beiden ersten Punkte werden im Allgemeinen unter dem Begriff „Retail" zusammengefasst und stellen als solcher den größten Anteil im nicht luftfahrtbezogenen Geschäftsfeld dar. Den größten Anteil der kommerziellen Einnahmen machen weltweit die Handelskonzessionen durch das Retail-Segment aus (27%), gefolgt von Parkeinnahmen (20%) und Immobilien (18%).[99]

Das kommerzielle Angebot bietet den verschiedenen Kundengruppen ein breites Spektrum an Produkten und Dienstleistungen und eignet sich am stärksten für eine Differenzierung in den Augen der Kundengruppen. Da allerdings mittlerweile viele Flughäfen ein stark ausgeprägtes und diversifiziertes Angebot aufweisen, müssen für eine langfristige Differenzierung neue und innovative Angebote erstellt werden.[100] Insbesondere im Bereich der angebotenen Dienstleistungen können Flughäfen sich innerhalb der stetig steigenden Konkurrenzsituation bedeutend differenzieren.[101]

Eine Übersicht der Verteilung der verschiedenen kommerziellen Einnahmen von Flughäfen auf globaler Ebene bieten die folgenden Abbildungen:

ICAO (2013): Convention on International Civil Aviation – Annex 14: Aerodromes, S. 9
Copenhagen Economics (2012): Airport Competition in Europe, S. 21

99 Vgl. Zur Einteilung des nicht-luftfahrtbezogenen Angebots v.a.:
Jarach, David (2005a): Airport Marketing: Strategies to cope with the new millennium environment, S. 70
Schulz, Axel / Baumann, Susanne / Wiedenmann, Simone (2010): Flughafen Management, S. 59–60
Weiterführende Ansätze bieten:
ACI Airports Council International (2014): ACI Annual Report 2014, S. 20
Fuerst, Franz / Gross, Sven / Klos, Ulf (2011): The sky is the limit? The determinants and constraints of European airports commercial revenue, in: Journal of Air Transport Management, S. 278

100 Vgl. Bennett, John (2001): Recent Trends in Airport Retailing, in: ICSC Research Quarterly, S. 10

101 Vgl. Schulz, Axel / Baumann, Susanne / Wiedenmann, Simone (2010): Flughafen Management, S. 179

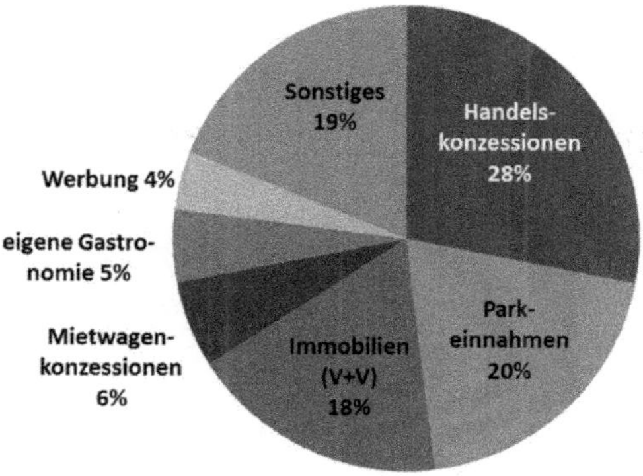

Abbildung 2-17: Verteilung der kommerziellen Einnahmen am Flughafen[102]

Die folgende Tabelle bietet einen Überblick über die Verteilung der kommerziellen Einnahmen nach Regionen. Hierbei fällt deutlich auf, dass zwischen den Regionen Unterschiede in den Fokussierungen der kommerziellen Einnahmen liegen, so dass Empfehlungen zur Ausgestaltung des nicht luftfahrtbezogenen Geschäftsfeldes nur schwer universell implementierbar sind. So zeigt sich, dass die europäischen Flughäfen besonders im Airport Retail sehr stark sind, während sie bei Park- und Mietwageneinnahmen unter dem Durchschnitt liegen. Dies kann darin begründet werden, dass die europäischen Flughäfen stark multi-modale Ansätze verfolgen, die ihren Passagieren diverse Möglichkeiten der öffentlichen Verkehrsanbindung bieten. In Nordamerika, auf der anderen Seite, kann eine genau gegenteilige Fokussierung beobachtet werden: Die Handelskonzessionen liegen weit unter dem Durchschnitt – zum Teil aufgrund der Tatsache, dass die nordamerikanischen Flughäfen ihr Terminalmanagement nicht selbst verwalten, während die Einnahmen aus Parken und Mietwagenkonzessionen die Werte der anderen Regionen weit übersteigen. Grund hierfür sind die weiten Entfernungen ohne weitreichendes, öffentliches Verkehrsnetz. In den Regionen Asia-Pazifik und dem mittleren Osten ist zu beobachten, dass ein besonderer Fokus auf dem Retail-Segment liegt. Dies begründet sich darin, dass die entsprechenden Flughäfen zum einen ein hohes Aufkommen an Transferpassagieren haben, die besonders diesen Bereich des SGF Non-Aviation nutzen und zum anderen in der Tatsache, dass diese Flughäfen durch ihre Lage und ihre Neuheit die Möglichkeiten voll ausschöpfen können, sich als Erlebnisflughafen mit einzigartigem Einkaufsangebot zu präsentieren.

---

102 Vgl. ACI Airports Council International (2014): ACI Economics Report – Preview, S. 12

Region	Handels-konzessionen	Park-einnahmen	Immobilien (V+V)	Mietwagen-konzessionen	Gastronomie	Werbung	Sonstiges
Afrika	37,1%	15,1%	14,9%	3,9%	1,3%	7,1%	20,60%
Asia-Pazifik	39,7%	9,2%	27,9%	1,2%	3,4%	4,5%	14,10%
Europa	34,6%	15,1%	18,7%	2,2%	4,8%	2,2%	22,40%
Latein-Amerika	25,3%	8,9%	13,1%	2,6%	6,0%	4,7%	39,40%
Mittlerer Osten	48,6%	7,7%	10,7%	2,2%	4,9%	3,0%	22,90%
Nord-Amerika	8,3%	39,9%	13,5%	16,6%	7,1%	5,7%	8,90%
Welt	27,7%	20,3%	18,3%	6,2%	5,2%	3,9%	18,40%

Tabelle 2-5: Erlösstrukturen im kommerziellen Geschäftsbereich 2013 nach Region[103]

103 Vgl. ACI Airports Council International (2014): ACI Annual Report 2014, S. 20

Über die weitreichenden Möglichkeiten der kommerziellen Einnahmen hinaus können gerade Flughäfen, im Gegensatz zu anderen Industrien, auch von einem wichtigen, strategischen Vorteil profitieren, nämlich ihrem physikalischen „Customer Ownership“. Flughäfen weisen eine unübertroffene Vielzahl von diversifizierten **Kundengruppen** auf, die sich alle überdurchschnittlich lange vor Ort aufhalten.[104]

Diese Kundengruppen werden in der Literatur unterschiedlich klassifiziert, können jedoch generell in fünf Gruppen unterteilt werden: (1) Fluggäste / Passagiere, die während ihres Aufenthaltes primär nach Geschenken und Souvenirs suchen oder ihre Grundbedürfnisse durch das Angebot abdecken wollen, (2) sog. „Meeters und Greeters“, die an den Flughafen kommen, um Reisende zu begleiten, empfangen oder zu verabschieden und darüber hinaus gerne noch zusätzliche Zeit mit der Inanspruchnahme des vorhandenen Angebots verbringen, (3) Angestellte des Flughafens oder anderer Akteure innerhalb der Wertschöpfungskette, die vor Ort sowohl private als auch berufliche Erledigungen machen, (4) Anwohner aus der Umgebung, die den Flughafen vor allem aufgrund seiner besonderen Öffnungszeiten als attraktive Alternative nutzen, (5) Flughafentouristen und -enthusiasten und (6) Firmen innerhalb des Einzugsgebietes, die vor allem B2B-Dienstleistungen in Anspruch nehmen.[105]

Eine weitergehende Analyse der Zielgruppen an Flughäfen findet sich in Kapitel 6.2 dieser Dissertation. Aus diesen Zielgruppen ergeben sich jedoch die entsprechenden Treiber der kommerziellen Einnahmen, welche im Folgenden als diversifizierte SGF nochmal detailliert beschrieben und untersucht werden.

---

104 Vgl. Jarach, David (2005a): Airport Marketing: Strategies to cope with the new millennium environment, S. 70

105 Vgl. Freathy, Paul / O'Connel, Frank (1999): Planning for profit: the commercialization of European airports, in: Long Range Planning, S. 107–108
Jarach, David (2005a): Airport Marketing: Strategies to cope with the new millennium environment, S. 73–74
Schulz, Axel / Baumann, Susanne / Wiedenmann, Simone (2010): Flughafen Management, S. 70
Sulzmaier, Sonja (2001): Consumer-Oriented Business Design. The Case of Airport Management, S. 38–40

a) Airport Retail

Der besondere Vorteil des Retailgeschäfts am Flughafen verglichen mit Wettbewerbern an anderen Standorten ist die Gebundenheit der Kunden an den Leistungsort. Passagiere müssen eine gewisse Zeit vor und nach ihrem Flug vor Ort verbringen und nutzen das Angebot des Flughafens zur Überbrückung dieser Zeit. Der Kunde ist also schon vor Ort und muss daher nicht mehr zum Betreten der Verkaufslokalität (im weiteren Sinne), sondern nur noch zum Kauf an sich geführt werden. Diese zeitliche Spanne, die für den Umsatz im nicht luftfahrtbezogenen Geschäftsfeld essentiell wichtig ist, steht jedoch in direktem Konflikt mit dem Aviation-Bereich, in dem es unerlässlich ist, Warte- und Umsteigezeiten, also die Minimum Connecting Time (MCT) möglichst gering zu halten und den Luftverkehr somit möglichst effizient zu gestalten. Die Effizienz des einen Strategischen Geschäftsfeldes hindert hier also die Umsatzmöglichkeiten des anderen. Dieser Konflikt wird durch die Fluggesellschaften noch verstärkt, die natürlich darauf bedacht sind, vor allem den luftfahrtbezogenen Geschäftsbereich hervorzuheben.[106]

Es besteht also trotz der Gebundenheit der Passagiere an den Verkaufsort eine Notwendigkeit, die Zielgruppe möglichst schnell anzuziehen und zum Kauf zu bewegen. Hierzu ist die Erfüllung multidimensionaler Kundenbedürfnisse (Verpflegung, Erholung, Entertainment) von höchster Bedeutung. Diese über ein reisenahes Angebot (Verpflegung, Lektüre, Duty Free) hinausgehende Bedürfniserfüllung kann in diesem Zusammenhang als **eindimensionale Diversifikation auf der Angebotsachse** beschrieben werden. Das zu Grunde liegende Ziel ist hierbei allerdings nicht nur die optimale Bedürfnisbefriedigung von Kundengruppen vor Ort, sondern auch die Anziehung neuer Kundengruppen (v.a. im B2C-Segment) und damit verbunden eine **eindimensionale Diversifikation auf der Zielgruppenachse** durch die Vermarktung des Flughafens als Ziel an sich statt nur als Abflugs- und Ankunftsort (z.B. Einkaufsangebote für Anwohner der Region).[107]

---

106 Vgl. Francis, Graham / Fidato, Alessandro / Humphreys, Ian (2003): Airport-airline interaction: the impact of low-cost carriers on two European airports, in: Journal of Air Transport Management, S. 268
Schulz, Axel / Baumann, Susanne / Wiedenmann, Simone (2010): Flughafen Management, S. 52–53

107 Vgl. Mattmüller, Roland (2012): Integrativ-Prozessuales Marketing, S. 155–157

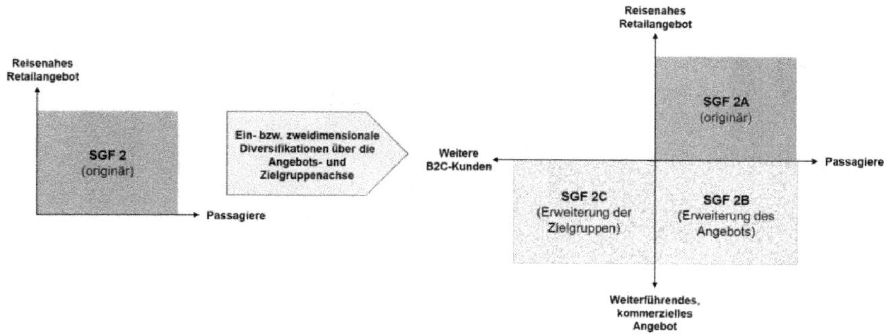

Abbildung 2-18: Diversifikation innerhalb des Retail-Bereichs des SGF Non-Aviation[108]

Für eine Positionierung als eigenständiges Besuchsziel ist ein einzigartiges Angebotserlebnis unerlässlich. Durch die Gefahr einer direkten Konkurrenz zu anderen Einzelhandelsgeschäften der Region wird jedoch die Warenfläche am Flughafen durch Gebietskörperschaften oder andere Interessengruppen häufig beschränkt, was sich wiederum negativ auf die Wettbewerbsfähigkeit des Airport Retail Segments auswirkt. Es müssen daher die erhöhten Kosten von Miete und Geschäftseinrichtungen, die sich in den Verkaufspreisen niederschlagen, sowie die geringere Sortimentsauswahl aufgrund der begrenzten Quadratmeterfläche durch besonderen Service und eine hohe Angebotsqualität ausgeglichen werden. Ein hohes Augenmerk muss also auf die **Auswahl von Personal und Angebot** gelegt werden. Durch die hohe Internationalität der Kundengruppen ist zudem unerlässlich, dass die Mitarbeiter sowohl mit Fremdsprachen als auch mit ausländischen Währungen vertraut sind. Das Personal muss darüber hinaus aufgrund der besonderen Öffnungszeiten flexiblere Arbeitszeiten in Kauf nehmen, was wiederum höhere Kosten durch Sonn- und Feiertagszuschläge bedeutet.[109]

108 Vgl. Mattmüller, Roland (2012): Integrativ-Prozessuales Marketing, S. 157

109 Vgl. Bennett, John (2001): Recent Trends in Airport Retailing, in: ICSC Research Quarterly, S. 10
Arthur D Little (2009): Mastering Airport Retail – Roadmap to New Industry Standards, S. 1–4
Fasone, Vincenzo / Kofler, Lukas / Scuderi, Raffaele (2016): Business performance of airports: Non-aviation revenues and their determinants, in: Journal of Air Transport Management, S. 35
Jimenez, Edgar / Claro, Joao / Pinho de Sousa, Jorge (2013): The airport business in a competitive environment, in: European Journal of Transport and Infrastructure Research, S. 322

Teilweise sind die Flughafenbetreiber jedoch auch in der konkreten Ausgestaltung eingeschränkt, da der Großteil des Airport Retailing nicht durch den Flughafen selbst, sondern durch **Konzessionäre** übernommen wird, die dafür eine bestimmte Gebühr an den Flughafen entrichten. Die Art des Angebots wird zwar generell durch den Flughafen festgelegt, aber das konkrete Sortiment und das Management der Stores werden durch die Konzessionäre bestimmt.[110] Hier ist eine Diversifikation über besondere Eintrittsstrategien bzw. Umsetzungsform zu beobachten.[111]

Die **Qualität der Angebotsstruktur** wird übergreifend jedoch maßgeblich durch die richtige Zusammenstellung eines holistischen Angebots durch den Flughafenbetreiber geleistet. Hierzu wird aufgrund der **Heterogenität der Kundengruppen** ein breites, aber dennoch bedürfnisorientiertes Angebot benötigt. Hierbei sind für die Passagiere bestimmte Angebote unerlässlich: Zum einen ist alles, was **reisebegleitend und –unterstützend** ist, ein wichtiger Teil des Sortiments für Passagiere, die davon ausgehen, dass eine solche Ausstattung am Flughafen zu erwerben ist und dieses Angebot daher vor ihrer Reise erwarten (hierzu zählen neben dem Airport Retail-Segment auch Nahverkehrsmöglichkeiten und Mietwagenanbieter. Darüber hinaus wollen viele Passagiere die vergünstigten Preise von **Duty-Free-Angeboten** nutzen und verlagern entsprechende Käufe (Kosmetik, Parfum, Alkoholika, Zigaretten) häufig an den Flughafen. Für Passagiere sowie Flughafentouristen im Allgemeinen ist es auch wichtig, ein Angebot zur Verfügung zu haben, durch das sie Erinnerungen an ihre Reisen und Ausflüge erwerben und erleben können. **Regionale und destinationsspezifische Angebote** sind also unerlässlich.[112] Ein weiterer Faktor für sämtliche Zielgruppen des Flughafens ist der **Convenience-Gedanke**: Die bestehende Verweildauer sowie die verlängerten Öffnungszeiten des Flughafens bewegen viele Kunden dazu, Dienstleistungen vor Ort zu erledigen. Daher besteht die Notwendigkeit für Banken, Postfilialen, Reisebüros oder Apotheken und Friseursalons in der Angebotsstruktur.[113]

---

110 Vgl. Young, Seth / Wells, Alexander (2011): Airport Planning and Management, S. 364–365

111 Vgl. Mattmüller, Roland (2012): Integrativ-Prozessuales Marketing, S. 161

112 Am Flughafen München bspw. kann man sowohl Trachten erwerben als auch im flughafeneigenen Biergarten „Airbräu" einkehren.

113 Vgl. Fasone, Vincenzo / Kofler, Lukas / Scuderi, Raffaele (2016): Business performance of airports: Non-aviation revenues and their determinants, in: Journal of Air Transport Management, S. 36

Die Kundengruppe der Passagiere stellt für das kommerzielle Angebot den größten Teil der Zielgruppe dar und kann in sich auch nochmals unterteilt werden in Urlaubsreisende, Geschäftsreisende und Transferpassagiere. Jede dieser Untergruppen weist eigenständige und teilweise voneinander unabhängige Bedürfnisse auf. Die **Urlaubsreisenden** legen ihren Fokus auf Angebote, die das Reiseerlebnis unterstützen oder erweitern, wie der Kauf von Reiseutensilien, Andenken und Literatur für die Reise.

Geschäftsreisende auf der anderen Seite haben selten Zeit, das weite Angebot des Flughafens in Anspruch zu nehmen und legen eher Wert auf Convenience-Käufe und Dienstleistungen. Die **Transferpassagiere**, als letzte Untergruppe, sind das attraktivste Segment für die Airport Retailer: Sie haben viel Zeit zwischen den Flügen, die es zu überbrücken gilt und als Fernreisende meist ein überdurchschnittliches Einkommen (drei- bis fünfmal höher als der nationale Durchschnitt). Hier gilt es also Markenware im hochpreisigen Segment sowie Freizeit- und Erlebnisangebote zu vermarkten. Darüber hinaus ist auch die Atmosphäre am Flughafen und die positive Stimmung der Reisenden häufig ein Grund für die Inanspruchnahme des kommerziellen Angebots.[114]

Diese und weitere Kaufmotive innerhalb des Flughafenangebots sind in der folgen Tabelle nochmals dargestellt.

Jimenez, Edgar / Claro, Joao / Pinho de Sousa, Jorge (2013): The airport business in a competitive environment, in: European Journal of Transport and Infrastructure Research, S. 322

Schulz, Axel / Baumann, Susanne / Wiedenmann, Simone (2010): Flughafen Management, S. 54–59

114 Vgl. Kasarda, John (2008): The Evolution of Airport Cities and the Aerotropolis, in: (Hrsg.): Airport Cities: The Evolution, S. 3

Graham, Anne (2009): How important are commercial revenues to today's airports?, in: Journal of Air Transport Management, S. 108

Schulz, Axel / Baumann, Susanne / Wiedenmann, Simone (2010): Flughafen Management, S. 69–70

Käufermotive
Funktionelle Motive
• Angebotsvielfalt (Convenience, Markenprodukte, lokale Produkte, Duty Free) • hohe Qualität zum guten Preis • Spezialangebote • 365 Tage im Jahr • lange Öffnungszeiten, auch an den Wochenenden • Parkplatzgarantie • gute öffentliche Verkehrsanbindung • mehrsprachige Kommunikation, schneller Service und professionelle Beratung
Soziale Motive
• Vielzahl an unterschiedlichen Kulturen • zahlreiche Integrationsmöglichkeiten
Experimentelle Motive
• einzigartige, kosmopolitische Atmosphäre • Urlaubsgefühle • Kontrast zum Alltag

Tabelle 2-6: Käufermotive am Flughafen[115]

b) Immobilien am Airport

Der nächstgrößte Teilbereich des Non-Aviation Segments wird durch die Verwaltung und Verpachtung von Immobilen am Flughafen gebildet. Hier besteht eine große Nachfrage durch eine neue Kundengruppe im B2B-Segment von angesiedelten Unternehmen, die den direkten Anschluss des Flughafens an internationale Märkte und die bestehende Infrastruktur nutzen. Dadurch ergibt sich eine **zweidimensionale Diversifikation auf Angebots- und Zielgruppenachse**. Dieser Bereich ist vorrangig deshalb signifikant, dass durch die Vermietung und Verpachtung von Immobilien an einer so zentralen und verkehrsknotennahen Lage wie am Flughafen hohe Einnahmen erzielt werden können.[116]

115 In Anlehnung an Schulz, Axel / Baumann, Susanne / Wiedenmann, Simone (2010): Flughafen Management, S. 53

116 Vgl. Schulz, Axel / Baumann, Susanne / Wiedenmann, Simone (2010): Flughafen Management, S. 76–77
Mattmüller, Roland (2012): Integrativ-Prozessuales Marketing, S. 155–157
Interview mit Martin Bien, Senior Executive Vice President Groundservices Fraport AG (2016)

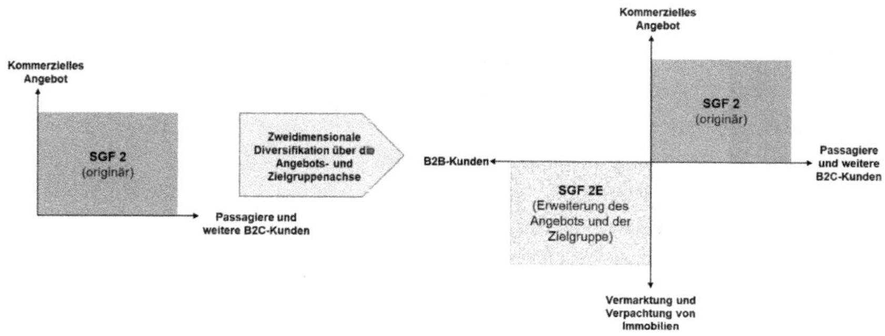

Abbildung 2-20: Zweidimensionale Diversifikation im Immobilienbereich[117]

c) *Flughafentourismus*

Innerhalb des Touristikangebots bieten sich verschiedene Möglichkeiten, mit neuen und kreativen Marketingstrategien Kundengruppen anzuziehen, die mit der luftfahrtbezogenen Seite nicht in Berührung kommen, sondern nur aufgrund des Erlebnisangebots an den Flughafen kommen und die Angebote vor Ort dann nutzen. Die primäre Zielgruppe sind für jeden Flughafen hierbei die Flugzeugbeobachter und Luftfahrtenthusiasten, die aus reinem Interesse an der Branche gerne für diverse Angebote an den Flughafen kommen. Einige Flughäfen betätigen sich zusätzlich als Event-Anbieter, die ein Erlebnisangebot über den Flugverkehr hinaus bieten, in dem sie bspw. ein Kasino im Flughafen eröffnen (Amsterdam), Konzerte organisieren (Frankfurt, Mailand) oder sogar Golfplätze erbauen (Bangkok). Diese kulturellen und erlebnisorientierten Events haben verschiedene, positive Auswirkungen für den Flughafen: Auf der einen Seite assoziieren die Anwohner des Einzugsgebiets den Flughafen mit positiven Erlebnissen statt nur ökologischen Nachteilen, was das Gesamtimage des Flughafens verbessert. Auf der anderen Seite steigert die zusätzlich gewonnene Zielgruppe den direkten Umsatz innerhalb des Flughafens. Dieser Ausbau des nicht luftfahrtbezogenen Geschäftsfeldes beschreibt ebenfalls eine **zweidimensionale Diversifikation auf Angebots- und Zielgruppenachse.**[118]

117 Vgl. Mattmüller, Roland (2012): Integrativ-Prozessuales Marketing, S. 157

118 Vgl. Arthur D Little (2008): Kostenvorteile der Middle East Carrier – Eine Quantifizierung struktureller und strategischer Vorteile im Vergleich zu europäischen Netzwerk Carriern, S. 22

Der Standort „Flughafen" bietet also häufig eine komplette **Konsum- und Erlebniswelt** für seine verschiedenen Zielgruppen, die sowohl fast alle Bestandteile der nötigen Versorgung im privaten sowie geschäftlichen Bereich als auch verschiedenste freizeitorientierte Erlebniswelten umfasst. Zu diesen verschiedenen Einrichtungen zählen zusammenfassend Geschäfts-, Konferenz-, Kongress- und Tagungszentren sowie Messen, Hotels, Freizeitangebote, Besuchereinrichtungen, Ärztezentren und Kliniken oder auch Wellnessangebote. Flughäfen weisen damit also über ihre Funktion als Verkehrsknotenpunkte noch eine signifikante **Versorgungs- und Freizeitfunktion** auf.[119]

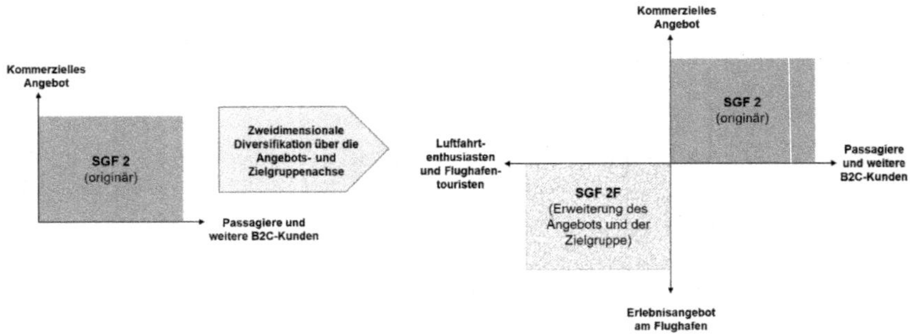

Abbildung 2-21: Zweidimensionale Diversifikation im Flughafentourismus[120]

d) Airport Parking

Wie bereits aufgezeigt, machen Parkeinnahmen einen großen Teil der Erlöse aus dem nicht luftfahrtbezogenen Geschäftsfeld aus, stellen jedoch aufgrund ihrer mangelnden Unabhängigkeit von dem Vorhandensein der bisherigen SGF keine eigenständige Diversifikation, sondern viel mehr einen übergreifenden und grundlegenden Erfolgsfaktor aller beschriebener SGF dar. Die Attraktivität

---

Fasone, Vincenzo / Kofler, Lukas / Scuderi, Raffaele (2016): Business performance of airports: Non-aviation revenues and their determinants, in: Journal of Air Transport Management, S. 36

Jarach, David (2001): The evolution of airport management practices: Towards a multi-point, multi-service, marketing-driven firm, in: Journal of Air Transport Management, S. 123–124

119 Vgl. Schulz, Axel / Baumann, Susanne / Wiedenmann, Simone (2010): Flughafen Management, S. 86–88

120 Vgl. Mattmüller, Roland (2012): Integrativ-Prozessuales Marketing, S. 157

dieses Segments liegt darüber hinaus in den relativ niedrigen Kapital- und Betriebskosten, die für die Bereitstellung der Parkmöglichkeiten anfallen und den hohen Margen und Zahlungsströmen, die erreicht werden können. Viele Flughäfen engagieren sich daher sehr stark in diesem Segment. Auch der Flughafen Köln-Bonn setzt beispielsweise einen klaren Fokus auf die innovative Ausgestaltung dieses Segments. Durch das stetige Nachfragewachstum und die neuen Möglichkeiten, die Schwankungen in der Nachfrage und die Veränderungen im Konsumentenverhalten durch intelligente und innovative Parksysteme immer besser ausschöpfen zu können, wird auf diesem Segment auch weiterhin ein starker Fokus liegen.[121]

Die Attraktivität und Signifikanz des Bereichs Non-Aviation wird dadurch deutlich, dass hier weitaus höhere Margen erzielbar sind als im traditionellen Kerngeschäft der Flughäfen. Im nicht luftfahrtbezogenen SGF können Umsatzrenditen von 70-80% realisiert werden während die Renditen im Flugbetrieb deutlich darunterliegen, (häufig nur bei ca. 20%). Es ist also nicht nur sinnvoll, sondern auch notwendig, dieses Geschäftsfeld auszubauen, um das Gesamteinkommen des Flughafens dahingehend beizubehalten oder zu steigern, dass der Flughafen weiterhin wirtschaftlich agieren kann. Daher nimmt der Anteil an nicht luftfahrtbezogenen Aktivitäten an Flughäfen stetig zu und liegt mittlerweile im Schnitt bei 40-50% des Gesamtumsatzes. Der Anteil liegt, wie beschrieben, bei europäischen Flughäfen zwar bisher noch niedriger als der Durchschnitt der Flughäfen weltweit; allgemein kann aber festgestellt werden, dass eine starke Korrelation zwischen der Größe eines Flughafens und der Signifikanz seiner nicht luftfahrtbezogenen Aktivitäten besteht.[122] Eine weitergehende Analyse, für welche Positionierungsoptionen eine Ausgestaltung des nicht luftfahrbezogenen

---

121 Vgl. Matthews, Laurence (2000): Airports of the Future: A Manager's View of an Innovation Exercise, in: International Journal of Innovation Management, S. 190
Arthur D Little (2006): Airport parking – How to maximize customer experience and value creation from airport parking activities, S. 3–5
Interview mit Ulrich Stiller, Division Manager Marketing / Sales Flughafen Köln / Bonn (2016)

122 Vgl. ACI Airports Council International (2013): ACI Economics Report – Preview, S. 11
Fasone, Vincenzo / Kofler, Lukas / Scuderi, Raffaele (2016): Business performance of airports: Non-aviation revenues and their determinants, in: Journal of Air Transport Management, S. 35
Fasone, Vincenzo / Maggiore, Pasquale (2012): "Non-Aviation" activities and the introduction of new thinking and ideas in the airport business: Empirical evidence from an Italian case study, in: Journal of Airline and Airport Management, S. 34–35

Geschäftsfeldes von besonderer Relevanz ist bietet die Untersuchung in Kapitel 7.1.

Die Tatsache, dass der angebotene Service an einem Flughafen außerhalb des luftfahrtbezogenen Geschäftsfeldes einen entscheidenden Differenzierungsfaktor darstellt, kann man an verschiedenen Umfragen und Ranglisten erkennen, die in regelmäßigen Abständen den Service und das Angebot von Flughäfen in den Bereichen **Servicequalität und Passagiererlebnis** bewerten. Darüber hinaus erstellt auch die IATA ein jährliches Ranking der Servicequalität der Flughäfen weltweit. Wichtige Kriterien sind hierbei Schnelligkeit, Zuverlässigkeit, Freundlichkeit oder auch Sauberkeit. In den letzten Jahren waren der Flughafen Hong Kong im weltweiten und der Flughafen München im europa- bzw. deutschlandweiten Ranking weit vorne.[123] Problematisch ist jedoch, dass das generelle Serviceniveau eines Flughafens von vielen verschiedenen Organisationen und Akteuren geprägt wird, deren Leistungserbringung, Qualität und Markenauftritt das Kundenerlebnis und damit die Wahrnehmung der Kunden definieren, jedoch nur begrenzt durch den Flughafen beeinflusst bzw. gestaltet werden können.[124]

Insgesamt ist es jedoch wichtig, eine geeignete Balance zwischen dem Aviation- und dem Non-Aviation-Angebot zu finden, um die Gesamterlöse zu maximieren: Je mehr Passagiere sich am Flughafen aufhalten, desto überfüllter werden die Einkaufsmöglichkeiten und die Passagiere empfinden das Einkaufserlebnis am Flughafen als nicht mehr so angenehm, was zu sog. „Diseconomies" führt. Zusätzlich darf das Non-Aviation-Angebot auch nicht den Ablauf und die Prozesse des luftfahrtbezogenen Angebots behindern.[125]

Zusammenfassend soll daher festgehalten werden, wie die vorangegangene Analyse der Geschäftsfelder von Flughäfen deutlich zeigt, dass hier eine **zweiseitige Geschäftsfeldstruktur** vorliegt, die durch die beiden Geschäftsfelder Aviation und Non-Aviation mit der jeweiligen Kundengruppe klar unterteilt

---

123 Eine Übersicht der Flughäfen mit der höchsten Servicequalität nach Regionen und Größe zeigen Tabellen A-2-3 und A-2-4 auf S. 301–302 des Anhangs.

124 Vgl. Bezerra, George Christian Linhares / Gomes, Carlos (2016): Measuring airport service quality: A multidimensional approach, in: Journal of Air Transport Management, S. 85–86
Lemer, Andrew (1992): Measuring performance of airport passenger terminals, in: Transportation Research, S. 44

125 Vgl. Fasone, Vincenzo / Kofler, Lukas / Scuderi, Raffaele (2016): Business performance of airports: Non-aviation revenues and their determinants, in: Journal of Air Transport Management, S. 36–38

werden kann. Jedoch herrscht auch eine **hohe Interdependenz** zwischen den Geschäftsfeldern, da die beiden SGF zwar generell strategisch unabhängig voneinander geführt werden können, das Vorhandensein der Kundengruppe für das SGF Non-Aviation aber dennoch zumindest in gewissem Maße von der Existenz des SGF Aviation abhängt.[126] Die folgende Abbildung verdeutlicht diesen Zusammenhang nochmals:

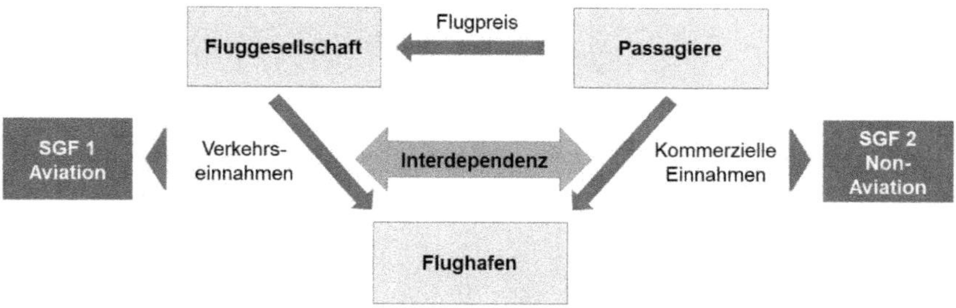

Abbildung 2-22: Das zweiseitige Geschäftsmodell von Flughäfen[127]

Es besteht also eine Notwendigkeit diese beiden, voneinander partiell abhängigen, Geschäftsfelder einzeln zu führen und zu entwickeln aber vor dem Hintergrund einer, für die angestrebte Positionierung geeigneten, Unternehmensstrategie aufeinander abzustimmen, so dass beide die Ausgestaltung des übergeordneten Geschäftsmodells bestmöglich unterstützen.

Hierbei ist es unerlässlich, eine klare Identität als Flughafen zu schaffen, auf der die Ausgestaltung der beiden Strategischen Geschäftsfelder und ggf. der Diversifikationen innerhalb der Geschäftsfeldstruktur aufbauen. Darüber hinaus ist es wichtig, über alle bestehenden und potentiellen Geschäftsfelder ein einheitliches Image und Leistungsniveau zu erbringen. Der Aufbau einer holistischen Flughafenmarke kann hierzu ein wichtiges Hilfsmittel darstellen. Daher sollen im folgenden Kapitel markentheoretische Konzepte und Strategien erläutert und im weiteren Verlauf der Dissertation hinsichtlich ihrer Eignung für die Flughafenindustrie untersucht werden.

126 Vgl. Copenhagen Economics (2012): Airport Competition in Europe, S. 20
Mattmüller, Roland (2012): Integrativ-Prozessuales Marketing, S. 151
Das Ausmaß der strategischen Unabhängigkeit der einzelnen SGF wird maßgeblich von der gewählten Positionierung des Flughafens bestimmt und wird daher in diesem Zusammenhang in Kapitel 4 eingehender thematisiert.

127 Vgl. Copenhagen Economics (2012): Airport Competition in Europe, S. 20

3. Konzeptionelle und definitorische Abgrenzung der relevanten Konzepte des marktorientierten Managements

Im vorangegangenen Kapitel wurde bereits beschrieben, dass der Aufbau einer starken Flughafenmarke und eines damit verbundenen, positiven Images die Ausgestaltung des Geschäftsmodells von Flughäfen signifikant unterstützen kann. Vor diesem Hintergrund sollen im folgenden Kapitel 3 die theoretischen Grundlagen von Marketing und Marke (Kapitel 3.1) aufgestellt sowie die Betrachtung des Markenwerts als Instrument der Markenführung (Kapitel 3.2) integriert werden. Darüber hinaus werden in Kapitel 3.3 verschiedene Ansätze zur Markenpositionierung analysiert. Auf dieser theoretischen Basis sollen im Verlauf dieser Dissertation dann die Markenbildung von Flughäfen untersucht und entsprechende, strategische Handlungsempfehlungen abgeleitet werden.

3.1 Begriffsverständnis von Marketing und Marke

Die strategische Bedeutung von Marketing wird für den langfristigen Erfolg von Unternehmen zunehmend signifikanter. Gründe hierfür liegen in der gestiegenen Komplexität und Vielfalt der Angebote durch eine immer weiter zunehmende Globalisierung und immer kürzere Produktlebenszyklen. Auch in der Luftfahrtindustrie kann eine solche Entwicklung durch die Deregulierung des Luftverkehrs, welche in einer Vervielfältigung der Anbieter und Senkung der Profitabilität resultierte, beobachtet werden.

Starke Marken mit einer klaren strategischen Positionierung sind ein erfolgreiches Mittel, einen nachhaltigen, kompetitiven Vorteil aufzubauen und so die eben beschriebenen Barrieren zu überwinden. Innerhalb der Flughafenindustrie gilt es zunächst, ein Bewusstsein für die Signifikanz von Marketing und Markenführung zu schaffen und zu analysieren, für welche Positionierung diese in welchem Rahmen sinnvoll oder auch notwendig sind. Daher werden im folgenden Kapitel die wichtigsten Konzepte der marktorientierten Unternehmensführung nochmals vorgestellt und hinsichtlich ihrer Anwendbarkeit innerhalb der Flughafenindustrie untersucht.[128]

---

128 Vgl. Bauer, Hans / Valtin, Alexandra (2004): Einsatz der Brand Scorecard im strategischen Markenmanagement, in: Wirtz and Göttgens (Hrsg.): Integriertes Marken- und Kundenwertmanagement – Strategien, Konzepte und Best Practices, S. 163

3.1.1 Definitionen und Ausrichtungen des Marketing

Nach der offiziellen Definition der American Marketing Association (AMA) umfasst Marketing die Gesamtheit der *"Aktivitäten, Institutionen und Prozesse, die darauf abzielen, Angebote zu erstellen, zu kommunizieren, zu überbringen und auszutauschen, welche einen Wert für Kunden, Klienten, Partner und die allgemeine Gesellschaft haben"*.[129] Generell gesprochen ist also das Ziel von Marketing, die Bedürfnisse der Kunden zu erfüllen und somit einen Wert für die Kunden zu erschaffen, um eine langfristige Beziehung zu den Kunden zu entwickeln und darauf aufbauend auch einen Gegenwert von den Kunden für das Unternehmen zu generieren.[130]

Da diese Definition jedoch einen primär aktivitätsorientierten Ansatz verfolgt, soll innerhalb dieser Dissertation die umfassende und integrative Definition von Homburg (2012) zu Grunde gelegt werden, in der Marketing als holistisches Konzept innerhalb der strategischen Unternehmensführung betrachtet wird: *„Marketing hat eine unternehmensexterne und eine unternehmensinterne Facette. […] Erstere umfasst die Konzeption und Durchführung marktbezogener Aktivitäten gegenüber (potentiellen) Nachfragern […] und beinhaltet die systematische Informationsgewinnung über Marktgegebenheiten sowie die Gestaltung des Produktangebots, Preissetzung, Kommunikation und Vertrieb. […] Zweitere umfasst die Schaffung der Voraussetzungen im Unternehmen für die effektive und effiziente Durchführung dieser marktbezogenen Aktivitäten, […] vor allem die Führung des gesamten Unternehmens nach der Leitidee der Marktorientierung. […] Beide zielen auf eine im Sinne der Unternehmensziele optimale Gestaltung von Kundenbeziehungen ab*".[131]

Mit der Auffassung von Marketing als Führungskonzept geht die Ausrichtung aller Unternehmensaktivitäten an den relevanten Märkten einher. Diese müssen durch einen integrativen Marketing-Ansatz aufeinander abgestimmt werden, so dass über alle relevanten Zielgruppen eine einheitliche Marketing- und marktorientierte Unternehmensstrategie implementiert wird, um den dauerhaften Markterfolg zu gewährleisten.[132]

Esch, Franz-Rudolf (2014): Strategie und Technik der Markenführung, S. 25–29
Kapferer, Jean-Noel (2012): The New Strategic Brand Management – Advanced insights and strategic thinking, S. 1

129 American Marketing Association (AMA) (2016b): Definition of Marketing

130 Vgl. Kotler, Philip / Armstrong, Gary (2014): Principles of Marketing, S. 24–27

131 Homburg, Christian (2012): Marketingmanagement, S. 8–10

132 Vgl. Bruhn, Manfred (2016): Marketing – Grundlagen für Studium und Praxis, S. 13–15
Mattmüller, Roland (2012): Integrativ-Prozessuales Marketing, S. 25

3.1.2 Marke und Markenführung

3.1.2.1 Definition und Funktionen von Marken

Der Begriff „Marke“ kann formal als *„Name, Begriff, Zeichen, Symbol, Design oder einer Kombination hiervon“ definiert werden, „welche die Leistungen oder Produkte eines Anbieters identifizieren und dieses von denen der Konkurrenz differenzieren“.*[133]

Eine Marke konstituiert daher eine Abgrenzung und einen Schutz gegenüber anderen Unternehmen oder Produkten, die die gleichen Anforderungen oder Bedürfnisse erfüllen. Eine solche Abgrenzung kann sich auf funktionale, rationale und messbare Kriterien stützen oder auch auf symbolischen, emotionalen und immateriellen Faktoren basieren. Letztlich stellt eine Marke also einen signifikanten Differenzierungsfaktor gegenüber dem Wettbewerb dar.[134]

Die vorangegangene Definition von Marken als reine physische Kennzeichnung und Herkunftsbeschreibung ist durch die heutige Komplexität und Kundenorientierung von Marken jedoch nicht ausreichend. Über ihre Funktion als Kennzeichnung und Abgrenzung hinaus, können Marken auch stärker **kundenorientiert** als *„Vorstellungbilder in den Köpfen der Konsumenten oder anderer Stakeholder, die eine Identifikations- und Differenzierungsfunktion übernehmen und das Wahlverhalten prägen“* definiert werden.[135] Diese Definition betont vor allem die Verknüpfung einer Marke mit spezifischen Assoziationen in den Augen der Kunden. Diese Assoziationen sind von absoluter Notwendigkeit zur strategischen Markenpositionierung, wie in Kapitel 3.3 beschrieben wird. Eine starke Marke ermöglicht es allen Stakeholdern, eine Beziehung zu einem Unternehmen und seinem Angebot aufzubauen und sich, im besten Fall, mit der Marke zu identifizieren und ihr positive Attribute zuzuordnen. Häufig dienen Marken auch als Qualitätsindikator und erleichtern so den Entscheidungsprozess und minimieren das gefühlte Risiko des Kaufs. Eine erfolgreiche Marke konstituiert

---

133 American Marketing Association (AMA) (2016a): AMA Dictionary

134 Vgl. Kotler, Philip / Armstrong, Gary (2014): Principles of Marketing, S. 255
Ähnlich definiert auch die Gesetzgebung eine rechtlich schützbare Marke als *„alle Zeichen, insbesondere Wörter einschließlich Personennamen, Abbildungen, Buchstaben, Zahlen, Hörzeichen, dreidimensionaler Gestaltung einschließlich der Form einer Ware oder Verpackung sowie sonstiger Aufmachungen einschließlich Farben und Farbzusammenstellungen, die geeignet sind, Waren oder Dienstleistungen eines Unternehmens von denjenigen anderer Unternehmen zu unterscheiden“* (§3, Abs. 1 MarkenGesetz)

135 Esch, Franz-Rudolf (2014): Strategie und Technik der Markenführung, S. 22

demnach einen Nutzen und somit einen Wert für den Kunden und hat daher signifikante Auswirkungen auf die Kaufentscheidungen.[136]

Die verschiedenen Definitionen des Begriffs Marke begründen sich vor allem in den verschiedenen **Funktionen**, die eine Marke für das Unternehmen oder die Kunden erfüllt. Diese werden in der folgenden Abbildung zusammenfassend nochmals dargestellt.

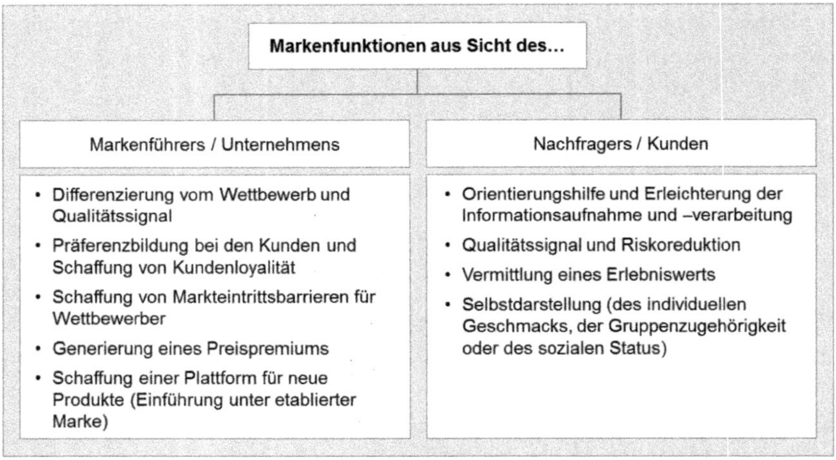

Abbildung 3-1: Zentrale Markenfunktionen nach Perspektiven[137]

3.1.2.2 Bedeutung der Markenführung

Das generelle Ziel strategischer Markenführung ist der Aufbau und der Erhalt einer starken Marke. Aus dieser langfristigen Orientierung der Marketingstrategie geht bereits hervor, dass die strategische Führung einer Marke nicht nur die kurzfristige Operationalisierung, sondern vor allem die langfristige und nachhaltige Ausrichtung einer Marke verfolgt und den Verhaltensplan vorgibt, nachdem die folgenden Marketingaktivitäten ausgerichtet werden.[138]

---

136 Vgl. Esch, Franz-Rudolf / Möll, Thorsten / Rempel, Jan Eric (2004): Erfolgswirkungen strategischer Markenführung, in: Wirtz and Göttgens (Hrsg.): Integriertes Marken- und Kundenwertmanagement – Strategien, Konzepte und Best Practices, S. 133 Kotler, Philip / Armstrong, Gary (2014): Principles of Marketing, S. 255–256

137 In Anlehnung an Homburg, Christian (2012): Marketingmanagement, S. 611

138 Vgl. Esch, Franz-Rudolf / Möll, Thorsten / Rempel, Jan Eric (2004): Erfolgswirkungen strategischer Markenführung, in: Wirtz and Göttgens (Hrsg.): Integriertes

Eine Übersicht über potentielle Ziele des Marketing bietet die folgende Abbildung:

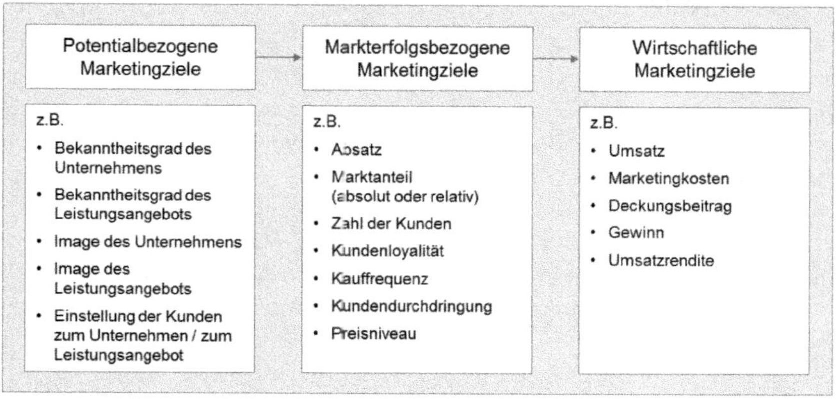

Abbildung 3-2: Systematisierung der Marketingziele des Unternehmens[139]

Da Marken vor allem Konstrukte in den Köpfen der Konsumenten darstellen, ist das Management von Marken vorrangig das Management von Wahrnehmungen. Inhaltlich ist also der erste Schritt zu einer strategischen und erfolgreichen Markenführung eine deutliche Positionierung der Marke in den Köpfen der Konsumenten. Grundlage zur Positionierung ist sowohl die Einordnung in das relevante Wettbewerbsumfeld als auch die Implementierung einer individuellen **Markenidentität** und Schaffung eines positiven **Marken-Images.**[140] Darauf folgt eine **Durchsetzung dieser Markenpositionierung**, sowohl intern (bei den Mitarbeitern) als auch extern (in den Köpfen der Kunden). Eine erfolgreiche Durchsetzung bedingt eine geeignete, wirksame und integrierte Kommunikationsstrategie.[141] Diese Schritte werden in Kapitel 3.3 zur Markenpositionierung eingehender beschrieben.

Marken- und Kundenwertmanagement – Strategien, Konzepte und Best Practices, S. 134
Mattmüller, Roland (2012): Integrativ-Prozessuales Marketing, S. 144–145

139 In Anlehnung an: Homburg, Christian (2012): Marketingmanagement, S. 428

140 Vgl. Esch, Franz-Rudolf (2014): Strategie und Technik der Markenführung, S. 77
Rosenbaum-Elliott, Richard / Percy, Larry / Pervan, Simon (2011): Strategic Brand Management, S. 4

141 Vgl. Esch, Franz-Rudolf (2014): Strategie und Technik der Markenführung, S. 141

Nach dem Aufbau und der Implementierung der Markenpositionierung ist es darüber hinaus die Aufgabe der Markenführung, diese Positionierung weiter zu stärken sowie die Marke ggf. auszubauen. All dies bedingt eine stetige **Kontrolle** der Aktualität der gesetzten Ziele, dem Grad ihrer Erreichung und der tatsächlichen Umsetzung. Daher umfasst die Führung einer Marke innerhalb ihrer gesamtheitlichen strategischen Ausrichtung *„die Willensbildung mit Problemstellungs-, Such-, Beurteilungs- und Entscheidungsphase sowie die Willensdurchsetzung mit Realisations- und Kontrollphase“*.[142] Die strategische Markenführung kann daher in die immer wiederkehrenden Phasen der Konzeption, Planung, Ausführung und Kontrolle eingeteilt werden.[143]

Innerhalb dieser Dissertation sollen jedoch vor allem die Konzeption und Planung möglicher Markenstrategien für die Flughafenindustrie vorgestellt werden, während die Operationalisierung und konkrete Ausführung einzelner Marketingaktivitäten sowie die Implementierung möglicher Kontrollmechanismen für den Individualfall in folgenden Untersuchungen abgeleitet werden soll.

Die Bestimmung des Markenwerts kann hierbei als geeignetes Kontrollinstrument dienen, da die verschiedenen Konstrukte, die auf den Markenwert einzahlen, gemessen werden und sowohl individuell als auch gemeinsam als übergeordneter Wert der Marke eine Quantifizierung des Erfolgs der Markenführungsinitiativen ermöglichen.

Daher soll im folgenden Kapitel der Markenwert sowohl theoretisch untersucht als auch Ansätze zu dessen Erfassung vorgestellt werden.

---

142 Hahn, Dietger / Hungenberg, Harald (2001): PuK: Planung und Kontrolle, Planungs- und Kontrollsysteme, PLanungs- und Kontrollrechnung; wertorientierte Controllingkonzepte, S. 32–34

143 Vgl. Esch, Franz-Rudolf / Möll, Thorsten / Rempel, Jan Eric (2004): Erfolgswirkungen strategischer Markenführung, in: Wirtz and Göttgens (Hrsg.): Integriertes Marken- und Kundenwertmanagement – Strategien, Konzepte und Best Practices, S. 138
Mattmüller, Roland (2012): Integrativ-Prozessuales Marketing, S. 58–59

3.2 Begriffsverständnis des Markenwerts

Für viele Unternehmen stellen Marken die signifikantesten Werttreiber und langfristigsten Vermögensgegenstände dar, da sie die spezifischen Produkte und Anlagen überdauern und einen Schlüssel zum langfristigen Erfolg des Unternehmens ausmachen. Starke Marken sind im Zeitablauf sehr resistent gegen externe Faktoren, da die etablierten Markenassoziationen langfristig in den Köpfen der Konsumenten verankert sind. Daher wird der Betrachtung und Bestimmung des Markenwerts in der marktorientierten Forschung sowie in der Praxis eine zentrale Signifikanz zugesprochen. Der Markenwert bietet eine Möglichkeit zur Messung der vom Marketing implementierten Aktivitäten und konstituiert daher häufig eine zentrale Steuerungsgröße der Markenführung sowie eine Grundlage zur Allokation des Marketingbudgets. Das Konzept des Markenwerts sowie die Möglichkeiten zur Erfassung desselbigen haben dadurch erneut enorm an Bedeutung gewonnen und sollen im Folgenden eingehender betrachtet werden.[144]

3.2.1 Definitorische Grundlagen

Der Begriff des Markenwerts wird in der Literatur nicht eindeutig abgegrenzt und definiert. Generell existieren verschiedene Motivationen und daher auch Definitionsansätze: Zum einen besteht eine **finanziell orientierte Motivation**, den Markenwert zu bestimmen, um diesen als immateriellen Vermögensgegenstand zu ermitteln und in einen Verkaufs- bzw. Lizenzvergabepreis zu integrieren. Auf der anderen Seite liegt die **strategische, kundenorientierte Motivation** zu Grunde, die Effizienz und Effektivität der Marketing-Aktivitäten einer Marke zu verbessern. Abhängig von der jeweiligen Betrachtung und Anwendung wird also eine finanzwert- oder kundenwertbasierte Sichtweise herangezogen; auch eine Kombination beider Ansätze ist zu beobachten.[145]

---

144 Vgl. Esch, Franz-Rudolf (2014): Strategie und Technik der Markenführung, S. 55
Kotler, Philip / Armstrong, Gary (2014): Principles of Marketing, S. 266
Wirtz, Bernd / Roth, Katharina (2004): Grundlagen der Markenbewertung, in: Wirtz and Göttgens (Hrsg.): Integriertes Marken- und Kundenwertmanagement – Strategien, Konzepte und Best Practices, S. 269

145 Vgl. Esch, Franz-Rudolf (2000): Ansätze zur Messung des Markenwerts, in: Esch (Hrsg.): Moderne Markenführung, 2. Aufl., S. 953–954
Keller, Kevin Lane (1993): Conceptualizing, Measuring, and Managing Customer-Based Brand Equity, in: Journal of Marketing, S. 1–2
Wirtz, Bernd / Roth, Katharina (2004): Grundlagen der Markenbewertung, in: Wirtz and Göttgens (Hrsg.): Integriertes Marken- und Kundenwertmanagement – Strategien, Konzepte und Best Practices, S. 270

Eine, rein **finanzielle Sicht** beschreibt die Definition des Markenwerts als *„Kapitalwert abgezinster markenspezifischer Einzahlungsüberschüsse, die der Eigentümer aus der Marke erwirtschaften kann“*[146] oder auch als *„derjenige Gewinn, der eindeutig auf die Marke als Markenzeichen zurückzuführen ist und [...] aus den Erlösen, die durch das Markenzeichen erwirtschaftet werden, abzüglich der Kosten, die direkt dem Markenzeichen zuzuordnen sind, resultiert“*.[147]

Eine rein finanzielle Bewertung der Marke, die in anderen Ländern auch in der Bilanzierung der Marke deutlich wird, ist jedoch nicht ausreichend, um das Konstrukt des Markenwerts zu erfassen, da an dieser Stelle die Integration und der Wert des Kunden außer Acht gelassen wird.[148] Darüber hinaus bezieht sich selbst die finanziell orientierte Motivation, den Markenwert zu bepreisen, darauf, dass ein potentieller Käufer oder Lizenznehmer nicht nur die Marke, sondern damit auch einen Platz in den Köpfen der relevanten Zielgruppe erwirbt.[149]

Im Bereich der Marketingtheorie und -praxis wird daher häufiger der **kundenorientierte oder auch verhaltensorientierte Ansatz** zur Markenwertbeschreibung verwendet. Der Markenwert konstituiert hierbei eine holistische Betrachtung aller Vor- und Nachteile, die mit einer Marke in Verbindung stehen und den Wert des markierten Angebots für den Kunden steigern oder mindern. Der Wert einer Marke gibt also Aufschluss darüber, inwieweit der Marke ein positiver Differenzierungseffekt in den Augen der Kunden beigemessen wird und ist somit ein indirekter Gradmesser der Konstrukte Markenpräferenz und -loyalität. Dieser kundenbasierte Markenwert kann daran erkannt werden, dass die Kunden positiv differenziert reagieren, wenn die entsprechende Marke identifiziert ist.[150] Reflektiert wird dieser Wert in der Wahrnehmung, den Gefühlen und dem Verhalten der Kunden gegenüber der Marke einerseits sowie dem Preis, Marktanteil und Profitabilität der Marke andererseits.[151]

Aus der **Perspektive des strategischen Marketing** ist eine solche verhaltensbasierte Analyse des Markenwerts besonders sinnvoll, da diese einen direkten

146 Kaas, Klaus-Peter (1990): Langfristige Werbewirkung und Brand Equity, in: Werbeforschung und Praxis, S. 48

147 Sander, Matthias (1994): Die Bestimmung und Steuerung des Wertes von Marken: Eine Analyse aus Sicht des Markeninhabers, S. 46

148 Vgl. Bentele, Günter et al. (2009): Markenwert und Markenwertermittlung – Eine systematische Modelluntersuchung und -bewertung, S. 12–13

149 Vgl. Kapferer, Jean-Noel (2012): The New Strategic Brand Management – Advanced insights and strategic thinking, S. 3

150 Vgl. Aaker, David (1992): Management des Markenwerts, S. 31

151 Vgl. Kotler, Philip / Keller, Kevin Lane (2012): Marketing Management, S. 265

Vergleich und eine Bewertung der vorgenommenen Marketingaktivitäten hinsichtlich der Erreichung der konkreten **Marketingziele** (wie z.B. Steigerung der Bekanntheit oder Loyalität) erlaubt. Für die Erreichung des markenspezifischen **Globalziels** eines Unternehmens, den Markenwert langfristig und nachhaltig zu steigern, ist es jedoch empfehlenswert, auch den erwähnten, integrierten Ansatz zur Markenbewertung zu betrachten.[152]

Aufgrund der verschiedenen Ansätze und Definitionen des Markenwerts existiert auch eine Vielzahl an Methoden zur Erfassung und Berechnung desselben. Analog zu den Definitionsansätzen können auch hier finanz- und kunden- bzw. verhaltensorientierte sowie integrierte Modelle verwendet werden.[153] Innerhalb dieser Kategorien findet sich je eine Vielzahl an Modellen. Künzel (2006) hat insgesamt 85 verschiedene Ansätze zur Markenbewertung zusammengefasst, so dass eine einheitliche Bewertung über verschiedene Marken oder Industrien stark erschwert ist.[154]

Die Steigerung des Markenwerts in der untersuchten Flughafenindustrie stellt bisher zumeist noch kein existierendes Unternehmensziel dar, da der Aufbau entsprechender Marken noch in den Anfängen steht. Daher sollen im folgenden Kapitel zunächst die direkten Effekte der Markenbildung betrachtet und in der vorliegenden Dissertation primär die verhaltens- bzw. kundenorientierten Perspektive zur Erfassung des Markenwerts als zu Grunde liegendes Konzept integriert werden. Diese Untersuchung des verhaltensorientierten Markenwerts sowie der Konstrukte, die diesen bestimmen, stellen dann die Grundlage für die Ableitung von Handlungsempfehlungen zur Markenbildung von Flughäfen in Kapitel 7 dar.

---

152 Vgl. Esch, Franz-Rudolf (2014): Strategie und Technik der Markenführung, S. 57–58 Washburn, Judith / Plank, Richard (2002): Measuring Brand Equity: An Evaluation of a Consumer-Based Brand Equity Scale, in: Journal of Marketing Theory and Practice, S. 59–60

153 Vgl. Wirtz, Bernd / Roth, Katharina (2004): Grundlagen der Markenbewertung, in: Wirtz and Göttgens (Hrsg.): Integriertes Marken- und Kundenwertmanagement – Strategien, Konzepte und Best Practices, S. 272–273

154 Vgl. Künzel, Manuela (2006): Die Marke und ihr Wert – Benchmarking-Studie zu integrativen Ansätzen der Markenbewertung, S. 61–63

3.2.2 Methoden zur Erfassung des verhaltensorientierten Markenwerts

Da der Wert einer Marke in den Köpfen der Kunden entsteht, müssen psychologische und verhaltensbasierte Komponenten in die Bewertung der Marke integriert werden. Daher ist eine rein finanzielle Bewertung der Marke nicht ausreichend, auch wenn der beschriebene, **kundenorientierte Markenwert (Brand Equity)** letztendlich in einer höheren, **finanziellen Markenbewertung (Brand Value)** resultieren sollte. Die oben erwähnten, verhaltenswissenschaftlichen und psychologischen Größen werden durch die Verwendung von Scoring-Modellen in den Markenwert integriert, welcher dann als Markenstärke bzw. -kraft ausgedrückt wird. Die Modelle von Aaker (1992) und Keller (1993) sind hierfür die in der marktorientierten Wissenschaftstheorie bekanntesten und meist verwendeten Modelle und sollen daher im Folgenden detaillierter betrachtet werden. Ein weiteres Modell, das in der Praxis häufig verwendet und daher ebenfalls kurz vorgestellt wird, ist das Brand Rating von Icon.[155]

a) Der Markenwert-Ansatz von Aaker (Brand Equity Ten):

Aaker (1992) definiert den Markenwert als *„eine Gruppe von Vorzügen und Nachteilen, die mit einer Marke, ihrem Namen oder Symbol in Zusammenhang stehen und den Wert eines Produktes oder Dienstes für ein Unternehmen oder seine Kunden mehren oder mindern“*.[156] Diese Vor- und Nachteile, die mit der Marke einhergehen und in ihrer Gesamtheit den Markenwert konstituieren, können in die folgenden Kategorien unterteilt werden: (1) Markentreue, (2) Markenbekanntheit, (3) angenommene Qualität, (4) weitere Markenassoziationen und (5) andere Markenvorzüge (z.B. Patente).[157]

Die **Brand Equity Ten** sind die aus der Konzeptualisierung des Markenwerts resultierenden Messgrößen, die von Aaker als Startpunkt für die Implementierung eines Markenbewertungsvorhabens aufgestellt wurden. Diese Messgrößen gliedern sich in fünf Kategorien, von denen die ersten vier die Dimensionen des Markenwerts – (1) Markentreue, (2) Markenbekanntheit, (3) angenommene

---

155 Vgl. Peter, Paul / Donnelly, James (2013): Marketing Management – Knowledge and Skills, S. 93–94
Wirtz, Bernd / Roth, Katharina (2004): Grundlagen der Markenbewertung, in: Wirtz and Göttgens (Hrsg.): Integriertes Marken- und Kundenwertmanagement – Strategien, Konzepte und Best Practices, S. 272–273
Zimmermann, Rainer (2001): Brand Equity Review, in: Brand Equity Excellence, S. 23

156 Aaker, David (1992): Management des Markenwerts, S. 31

157 Vgl. Aaker, David (1992): Management des Markenwerts, S. 31–32

Qualität sowie (4) Marken-Image und Assoziationen – darstellen, während die fünfte Kategorie zusätzliche, marktbezogene Messwerte umfasst.[158]

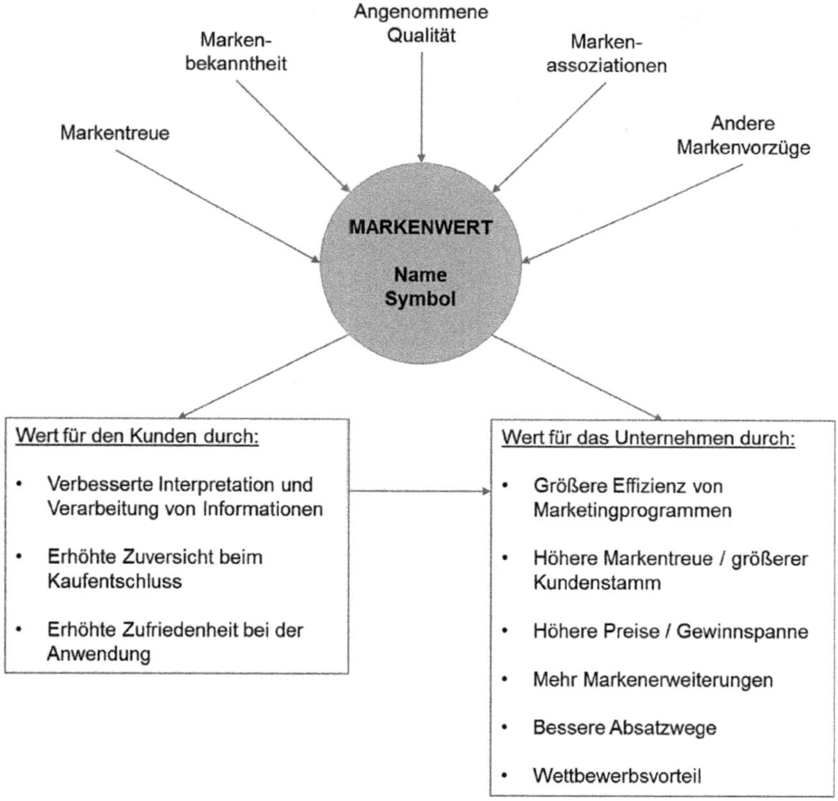

Abbildung 3-3: Der Markenwert nach Aaker[159]

Der gesteigerte **Wert für den Kunden** durch die Marke liegt vor allem in der Erleichterung der Kaufentscheidung durch die Reduktion des mit dem Kauf verbundenen Risikos und der vereinfachten Informationsgewinnung und -verarbeitung sowie der nachträglichen Zufriedenheit. Der **Mehrwert für das Unternehmen** liegt zum einen in der gesteigerten, positiven Beeinflussung der auf den Markenwert einwirkenden Kategorien, die im Folgenden nochmal detaillierter

158 Vgl. Aaker, David (1996b): Measuring Brand Equity Across Products and Markets, in: California Management Review, S. 104–105

159 In Anlehnung an: Aaker, David (1992): Management des Markenwerts, S. 32

beschrieben werden. Zum anderen unterstützt der Markenwert nicht nur die Effizienz der Marketinginitiativen, sondern auch die Gewinnerzielung durch die Möglichkeit höherer Preise/Margen und vereinfachten Wachstums.[160]

(i) Markentreue: Markentreue oder -loyalität beschreibt die Verbundenheit der Kunden mit ihrer Marke und ist für Unternehmen vor allem deshalb ein höchst erstrebenswertes Konzept, da durch einen treuen, bestehenden Kundenstamm die enormen Kosten der Neukundengewinnung minimiert werden können. Darüber hinaus sind treue Kunden generell zufriedene Kunden, was sowohl ihren Customer Lifetime Value (CLV)[161] als auch ihr Weiterempfehlungspotential signifikant erhöht und die Bedrohung durch einen Wechsel zu Konkurrenzanbietern erheblich senkt. Schließlich wird durch eine hohe Markentreue auch die Verhandlungsposition gegenüber dem Handel oder anderen Marktmittlern gestärkt, da der Kundenstamm die Präsenz ihrer ausgewählten Marke erwartet und nicht bereit ist, auf ein Ersatzangebot einzugehen. Aufgrund dieser Vielzahl an positiven Auswirkungen, kann die Markentreue als Kern des Markenwerts angesehen werden. Erzeugt wird Markentreue vor allem durch die richtige Behandlung und Zufriedenstellung des Kunden. Hierzu muss durch eine stetige Nähe und Verbindung zum Kunden vor allem ein umfassendes Verständnis seiner Wünsche und Bedürfnisse generiert werden.[162]

(ii) Markenbekanntheit: Ein weiteres wichtiges Konstrukt, das auf den Markenwert einwirkt, ist die Markenbekanntheit. Sie beschreibt das Vermögen der Kunden, eine Marke wiederzuerkennen und sich daran zu erinnern, welcher Produktkategorie die Marke angehört. Sie ist die notwendige Voraussetzung dafür, dass ein Marken-Image in den Augen der Kunden entsteht. Die Markenbekanntheit zahlt ebenfalls durch verschiedene Auswirkungen auf den Markenwert ein. Die Bekanntheit stellt die erste Stufe im Kommunikationsprozess dar und legt somit den notwendigen Grundstein für jegliche, weitere Interaktion

---

160 Vgl. Aaker, David (1992): Management des Markenwerts, S. 31–34
Docters, Robert et al. (2005): Pricing und Branding – Strategien für mehr Profit, S. 41

161 Der CLV (auch: Kundenlebenszeitwert) bezeichnet den Gesamtgewinn, den ein Unternehmen mit einem lebenslang loyalen Kunden durch eine langfristige Beziehung und damit verbunden höheren Umsätzen (sowohl durch gestiegene Kaufmenge und -häufigkeit als auch Ausgabebereitschaft) erzielen kann.
Vgl. Mattmüller, Roland (2012): Integrativ-Prozessuales Marketing, S. 62–63

162 Vgl. Aaker, David (1992): Management des Markenwerts, S. 65–71
Aaker, David (1996a): Building Strong Brands, S. 21–22

zwischen Marke und Kunde und fungiert als Anker für alle Assoziationen, die der Kunde mit der Marke verbindet. Darüber hinaus ist sie ein Zeichen für Solidität und Engagement, da das Unternehmen sich aktiv dafür eingesetzt hat, die Markenbekanntheit zu erreichen, und ruft bei den Kunden Vertrautheit und Zuneigung hervor.[163]

(iii) Angenommene Qualität: Die angenommene Qualität spiegelt die Einschätzung der Kunden hinsichtlich der Gesamtqualität aller Produkte und Dienstleistungen einer Marke im Vergleich zum Wettbewerb wider und kann sowohl positiv als auch negativ von der tatsächlichen Qualität abweichen. Die angenommene Qualität erzeugt einen signifikanten Wert für das Unternehmen, wenn sie als positiv / hoch bewertet wird, da sie dann einen entscheidenden Kaufgrund für den Kunden darstellt und die Erhebung eines Preisaufschlags gegenüber dem Handel sowie den Endkunden erlaubt. Zusätzlich bietet die angenommene Qualität die Basis für die Akzeptanz von Markenerweiterungen in den Augen der Kunden. Hierdurch bieten starke Marken verbesserte Chancen auf Unternehmenswachstum. Darüber hinaus stellt die Qualität bereits ein Merkmal der Markenpositionierung und der damit verbundenen Markenassoziationen dar, die im folgenden Kapitel eingehender beschrieben werden.[164]

(iv) Marken-Image und weitere Markenassoziationen: Generell stellen Markenassoziationen alle gedanklichen Verknüpfungen der Kunden mit einer Marke dar. Ziel der Markenpositionierung, wie im folgenden Kapitel eingehend beschrieben, ist es, möglichst starke und positive Assoziationen zu implementieren und in ihrer Gesamtheit ein vorteilhaftes Markenimage zu erstellen.[165]

All diese Komponenten des Markenwerts und ihre Auswirkungen werden ebenfalls nochmal in der folgenden Abbildung dargestellt:

---

163 Vgl. Aaker, David (1992): Management des Markenwerts, S. 85–88
Diller, Hermann (1992): Vahlens großes Marketinglexikon, S. 642

164 Vgl. Aaker, David (1992): Management des Markenwerts, S. 108–111
Aaker, David (1996a): Building Strong Brands, S. 17–20
Esch, Franz-Rudolf (2014): Strategie und Technik der Markenführung, S. 15

165 Vgl. Aaker, David (1996a): Building Strong Brands, S. 25

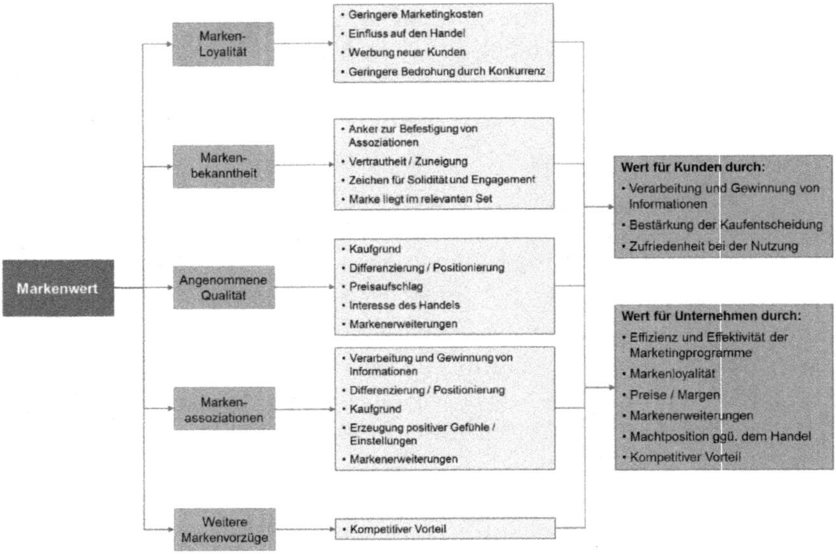

Abbildung 3-4: Zusammenfassender Überblick über die Auswirkungen des Markenwerts nach Aaker[166]

b) Das Konsumentenmodell der Markenwertbestimmung nach Keller:

Ähnlich wie Aaker, definiert Keller (1993) den kundenorientierten Markenwert (Customer-Based Brand Equity) als den *„differenzialen Effekt des Markenwissens auf die Reaktion der Konsumenten auf Marketinginitiativen dieser Marke"*.[167] Daraus folgt, dass ein positiver Markenwert entsteht, wenn ein Kunde positiver auf ein Element des Marketing-Mixes der relevanten Marke reagiert als er es auf das gleiche Element einer unbekannten Marke oder eines unmarkierten Produktes täte. Die notwendige Basis für diese positiv differenzierte Reaktion ist die Bekanntheit mit der Marke sowie das Vorhandensein begünstigender, starker und einzigartiger **Markenassoziationen**. Der Kern des Markenwerts liegt also in der Ausprägung des **Markenwissens**. Dieses Konstrukt wird von der **Markenbekanntheit** (Brand Awareness) einerseits und dem **Marken-Image** andererseits bestimmt.[168]

---

166 In Anlehnung an: Aaker, David (1996a): Building Strong Brands, S. 9

167 Keller, Kevin Lane (1993): Conceptualizing, Measuring, and Managing Customer-Based Brand Equity, in: Journal of Marketing, S. 2

168 Vgl. Keller, Kevin Lane (1993): Conceptualizing, Measuring, and Managing Customer-Based Brand Equity, in: Journal of Marketing, S. 2

Diese Konstrukte wurden bei der Untersuchung des Markenwertmodells von Aaker bereits beschrieben. Darüber hinausgehend definiert Keller das Marken-Image jedoch auch „*Wahrnehmungen einer Marke, die von den Markenassoziationen reflektiert werden*".[169]

Die Dimensionen, die das Marken-Image in seiner Gesamtheit definieren sind die **Einzigartigkeit**, **Stärke** und **Günstigkeit** sowie die verschiedenen **Ausprägungen der Markenassoziationen**. Die verschiedenen **Ausprägungen** können nach Grad der Auseinandersetzung mit und Informationsverarbeitung von den Markenassoziationen in drei Kategorien unterteilt werden: (1) Attribute, (2) Nutzen und (3) Einstellungen. Als **Markenattribute** werden die deskriptiven Ausprägungen verstanden, die ein Produkt oder eine Dienstleistung charakterisieren. Der **Markennutzen** spiegelt anderseits den persönlichen Wert von Produkten oder Dienstleistungen in den Augen der Konsumenten wider. Dieser Nutzen kann entweder funktional (problemlösungsorientiert), erfahrungsorientiert (von dem Gefühl bei der Nutzung bestimmt) oder symbolisch (zum Zweck sozialer Anerkennung oder persönlichen Ausdrucks) sein. Eine andere Einteilung der Nutzenkategorien ist ebenfalls denkbar. So klassifiziert Mattmüller (2012) die vier Nutzenkategorien (1) Grundnutzen, (2) persönlicher Nutzen, (3) soziologischer Nutzen und (4) magischer Nutzen. Hierbei entspricht der Grundnutzen dem funktionalen Nutzen und beschreibt die entsprechenden Attribute der Leistung oder des Produkts. Der persönliche Nutzen resultiert dann aus der Beziehung zwischen Nutzer zum Objekt (subjektiv entwickelte Emotionen und Einstellung durch Vorlieben) während der soziologische Nutzung sich auf Geltungs- oder Demonstrationsmöglichkeit durch das Objekt gegenüber anderen Individuen bezieht. Der magische Nutzen gibt letztlich an, ob der Nutzer eine intuitive Beziehung (subjektiv entwickelte Emotionen und Einstellung) zu dem Objekt bspw. als Glücksbringer aufgebaut hat.[170]

Die langfristigen **Einstellungen** (Attitudes) gegenüber der Marke bestimmen die übergreifende, kognitive Bewertung einer Marke in den Augen der Konsumenten und bilden häufig die Basis des Marken-Images und resultierenden Konsumentenverhaltens wie z.B. die Wahl einer Marke. Daher wird den Einstellungen

Keller, Kevin Lane (2013): Strategic Brand Management – Building, Measuring, and Managing Brand Equity, S. 69–70

169 Keller, Kevin Lane (1993): Conceptualizing, Measuring, and Managing Customer-Based Brand Equity, in: Journal of Marketing, S. 3

170 Vgl. Aaker, David / Stahl, Florian / Stöckle, Felix (2015): Marken erfolgreich gestalten – Die 20 wichtigsten Grundsätze zur Markenführung, S. 52–55
Keller, Kevin Lane (1993): Conceptualizing, Measuring, and Managing Customer-Based Brand Equity, in: Journal of Marketing, S. 4
Mattmüller, Roland (2012): Integrativ-Prozessuales Marketing, S. 186–187

gegenüber einer Marke sowohl in der der Theorie des Konsumentenverhaltens als auch der Marktforschung eine große Bedeutung beigemessen.[171]

Letztendlich bestimmt die Reaktion der Konsumenten auf das spezifische Markenwissen die Ausprägung des Markenwerts und kann im Fall eines positiven differenzierenden Effektes höhere Umsätze, niedrigere Kosten und größere Erträge erzielen. Über die finanziellen Vorteile hinaus resultiert ebenfalls eine höhere Wahrscheinlichkeit zur Wahl der spezifischen Marke, eine verstärkte Loyalität, eine stärkere Akzeptanz von höheren Preisen (geringere Preiselastizität) und ein gestiegener Schutz gegen Marketingmaßnahmen konkurrierender Marken.[172] Der Zusammenhang zwischen den beschriebenen Konstrukten wird durch die folgende Abbildung nochmals verdeutlicht:

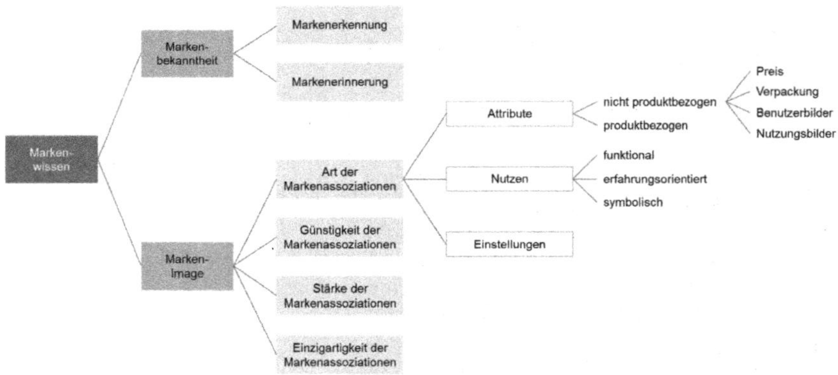

Abbildung 3-5: Dimensionen des Markenwissen nach Keller (1993)[173]

171 Die bekanntesten Modelle zur Untersuchung von Einstellungen sowie deren Formation und Auswirkungen sind die *„Theory of Reasoned Action"* von Fishbein und Ajzen (1975) und deren Weiterentwicklung in die *„Theory of Planned Behavior"*.
Vgl. Faircloth, James / Capella, Louis / Alford, Bruce (2001): The Effect of Brand Attitude and Brand Image on Brand Equity, in: Journal of Marketing Theory and Practice, S. 64
Keller, Kevin Lane (1993): Conceptualizing, Measuring, and Managing Customer-Based Brand Equity, in: Journal of Marketing, S. 4–5
Park, C. Whan et al. (2010): Brand Attachment and Brand Attitude Strenghts: Conceptual and Empirical Differentiation of Two Critical Brand Equity Drivers, in: Journal of Marketing, S. 4–5

172 Vgl. Keller, Kevin Lane (1993): Conceptualizing, Measuring, and Managing Customer-Based Brand Equity, in: Journal of Marketing, S. 8–9

173 Vgl. Keller, Kevin Lane (1993): Conceptualizing, Measuring, and Managing Customer-Based Brand Equity, in: Journal of Marketing, S. 8–9 (übersetzt vom Autor)

c) Brand-Rating von Icon

Eine ebenfalls in der Praxis häufig angewandte Methode ist das Brand-Rating der Marktforschungs- und Beratungsgesellschaft Icon (früher Brand-Trek-Ansatz, auch bekannt als Brand-Status-Ansatz oder Eisbergmodell).

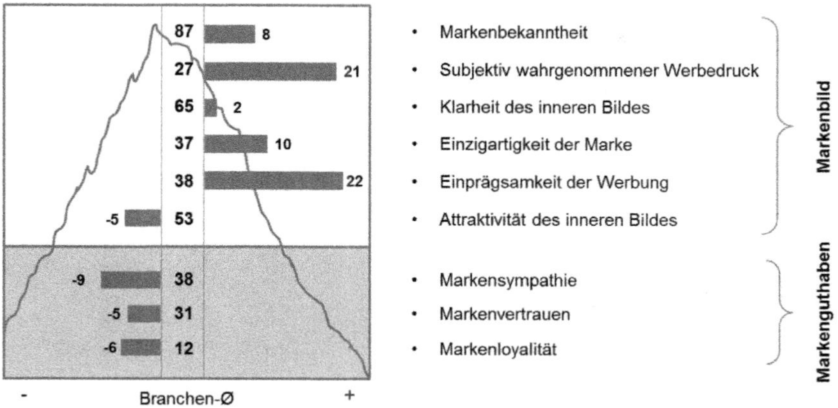

Abbildung 3-6: Beispielhaftes Eisberg-Modell zur Bewertung des Markenwerts[174]

Hierbei setzt sich der Markenwert aus dem **Markenbild** und dem **Markenguthaben** zusammen und wird häufig als Eisberg dargestellt, bei dem die für den Konsumenten sichtbaren, abänderbaren Determinanten des Markenbildes – Markenbekanntheit, subjektiv empfundener Werbedruck, Einzigartigkeit der Marke, Einprägsamkeit der Werbung und Attraktiv des inneren Bildes – oberhalb der Wasseroberfläche liegen und die langfristig orientierten Determinanten des Markenguthabens – Markensympathie, -vertrauen und -loyalität – tiefer verankert darunter. Die für eine spezifische Marke ermittelten Werte können dann mit Normwerten der jeweiligen Industrie aus der Brand-Rating-Datenbank verglichen werden, wodurch ein klares Bild über den kompetitiven Stand der Marke abgeleitet werden kann. Hierdurch wird die relative Markenstärke in der entsprechenden Industrie direkt ersichtlich; es werden jedoch keinerlei

174 In Anlehnung an: Esch, Franz-Rudolf (2014): Strategie und Technik der Markenführung, S. 691 und
Wirtz, Bernd / Roth, Katharina (2004): Grundlagen der Markenbewertung, in: Wirtz and Göttgens (Hrsg.): Integriertes Marken- und Kundenwertmanagement – Strategien, Konzepte und Best Practices, S. 280

quantitative Daten in die Betrachtung einbezogen.[175] Dieses Modell erlaubt nicht nur die Bestimmung individueller Werte der einzelnen Konstrukte, sondern auch einer Vergleich zu Branchenstandards und Wettbewerbern. Die Aufstellung solcher Standards ist jedoch vor allem für Konsumgüter oder in ähnlich ausgeprägten Märkten, die von vielen Konkurrenten und Produkten bestimmt werden sinnvoll; eine Erfassung von Branchenstandards in der Flughafenindustrie würde durch die bisher noch mangelnde Markenorientierung sicherlich erschwert. Vor diesem Hintergrund sollen im Verlauf dieser Dissertation vor allem die Einzelkonstrukte der vorgestellten Ansätze hinsichtlich ihrer Eignung zur Markenbildung von Flughäfen untersucht werden. Die folgende Tabelle fasst die eben beschriebenen Modelle nochmals zusammen:

Modell	Autor	Jahr	Zentrale Erkenntnis
Brand Equity Ten	Aaker	1991	Bestimmung des Markenwerts durch Bewertung der Markentreue, Markenbekanntheit, Qualität, Markenassoziationen und anderer Markenvorzüge
Konsumentenmodell	Keller	1993	Festlegung der Markenstärke durch systematische Auffächerung der Dimensionen Markenbekanntheit und Markenimage
Brand Rating / Brand Trek	Icon Added Value	1991	Messung des Markenwerts anhand einer Einteilung in ein inneres Markenbild und einen inneren Markenwert

Tabelle 3-1: Verhaltensorientierte Ansätze zur Bewertung des Markenwerts[176]

175 Vgl. Bentele, Günter et al. (2009): Markenwert und Markenwertermittlung – Eine systematische Modelluntersuchung und -bewertung, S. 78–80
Wirtz, Bernd / Roth, Katharina (2004): Grundlagen der Markenbewertung, in: Wirtz and Göttgens (Hrsg.): Integriertes Marken- und Kundenwertmanagement – Strategien, Konzepte und Best Practices, S. 280

176 In Anlehnung an Wirtz, Bernd / Roth, Katharina (2004): Grundlagen der Markenbewertung, in: Wirtz and Göttgens (Hrsg.): Integriertes Marken- und Kundenwertmanagement – Strategien, Konzepte und Best Practices, S. 281

3.2.3 Zusammenfassende Betrachtung

Marken mit einem hohen Markenwert konstituieren also einen kompetitiven Vorteil für ein Unternehmen, da sie ein hohes Maß an Markenbekanntheit und -loyalität aufweisen und somit auch die Machtposition sowie die Wettbewerbsstellung des Unternehmens positiv beeinflussen. Durch die hohe Glaubwürdigkeit einer solchen Marke können neue Geschäftsfelder und Angebote leichter implementiert und das nötige Preissegment beibehalten werden.[177] Hinsichtlich verhaltensbasierter Komponenten können darüber hinaus zusammenfassend positive Auswirkungen auf die Kaufintention, die Markenbekanntheit und das Marken-Image sowie eine gesteigerte Loyalität, Preisakzeptanz und Qualitätsannahme beobachtet werden.[178]

Um einen Markenwert zu implementieren und diesen nachhaltig zu steigern, muss eine Marke sorgfältig aufgebaut und strategisch geführt werden. Die notwendigen Maßnahmen zu diesem Zweck werden im weiteren Verlauf von Kapitel 3 eingehender beschrieben. Hierbei muss jedoch beachtet werden, dass die einzelnen Komponenten des Markenwerts nicht unabhängig voneinander betrachtet werden können. So beeinflusst bspw. die Markenbekanntheit das Marken-Image und die Entstehung von Markentreue, so dass der Ansatz von Aaker (1991) den Markenwert theoretisch veranschaulicht, aber keine praktische Operationalisierung des Markenwerts erlaubt. Vielmehr müssen hierzu die Gedächtnisstrukturen des Konsumenten in Bezug auf eine Marke betrachtet werden. Diese fasst Keller (1993) in seinem Markenwertmodell als Markenwissen zusammen.[179] Die einzelnen vorgestellten Konstrukte, die den Markenwert bestimmen, sind sowohl individuell als auch in ihrer Gesamtheit als verhaltensorientierter Markenwert die notwendige theoretische Grundlage, auf deren Basis eine Markenbildung analysiert und ausgestaltet werden kann. Vor diesem Hintergrund soll in Kapitel 6 die Notwendigkeit der Markenbildung

177 Aaker, David (1996a): Building Strong Brands, S. 103
Kotler, Philip / Armstrong, Gary (2014): Principles of Marketing, S. 267

178 Aaker, David (1992): Management des Markenwerts, S. 32
Cobb-Walgren, Cathy / Ruble, Cynthia / Donthu, Naveen (1995): Brand Equity, Brand Preference, and Purchase Intent, in: Journal of Advertising, S. 36–37
Keller, Kevin Lane (1993): Conceptualizing, Measuring, and Managing Customer-Based Brand Equity, in: Journal of Marketing, S. 8–9
Künzel, Manuela (2006): Die Marke und ihr Wert – Benchmarking-Studie zu integrativen Ansätzen der Markenbewertung, S. 35–37

179 Esch, Franz-Rudolf (2014): Strategie und Technik der Markenführung, S. 59

von Flughäfen hervorgehoben und in mögliche Ansätze hierzu in Kapitel 7.2 aufgestellt werden.

Auch wenn die Erfassung und Messung des Markenwerts eine Möglichkeit bietet, die Auswirkungen der Marketingstrategie greifbar zu machen, gilt es doch zu beachten, dass nicht alle sinnvollen und bedeutsamen Marketinginitiativen und -aktivitäten sich direkt in einem erhöhten Markenwert widerspiegeln. Dennoch ist ihre Durchführung häufig wichtig für die Erreichung der strategischen Marketingziele.[180]

Trotz der Tatsache, dass sich heutzutage die meisten Unternehmen einen integrierten Marketingansatz unter Berücksichtigung aller relevanten Stakeholdergruppen als Ziel gesetzt haben, ist die tatsächliche Implementierung dieses Vorhabens oft noch nicht umgesetzt. Häufig mangelt es an Kontakt zu den Zielgruppen, um tatsächliche Einblicke in die Bedürfnisse zu erlangen und diese entsprechend zu befriedigen. Ein erster Schritt zu einer erfolgreichen, marktorientierten Unternehmensführung ist also das Wissen über die eigenen Zielgruppen, deren Bedürfnisse und Anforderungen.[181] Hierzu wird in Kapitel 6.2.2 eine eingehende Analyse der relevanten Stakeholdergruppen für die Flughafenindustrie vorgenommen. Ein weiterer Schritt ist die strategische Positionierung und damit einhergehende Markenbildung und anschließende Markenimplementierung innerhalb des Zielmarktes. Diese Konzepte sollen als Basis für eine Untersuchung ihrer Anwendbarkeit für Flughäfen im weiteren Verlauf dieses Kapitels definitorisch abgegrenzt und erläutert werden.

Die einzelnen vorgestellten Konstrukte, die den Markenwert bestimmen, sind sowohl individuell als auch in ihrer Gesamtheit als verhaltensorientierter Markenwert die notwendige theoretische Grundlage, auf deren Basis eine Markenbildung analysiert und ausgestaltet werden kann. Vor diesem Hintergrund soll in Kapitel 6 die Notwendigkeit der Markenbildung von Flughäfen hervorgehoben und in mögliche Ansätze hierzu in Kapitel 7.2 aufgestellt werden.

---

180 Keller, Kevin Lane (2013): Strategic Brand Management – Building, Measuring, and Managing Brand Equity, S. 57

181 Vgl. Lehner, Ulrich (2007): Marktorientierte Unternehmensführung – Reflexionen aus der Praxis, in: Bruhn, Kirchgeorg and Meier (Hrsg.): Marktorientierte Führung im wirtschaftlichen und gesellschaftlichen Wandel, S. 38

3.3 Strategien zur Markenpositionierung

Jede Markenstrategie basiert auf einer fundierten Marktsegmentierung, Zielgruppenansprache und Positionierung. Ein Unternehmen muss zunächst die unterschiedlichen Bedürfnisse und Zielgruppen im Markt erkennen, diejenigen ansprechen, die es in einer überlegenen Weise bedienen kann und sein Angebot dann so positionieren, dass das Zielsegment die spezifischen Angebote und Markenelemente erkennt.

Innerhalb des strategischen Marketing beschreibt eine Positionierungsstrategie also das spezifische Image und die Wettbewerbsposition, die ein Unternehmen zu erzielen versucht und die damit verbundene, aktive Gestaltung der Wahrnehmung durch die Zielgruppe. Die Aspekte der Positionierung müssen daher also innerhalb des **Wettbewerbsumfeldes** einerseits und bezüglich des marktorientierten Angebots andererseits beschrieben werden. Die gewählte Positionierung kann auf die zweite Ausprägung bezogen auch als **„Zielbild" aus Kundenperspektive** definiert werden, aus der sich dann eine passende Strategie zur Erreichung dieses Zielbildes ableitet.[182]

Ziel einer Positionierung ist es, sowohl **intern (Markenidentität)** als auch **aus Kundensicht (Marken-Image) ein klares Bild** eines Unternehmens, einer Marke oder eines bestimmten Produkts zu erstellen. Dieses Bild ist bestenfalls **positiv, wünschenswert und präferenzbildend** sowie **konsistent, einzigartig und unverwechselbar** in den Augen der relevanten Stakeholder.[183]

---

182 Vgl. Giersch, Judith (2008): Corporate Brand Management international tätiger Unternehmen, S. 31
Kroeber-Riel, Werner / Esch, Franz-Rudolf (2015): Strategie und Technik der Werbung, S. 72

183 Vgl. Aaker, David (1992): Management des Markenwerts, S. 135–136
Keller, Kevin Lane (1993): Conceptualizing, Measuring, and Managing Customer-Based Brand Equity, in: Journal of Marketing, S. 9
Klein-Bölting, Udo (2004): Strategic Brand Management Process: Systematische Führung komplexer Markenportfolios, in: Wirtz and Göttgens (Hrsg.): Integriertes Marken- und Kundenwertmanagement – Strategien, Konzepte und Best Practices, S. 71
Matys, Erwin (2008): Praxishandbuch Produktmanagement – Grundlagen und Instrumente, S. 182–183

3.3.1 Festlegung der Markenidentität

Die **Markenidentität** konstituiert den Grundstein für die Festlegung einer Markenpositionierung und als solcher auch die übergeordnete Vorgabe der Markenführung. Bevor eine solche Positionierung formuliert werden kann, muss zuerst festgelegt werden, was die **Herkunft bzw. die Wurzeln der Marke** darstellt. Darauf aufbauend bestimmt der spezifische **Charakter / die Persönlichkeit der Marke** die Markenidentität. Zusammenfassend beschreibt die Markenidentität also, wofür die Marke steht und wie sie intern wahrgenommen wird (Selbstbild der Marke). Im Gegensatz dazu steht das Fremdbild der Marke, das **Markenimage**, das von den Konsumenten wahrgenommen wird.[184] Abgrenzend kann Markenidentität demnach als *„diejenigen Merkmale einer Marke, die aus Sicht der internen Zielgruppen in nachhaltiger Weise das Wesen und den Charakter prägen"* beschrieben werden, während das Marken-Image ein *„in der Psyche relevanter Zielgruppen fest verankertes Vorstellungsbild von einem Bezugsobjekt"* darstellt.[185]

Notwendige Grundlage zur Ableitung dieses internen Markenbildes ist eine ehrliche **Selbstanalyse** des Unternehmens und darüber, was die Marke in welchem Ausmaß tatsächlich leisten kann. Die Identität einer Marke muss sowohl mit den Werten und Zielen des Unternehmens als solches übereinstimmen als auch durch die entsprechenden Geschäftsfelder des Unternehmens abgedeckt werden. Diese müssen demnach die Art und Qualität von Leistung erbringen können, für die die Marke laut Markenidentität steht. Die Markenidentität muss jedoch nicht nur diese internen Voraussetzungen widerspiegeln, sondern auch Umweltentwicklungen, wie die der Wirtschaft, des Marktes oder auch der Kundengruppen, integrieren. Die Formulierung der Markenidentität bedingt also sowohl eine kritische interne Untersuchung als auch eine umfassende **Analyse des Zielmarktes** inkl. der relevanten Zielgruppen hinsichtlich Bedürfnissen, Wünschen und Kaufgründen.[186]

---

184 Vgl. Aaker, David / Joachimsthaler, Erich (2009): Brand Leadership, S. 40
Esch, Franz-Rudolf (2014): Strategie und Technik der Markenführung, S. 78–79
Sattler, Henrik / Völckner, Franziska (2007): Markenpolitik, S. 54–55

185 Meffert, Heribert / Burmann, Christoph / Koers, Martin (2002): Stellenwert und Gegenstand des Markenmanagement, in: Meffert, Burmann and Koers (Hrsg.): Markenmanagement – Grundfragen der identitätsorientierten Markenführung, S. 6

186 Vgl. Burmann, Christoph / Blinda, Lars (2004): Identitätsbasiertes Markenmanagement, in: Wirtz and Göttgens (Hrsg.): Integriertes Marken- und Kundenwertmanagement – Strategien, Konzepte und Best Practices, S. 215–216
Esch, Franz-Rudolf (2014): Strategie und Technik der Markenführung, S. 81–83
Kroeber-Riel, Werner / Esch, Franz-Rudolf (2015): Strategie und Technik der Werbung, S. 77

Zur Aufstellung der Markenidentität existieren in der Literatur verschiedene Ansätze. Im Folgenden soll der Identitätsansatz von Aaker (1996) eingehender untersucht werden, auf dessen Basis dann eine Empfehlung zur Markenbildung von Flughäfen in Kapitel 7.2 vorgenommen wird.

Nach dem Ansatz von Aaker (1996) setzt sich die Markenidentität aus vier Perspektiven zusammen, nach denen die Marke als (1) Produkt, (2) Organisation, (3) Person oder (4) Symbol betrachtet werden kann. Diese Perspektiven eignen sich daher auch als Ausgangpunkt zur strategischen Auswahl der zu kommunizierenden Markenassoziationen.

a) Marke als Produkt: Obwohl sich die Markenidentität keinesfalls auf die produktbezogenen Attribute beschränken sollte, sind diese ein wichtiger Teil der Markenidentität, da sie die direkte Verbindung zur Nutzenerfüllung und Kaufentscheidung darstellen.

b) Marke als Organisation: Bei dieser Perspektive liegt der Fokus nicht auf einzelnen Produkten oder Produktsparten, sondern auf dem anbietenden Unternehmen als Ganzes und dessen strategischen Zielen, Visionen und Werten wie z.B. Innovation, Nachhaltigkeit oder Qualität. Häufig überschneiden sich diese beiden ersten Perspektiven, da die dem Unternehmen zuzuordnenden Attribute zumeist auf die Produkte des Unternehmens übertragen werden. Fördert ein Unternehmen bspw. ökologisches Bewusstsein, werden auch seine Produkte ökologisch nachhaltig sein.

c) Marke als Person: Hierbei werden der Marke Charakterzüge ähnlich denen einer Person zugeordnet, wie z.B. Freundlichkeit, Fairness, Humor, Vertrauenswürdigkeit oder auch Intellekt. Durch die Identifikation der Kunden mit solchen Charakterzügen einer Marke, ist diese Perspektive besonders geeignet für die Aufstellung starker und langfristiger Markenassoziationen.

d) Marke als Symbol: Häufig sind diese Symbole visueller Art in Form eines einprägsamen Logos zu finden oder auch durch eine Person (Gründer, Spokesperson, etc.) repräsentiert oder auch durch ein besonderes Design oder Angebot. Generell ist diese Betrachtung der Marke besonders geeignet durch Abstraktion der Vielfältigkeit der Marke in ein Symbol die Markenbekanntheit zu erhöhen und dieses Symbol direkt in eine Markenassoziation zu überführen.[187]

187 Vgl. Aaker, David (1996a): Building Strong Brands, S. 78–85
Sattler, Henrik / Völckner, Franziska (2007): Markenpolitik, S. 75–76

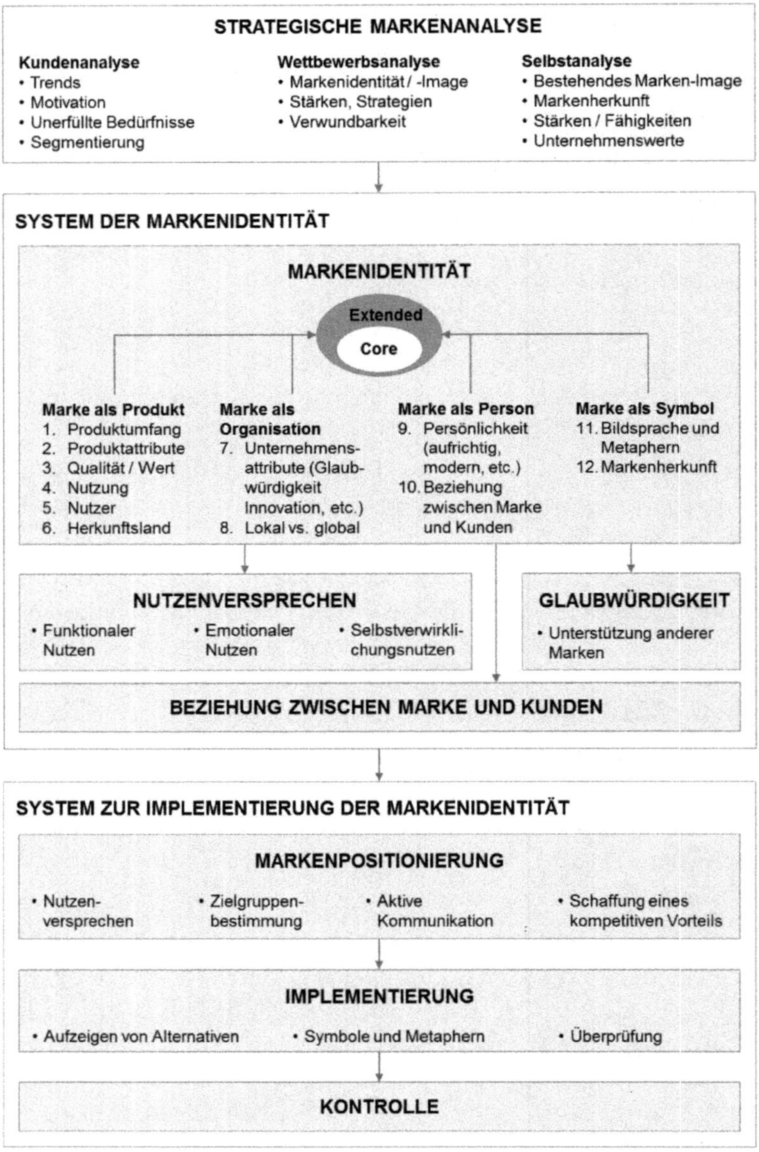

Abbildung 3-7: Modell zur Planung der Markenidentität[188]

188 Vgl. Aaker, David (1996a): Building Strong Brands, S. 79

All diese verschiedenen Betrachtungsweisen ergänzen sich dann in der übergeordneten Identität der Marke. Diese kann wiederum in einen inneren Kern und eine erweiterte Identität unterteilt werden. Die **Kernidentität** repräsentiert die dauerhafte Essenz der Marke, die trotz eventueller Anpassung an neue Gegebenheiten nicht verändert wird, und damit die fundamentalen Werte und Überzeugungen, die hinter der Marke stehen. Die **erweiterte Identität** komplementiert diesen Kern durch Details, die abbilden, wofür die Marke steht und was man über die Marke wissen muss. Diese Details gehen über den Kern der Marke hinaus und sind im Zeitablauf durchaus anpassbar.[189]

Wie bereits beschrieben, konstituiert die Festlegung der Markenidentität den Grundstein für strategische Markenpositionierung. Sie dient als strategischer Hintergrund für die Formulierung der Markenpositionierung und die Ableitung einer geeigneten Kommunikationsstrategie.[190] Ein erster Schritt ist also die Festlegung dieser mit Hilfe eines existierenden Modells zur Aufstellung der Markenidentität oder ähnlich gearteter, unternehmensinterner Definitionsansätze. Die weiteren Schritte zur Erstellung und Durchsetzung der Markenpositionierung werden in den folgenden Kapiteln eingehend beschrieben.

3.3.2 Formulierung der Markenpositionierung

Die Bestimmung der Markenpositionierung basiert auf der vorher entwickelten Markenidentität und umschreibt die aktive Gestaltung einer spezifischen Stellung der Marke im Wahrnehmungsraum des Zielmarktes. Diese Stellung muss die Marke in einem ausreichenden Maß für die relevante Zielgruppe attraktiv machen und von den konkurrierenden Marken abgrenzen, so dass sie die präferierte Marke bei Kaufentscheidungen darstellt.[191]

Wie bereits im vorangegangenen Kapitel beschrieben, kann die Markenidentität nicht losgelöst von äußeren Faktoren bestimmt und in eine finale Markenpositionierung überführt werden. Die unter der Berücksichtigung des Zielmarktes entwickelte Markenidentität muss in einem nächsten Schritt also durch eine detaillierte Untersuchung der Wünsche und Bedürfnisse der ausgewählten Zielgruppe sowie der relevanten Wettbewerber ergänzt in eine optimale, strategische Positionierung der Marke weiterentwickelt werden.[192]

189 Vgl. Aaker, David (1996a): Building Strong Brands, S. 85–89/141

190 Vgl. Kroeber-Riel, Werner / Esch, Franz-Rudolf (2015): Strategie und Technik der Werbung, S. 80

191 Vgl. Mattmüller, Roland (2012): Integrativ-Prozessuales Marketing, S. 226

192 Vgl. Esch, Franz-Rudolf (2014): Strategie und Technik der Markenführung, S. 91–92

3.3.2.1 Aufstellung des kompetitiven Bezugsrahmens

Zur Erreichung einer distinktiven Markenpositionierung ist es unabdingbar, den relevanten Wettbewerb und dessen Positionierung und Angebotsspektrum zu analysieren. Nach der Festlegung und eingehenden Betrachtung des relevanten Wettbewerbs ist eine Möglichkeit zur Analyse der Differenzierungsoptionen die Untersuchung der sog. Points of Difference (POD) und Points of Parity (POP).

Points of Difference beschreiben in diesem Zusammenhang Attribute, die die Zielgruppe direkt mit der Marke assoziiert, positiv bewertet und davon ausgeht, diese nicht in gleichem Maß bei einer konkurrierenden Marke zu finden. Die hervorgerufenen Assoziationen können dann als wirkliche POD beschrieben werden, wenn sie von den Kunden als relevant und begehrenswert wahrgenommen werden, von dem Unternehmen tatsächlich bedient werden können und sich positiv von denen der Wettbewerber abgrenzen. Solche starken, begünstigenden und einzigartigen Assoziationen zu kreieren, ist eine große Herausforderung aber für den langfristigen Erfolg der Markenpositionierung unabdingbar.

Points of Parity stellen auf der anderen Seite Markenattribute dar, die von den konkurrierenden Marken geteilt werden und daher keine Alleinstellungsmerkmale innerhalb der Markenpositionierung konstituieren. Diese Art von Markenassoziationen können in zwei Gruppen unterteilt werden – kategorische POP und kompetitive POP. **Kategorische POP** konstituieren hierbei Attribute, die für den Kunden unerlässlich sind, um die Marke überhaupt in die relevante Auswahl aufzunehmen. Sie stellen also eine notwendige aber keine ausreichende Voraussetzung für die Wahl einer Marke dar. **Kompetitive POP** wiederum sind Assoziationen, die geschaffen werden, um die PODs eines Wettbewerbers zu negieren oder die durch einen POD der eigenen Marke hervorgerufene, wahrgenommene Schwäche zu minimieren. Durch diese Assoziationen soll die eigene Marke also mit denen des Wettbewerbs gleichgestellt werden.[193]

193 Vgl. Aaker, David (1992): Management des Markenwerts, S. 136–138/188–189
Kapferer, Jean-Noel (2012): The New Strategic Brand Management – Advanced insights and strategic thinking, S. 153–154
Morwind, Klaus / Hennemann, Franz Peter (2004): Strategische Markenarchitektur und Markenbewertung bei Henkel, in: Wirtz and Göttgens (Hrsg.): Integriertes Marken- und Kundenwertmanagement – Strategien, Konzepte und Best Practices, S. 475

3.3.2.2 Untersuchung der Kundenanforderungen und Darstellung der Markenpositionierung

Übergeordnetes Ziel einer Positionierungsstrategie ist es, die eigene Marke möglichst nah an der Idealvorstellung der Kunden zu platzieren – notwendige Bedingung hierzu ist, dass die Marke ein derartiges Versprechen auch erfüllen kann. Um diese Idealvorstellung festzulegen, liegt der Formulierung der Markenpositionierung eine detaillierte Analyse über die für die Zielgruppe relevanten Attribute zu Grunde. Häufig verwendete Ansätze zur Segmentierung sind verhaltensbezogene oder psychographische Einteilungen der Zielgruppe in diverse Cluster, wie z.B. der Value-and-Lifestyle-Ansatz oder die Sinus Milieus. Hierbei wird jedoch nicht deutlich, welchen konkreten Nutzen die Marke für die Kunden erfüllen muss, um die Idealvorstellung zu erreichen. Die Einteilung ist also durchaus sinnvoll, um einen Einblick in die verschiedenen Kundensegmente zu erhalten, dient jedoch nicht als hinreichende Grundlage zur Positionierung.[194]

Zur Festlegung der relevanten Attribute wird daher meist der Nutzen der Marke (Brand Benefit) – und damit letztlich den Kaufgrund – verwendet. Der Kern einer differenzierenden Markenpositionierung ist also das Nutzenversprechen für die relevante Zielgruppe. Darüber hinausgehende Markenattribute werden unterstützend als „Reason-to-believe“ eingesetzt, um die Glaubwürdigkeit des Markenversprechens zu erhöhen. Zur Verdeutlichung dieser Auswahlkriterien werden häufig sog. **Wahrnehmungskarten/„Perceptual Maps“** als **Positionierungsmodelle** verwendet, die eine visuelle, räumliche Darstellung von den Wahrnehmungen und Präferenzen der Kunden bieten. Hierdurch ergeben sich mögliche Lücken, die für eine Markenpositionierung geeignet wären. Die gewählten Ausprägungen können als **Positionierungsdimensionen** verstanden werden, die den Raum der möglichen Positionierungen aufspannen. Hierzu können sowohl spezifische Produkteigenschaften (Attribute) als auch emotionale Faktoren in Form von **Markenpersönlichkeitsmerkmalen** gewählt werden.[195]

---

194 Vgl. Docters, Robert et al. (2005): Pricing und Branding – Strategien für mehr Profit, S. 59–61
Esch, Franz-Rudolf (2014): Strategie und Technik der Markenführung, S. 138

195 Vgl.Hauser, John (1988): Competitive Price and Positioning Strategies, in: Marketing Science, S. 79
Kapferer, Jean-Noel (2012): The New Strategic Brand Management – Advanced insights and strategic thinking, S. 156
Keller, Kevin Lane / Lehmann, Donald (2006): Brands and Branding: Research Findings and Future Priorities, in: Marketing Science, S. 741–742
Riesenbeck, Hajo / Perrey, Jesko (2005): Mega-Macht Marke – Erfolge messen, machen, managen, S. 99–102

Zusammenfassend muss ein Positionierungsmodell also durch relevante **Positionierungsdimensionen** aufgespannt werden und die **Idealposition aus Kundensicht** (Nachfragesegmente) verdeutlichen. Zusätzlich müssen die **eigene Markenpositionierung** sowie die aller **relevanten Wettbewerber** im Positionierungsraum dargestellt werden, um mögliche Lücken sowie die Distanz zwischen Ist-Position und Idealposition zu erkennen.[196]

Eine beispielhafte Wahrnehmungskarte für die Airline-Industrie stellt die folgende Abbildung dar:

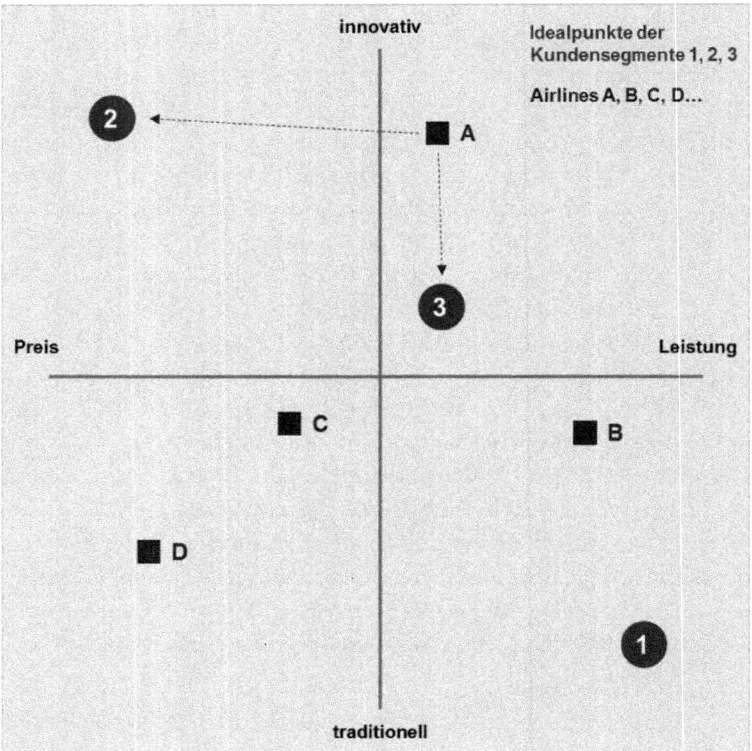

Abbildung 3-8: Exemplarische Wahrnehmungskarte am Beispiel von Airlines[197]

196 Vgl. Kroeber-Riel, Werner / Esch, Franz-Rudolf (2015): Strategie und Technik der Werbung, S. 91

197 Eigene Darstellung in Anlehnung an: Kotler, Philip / Keller, Kevin Lane (2012): Marketing Management, S. 306

Auf den beiden Achsen finden sich die für den Kunden relevanten Ausprägungen der einzelnen Airline-Marken (Position auf dem Preis-Leistungs-Spektrum und Image). Für jeden der blauen Punkte existiert ein entsprechendes Nachfragesegment im Markt – Punkt 1 wäre also eine traditionelle, bekannte Airline im Full-Service-Segment wie bspw. Lufthansa, während Punkt 2 eine innovative Airline im Niedrigpreissegment wie bspw. Ryanair darstellen würde. Die roten Buchstaben repräsentieren die Positionierungen der bestehenden Marken. Zur Neu- oder Repositionierung einer Marke wäre es also sinnvoll, sich möglichst nah an einem der bestehenden Nachfragesegmente aber möglichst differenziert von den bestehenden Marken zu positionieren. Für Airline A bietet sich also die Option, den Preis zu senken, um Kundensegment 2 möglichst optimal zu bedienen oder ihr Image stärker auf Tradition und Sicherheit zu lenken, um sich Segment 3 anzunähern. Eine für Kundensegment 1 optimale Positionierung wäre in diesem Fall schwierig zu erreichen, da bspw. Airline B bereits weitaus stärker die Anforderungen dieses Segments bedient.

Häufig werden Marken positioniert, um ein gefühltes oder gemessenes Defizit in der Wahrnehmung des Marken-Images durch die Kunden auszugleichen. Eine solche defensive bzw. reaktive Positionierung ersetzt allerdings kein zu Grunde liegendes, strategisches Positionierungskonzept und ist meist auch nicht langfristig angelegt. Letztendlich kann eine Markenpositionierung jedoch nur dann erfolgreich sein, wenn sie die spezifischen Merkmale der Marke widerspiegelt, eine ausreichende Relevanz für die Zielgruppe hat, eine Abgrenzung zum Wettbewerb darstellt und langfristig aufgestellt ist.[198] Können diese Bedingungen ausreichend erfüllt werden, muss sichergestellt werden, dass die formulierte Positionierung auch von der Zielgruppe wahrgenommen und in deren Köpfen verankert wird. Die notwendigen Maßnahmen zur Erreichung dieses Ziels werden im folgenden Kapitel verdeutlicht.

---

198 Vgl. Esch, Franz-Rudolf (2014): Strategie und Technik der Markenführung, S. 129 Kroeber-Riel, Werner / Esch, Franz-Rudolf (2015): Strategie und Technik der Werbung, S. 96–97

3.3.3 Implementierung und Durchsetzung der Markenpositionierung

Die finale Positionierung einer Marke beschreibt deren Stellung in den Augen der Konsumenten. Hierbei ist jedoch zwischen einer **Soll**- und einer **Ist-Positionierung** zu unterscheiden. Während erstere die vom Unternehmen aufgestellte, strategische Markenpositionierung beschreibt, ist zweitere die tatsächliche Stellung der Marke für die Konsumenten. Um diese stärker an die Soll-Positionierung anzupassen, muss das **Markenwissen** der Konsumenten erfolgreich verbessert werden. Die externe Durchsetzung der Markenpositionierung bedeutet also die Implementierung eines fundierten Markenwissens durch ausgewählte Markenassoziationen in den Köpfen der Kunden.[199]

Übergreifend repräsentiert das Marken-Image also die Wahrnehmung einer Marke durch die Konsumenten. Während die Markenidentität als Zielbild der Markenassoziationen gesehen werden kann, beschreibt das Marken-Image die Realität der Assoziationen. Um diese beiden Dimensionen möglichst stark anzunähern, ist es unerlässlich die gewünschten Markenassoziationen durch eine geeignete Kommunikationsstrategie zu übermitteln.[200]

3.3.3.1 Auswahl relevanter Markenelemente zur Durchsetzung der Positionierung

Die Markenidentität wurde von Aaker (1996) als einzigartiges Set von Markenassoziationen beschrieben, deren Aufstellung und Beibehaltung das übergeordnete Ziel der Markenstrategie ist. Die **Markenassoziationen**, die ein Unternehmen zu implementieren versucht, sollten daher direkt von der festgelegten Markenidentität abgeleitet sein, um eine möglichst hohe Kongruenz zwischen Selbst- und Fremdbild zu erreichen. Solche **Elemente** sind häufig vor allem Markennamen, Slogans oder Logos, können aber auch aus allen weiteren, der Marke zuzuordnenden Wahrnehmungen wie Werbefiguren, Farben, Tönen, Verpackungen oder Persönlichkeiten bestehen. Diese Elemente sind die Teile der Marke, die es einem Konsumenten ermöglichen, die Marke wiederzuerkennen und erhöhen somit die Markenbekanntheit und -assoziationen.[201]

---

199 Vgl. Esch, Franz-Rudolf (2014): Strategie und Technik der Markenführung, S. 126
Giersch, Judith (2008): Corporate Brand Management international tätiger Unternehmen, S. 24–25/31

200 Vgl. Aaker, David (1996a): Building Strong Brands, S. 180–181

201 Vgl. Aaker, David (1996a): Building Strong Brands, S. 68–69
Keller, Kevin Lane (2013): Strategic Brand Management – Building, Measuring, and Managing Brand Equity, S. 170–171

Die folgende Abbildung bietet einen Überblick häufiger Elemente, die als Markenassoziationen dienen:

Abbildung 3-9: Mögliche Markenassoziationen[202]

Notwendige Zielorientierung bei der Auswahl der Markenelemente sind die **Stärke, Positivität und Einzigartigkeit** der dadurch hervorgerufenen Assoziationen. Starke Assoziationen entstehen vor allem durch einen hohen Grad an Markenbekanntheit sowie die Konsistenz der wahrgenommenen Elemente. Die Notwendigkeit der Integration aller Markenelemente und Kommunikationsaktivitäten wird hierdurch nochmals verdeutlicht. Um sicherzustellen, dass die wahrgenommenen Elemente auch als positiv abgespeichert werden, muss die Interaktion für die Konsumenten relevant und sympathisch sein. Ähnlich einer Person, die man kennenlernt, muss auch eine Marke einen guten ersten Eindruck hinterlassen und Gemeinsamkeiten vermitteln, um in das relevante Set

202 Aaker, David (1992): Management des Markenwerts, S. 140

der Konsumenten aufgenommen zu werden. Diese Relevanz und Positivität ist jedoch nicht nur von dem Konsumenten als Individuum, sondern auch von der spezifischen Situation, in der die Marke wahrgenommen wird, abhängig und erfordert daher eine genaue Analyse des Zielmarkts. Da alle Markenanbieter diese Ziele verfolgen, muss zudem die Einzigartigkeit der Markenelemente angestrebt werden. Dabei darf jedoch nicht vernachlässigt werden, dass die Marke erst in eine bestimmte Produktkategorie eingeordnet werden muss, um in das relevante Set an Marken aufgenommen zu werden (Points of Parity). Bei diesem Schritt werden zunächst die produktspezifischen Attribute hervorgehoben, wobei es nur schwer möglich ist, eine Abgrenzung zu den konkurrierenden Marken, die den gleichen Nutzen erfüllen vorzunehmen. Daher müssen zusätzliche, über die POP hinausgehende Markenelemente ausgewählt und kommuniziert werden, die den Konsumenten die Besonderheiten der Marke im Vergleich zum Wettbewerb verdeutlichen (Points of Difference).[203]

Die **Wahl und Ausgestaltung der Markenelemente**, die letztendlich die gespeicherten Markenassoziationen bestimmen, sollten daher von folgenden sechs Kriterien bestimmt werden: (1) unvergesslich, (2) bedeutsam, (3) sympathisch, (4) übertragbar, (5) anpassbar und (6) schützbar.[204]

Wenn die relevanten Markenelemente formuliert sind, werden diese häufig in ein sog. **Markenmotto** (Brand Mantra) oder **Markenversprechen** (Brand Promise) überführt, welche eine kompakte Ausformulierung der Essenz, der Identität und der Persönlichkeit der Marke darstellen. Diese Zusammenfassung hilft den fundamentalen Kern der Marke und ihrer Positionierung, sowohl in der internen als auch externen Kommunikation, zu implementieren, zu verdeutlichen und beizubehalten. Bekannte Brand Mantras sind z.B. Nikes „authentic athletic performance" oder Disneys „fun family entertainment".[205]

---

203 Vgl. Keller, Kevin Lane (2013): Strategic Brand Management – Building, Measuring, and Managing Brand Equity
Die Beschreibung der POP und POD erfolgte bereits ausführlich im vorangegangenen Kapitel 3.3.2.

204 Vgl. Keller, Kevin Lane (2013): Strategic Brand Management – Building, Measuring, and Managing Brand Equity, S. 142
Tabelle A-3-1 auf S. 302 des Anhangs bietet einen Überblick über die verschiedenen Kriterien und ihre Bedeutung bei der Auswahl von Markenelementen.

205 Vgl. Burmann, Christoph / Blinda, Lars (2004): Identitätsbasiertes Markenmanagement, in: Wirtz and Göttgens (Hrsg.): Integriertes Marken- und Kundenwertmanagement – Strategien, Konzepte und Best Practices, S. 219

3.3.3.2 Mögliche Darstellungsformen der Markenpositionierung

Eine Methode, diese Elemente/Assoziationen der Markenpositionierung zusammenzufassen und darzustellen, ist die „**Zielscheibe der Markenpositionierung**". Im Zentrum steht das Brand Mantra umgeben von den PODs und POPs. Darüber hinaus sind unterstützende Attribute (Reasons-to-believe) integriert, die die Glaubwürdigkeit der inneren Kreise bekräftigen. Abschließend werden noch die immateriellen Attribute „Werte und Persönlichkeit" sowie die greifbaren Anhaltspunkte („tangible clues") als „Ausführung und visuelle Identität" in die Übersicht der Markenpositionierung integriert. Die Zielschiebe der Markenpositionierung ist zur Visualisierung besonders geeignet, da sie alle Elemente umfasst und diese hinsichtlich ihrer Notwendigkeit zur einzigartigen Positionierung der Marke (vom Markenkern zur Markenpersönlichkeit) anordnet. Im Folgenden ist diese beispielhaft dargestellt.

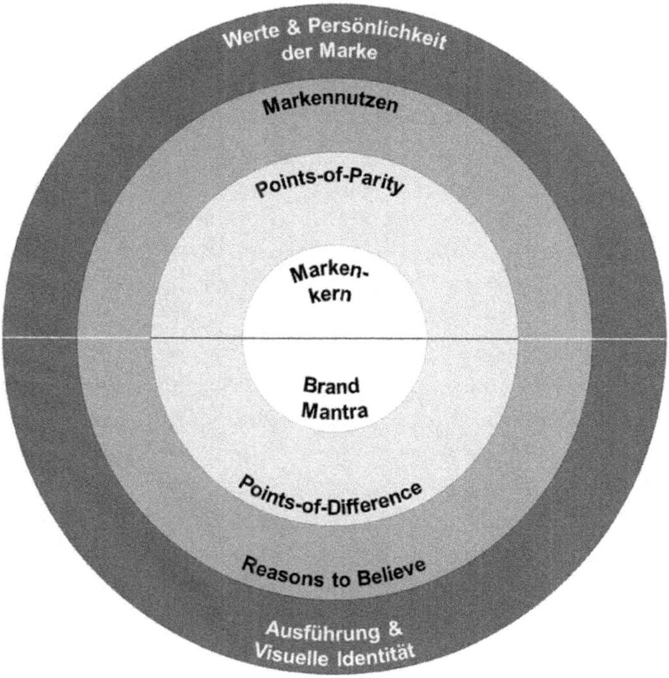

Abbildung 3-10: Exemplarische Positionierungs-Zielscheibe[206]

---

206 Vgl. Homburg, Christian (2012): Marketingmanagement, S. 617 und Kotler, Philip / Keller, Kevin Lane (2012): Marketing Management, S. /Homburg, Christian (2012): Marketingmanagement, S. 309

Eine andere Darstellungsform der Positionierungsimplementierung ist bspw. der von McKinsey entwickelte „**Markendiamant**". Hierbei werden sowohl die Markenattribute als auch der emotionale und rationale Nutzen für den Kunden verdeutlicht. Dieser Ansatz beschreibt diese Ausprägungen detaillierter, vernachlässigt aber die vorgelagerten Konzepte des Markenkerns und das Wettbewerbsumfeld der Marke und ist daher für eine holistische Markenbetrachtung weniger geeignet.[207]

Die beiden, eben beschriebenen Ansätze zur Visualisierung der Markenpositionierung sind nur zwei mögliche Beispiele zur Verdeutlichung der einzelnen Konzepte, die bei der Implementierung der Positionierung beachtet werden müssen. Weitere bestehende oder auch vom Unternehmen selbst entwickelte Visualisierungsformen können an dieser Stelle ebenfalls angewandt werden. Es gilt jedoch zu beachten, dass solche Visualisierungen nur als Hilfe zur Verdeutlichung und Übersicht dienen; die Implementierungsstrategie muss für jedes Unternehmen und jede Marke individuell gestaltet und abgestimmt werden. Neben der visuellen Darstellung der Positionierung werden häufig auch sog. **Positionierungs-Statements** formuliert, die knapp ausformuliert angeben, wer die Hauptzielgruppe ist, welches Bedürfnis durch welchen Nutzen befriedigt wird.[208]

Um, auf der anderen Seite, das tatsächlich wahrgenommene Markenimage der Kunden zu determinieren, werden die relevanten, von befragten Kunden genannten, Assoziationen zur Darstellung häufig in ein sog. **semantisches Netzwerk** überführt.[209]

Die relevanten Assoziationen der Kunden entstehen durch jeden wahrgenommenen Kontakt mit der Marke. Hierzu zählen nicht nur die vom Unternehmen kommunizierten Markenelemente, sondern sämtliche Interaktionen zwischen Marke und Konsumenten. Daher ist es von besonderer Bedeutung, diese **Kontaktpunkte (Brand Touch Points)** mit dem Kunden zu analysieren und die gewählten Markenelemente dann klar zu signalisieren. Übergeordnetes Ziel ist die Steigerung der Markenbekanntheit und Beibehaltung bzw. Verbesserung des

---

207 Vgl. Riesenbeck, Hajo / Perrey, Jesko (2005): Mega-Macht Marke – Erfolge messen, machen, managen, S. 108–112
Abbildung A-3-1 auf S. 303 des Anhangs stellt den Markendiamanten nochmals dar.

208 Vgl. Rosenbaum-Elliott, Richard / Percy, Larry / Pervan, Simon (2011): Strategic Brand Management, S. 119–120

209 Vgl. Sattler, Henrik / Völckner, Franziska (2007): Markenpolitik, S. 73–74
Ein beispielhaftes semantisches Netzwerk ist in Abbildung A-3-2 auf S. 303 des Anhangs integriert.

Marken-Images. Je nach Produkt und Zielgruppe sind unterschiedliche Marketinginstrumente hierzu besonders geeignet. Die verschiedenen Instrumente des Marketing im Bereich der **Kommunikation** (wie z.B. Werbung oder PR) sind also dann letztendlich die Mittel, die die Positionierung der Marke unterstützen und durch die sie implementiert wird.[210]

Langfristig kann eine Markenpositionierung nur erfolgreich sein, wenn sie sowohl konsistent als auch anpassungsfähig ist. Auch hier ist also eine integrierte Implementierung und Kommunikation von absoluter Notwendigkeit. Diese Integration bezieht sich jedoch nicht nur auf die verschiedenen Empfängergruppen, sondern muss auch inhaltlich und formal über alle Medien und Kommunikationsstufen integriert sein, um die Verankerung der Marke in den Köpfen der Konsumenten zu unterstützen und somit langfristige Wettbewerbsvorteile auszubauen.[211]

Generell kann jedoch festgehalten werden, dass die Konzeptionierung der Markenpositionierung und die darauffolgende Umsetzung in eine Kommunikationsstrategie häufig nicht aufeinander abgestimmt sind und daher nicht in der Implementierung der gewünschten Positionierung in den Köpfen der Konsumenten resultieren.[212]

Innerhalb dieser Dissertation soll untersucht werden, für welche strategische Flughafenpositionierung eine Markenbildungsstrategie in welchem Ausmaß besonders sinnvoll und ggf. notwendig ist. Die konkrete Ausgestaltung einer darauf angepassten Kommunikationsstrategie muss jedoch durch weitere Forschungsvorhaben innerhalb dieses Themengebiets untersucht werden.

---

210 Vgl. Burmann, Christoph / Blinda, Lars (2004): Identitätsbasiertes Markenmanagement, in: Wirtz and Göttgens (Hrsg.): Integriertes Marken- und Kundenwertmanagement – Strategien, Konzepte und Best Practices, S. 215
Davis, Melissa (2005): World of Branding – Eine Einführung in die ganzheitliche Markenführung, S. 162
Rosenbaum-Elliott, Richard / Percy, Larry / Pervan, Simon (2011): Strategic Brand Management, S. 270

211 Vergleiche hierzu auch den integrierten Ansatz von Mattmüller und Tunder (2004) auf S. 217
Vgl. Esch, Franz-Rudolf (2014): Strategie und Technik der Markenführung, S. 233
Maskus, Michael / Schüttler, Kirsten (2004): Praktischer Einsatz des Strategic Brand Management Process (SBMP) am Beispiel der Allianz, in: Wirtz and Göttgens (Hrsg.): Integriertes Marken- und Kundenwertmanagement – Strategien, Konzepte und Best Practices, S. 95

212 Esch, Franz-Rudolf (2014): Strategie und Technik der Markenführung, S. 212–213

Um die Markenpositionierung langfristig zu implementieren und beizubehalten, müssen Marken sowohl intern als auch extern geführt werden. Die nach außen gerichtete Führung der Marke umfasst die Überführung der Positionierung in eine geeignete Kommunikationsstrategie, die in ihrer Gestaltung sowohl anspruchsgruppenspezifisch als auch integrativ ist. Nach innen muss die Markenidentität ebenfalls kommuniziert und implementiert werden, denn ohne die Integration der Mitarbeiter als Markenbotschafter lässt sich die Positionierung nur schwerlich implementieren und beibehalten. Relevante Konzepte hierzu sind Employer Branding (Fokus auf zukünftige Mitarbeiter) und Internal Branding (Fokus auf aktuelle Mitarbeiter).[213]

Die Markenführung muss auf oberster Ebene der Unternehmensführung integriert sein, um die notwendige Konstanz und Kontrolle über die langfristige, strategische Ausrichtung und Positionierung der Marke zu gewährleisten. Ein Fokus der Unternehmensführung auf kurzfristige Erfolge verhindert die strategische Positionierung und Implementierung der Marke. Durch diese Verankerung wird zusätzlich die langfristige Ausrichtung der Marke unterstützt, da Mitarbeiter auf Ebene der Markenumsetzung (z.B. Produkt- oder Brandmanager) generell nach kürzeren Zeitspannen ihre Position wechseln und so häufig die Marke nicht langfristig begleiten können.[214]

Um letztendlich eine attraktive und klar differenzierte Markenpositionierung zu erreichen, ist es also unerlässlich, ein fundiertes Verständnis und Wissen über die Bedürfnisse und Wünsche der Kunden, die eigenen Fähigkeiten sowie den Wettbewerb zu haben. Die Marke muss in den Augen der Kunden immer wieder einen rationalen und emotionalen Nutzen liefern. In diesem Sinne fungiert eine Marke wie ein Freund für die Konsumenten, mit dem man positive Erlebnisse verbinden und dem man vorteilhafte Charakterzüge zuordnet.[215]

---

213 Vgl. Esch, Franz-Rudolf (2014): Strategie und Technik der Markenführung, S. 144–146
Giersch, Judith (2008): Corporate Brand Management international tätiger Unternehmen, S. 136–137

214 Vgl. Kapferer, Jean-Noel (2012): The New Strategic Brand Management – Advanced insights and strategic thinking, S. 47

215 Vgl. Morwind, Klaus / Hennemann, Franz Peter (2004): Strategische Markenarchitektur und Markenbewertung bei Henkel, in: Wirtz and Göttgens (Hrsg.): Integriertes Marken- und Kundenwertmanagement – Strategien, Konzepte und Best Practices, S. 475
Rosenbaum-Elliott, Richard / Percy, Larry / Pervan, Simon (2011): Strategic Brand Management, S. 70

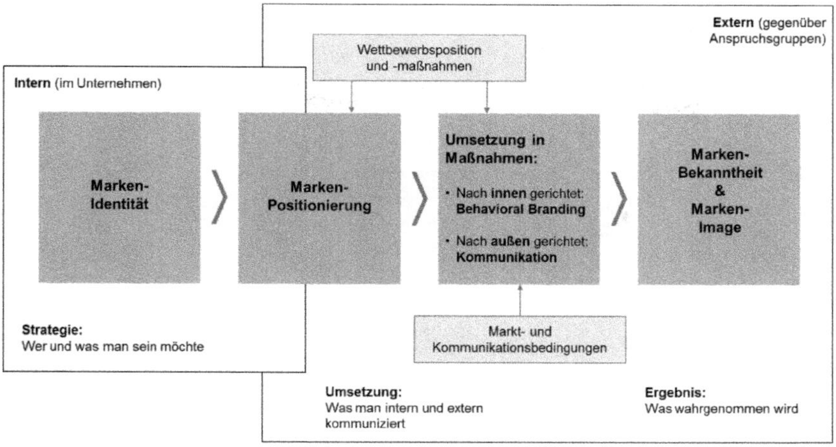

Abbildung 3-11: Zusammenhang zwischen Markenidentität, Markenpositionierung und Markenimage[216]

Die Zusammenhänge der relevanten Konstrukte der Markenpositionierung werden in der folgenden Abbildung nochmals dargestellt:

Nur, wenn diese Determinanten regelmäßig überprüft und die Positionierung hinsichtlich ihres diesbezüglichen Fits kontrolliert werden, kann die Aktualität und Attraktivität der Markenpositionierung nachhaltig gewährleistet werden. Sollten sich diese Determinanten im Lauf der Zeit ändern, ist es ggf. notwendig die Marke neu oder umzupositionieren. Dies kann entweder eine Beibehaltung der ursprünglichen Positionierung mit leichten Anpassungen an neue Entwicklungen bedeuten oder, falls die Positionierung sich zu weit von der Idealvorstellung der Kunden entfernt hat, auch eine vollständige Neupositionierung der Marke erfordern. Hierzu müssen dann die gleichen Kriterien erfüllt und Maßnahmen durchgeführt werden, die auch bei der Erstpositionierung zu beachten sind.[217]

Im vorangegangenen Kapitel wurden die theoretischen Grundlagen der Markenbildung und Markenführung ausgiebig untersucht. Vor diesem Hintergrund

216 Esch, Franz-Rudolf (2014): Strategie und Technik der Markenführung, S. 92

217 Vgl. Esch, Franz-Rudolf (2014): Strategie und Technik der Markenführung, S. 77/ 139–141
Göttgens, Olaf / Schotte, Thilo (2004): Integriertes Marken- und Kundenwertmanagement als unternehmerische Herausforderung, in: Wirtz and Göttgens (Hrsg.): Integriertes Marken- und Kundenwertmanagement – Strategien, Konzepte und Best Practices, S. 7

kann folgendes theoretisches Modell aufgestellt werden, welches schrittweise die notwendigen Aspekte zur Erstellung einer klaren, strategischen Markenpositionierung, inklusive der zu Grunde liegenden Aufgabenstellungen und Kernfragen darstellt.

Abbildung 3-12: Notwendige Schritte zur Erstellung der Markenpositionierung[218]

Auf Basis dieses Modells sollen in Kapitel 7.2 schließlich die strategische Optionen zur Markenbildung von Flughäfen analysiert und konkrete Handlungsempfehlungen abgeleitet werden. Im folgenden vierten Kapitel sollen – im Anschluss an die Aufstellung der theoretischen Grundlagen in Kapitel 3 – die in der Praxis bestehenden Typologien von Flughäfen detailliert beschrieben und hinsichtlich ihrer Geschäftsmodellstruktur untersucht werden. Darüber hinaus sollen auch die Entwicklungen der Luftverkehrsbranche im Allgemeinen sowie der Flughafenindustrie im Speziellen beschrieben und ihre potentiellen Auswirkungen auf die Positionierungsentscheidungen von Flughäfen untersucht werden. Unter Berücksichtigung dieser Typologien und Entwicklungen sollen die in Kapitel 3 beschriebenen theoretischen Maßnahmen und Schritte zur Markenpositionierung in Kapitel 7.2 als strategische Handlungsempfehlungen auf die Praxis übertragen werden.

218 Eigene Darstellung in Anlehnung an Keller, Kevin Lane (2013): Strategic Brand Management – Building, Measuring, and Managing Brand Equity, S. 108

4. Konzeptionelle Entwicklung eines Modells zur strategischen Positionierung von Flughafentypen unter Berücksichtigung der Veränderungen im Luftverkehr

Das folgende Kapitel untersucht die verschiedenen Möglichkeiten der strategischen Positionierung von Flughäfen. Zu diesem Zweck soll zuerst eine Analyse der aktuellen und zukünftigen Entwicklungen in der Luftfahrtindustrie allgemein sowie in der Flughafenindustrie im Speziellen vorgestellt werden (Kapitel 4.1). Im Anschluss folgt eine Übersicht und Zusammenfassung der aktuell bestehenden Positionierungsansätze auf Basis der in Kapitel 2 bereits vorgenommenen, allgemeinen Ausführungen (Kapitel 4.2). Schließlich beantwortet Kapitel 4.3 durch die Darstellung eines neuen Positionierungsmodells, inwiefern die bisherigen Positionierungsstrategien dazu geeignet sind, die aus den Entwicklungen resultierenden Herausforderungen zu meistern.

4.1 Analyse bestehender Ansätze zur Positionierung

Um den neuen Anforderungen im Luftverkehrsmarkt gerecht zu werden und die Angebotsstruktur an die veränderten Bedürfnisse der entsprechenden Stakeholdergruppen anzupassen, bilden sich differenzierte Ansätze zur praktischen Ausrichtung von Flughäfen heraus, deren Einteilung über die gesetzlichen und verkehrsrechtlichen Bestimmungen hinausgeht. Eine vor diesem Hintergrund gewählte Positionierungsstrategie muss zum einen den Auftritt gegenüber den relevantesten Kundengruppen und zum anderen das spezifische Leistungsangebot sowie den entsprechenden Umfang dieser Leistungen bestimmen.[219]

---

219 Vgl. Jarach, David (2005a): Airport Marketing: Strategies to cope with the new millennium environment, S. 37
Trumpfheller, Michael (2006): Strategisches Flughafenmanagement – Positionierung und Wertschöpfung von Flughafentypen, S. 2/148

4.1.1 Generelle Parameter der Positionierung

Die strategische Positionierung kann auf zwei verschiedenen Ebenen vollzogen werden: (1) auf Ebene des Gesamtunternehmens („Corporate Strategy“) oder (2) auf Ebene einzelner, strategischer Geschäftsfelder („Business Strategy“).[220]

Auf Ebene der Strategischen Geschäftsfelder (SGF) kann sich die Positionierung entweder an der Konkurrenz oder an den relevanten Zielgruppen orientieren; ersteres beschreibt eine „Wettbewerbsstrategie“, letzteres eine „Marktstrategie“. Zur Erstellung und Selektion einer geeigneten Geschäftsfeldstrategie müssen beide Faktoren berücksichtigt und einbezogen werden.[221]

Die grundlegende Entscheidung über ein Geschäftsmodell stellt den elementaren Grundstein für die Positionierung eines Flughafens dar und ist somit eine der signifikantesten Entscheidungen, die der Betreiber treffen muss. Die Wahl eines entsprechenden Geschäftsmodells bedingt nachfolgend die genauen Tätigkeitsfelder und Umsatzströme des Flughafens.[222] Da die beiden primären Geschäftsfelder von Flughäfen jedoch durch das Geschäftsmodell (wie in Kapitel 2.3 beschrieben) an sich festgelegt sind, besteht die Entscheidung über die strategische Positionierung in der Tiefe und Art der Ausgestaltung dieser beiden Geschäftsfelder.

Bedingt durch die Entwicklung des Gesamt-Geschäftsmodells sowie der zunehmenden Deregulierung und Privatisierung von Flughäfen haben sich verschiedene Strategiekonzepte und Typologien herausgebildet. In der Literatur finden sich verschiedene Ansätze, diese Typologien zu unterscheiden, die jedoch fast alle die folgenden Formen der Spezialisierungen aufweisen: (1) Primary Hubs, (2) Secondary Hubs, (3) Regionale Flughäfen mit Niedrigpreisflughäfen (Low-Cost) als Unterkategorie und (4) reine Frachtflughäfen (Cargo).[223]

---

220 Vgl. Hungenberg, Harald (2014): Strategisches Management in Unternehmen: Ziele, Prozesse, Verfahren, S. 16–19

221 Vgl. Müller-Stewens, Günter / Lechner, Christoph (2011): Strategisches Management: Wie strategische Initiativen zum Wandel führen, S. 252

222 Vgl. Hungenberg, Harald (2014): Strategisches Management in Unternehmen: Ziele, Prozesse, Verfahren, S. 375–377
Schulz, Axel / Baumann, Susanne / Wiedenmann, Simone (2010): Flughafen Management, S. 31
Welge, Martin / Al-Laham, Andreas (2012): Strategisches Management: Grundlagen, Prozess, Implementierung, S. 330–332

223 Vgl. Jarach, David (2001): The evolution of airport management practices: Towards a multi-point, multi-service, marketing-driven firm, in: Journal of Air Transport Management, S. 121

Häufig basiert diese Einteilung auf der Höhe des Passagieraufkommens; einige Quellen, wie bspw. Stelter et al. (2004), unterscheiden die Positionierungskonzepte weitergehend auch nach Art des Verkehrsverhaltens (Hub-and-Spoke vs. Point-to-Point (P2P) Traffic). Hieraus resultiert dann eine Einteilung in Drehkreuze verschiedener Größe (Hubs und Mega Hubs) sowie in Origin-and-Destinationen (O&D)-Flughäfen auf internationaler wie regionaler Ebene.[224]

Die folgenden beiden Tabellen verdeutlichen diese Ansätze zur Positionierung[225]:

	Passagier-anzahl	Definitionskriterien
Primäre Hubs	> 25 Mio.	Drehkreuz globaler Airline / Allianz; Hoher Anteil an Umsteigeverkehr, geringer Anteil an LCC
Sekundäre Hubs	10-25 Mio.	Mix verschiedener Airlines; Mittlerer Anteil an Umsteigeverkehr, zunehmender Anteil an LCC
Große Regionalflughäfen	5-10 Mio.	Mix verschiedener Airlines; Limitierter Anteil an Umsteigeverkehr, Anteil an LCC bis zu 50%
Kleine Regionalflughäfen	< 5 Mio.	Abhängigkeit von LCC und regionalen Fluggesellschaften; Kein Umsteigeverkehr

Tabelle 4-1: Flughafentypisierung nach Passagieraufkommen[226]

Jarach, David (2005a): Airport Marketing: Strategies to cope with the new millennium environment, S. 38–40
Kalakou, Sofia / Macário, Rosário (2013): An innovative framework for the study and structur of airport business models, in: Case Studies on Transport Policy, S. 4–5

224 Vgl. The Boston Consulting Group (BCG) (2004): Airports – Dawn of a New Era. Preparing for one of the industry's biggest shake-ups, S. 4
Trumpfheller, Michael (2006): Strategisches Flughafenmanagement – Positionierung und Wertschöpfung von Flughafentypen, S. 107

225 Weitere Ansätze zur Unterteilung und Spezialisierung zeigen Tabellen A-4-1 und A-4-2 auf S. 304–305 des Anhangs.

226 Vgl. ACI Europe Airports Council International (2010): An outlook for Europe's airports – Facing the challenges of the 21st century, S. 7

	Definitionskriterien	Verhältnis zu Airlines	# Flug-häfen
Internationale Hubs	Hoher Anteil an Transferverkehr; Großes Einzugsgebiet; > 40 Mio. PAX	Heimatbasis großer, internationaler Airlines; Führungsposition in Allianz	18
Internationale O&Ds	Mittlerer Anteil an Transferverkehr; Großes Einzugsgebiet; > 20 Mio. PAX	Heimatbasis kleinerer, internationaler oder sekundäre Basis großer Airlines ; Untergeordnete Position in Allianz	32
Sekundäre Hubs und O&Ds	Niedriger Anteil an Transferverkehr; Relativ großes aber häufig überlappendes Einzugsgebiet; ~ 10 Mio. PAX	Heimatbasis regionaler oder sekundäre Basis größerer Airlines ; Untergeordnete Position in Allianz	~ 150
Regionalflughäfen	Kein Transferverkehr; Kleineres, regionales Einzugsgebiet; < 10 Mio. PAX	Regionale Airlines und LCC	~ 2.400

Tabelle 4-2: Flughafentypisierung nach Verkehrsverhalten[227]

Die von Porter (1980) aufgestellten, generischen Wettbewerbsstrategien eignen sich in ihrer Ausprägung entlang dieser Parameter optimal als Startpunkt zur Analyse der verschiedenen, strategischen Optionen von Flughäfen. Die erste Strategie ist die **Kostenführerschaft**, bei der zu möglichst geringen Kosten produziert wird, um einen möglichst günstigen Preis an die Kunden weiterzugeben oder eine möglichst hohe Marge zu erzielen. Innerhalb der Flughafenindustrie können hier vor allem die Low-Cost-Flughäfen Erfolge verbuchen. Es muss jedoch festgehalten werden, dass die Low-Cost-Flughäfen zwar in der Lage sind, zu weitaus günstigeren Kosten ihre Leistungen anzubieten, jedoch nicht, ihre Preise auf dem Niveau zu halten, das notwendig wäre, um dauerhaft profitabel operieren zu können. Deshalb haben sie die Kostenführerschaft zwar erreicht, aber dadurch keine erfolgreiche Wettbewerbsstrategie implementiert.[228] Die nächste Strategie ist die der **Differenzierung**, bei der das angebotene Produkt oder die geleisteten Services als anders oder einzigartig im Vergleich zu der Konkurrenz positioniert sind. Diese Differenzierung kann ganz unterschiedlich ausgeprägt und durch diverse Ansätze wie z.B. Design, Markenname, Technologie, Kommunikation oder auch Service gestaltet werden. Hierfür eignet sich bei Flughäfen vor allem das nicht luftfahrtbezogene Geschäftsfeld oder der Aufbau eines besonders attraktiven Streckennetzes. Innerhalb dieser Dissertation kommt darüber hinaus der Markenbildung auch eine differenzierende Rolle zu.[229] Letztlich gibt es noch

227 Vgl. The Boston Consulting Group (BCG) (2004): Airports – Dawn of a New Era. Preparing for one of the industry's biggest shake-ups, S. 4

228 Vgl. ACI Airports Council International (2014): ACI Annual Report 2014, S. 18–20 Porter, Michael (2013): Wettbewerbsstrategien – Methoden zur Analyse von Branchen und Konkurrenten, S. 73–82

229 Vgl. Graham, Anne (2010): Airport Strategies to Gain Competitive Advantage, in: Forsyth et al. (Hrsg.): Airport Competition – The European Experience, S. 94–96

die Strategie der **Fokussierung auf Schwerpunkte** durch eine Nischenpositionierung. Dies sind im Rahmen dieser Untersuchung vor allem die Flughäfen, die sich auf den Transport von Fracht spezialisiert haben. Weitere Nischenpositionierungen verfolgen bspw. einige City Airports, die sich auf Geschäftsreisende fokussieren oder auch Sportflughäfen, die jedoch nicht zu den Verkehrsflughäfen gezählt und daher in dieser Dissertation nicht betrachtet werden. Eine mangelnde Positionierung und Verfolgung einer konkreten Strategie birgt die Gefahr sich unklar aufzustellen und „zwischen den Stühlen zu sitzen". In diesem Fall muss das betroffene Unternehmen einen Weg finden, sich entweder die Kostenführerschaft zu sichern, eine attraktive Nischenposition zu finden oder sich in relevanter Art von der Konkurrenz zu differenzieren.[230] Unter Berücksichtigung dieser generischen Wettbewerbsstrategien können die vorgestellten Positionierungsmöglichkeiten zusammenfassend folgendermaßen eingeteilt werden:

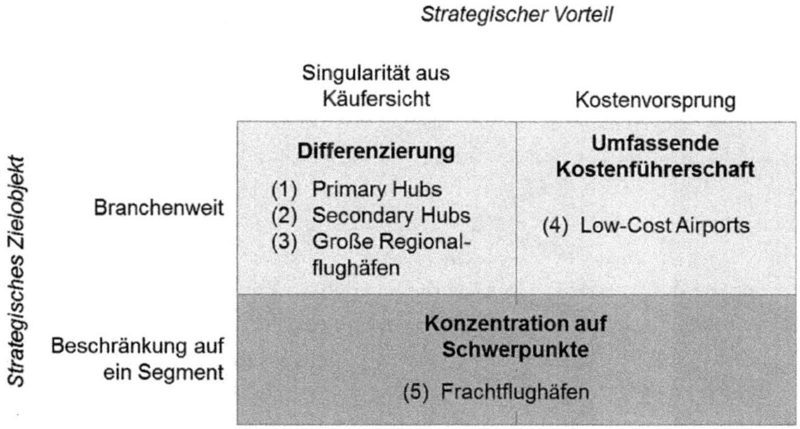

Abbildung 4-1: Klassifizierung der Positionierungen anhand der Wettbewerbsstrategien[231]

Porter, Michael (2014): Wettbewerbsvorteile – Spitzenleistungern erreichen und behaupten, S. 33–43
Porter, Michael (2013): Wettbewerbsstrategien – Methoden zur Analyse von Branchen und Konkurrenten, S. 73–82

230 Vgl. Porter, Michael (2014): Wettbewerbsvorteile – Spitzenleistungern erreichen und behaupten, S. 33–43
Porter, Michael (2013): Wettbewerbsstrategien – Methoden zur Analyse von Branchen und Konkurrenten, S. 73–82

231 Eigene Darstellung in Anlehnung an Porter, Michael (2013): Wettbewerbsstrategien – Methoden zur Analyse von Branchen und Konkurrenten, S. 79

Da sich die ersten beiden Positionierungsformen ausschließlich hinsichtlich ihrer Passagierzahl und Bindungsstärke an eine bestimmte Airline unterscheiden, werden diese in der folgenden Untersuchung gemeinsam als „Hubs“ betrachtet. Zur weiteren und genaueren Untersuchung und Konzeptualisierung innerhalb dieser Arbeit sollen daher die Positionierungsstrategien von Flughäfen anhand folgender Typisierungen, welche die verschiedenen vorgestellten Ansätze beinhalten, unterschieden und im weiteren Verlauf der Dissertation detailliert beschrieben und untersucht werden:

a) Hubs / Drehkreuze
b) Regionalflughäfen: Große Regionalflughäfen mit internationalem Verkehr
c) Low-Cost-Flughäfen: Kleine Regionalflughäfen mit Fokus auf LCC
d) Frachtflughäfen

4.1.2 Bestehende Positionierungsansätze von Flughäfen

a) Hubs / Drehkreuze

Die erste strategische Ausprägung, die großen Hubs bzw. Drehkreuze, werden durch die Association of European Airlines (AEA) definiert als *„Flughäfen, von denen eine oder mehrere Fluggesellschaften ein integriertes Servicenetzwerk zu einer Vielzahl von unterschiedlichen Destinationen mit einer hohen Frequenz an Verbindungen anbieten“*.[232] Diese Ausprägung unterstreicht die Rolle eines Hubs als internationaler und zentraler Verkehrsknotenpunkt sowie seine Signifikanz innerhalb des Streckennetzes bestimmter Fluggesellschaften. Diese nutzen den entsprechenden Flughafen als Heimatbasis und sind generell als Linienfluggesellschaften kategorisiert. Daher bietet der entsprechende Hub auch ein diversifiziertes und häufig maßgeschneidertes Flugangebot für die verschiedenen Passagiergruppen der Fluglinie – bspw. das Lufthansa First Class Terminal am Flughafen Frankfurt / Main. Darüber hinaus bedienen diese großen Drehkreuze auch verschiedene andere Strategische Geschäftsfelder im Aviation-Bereich wie Ferienflieger, Low-Cost-Carrier oder Frachtflüge als weitere Standbeine.[233]

In Europa gelten insgesamt nur 5 Flughäfen als echte Hub-Flughäfen: London Heathrow (LHR), Paris-Charles-de-Gaulle (CDG), Frankfurt / Main (FRA), Istanbul-Atatürk (IST) und Amsterdam Schiphol (AMS). Darüber hinaus gibt

232 Conrady, Roland / Fichert, Frank / Sterzenbach, Rüdiger (2012): Luftverkehr: Betriebswirtschaftliches Lehr- und Handbuch, S. 228

233 Vgl. Schulz, Axel / Baumann, Susanne / Wiedenmann, Simone (2010): Flughafen Management, S. 42–43

es jedoch einige Flughäfen, die aufgrund ihrer Größe und ihres Passagieraufkommens zwar definitorisch nicht zu den großen Hubs zählen, aber dennoch eine Drehkreuzfunktion für eine bestimmte Region oder ein bestimmtes Land aufweisen, wie bspw. Wien als Verbindung zu Osteuropa oder Madrid als Knotenpunkt in Spanien. Hier kann definitorisch in primäre und sekundäre Hubs unterschieden werden. Als **Primary Hub** werden also Flughäfen definiert, deren Fokus auf dem internationalen Transport von Passagieren und Gütern liegt und dies durch eine Allianz mit einer oder mehreren Fluglinien verfolgen, welche ihre Strecken primär über diese Flughäfen planen (sog. Hub oder auch Netzwerk Carrier). Diese Flughäfen haben sowohl ein hohes Aufkommen an Anreise- und Abreisepassagieren („Origin-and-Destination-Traffic") als auch an Transferreisenden. **Secondary Hubs**, auf der anderen Seite, weisen ein geringeres geographisches und kommerzielles Ausmaß auf, verfolgen jedoch ein analoges Geschäftsmodell wie die Primary Hubs. Ihre Stärke liegt in der schnelleren Abwicklung ihrer Leistungen durch das geringere Reiseaufkommen.[234] Ein Beispiel für einen Secondary Hub in Deutschland ist der Flughafen München. Zusammen mit Frankfurt werden an diesen beiden Flughäfen 47% aller internationalen Flüge in Deutschland abgefertigt.[235]

Hinsichtlich der Ausprägung der einzelnen Strategischen Geschäftsfelder kann man bei den primären und sekundären Hubs feststellen, dass diese die Mehrheit der SGF mit einer ähnlichen Intensität bedienen. Bei dieser Flughafentypologie macht der Bereich Non-Aviation häufig schon bis zur Hälfte der Gesamteinnahmen des Flughafens aus, wie bereits in Kapitel 2 beschrieben wurde. Besonders durch die hohe Anzahl der Transferpassagiere gewinnt das Strategische Geschäftsfeld „Retail" an Signifikanz. Durch den stetigen Ausbau der Airport Cities an den großen Drehkreuzen treten darüber hinaus vermehrt auch die anderen Strategischen Geschäftsfelder im Bereich Non-Aviation in den Vordergrund. Daher liegt auf diesem Segment hier ein deutlich höherer Fokus als bei den anderen Flughafentypen. Auch in Bezug auf die strategische Unabhängigkeit der einzelnen Bereiche und Geschäftsfelder unterscheiden sich die großen Drehkreuze von den anderen Flughafentypen, da hier zwar durchaus eine allgemeine Abhängigkeit aller Geschäftsfelder vom Aviation-Segment

234 Vgl. Conrady, Roland / Fichert, Frank / Sterzenbach, Rüdiger (2012): Luftverkehr: Betriebswirtschaftliches Lehr- und Handbuch, S. 228
Schulz, Axel / Baumann, Susanne / Wiedenmann, Simone (2010): Flughafen Management, S. 42–43

235 Vgl. Deutsche Flugsicherung (DFS) (2014): Luftverkehr in Deutschland – Mobilitätsbericht 2013, S. 3

besteht, die tatsächliche Ausgestaltung und Einnahmenstruktur des Non-Aviation-Bereichs jedoch weitestgehend unabhängig ist.

b) Regionalflughäfen: Große Regionalflughäfen mit internationalem Verkehr

Regionale Flughäfen gehen generell keine spezifischen Allianzen mit Airlines ein, sondern fokussieren sich auf regionale sowie einige internationale Fluglinien allgemein. Das Angebot dieser Flughäfen richtet sich vor allem nach Point-to-Point (P2P)-Verkehr mit einem geringen Ausmaß an Transferreisenden und positioniert sich vorrangig durch seine geographisch günstige Lage als attraktiver Origin-and-Destination (O&D)-Flughafen. Häufig übernehmen diese Flughäfen auch den überschüssigen Verkehr von den großen Drehkreuzen und nutzen daher verstärkt auch die intermodale Anbindung der Flughäfen durch Bus und Bahn mit dem bekannten Konzept „Zug zum Flug".

Eine Unterkategorie dieses Flughafentyps sind auch **City Airports**, die von ihrer zentralen Lage profitieren, aber dadurch auch diversen operationalen Einschränkungen unterliegen. Auch diese Flughäfen sind in den letzten Jahren durch das Emporkommen der LCC teilweise stark gewachsen, da viele der Niedrigpreisgesellschaften sich der sekundären Flughäfen bedienen, um ihre Streckennetze optimal auszuweiten.

Schließlich gibt es noch große Regionalflughäfen, die sich als **Hybridmodelle** ohne eindeutige Spezialisierung positioniert haben. Diese weisen sowohl P2P-Verkehr als auch eine Drehkreuzfunktion auf und können somit ebenfalls als Hubs bezeichnet werden. Auch das Angebot an Fluggesellschaften ist stark heterogen und kann keiner definitiven Positionierungsstrategie zugeordnet werden. Der Fokus dieser Flughäfen liegt also nicht auf einem spezifischen Geschäftsmodell, sondern eher in der vollständigen Bedürfnisbefriedigung des respektiven Einzugsgebietes. Häufig sind solche Flughäfen daher internationale Flughäfen, die der regionalen Anbindung dienen wie bspw. der Flughafen Stuttgart. Durch die Heterogenität des Angebots ist es jedoch schwierig, alle Kundenbedürfnisse und Leistungen in entsprechendem Maß zu befriedigen und zu erbringen.[236]

Die großen Regionalflughäfen mit internationaler Anbindung stehen also unter einem besonders hohen Wettbewerbsdruck, da sie sowohl um die traditionellen Fluggesellschaften mit den großen Drehkreuzen auf der einen Seite als

236 Vgl. Schulz, Axel / Baumann, Susanne / Wiedenmann, Simone (2010): Flughafen Management, S. 43

auch um die LCC mit den auf das Niedrigpreissegment spezialisierten Flughäfen auf der anderen Seite konkurrieren.[237]

Insgesamt liegt der Fokus der großen Regionalflughäfen also auf dem SGF Aviation, was dazu führt, dass der Bereich Non-Aviation zwar durchaus gegeben und an die Bedürfnisse der Zielgruppe angepasst werden muss jedoch weder einen besonderen Fokus innerhalb des Leistungsangebots des Flughafens noch einen Großteil der Erlöse darstellt. Somit ist bei diesen Flughäfen immer eine hohe Abhängigkeit des SGF Non-Aviation als Komplementärangebot zu dem SGF Aviation zu beobachten.

c) *Low-Cost-Flughäfen: Kleine Regionalflughäfen mit Fokus auf LCC*

Eine weitere Unterkategorie machen die Niedrigpreisflughäfen oder Low-Cost-Flughäfen aus, die sich häufig aus regionalen Charter-Flughäfen oder ehemaligen Militärflughäfen herausgebildet haben. Meist liegen diese Flughäfen zwar nicht direkt an wirtschaftlichen Ballungszentren oder bedeutenden Städten liegen, aber in einer durchaus überbrückbaren Distanz zu diesen. Aufgrund ihrer existierenden Infrastruktur und Verfügbarkeit an Slots waren diese Flughäfen besonders attraktiv für die LCC.

Diese Flughäfen richten ihre operationalen Aktivitäten primär auf die Bedürfnisse der Niedrigpreisfluglinien aus und sind auch deshalb geographisch eher sekundär gelegen, um die kostengünstige Abwicklung dieser Fluglinien zu unterstützen. Sie sind aufgrund ihres deutlich differenzierten Geschäftsmodells und ihres geringen Anteils an Linienflugverkehr aber eindeutig von den großen Regionalflughäfen abzugrenzen.[238]

Um den Anforderungen dieser Fluglinien gerecht zu werden, müssen Flughäfen, die eine solche Niedrigpreisausrichtung anstreben, zuerst eine starke Verringerung der Komplexität in allen organisatorischen Ebenen vornehmen.

---

237 Vgl. Forsyth, Peter (2010): Competition Between Major and Secondary Airports: Implications for Pricing, Regulation and Welfare, in: Forsyth et al. (Hrsg.): Airport Competition – The European Experience, S. 77–79
Schulz, Axel / Baumann, Susanne / Wiedenmann, Simone (2010): Flughafen Management, S. 40–41

238 Vgl. Arthur D Little (2005): Demystifying the Aviation Industry – Die Sieger und Verlierer im internationalen Luftverkehr, S. 11
Graham, Anne (2003): Managing Airports: An international perspective, S. 181
Stöwer, Gerd (2005): Entwicklungsmöglichkeiten von Regionalflughäfen am Beispiel Münster/Osnabrück, in: Darmstadt (Hrsg.): Regionalluftverkehr – Bindeglied zwischen den Regionen Europas, S. 132

Die wichtigsten Faktoren von Low-Cost-Flughäfen finden sich also in einem primären P2P- statt Umsteigeverkehr, niedrigen Investitionen und Flughafenentgelten, einer bedarfsorientierten Ausstattung mit Verzicht auf Zusatzleistungen sowie geringen Standzeiten wieder, um die Bedürfnisse und Prozesse von LCCs möglichst effizient zu unterstützen.

Die Attraktivität solcher Flughäfen für die Billigfluglinien liegt jedoch nicht nur in den geringen Kosten, sondern auch in der relativ freien Wahl von Abflugzeiten (Slots), was durch das insgesamt eher niedrige Verkehrsaufkommen an solchen Flughäfen ermöglicht wird. Eine stärkere Fokussierung ist bei dieser strategischen Form von Flughäfen vor allem deswegen notwendig, weil ihr gesamtes Geschäftsmodell häufig von einem oder wenigen LCCs abhängt, welche ohne große Kosten an einen anderen, günstigeren Flughafen wechseln könnten. Das in Deutschland signifikanteste Beispiel ist hierfür der Flughafen Frankfurt / Hahn, dessen Passagiere zu 98% von der Billigfluglinie Ryanair transportiert werden. Darüber hinaus muss die allgemeine Flexibilität, besonders auch in Bezug auf alle Mitarbeiter, signifikant erhöht werden. Dies wird häufig durch den Einsatz von Teilzeitkräften erreicht, was die Niedrigpreisstrategie unterstützt, aber die generelle ökonomische Entwicklung der Region hinsichtlich der Schaffung von Arbeitsplätzen behindert.

Ein weiterer Nachteil für entsprechende Flughäfen ist die weitaus geringer ausgestaltete „Customer Experience“ während des Aufenthaltes am Flughafen: Sowohl Check-In Prozesse als auch allgemeine Aufenthaltszeiten werden rationalisiert, was das Einkommenspotential der Flughäfen im nicht luftfahrtbezogenen SGF erheblich schmälert. Die Leistungen, die der Flughafen sowohl Fluggesellschaften als auch Passagieren anbietet, werden hier eher modal statt als vollständiges Gesamtpaket angeboten. So können die Fluglinien die Leistungen auswählen, die ihr Geschäftsmodell möglichst effizient abdecken, ohne zusätzliche Kosten einzugehen.[239]

Dennoch kann der Flughafen den Passagieren erfolgreich zusätzliche Angebote präsentieren, die im Leistungsspektrum von LCC ausgeschlossen sind wie bspw. Bordverpflegung. Hierdurch kann der Flughafen die geringen luftseitigen Einnahmen und das wenig diversifizierte Non-Aviation-Angebot durch eine vermehrte Nachfrage der Passagiere im Retail-Segment partiell ausgleichen. Auch

239 Zur Verhandlungsmacht der Fluglinien vgl. auch Kapitel 6.2.1.
Vgl. Barrett, Sean (2004): How do the demands for airport services differ between full-service carriers and low-cost carriers?, in: Journal of Air Transport Management, S. 37
De Neufville, Richard (2008): Low-cost airports for low-cost airlines: Flexible design to manage the risks, in: Journal of Transport Planning and Technology, S. 39

wenn verschiedene Studien analysiert haben, dass die Kunden der LCC zwar im Bereich Verpflegung häufiger Ausgaben am Flughafen tätigen als Passagiere der FSC, zweitere jedoch im Schnitt weiterhin deutlich mehr für Angebote und Leistungen im nicht luftfahrtbezogenen Segment ausgeben, bezieht sich dies primär auf Transfer- und Urlaubspassagiere. Geschäftsreisende sind bspw. durch ihre geringe Verweildauer und Möglichkeiten der Lounge-Nutzung diverser Airlines keine sonderlich attraktiven Kunden für das Non-Aviation-Segment.[240]

Die Ausgestaltung der einzelnen Strategischen Geschäftsfelder richtet sich bei diesen Flughäfen ebenfalls an der zugrunde liegenden Niedrigpreisstrategie aus und führt dazu, dass der Bereich Non-Aviation ein rein komplementäres Leistungsspektrum umfasst, welches auf die Befriedigung der wesentlichen Bedürfnisse von Reisenden beschränkt ist. Hierzu gehören neben einem limitierten gastronomischen Angebot auch eine begrenzte Auswahl an reisenahen Produkten wie Literatur oder ausgewählte Duty-Free-Angebote. Die Abhängigkeit des SGF Non-Aviation ist an diesen Flughäfen daher besonders hoch.

Zu der Positionierung als Low-Cost-Flughäfen gibt es aufgrund des innovativen Charakters dieses Geschäftsmodells für Positionierungsmöglichkeit für Fluglinien und Flughäfen in der Literatur viele Ansätze. Da hier jedoch nicht der zentrale Fokus der Dissertation liegt, soll in der folgenden Abbildung nur eine allgemeine Übersicht der bestehenden Studien und Definitionen gegeben werden.[241]

Francis, Graham / Humphreys, Ian / Ison, Stephen (2004): Airports' perspectives on the growth of low-cost airlines and the remodeling of the airport–airline relationship in: Tourism Management, S. 508

Klophaus, Richard / Schaper, Thorsten (2004): Was ist ein Low Cost Airport? Ergebnisse einer vergleichenden Fluggastbefragung an den Flughäfen Frankfurt-Hahn und Bremen, in: Internationales Verkehrswesen, S. 192–193

Köhler, Andrea (2004): Wertschöpfungsstrukturen von tradionellen Flughäfen und Low-Cost-Airports in Deutschland, S. 58–59

Lei, Zhang / Papatheodorou, Andreas (2010): Measuring the effect of low-cost carriers on regional airports' commercial revenue, in: Research in Transportation Economics, S. 37

240 Interview mit Ulrich Stiller, Division Manager Marketing / Sales Flughafen Köln / Bonn (2016)

241 Eine zusammenfassende Betrachtung des Prototyps von Low-Cost-Flughäfen zeigt Tabelle A-4-3 auf S. 306 des Anhangs

Autor(en)	Definition von Low-Cost Airports
BARRETT (2000)	Low-Cost-Airports ermöglichen niedrigere Flugpreise, kürzere Wege im Terminal , weniger Verkehrsbehinderungen bei der Zufahrt und bei Parken, sowie geringere Parkkosten. Sie haben freie Slots zur Verfügung und bieten kurze Turnaround-Zeiten. (S.18)
JARACH (2001)	Low-Cost Airports sind auf No-Frills Fluggesellschaften ausgerichtet, wobei die gesamte Wertschöpfung auf Kostenminimierung und niedrige Preise für die Fluggesellschaften ausgerichtet ist. (S. 121)
GRAHAM (2003)	Low-Cost-Airports bieten schnellere Turnarounds, kurze Wege im Terminal, weniger Verspätungen, flexiblere Preisstrukturen, Bereitschaft zur langfristigen Bindung, sind allerdings meist weiter entfernt von dem bedienten Ballungsraum als Wettbewerbsflughäfen. (S. 181)
BARRETT (2004)	Low-Cost-Airports erfüllen die Anforderungen der No-Frills-Fluggesellschaften nach niedrigen Flughafengebühren, kurzen Turnaround-Zeiten, einfachen Terminalgebäuden, schnellem Check-In, gutem Catering- und Einzelhandelsangebot, guter Verkehrsanbindung und dem Verzicht auf Lounges. (S37)
KÖHLER (2004)	Low-Cost-Airports sind charakterisiert durch effiziente Kostenstrukturen (niedrige Investitionen, niedrige Entgelte), Schnelligkeit (kurze Bodenzeiten, kurze Wege), Flexibilität und Adaptionsfähigkeit (modulares Leistungsangebot) sowie Zugang zu Verkehrsvolumina (Nähe zu Wirtschaftszentren und Agglomerationsräumen in Kombination mit freien Slots, Expansionsmöglichkeiten und Terminalkapazität). (S. 58-59)
KLOPHAUS / SCHAPER (2004)	Low-Cost-Airports zeichnen sich durch niedrige Flughafengebühren, niedrige Kosten für die Flughafenausstattung, Punkt-zu-Punkt-Verkehrsfunktionen und Low-Cost-Airlines als Kunden aus. (S. 192-193)

Tabelle 4-3: Definitionen von Low-Cost-Airports[242]

d) Frachtflughäfen

Die letzte strategische Differenzierung stellen die reinen Cargo Flughäfen dar, deren primäres Geschäftsmodel der Umschlag und Transport von Gütern ist. Durch ihre stadtferne Lage können diese Flughäfen häufig günstiger und mit längeren Flug- und Öffnungszeiten operieren. Der reine Frachtverkehr macht insgesamt die Hälfte aller Gütertransporte aus, stellt hierbei aber weniger als fünf Prozent des gesamten Luftverkehrs dar. Dennoch wird knapp die Hälfte aller Güter per Luft transportiert, mit steigender Tendenz. Daher ist der güterorientierte Luftverkehr ein wichtiges, wenn auch nicht immer alleiniges, strategisches Geschäftsfeld vieler Flughäfen. Frankfurt stellt bspw. trotz seiner strategischen Positionierung als Drehkreuz den größten Frachtflughafen Europas dar. Solche Flughäfen bedienen zumeist das Segment der sog. Belly-Fracht, bei der zusätzliche Kapazitäten in Passagierflugzeugen für Fracht genutzt werden während die spezialisierten Frachtfluggesellschaften und Integrators (in Kapitel 6.2.2 eingehender beschrieben) häufig reine Frachtflughäfen vorziehen. Besonders wichtig

242 Vgl. Trumpfheller, Michael (2006): Strategisches Flughafenmanagement – Positionierung und Wertschöpfung von Flughafentypen, S. 61

zur effizienten Prozessabwicklung sind hierbei eine intermodale Anbindung und ein möglichst geringes Maß an Flugverbotszeiten.[243]

Diese Flughäfen weisen aufgrund ihrer mangelnden Anzahl an B2C-Zielgruppen meist ein sehr beschränktes Angebot im SGF Non-Aviation auf, welches daher generell auch nur in direkter Abhängigkeit vom SGF Aviation besteht.

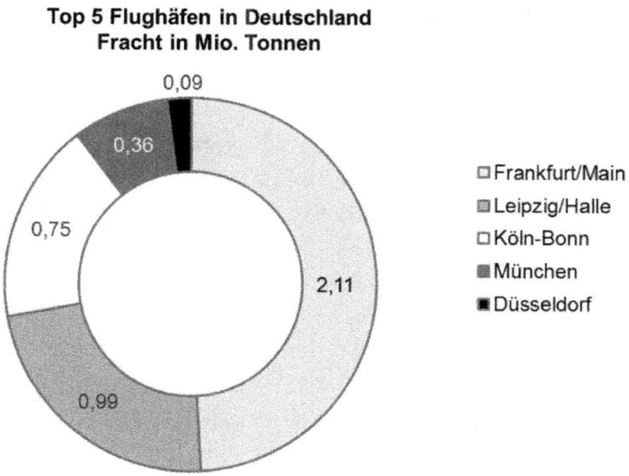

Abbildung 4-2: Frachtaufkommen an deutschen Flughäfen[244]

Zusätzlich zu den bereits beschriebenen Positionierungsstrategien gibt es auch noch Konzept der **Flughafensysteme**. Definiert wird ein solches als *„der*

243 Vgl. Jarach, David (2005a): Airport Marketing: Strategies to cope with the new millennium environment, S. 38–46/55–57
Schulz, Axel / Baumann, Susanne / Wiedenmann, Simone (2010): Flughafen Management, S. 31
Trumpfheller, Michael (2006): Strategisches Flughafenmanagement – Positionierung und Wertschöpfung von Flughafentypen, S. 59–60
Yuan, Xue-Ming / Low, Joyce / Tang, Loon Ching (2010): Roles of the airport and logistics services on the economic outcomes of an air cargo supply chain, in: International Journal of Production Economics, S. 216

244 Vgl. Deutsche Flugsicherung (DFS) (2016): Luftverkehr in Deutschland – Mobilitätsbericht 2015, S. 21

Zusammenschluss von zwei oder mehreren Flughäfen, die als Einheit dieselbe Stadt oder dasselbe Ballungsgebiet bedienen".[245] Ein solches System ermöglicht es Flughäfen, sich klar für eine Positionierung zu entscheiden, aber durch die Kooperation mit strategisch anders positionierten Flughäfen das komplette Bedürfnisspektrum einer Region abzudecken. Zusätzlich hierzu entsteht auch noch der Vorteil, dass die Überlastung eines Flughafens im System (meist des Primärflughafens) von den anderen Flughäfen aufgefangen werden kann. Solche Flughafensysteme müssen in Europa von der entsprechenden EU-Kommission genehmigt werden. Das signifikanteste Flughafensystem in Europa bildet hierbei die Flughäfen in der Region London. Hierzu gehören die internationalen Flughäfen Heathrow, Gatwick, Stansted und Luton als weiterer Regionalflughafen. Innerhalb Deutschlands bestand durch die Berliner Flughäfen Tegel, Tempelhof und Schönefeld ein solches System, was seinen Status jedoch durch den Um- und Ausbau Schönefelds zum Flughafen Berlin-Brandenburg verliert.[246]

Je nach Positionierungsansatz variiert auch das spezifische Geschäftsmodell des Flughafens: Das allgemeine Geschäftsmodell von Flughäfen unter Berücksichtigung der verschiedenen Strategischen Geschäftsfelder wurde in Kapitel 2.3 bereits eingehend beschrieben. Die Positionierung und das resultierende Wettbewerbsumfeld, in dem der jeweilige Flughafen agiert, bedingen jedoch einige spezifische Adaptionen an das allgemeine Geschäftsmodell. Während das Geschäftsmodell der großen Drehkreuze generell vergleichbar ist, da sie alle Geschäftsfelder in vollem Ausmaß bedienen, können innerhalb der Regional- und Low-Cost-Flughäfen durchaus Unterschiede in der Positionierung beschrieben werden. Da diese Flughäfen aufgrund ihrer Größe nicht alle Segmente gleichermaßen bedienen können, ist eine klare Fokussierung auf eine bestimmte Ausrichtung notwendig. Diese Ausrichtung variiert zwischen den einzelnen Flughäfen und bietet somit bereits die Basis für eine heterogene Positionierung und Abgrenzung, auf deren Basis dann eine entsprechende Airport-Marke aufgebaut werden kann. Vor dem Hintergrund dieser Betrachtung ist es vor allem für die großen Drehkreuze wichtig, sich innerhalb ihres homogenen Geschäftsmodells durch ein differenzierendes Angebot und der Entwicklung einer starken

245 Schulz, Axel / Baumann, Susanne / Wiedenmann, Simone (2010): Flughafen Management, S. 46

246 Vgl. Maurer, Peter (2006): Luftverkehrsmanagement: Basiswissen, S. 86–87
Schulz, Axel / Baumann, Susanne / Wiedenmann, Simone (2010): Flughafen Management, S. 46–47

Marke von anderen Flughäfen abzusetzen.[247] Weitere Handlungsempfehlungen liefert Kapitel 7.1 nach einer Analyse der zukünftigen Entwicklungen (Kapitel 4.2) vor dem Hintergrund der neu aufgestellten Positionierungsstrategien (Kapitel 4.3) und einer Untersuchung der bestehenden Marktorientierung von Flughäfen (Kapitel 6). Die folgende Tabelle zeigt nochmal zusammenfassend die vorgestellten Strategiekonzepte von Flughäfen und deren charakteristische Merkmale.

Strategiekonzepte	
Hub-Flughäfen	
• großer Anteil Transferverkehr (> 25%) • sehr hohe Passagierzahlen (> 25 Mio.) • große durchschnittliche A/C Größe	• weltweit bedeutender „Main Carrier" • kaum Billigflug-Verkehr • z.B. FRA, LHR, CDG, AMS
Große Regionalflughäfen / Hybride Modelle	
• kleiner Anteil Transferverkehr • hohes Passagieraufkommen (10-25 Mio.) • mittlere durchschnittliche A/C-Größe • bedeutsames Einzugsgebiet	• heterogener Carrier-Mix • Anteil Billigflug 10% - 50% • z.B. Düsseldorf, Wien, London Gatwick
Low Cost Flughäfen	
• kaum Transferverkehr • Passagierzahlen zwischen 2-10 Mio. • mittleres bis großes Einzugsgebiet	• Anteil Low Cost > 50% • z.B. Frankfurt Hahn, London Stansted
Frachtflughäfen	
• großer Anteil an Fracht • oftmals zweites Standbein • intermodale Lage	• 24-Sunden-Betrieb • z.B. FRA, Leipzig
Flughafensysteme	
• Zusammenschluss von mind. 2 Flughäfen • gemeinsames Stadt-/Ballungsgebiet • Erweiterung von Strecken	• Entlastung einzelner Flughäfen • z.B. London Heathrow / Gatwick / Stansted; Stockholm Arlanda / Bromma

Tabelle 4-4: Strategiekonzepte von Flughäfen[248]

247 Vgl. Kalakou, Sofia / Macário, Rosário (2013): An innovative framework for the study and structur of airport business models, in: Case Studies on Transport Policy, S. 3 / 6–13

248 Vgl. Schulz, Axel / Baumann, Susanne / Wiedenmann, Simone (2010): Flughafen Management, S. 41

4.2 Zukünftige Entwicklung des Luftverkehrs und neue Herausforderungen für die Flughafenindustrie

4.2.1 Allgemeine Entwicklungen des Luftverkehrs nach Regionen und Verkehrssegmenten

Es ist unumstritten, dass der Luftverkehr in den kommenden Jahren und Jahrzehnten stetig weiterwachsen wird, allerdings verstärkt in neuen Märkten und langsamer als ursprünglich erwartet in den bestehenden Märkten. Während im Jahr 2000 der Anteil des Luftverkehrs in den neuen Märkten[249] bei 22% lag, ist er bis 2013 schon auf 42% gestiegen. Diese Entwicklung wird sich zwar nicht im gleichen Ausmaß, aber in ähnlicher Tendenz weiter fortsetzen. Die Prognosen für den deutschen Markt liegen bei ca. +3% und somit unter den insgesamt 5% Wachstum im weltweiten Luftverkehr und signifikant niedriger als die aktuellen Raten in den Wachstumsmärkte Lateinamerika, Asien (beide +6%) und dem mittleren Osten (+9,4%).[250] Der europäische Luftraum leidet zunehmend unter einer Verschiebung der Passagierströme, v.a. hin zu den Golfstaaten und selbst innerhalb des europäischen Luftraums kann diese Fokussierung auf neue Märkte erkannt werden: Im Jahr 2016 konstituieren innertürkische Strecken bereits sechs der zehn meistgeflogenen Streckenpaare.[251]

Diese Entwicklungsraten beziehen sich auf das Wachstum des Luftverkehrs gemessen in **Passagierzahlen**; betrachtet man im Vergleich jedoch die

249 Die neuen Märkte (auch bezeichnet als Emerging Markets, Newly Industrialized Economies oder Schwellenländer) bezeichnen die Länder, die zurzeit noch als Entwicklungsländer definiert sind, sich aber durch bestimmte Merkmale und wirtschaftliche Faktoren (wie z.B. Wachstumsraten, Investitionen oder Arbeitsproduktivität) von diesen abgrenzen. Der Internationale Währungsfonds (IWF) kategorisiert 150 Länder weltweit als Schwellenländer (vgl. hierzu Tabelle A-4-4 auf S. 307 des Anhangs).

250 Vgl. ACI Airports Council International (2015a): ACI Airports Economics Report, S. 5
ADV / DLR (2015): Marktbarometer Luftverkehr, S. 15–16
Airbus (2015): Global Market Forecast. Airbus Market Outlook 2015–2034, S. 6
Boeing (2014): Current Market Outlook 2014–2033, S.5
Eurocontrol (2016): Seven-Year Forecast 2016–2022, S. 15

251 Eine Übersicht der zunehmenden Verschiebung der Verkehrsströme findet sich in Abbildungen A-4-1 und A-4-2 auf S. 308 des Anhangs.
Vgl. Arthur D Little (2013): Mega-Aviation Cities' Project – Giant Battles on the Ground…to Win the War in the Skies, S. 4
Eurocontrol (2016a): Industry Monitor, S. 7
Lufthansa Group (2016): Politikbrief 1/2016 März, S. 1–2

Flugbewegungen, lässt sich nicht nur ein stagnierendes Wachstum, sondern teilweise sogar eine Verringerung erkennen, da die Flugzeuge eine stetig steigende Sitzplatzkapazität sowie zudem eine immer höhere Auslastung aufweisen. Diese Entwicklung stellt für die großen Flughäfen kein signifikantes Problem dar, da durch eine steigende Passagierzahl ein erhöhtes Einkommen in beiden SGF (Aviation durch Passagierentgelte und Non-Aviation durch eine verstärkte Käufergruppe) erzielt werden kann, ohne dass zusätzliche Slots angeboten werden müssen. Viele kleinere Flughäfen können jedoch die notwendige Infrastruktur (größere Start- und Landebahnen, Wartungsanlagen, etc.) nicht bieten oder die Kosten für den Erbau einer solchen nicht aufbringen, was dazu führt, dass diese Flughäfen einige Flugzeugtypen und damit auch Strecken nicht mehr bedienen können. Betrachtet man den deutschen Luftverkehr, stellt man jedoch fest, dass dies nicht der alleinige Grund für den Rückgang ist: Während die Zahl der **Überflieger**, die den deutschen Luftraum nur durchqueren, ohne zu landen oder zu starten, weiterhin sichtbar wächst, ist ein geringeres Wachstum für die Flugbewegungen nach bzw. von Deutschland zu beobachten. Der Anteil an reinen Überfliegern nimmt also stetig zu und hat 2015 bereits 37,5% erreicht. Diese Entwicklung stellt eine weitere große Herausforderung für die deutschen Flughäfen dar, denn diese nur schwach wachsenden (im Jahr 2013 sogar stagnierenden[252]) Verkehrszahlen resultieren in einer geringeren Anzahl an Passagieren, die sich am Flughafen aufhalten und somit rückläufigen Einnahmen aus beiden Geschäftsfeldern für die Flughäfen.[253]

Auch die **Luftfrachtindustrie** muss stagnierende Wachstumszahlen verbuchen. Hier fällt die Entwicklung mit einem Wachstum von nur 0,4% in Deutschland und sogar -0,1% in Gesamt-Europa 2015 sogar noch schwächer aus als bei den Passagierzahlen. Noch schlechtere Wachstumsraten weist der Frachtmarkt in Nordamerika mit +0,1% auf; positive Entwicklungen können stattdessen auch

---

252 2013: Innerdeutscher Luftverkehr -0,7%; Internationaler Luftverkehr nach / aus Deutschland: -2,9%
Vgl. Deutsche Flugsicherung (DFS) (2014): Luftverkehr in Deutschland – Mobilitätsbericht 2013, S. 1–2

253 Weiterführende Übersichten über die Entwicklungen der Flugbewegungen im europäischen Vergleich (Abbildung A-4-3) sowie in Deutschland in den letzten 20 Jahren (Abbildung A-4-4) und aktuell je Flughafen (Tabelle A-4-5) befinden sich auf S. 309–310 des Anhangs.
Vgl. Deutsche Flugsicherung (DFS) (2016): Luftverkehr in Deutschland – Mobilitätsbericht 2015, S. 5–6

hier in den neuen Luftfrachtmärkten verzeichnet werden (Asia-Pazifik: +2,3%, Naher Osten: +11,3%).[254]

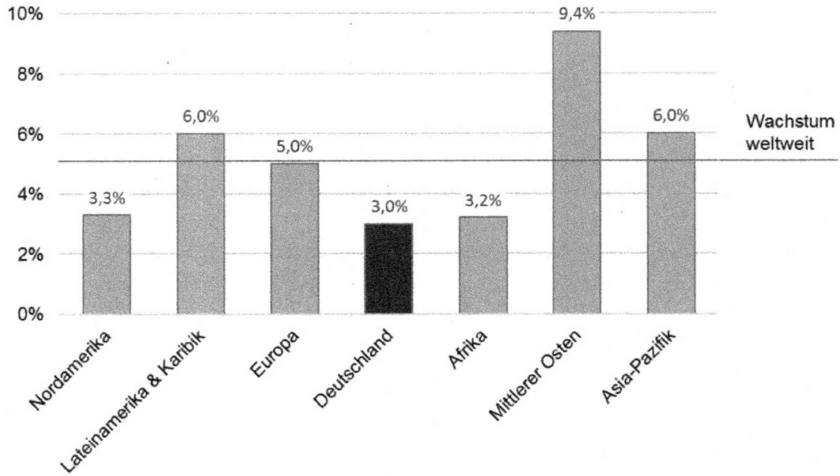

Abbildung 4-3: Wachstumsraten im Luftverkehr nach Regionen weltweit (2014)[255]

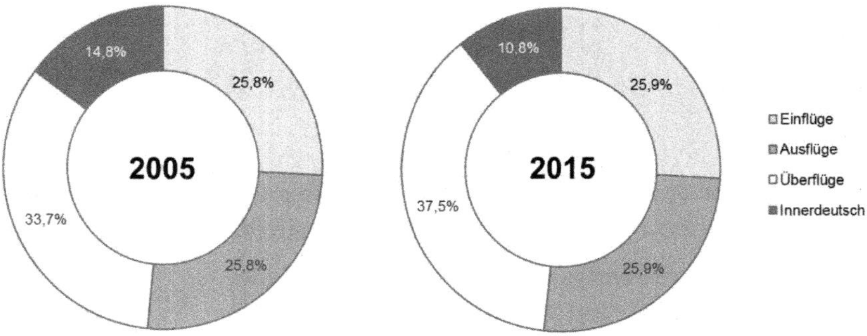

Abbildung 4-4: Entwicklung der Verkehrssegmente an deutschen Flughäfen[256]

254 Vgl. Deutsche Flugsicherung (DFS) (2016): Luftverkehr in Deutschland – Mobilitätsbericht 2015, S. 8

255 Vgl. ACI Airports Council International (2013): ACI Economics Report – Preview, S. 8

256 Vgl. Deutsche Flugsicherung (DFS) (2016): Luftverkehr in Deutschland – Mobilitätsbericht 2015, S. 18

Darüber hinaus wird sich das Wachstum nicht gleichermaßen an allen Flughäfen zeigen, sondern nur diejenigen begünstigen, die für die kommenden Herausforderungen strategisch passend ausgerichtet sind. Zusammenfassend kann man diese Entwicklungen im Luftverkehr als kritisch für die deutsche Flughafenindustrie bewerten. Zum einen leidet der gesamte Luftverkehr unter den in Deutschland unterdurchschnittlichen Wachstumszahlen im Passagieraufkommen. Die Fokussierung auf größere Flugzeugtypen (sowohl im Umsteige- als auch P2P-Verkehr) benachteiligt zusätzlich noch die kleineren Flughäfen. Diese leiden ebenfalls unter der starken prozentualen Zunahme an Überfliegern und damit einhergehenden Abnahme innerdeutscher Strecken, die viele Regionalflughäfen als „Spokes" bedient haben. Die spezifischen Entwicklungen und Herausforderungen in der Flughafenindustrie sollen im folgenden Kapitel nochmal eingehender betrachtet werden.

4.2.2 Aktuelle Entwicklung der Flughafenindustrie

Innerhalb der **Flughafenindustrie** können zurzeit noch globale Wachstumsraten der Erlöse von ca. +8% verzeichnet werden, bei einem Gesamterlös der Industrie von ca. 142 Mrd. USD. Hiervon konstituieren die luftfahrtbezogenen Erlöse 55% und die kommerziellen Erlöse 45%. Die Signifikanz des nicht luftfahrtbezogenen Geschäftsfeld in dem umkämpften Luftverkehrsmarkt wird durch diesen hohen Erlösanteil nochmal verdeutlicht. Derzeit generieren die europäischen Flughäfen mit 38% noch den größten Teil der Erlöse in der Flughafenindustrie (Asia-Pazifik: 28%; Nordamerika: 19%). Auch hier wird der größte Teil des Wachstums jedoch in den neuen Märkten generiert. Darüber hinaus ist auch die Profitabilität der Flughäfen nicht einheitlich verteilt. Obwohl die Industrie global Gewinne von ca. 6% erzielt, ist die Mehrzahl der Flughäfen (67%) trotzdem unprofitabel. Diese Problematik besteht vor allem bei kleineren Flughäfen, die kaum von dem geringen Luftverkehrswachstum profitieren und darüber hinaus auch weitaus geringere, kommerzielle Erlöse erzielen können. Von allen Flughäfen, die negative Erlösstrukturen aufweisen, haben 93% ein Verkehrsaufkommen unter einer Mio. Passagiere. Die Gesamtprofitabilität der Flughafenindustrie wird vorrangig durch die 20% der Flughäfen getrieben, die den Großteil des Passagieraufkommens verantworten.[257]

In diesem kontinuierlich stärker umkämpften Markt wird die Profitabilität der Flughäfen eine immer signifikantere Rolle einnehmen. Die Flughafenbetreiber stehen daher unter einem noch stärkeren Druck, sich immer weiter von ihrer

257 Vgl. ACI Airports Council International (2014): ACI Annual Report 2014, S. 18–20

Rolle als reine Infrastrukturanbieter zu entfernen und sich vollends zu einem wirtschaftlich handelnden Unternehmen zu entwickeln. Diese Entwicklung kann wie bereits eingehend beschrieben seit mehreren Jahren beobachtet werden. Bisher wurde unter unternehmerischem Handeln von Flughäfen jedoch der **Fokus auf Wachstum** und **nicht auf Profitabilität** verstanden. Durch das Emporkommen der LCC sind viele, vor allem kleinere Flughäfen, enorm gewachsen, ohne profitabel zu sein. Diesen Ansatz werden sich in dem zunehmend gesättigten Markt kaum noch Flughäfen leisten können, vor allem da die öffentliche Hand auch immer weniger dazu bereit ist, Flughäfen in ihrer Rolle als Infrastrukturanbieter zu unterstützen.[258]

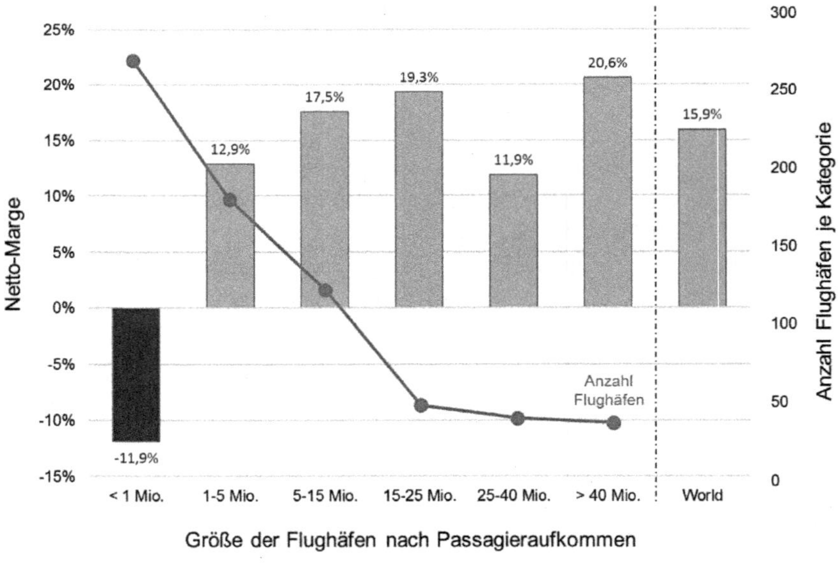

Abbildung 4-5: Netto-Umsatz der Flughäfen nach Größe[259]

Arthur D Little (2008): Kostenvorteile der Middle East Carrier – Eine Quantifizierung struktureller und strategischer Vorteile im Vergleich zu europäischen Netzwerk Carriern, S. 3–4

258 Vgl. ACI Europe Airports Council International (2010): An outlook for Europe's airports – Facing the challenges of the 21st century, S. 14
The Boston Consulting Group (BCG) (2004): Airports – Dawn of a New Era. Preparing for one of the industry's biggest shake-ups, S. 3–6

259 Vgl. ICAO (2013): Convention on International Civil Aviation – Annex 14: Aerodromes, S. 5

Viele Flughäfen haben bereits Pläne aufgesetzt oder sogar Investitionen getätigt, um ihre Kapazitäten zu erhöhen und die Weiterentwicklung des Flughafens voran zu treiben. Viele dieser Investitionen werden sich langfristig nicht rechnen. Bereits jetzt haben viele europäische Flughäfen ihre ursprünglichen Expansionspläne verschoben oder verworfen: Statt einer ursprünglichen Expansion von insgesamt 38% bis 2030 rechnet man jetzt nur noch mit einer 17%-Steigerung bis 2035.[260] Viele dieser Investitionen wurden daher auch fälschlicherweise getätigt, um einen möglichen Kapazitätsengpass zu verhindern, was jedoch aufgrund der niedrigeren Verkehrsentwicklung und den Sparmaßnahmen verschiedener Airlines an vielen Flughäfen nicht notwendig gewesen wäre.[261]

Aufgrund dieser Entwicklungen wird sich die Flughafenindustrie in der Zukunft stärker auf einzelne Positionierungsformen konsolidieren und diese mit einer stärker fokussierten und marktorientierten Strategie verfolgen. Für viele Flughäfen bedeutet das, ihre bisher gewählte Positionierungsstrategie anzupassen bzw. ihr Standing gegenüber den neu orientierten Flughäfen zu verteidigen. Dieser Wettbewerb wird sich nicht vermeiden lassen und Flughäfen sollten daher proaktiv den Wandel vorantreiben, um sich strategisch optimal im neuen Wettbewerbsumfeld positionieren und differenzieren zu können.[262]

---

260 Vgl. Eurocontrol (2013): Challenges of Growth 2013, S. 3

261 Vgl. ACI Europe Airports Council International (2010): An outlook for Europe's airports – Facing the challenges of the 21st century, S. 7–8/14
Malina, Robert (2010): Competition in the German Airport Market, in: Forsyth et al. (Hrsg.): Airport Competition – The Europen Experience, S. 239–240
Interview mit John Kohlsaat, Bereichsleiter Vertrieb Flughafen Frankfurt-Hahn GmbH (2016)

262 Vgl. The Boston Consulting Group (BCG) (2004): Airports – Dawn of a New Era. Preparing for one of the industry's biggest shake-ups, S. 7
Young, Seth / Wells, Alexander (2011): Airport Planning and Management, S. 473

4.2.3 Strategische Veränderungen im Luftverkehr und resultierende Herausforderungen für Flughäfen

4.2.3.1 Konsolidierung der Streckennetze auf wenige Drehkreuze

In den letzten Jahren ist vor allem der Umsteigeverkehr an den großen Drehkreuzen gewachsen. Zu Grunde liegender Faktor dieser Entwicklung ist die **Konzentration des Netzwerks** der großen, europäischen Fluggesellschaften auf ihre Heimatflughäfen. Dennoch sinken aufgrund des erhöhten Wettbewerbs und der Entstehung neuer Märkte die Wachstumsraten auch an diesen Flughäfen kontinuierlich.[263]

Durch die allgemeine Preissenkung im Luftfahrtsegment, getrieben vor allem von dem durch das Emporkommen der LCC entstandenen **Preiskampf**, sinken die Erlöse und Margen der Fluggesellschaften kontinuierlich. Auch das Hoch- bzw. Normalpreissegment ist durch die immense Expansion neuer Airlines, vor allem aus der Golf-Region, stärker umkämpft denn je. Um diesem Wettbewerb Stand zu halten, ist es für die Fluggesellschaften unerlässlich, ihre Kostenstrukturen so weit wie möglich zu senken, um weiterhin profitabel (oder zumindest kostendeckend) operieren zu können. Ein Mittel hierzu ist die stärkere **Kooperation mit den bestehenden Allianzpartnern** sowie die **Fokussierung** auf die wichtigsten Standorte. Darüber hinaus kann man erwarten, dass sich in Zukunft zur Ausnutzung von Synergieeffekten einige Airlines zusammenschließen und im Zuge dessen auch ihre Drehkreuze konsolidieren werden.[264]

Betrachtet man den nordamerikanischen Markt, kann man diese Entwicklung bereits erkennen: Durch die Zusammenschlüsse von Delta und Northwest Airlines, United und Continental Airlines sowie American Airlines und US Airways

263 Vgl. ADV / DLR (2015): Marktbarometer Luftverkehr, S. 10–12
Eurocontrol (2016a): Industry Monitor, S. 4
Copenhagen Economics (2012): Airport Competition in Europe, S. 25–26

264 Vgl. ACI Europe Airports Council International (2010): An outlook for Europe's airports – Facing the challenges of the 21st century, S. 14
ADV / DLR (2015): Marktbarometer Luftverkehr, S. 6
Albers, Sascha / Koch, Benjamin / Ruff, Christine (2005): Strategic alliances between airlines and airports—theoretical assessment and practical evidence, in: Journal of Air Transport Management, S. 57
Arthur D Little (2005): Demystifying the Aviation Industry – Die Sieger und Verlierer im internationalen Luftverkehr, S. 4
Lufthansa Group (2016): Politikbrief 1/2016 März, S. 1
Interview mit Martin Bien, Senior Executive Vice President Groundservices Fraport AG (2016)

werden in Zukunft weitaus weniger Drehkreuze für die Verteilung des Luftverkehrs benötigt. Für die Flughäfen bedeutet diese Strategie, dass die großen Airline-Allianzen (Star Alliance, One World und Sky Team), denen die meisten Fluggesellschaften angehören, ihren Langstreckenverkehr an einigen wenigen, großen Hubs bündeln werden. Diese Hubs wachsen kontinuierlich und bilden sich zu sog. **Mega-Hubs** aus. Generell besteht eine zu hohe Anzahl an Flughäfen, die sich als Hubs herausgebildet hat, ohne langfristig das Ziel eines Mega-Hubs zu erreichen. Sowohl in den USA als auch in Westeuropa herrscht eine besonders hohe Dichte an diversen Drehkreuzen; US Airways bediente bspw. 3 Hubs in direkter Nähe an der amerikanischen Ostküste. Nachteilig ist dies vor allem für diejenigen Drehkreuze, die von den Fluggesellschaften nicht als Hauptknotenpunkte bestimmt wurden. Hierzu zählen vor allem die Secondary Hubs. Zwischen den Hubs wird also zukünftig ein intensiver Wettbewerb darüber existieren, wer es schafft, sich zu einem der relevanten Mega-Hubs zu entwickeln.[265]

Die neuesten Entwicklungen in der deutschen Luftverkehrspolitik verdeutlichen ebenfalls die fortschreitende Konsolidierung: Während Air Berlin innerhalb des deutschen Marktes der größte Konkurrent von Lufthansa war, bestand international vor allem eine enorme Konkurrenz mit den Golf-Carriern (wie Etihad und Emirates oder auch Qatar Airways), gegen die Lufthansa auch offensiv Politik hinsichtlich Subventionen und Wettbewerbsrechten gemacht hat. Seit der Neuausrichtung der bisherigen Air Berlin haben sich die Vorzeichen jedoch signifikant verändert. Lufthansa wird durch ihre Niedrigpreistochter Eurowings viele Flugzeuge der Berliner Flotte übernehmen und darüber hinaus eine enge Kooperation mit dem Großaktionär von Air Berlin und bisherigen „Erzrivalen“ Etihad eingehen. Diese deutsch-arabische Kooperation erstreckt sich von Catering-Aufträgen über Wartungsabkommen bis hin zu Code-Share-Vereinbarungen zwischen den Airlines.[266]

---

265 Vgl. ACI Europe Airports Council International (2010): An outlook for Europe's airports – Facing the challenges of the 21st century, S. 14
ADV / DLR (2015): Marktbarometer Luftverkehr, S. 6
The Boston Consulting Group (BCG) (2004): Airports – Dawn of a New Era. Preparing for one of the industry's biggest shake-ups, S. 5/10/17
Copenhagen Economics (2012): Airport Competition in Europe, S. 34–36

266 Vgl. Manager Magazin (2016): Neuordnung der Luftfahrtbranche: Wie die Lufthansa bei Air Berlin mitregiert
Airliners.de (ch/dpa) (2017d): Lufthansa Group arbeitet noch enger mit Etihad zusammen
Airliners.de (dh) (2016c): Die Air-Berlin-Flugplanaufteilung beginnt
Airliners.de (dh) (2016h): Neue Vorzeichen für die deutsche Luftverkehrspolitik

Branchenexperten erwarten eine weiterhin verstärkte Konsolidierung auf dem europäischen Luftverkehrsmarkt. 2016 haben sich bereits die eigentlich konkurrierenden, europäischen Fluggesellschaften der Lufthansa Group, Air France-KLM, International Airline Group (IAG mit British Airways und Iberia) sowie Ryanair und Easyjet aus dem Niedrigpreissegment zu dem Lobbyverband „Airlines for Europe" zusammengeschlossen, um *„ihre gemeinsamen Interessen in Europa durchzusetzen"*.[267] Annahme ist, dass bei weiterer Entwicklung der bisherigen Konsolidierung diese fünf Airlines den europäischen Markt verstärkt unter sich aufteilen werden.

Für die deutschen und europäischen Flughäfen bedeutet das auch verschiedene Veränderungen durch eine vermehrte Konsolidierung auf die großen Flughäfen (in diesem Fall Frankfurt) und eine verstärkte Konzentration des restlichen Verkehrs auf attraktive P2P-Strecken. Dieser Zusammenschluss resultiert aber auch in einer verstärkten Machtposition der Airlines gegenüber den Flughäfen. Um nicht vollständig von einem einzelnen Airlinebund abhängig zu sein und dadurch in die gleiche Abhängigkeitssituation zu geraten, wie es die Low-Cost-Flughäfen zurzeit erleben, gilt es, sowohl neue, aufstrebende und verstärkt aus neuen Marktsegmenten stammende Fluggesellschaften anzuziehen als auch sich in allen Geschäftsfeldern zunehmend diversifiziert aufzustellen.[268]

4.2.3.2 Zunehmender P2P-Verkehr

Trotz Konsolidierung der Streckennetze werden natürlich weiterhin die profitablen Strecken durch die entsprechenden nationalen und auf P2P-Verkehr spezialisierten Airlines bedient, die sog. Spokes im Hub-and-Spoke-System, die vor allem durch **attraktive Destinationen** gekennzeichnet sind. Neue Prognosen zeigen auch, dass in Zukunft vor allem der Point-to-Point-Verkehr wachsen wird, während, abgesehen von der Konsolidierung der Airlines an einigen Drehkreuzen, der für Flughäfen attraktive Transferverkehr abnimmt. Auch an den Drehkreuzen wird jedoch vermehrt durch P2P-Strecken Wachstum generiert werden. An den attraktiven Stadtflughäfen Hamburg und Berlin-Schönefeld

267 Airliners.de (dh/dpa/AFP) (2016g): Fünf größte europäische Airlines gründen neuen Verband

268 Vgl. Airliners.de (ch) (2016a): Air-Berlin-Aufteilung wirkt sich auf Flughäfen aus Airliners.de (ch) (2016e): Eine freundliche Weihnachts-Übernahme Abbildung A-4-5 S. 311 des Anhangs verdeutlicht nochmals die Beginnende Konsolidierung der Drehkreuz-Flughäfen.

zeigt sich diese Entwicklung bereits an den deutlich gestiegenen Passagierzahlen der letzten Jahre.[269]

Unterstützt wird diese Entwicklung durch die eigens für den P2P-Verkehr ausgelegten, **neuen Flugzeugmodelle** (z.B. Boeing 7E7 (Dreamliner) oder auch der Airbus A350). Viele bestehende Strecken werden durch die großen Carrier allerdings bereits jetzt nicht mehr bedient. Dieser Trend wird sich durch die Konsolidierung der Streckennetze noch weiter fortsetzen und vor allem Flughäfen an Standorten, die nicht aus wirtschaftlichen oder touristischen Gründen interessant sind, benachteiligen. Auch die an sich attraktiven Flughäfen leiden jedoch unter dieser Entwicklung, da die Konsolidierung häufig darin resultiert, dass den Passagieren weniger Strecken zur Auswahl geboten werden und damit das Risiko von erhöhtem Traffic Leakage steigt.[270]

Es wird also zunehmend wichtig für Flughäfen, ihre Attraktivität für Passagiere und Fluggesellschaften zu erhöhen und dies proaktiv zu signalisieren, um von dem zukünftig zunehmenden P2P-Verkehr nachhaltig profitieren zu können.

---

269 Vgl. Airliners.de (2015a): Passagierzahlen: Die großen Flughäfen wachsen, die kleinen kämpfen
Hessenschau (2016b): Streit um Rabatte und Sozialdumping: Ryanair scheucht Lufthansa und Landtag auf

270 Vgl. ACI Europe Airports Council International (2010): An outlook for Europe's airports – Facing the challenges of the 21st century, S. 7–8
Eurocontrol (2016a): Industry Monitor, S. 4
The Boston Consulting Group (BCG) (2004): Airports – Dawn of a New Era. Preparing for one of the industry's biggest shake-ups, S. 5
Interview mit Martin Bien, Senior Executive Vice President Groundservices Fraport AG (2016)
Interview mit Ulrich Stiller, Division Manager Marketing / Sales Flughafen Köln / Bonn (2016)
Copenhagen Economics (2012): Airport Competition in Europe, S. 23–26
Interview mit Prof. Dr. Georg Fundel, Geschäftsführer Flughafen Stuttgart GmbH (2016)

4.2.3.3 Low-Cost-Orientierung zu großen Flughäfen und Aufhebung der klar getrennten Preissegmente

Die kleineren Flughäfen, die durch das Emporkommen der LCC starkes Wachstum erlebten, leiden ebenfalls unter den oben beschriebenen Entwicklungen und müssen seit 2010 sogar Verluste in ihrem Passagieraufkommen verbuchen. Weitere Gründe hierfür sind die **Orientierung der LCC** hin zu größeren, attraktiveren Flughäfen und einem erhöhten Serviceangebot sowie der verstärkte Wettbewerb durch die Niedrigpreissparten der Full-Service-Carrier an den großen Flughäfen.[271]

Aktuelles Beispiel hierfür ist der Start von Ryanair am Frankfurter Flughafen ab März 2017 mit zwei Flugzeugen, die die hochfrequentierten Strecken nach Spanien bedienen werden; für den kommenden Winterflugplan ist sogar eine Ausweitung auf 24 Strecken und eine langfristige Präsenz in FRA mit 10-20 Maschinen geplant. Hierdurch entsteht ein direkter Wettbewerb mit dem Flag-Carrier Lufthansa (v.a. auch um das attraktive Segment der Geschäftsreisenden), die als Reaktion immer stärker in das Niedrigpreissegment investiert, das von Germanwings bzw. Eurowings bedient wird. So ist auch geplant, dass die Heimatbasis Frankfurt zukünftig nicht mehr nur von Lufthansa selbst, sondern auch der Low-Cost-Tochter Eurowings bedient wird, um das Niedrigpreissegment in Frankfurt nicht vollständig Ryanair zu überlassen. Noch stärker jedoch wirkt sich der Eintritt von Ryanair wohl auf den Ferienflieger Condor aus, da Ryanair vor allem auf touristisch attraktiven, innereuropäischen Strecken, nicht jedoch auf innerdeutschen oder Langstrecken konkurrieren wird.[272]

Diese Präsenz der LCC an Deutschlands größtem Drehkreuz wird den Preiskampf im Luftverkehr noch einmal enorm verstärken. Zu Grunde liegender Faktor ist auch die neue Gebührenordnung am Frankfurter Flughafen, die denjenigen Airlines einen enormen Rabatt gewährt, die einen bestimmten Zuwachs an Passagieren verzeichnen können. Auch wenn eine spezifische Bevorteilung einzelner Fluggesellschaften ausgeschlossen ist, können im Niedrigpreissegment

---

271 Vgl. ACI Europe Airports Council International (2010): An outlook for Europe's airports – Facing the challenges of the 21st century, S. 7–8
ADV / DLR (2015): Marktbarometer Luftverkehr, S. 10–12
Eurocontrol (2016a): Industry Monitor, S. 4
Copenhagen Economics (2012): Airport Competition in Europe, S. 25–26

272 Vgl. Hessenschau(dpa/lhe) (2016a): Frankfurter Flughafen: Kein exklusiver Rabatt für neue Airlines, Ryanair profitiert dennoch

nach wie vor die größten Wachstumszahlen erreicht werden, was den LCC wie Ryanair in der Praxis durchaus zu besseren Konditionen verhilft. Genau deshalb ist es aber auch für die Hubs und großen Regionalflughäfen von hoher Signifikanz, einige der LCC anzuziehen, um von diesem Wachstum zu profitieren. Die mangelnde Profitabilität in diesem Segment wird geplanter Weise durch eine Erhöhung der Einnahmen im SGF Non-Aviation aufgrund der gestiegenen Zahl an Passagieren ausgeglichen. So plant Frankfurt verstärkt in diesem Segment zu wachsen; neben der bereits präsenten Vueling aus Spanien werden das Low-Cost-Segment neben Ryanair und Eurowings auch noch die ungarische Wizz Air sowie die isländische Wow Air komplementieren.[273]

Besonders kritisch ist diese Entwicklung für die Low-Cost-Flughäfen deren gesamtes Geschäftsmodell in hohem Maß (Frankfurt-Hahn bspw. zu über 90%) von der Präsenz ausgewählter LCC abhängt. Ein verdeutlichendes Beispiel für diese Entwicklung kann bereits in der bisherigen Streckenplanung von Ryanair erkannt werden: Im Jahr 2016 stellte Ryanair den Verkehr am Regionalflughafen Oslo Rygge vollständig ein und bedient stattdessen Routen von Oslo International (Gardemoen). Insgesamt wird der Luftverkehr also immer umkämpfter, während die klaren Grenzen der verschiedenen Preissegmente immer mehr verschwimmen.[274]

Hessenschau(anbu) (2017a): Mega-Expansion im Winter – Ryanair plant ab Frankfurt 20 neue Flugverbindungen
Hessenschau (2017c): Was bedeutet der Ryanair-Boom?

273 Abbildung A-4-6 auf S. 311 des Anhangs bietet eine Übersicht über das weiterhin starke Wachstum des Low-Cost-Verkehrs im Vergleich zu anderen Verkehrssegmenten.
Vgl. Eurocontrol (2016b): Seven-Year Forecast 2016–2022, S. 19–20
Airliners.de (gk/AFP) (2016f): Flughafen Frankfurt will für Billigflieger attraktiver werden
Hessenschau(anbu) (2017a): Mega-Expansion im Winter – Ryanair plant ab Frankfurt 20 neue Flugverbindungen
Interview mit Ulrich Stiller, Division Manager Marketing / Sales Flughafen Köln / Bonn (2016)

274 Vgl. Cho, Woohyun / Windle, Robert J. / Dresner, Martin E. (2015): The impact of low-cost carriers on airport choice in the US: A case study of the Washington–Baltimore region, in: Transportation Research Part E, S. 142
Halpern, Nigel / Graham, Anne / Dennis (2016): Low cost carriers and the changing fortunes of airports in the UK, in: Research in Transportation Business and Management, S. 1–2
The Boston Consulting Group (BCG) (2004): Airports – Dawn of a New Era. Preparing for one of the industry's biggest shake-ups, S. 5
Copenhagen Economics (2012): Airport Competition in Europe, S. 25–26

4.3 Ableitung eines neuen Positionierungsmodells

Die im vorangegangenen Kapitel beschriebenen Entwicklungen der Luftfahrtindustrie sowie die strategischen Veränderungen im Luftverkehr führen dazu, dass die Flughäfen vor neuen Herausforderungen stehen und ihre bisherigen Positionierungsmodelle ggf. nicht dauerhaft erfolgreich weiterverfolgen können.

In der Kategorie der Drehkreuze werden nur diejenigen dauerhaft profitabel wachsen können, die es schaffen, sich zu sog. **Mega-Hubs** auszubauen. Durch die beschriebene Konsolidierung der Streckennetze werden jedoch nicht alle derzeitigen, primären und sekundären Drehkreuze eine solche Positionierung erreichen können.

Sowohl die Drehkreuze, die diesen Status nicht erreichen können, als auch die Regionalflughäfen müssen das Ziel verfolgen, sich durch eine einzigartige Differenzierung und Positionierung so aufzustellen, dass sie von dem zunehmenden P2P-Verkehr profitieren können, um mit ihrer bisherigen Strategie nicht zwischen zwei der zukünftig attraktiven Positionierungsmodellen gefangen zu sein (**Stuck in the middle**).

Laut Porter kann ein Unternehmen diese Position nur dann verlassen, wenn es entweder eine solche Differenzierung, die Kostenführerschaft oder eine attraktive Nischenpositionierung erreicht.[275] Aufgrund des langjährigen Preiskriegs seit Emporkommen der LCC ist eine profitable Kostenführerschaft jedoch nicht durchsetzbar. Eine Fokussierung auf einen bestimmten Bereich wäre zwar denkbar; es existiert jedoch kein entsprechendes, ausreichend attraktives Segment, das nicht bereits von anderen Flughäfen bedient wird: Der Frachtverkehr ermöglicht es zwar einigen Flughäfen mit entsprechender Infrastruktur und Öffnungszeiten, sich erfolgreich als reine **Cargo Airports** zu positionieren, da jedoch 75% der Güter über die großen Drehkreuze transportiert werden, wäre eine Repositionierung weiterer Flughäfen auf dieses Modell nicht rentabel. Die gleiche Annahme gilt für weitere Fokussierungen auf bspw. Ferien- oder Geschäftsreisende, da diese Segmente an vielen Flughäfen bereits in ein weitreichenderes, luftfahrtbezogenes Geschäftsfeld integriert sind.

Es bleibt also nur die Möglichkeit, sich durch eine entsprechende Differenzierung als attraktives Ziel im P2P-Verkehr zu positionieren (**attraktiver O&D-Flughafen**). Eine attraktive Differenzierung kann allerdings durch eine Vielzahl verschiedener Optionen erreicht werden: Zum einen kann ein Flughafen ein attraktives Ziel darstellen, indem es den Zugang zu einer touristisch oder wirtschaftlich relevanten

275 Vgl. Porter, Michael (2013): Wettbewerbsstrategien – Methoden zur Analyse von Branchen und Konkurrenten, S. 81–82

Region darstellt. In diesem Fall existiert eine entsprechend hohe Nachfrage im B2C-Segment der Passagiere, so dass die Fluggesellschaften entsprechende Routen anbieten werden (Pull-Strategie). Diese Differenzierung hängt jedoch primär mit der nicht veränderbaren, geographischen Lage des Flughafens zusammen.

Ist eine entsprechende Lage nicht gegeben, muss ein Flughafen andere Wege zur Differenzierung nutzen. Eine Möglichkeit hierzu ist die Differenzierung durch ein besonders innovatives, nicht luftfahrtbezogenes Geschäftsfeld. Durch eine entsprechende Ausgestaltung können die verschiedenen Zielgruppen im B2C-Segment angezogen werden und so eine ggf. mangelnde Profitabilität im SGF Aviation ausgeglichen werden.

Sollte keine attraktive Positionierung für das B2C-Segment erreichbar sein, kann der Flughafen keine Pull-Strategie implementieren, sondern muss für die Fluggesellschaften als primäre B2B-Kunden oder andere Unternehmen in diesem Segment ein Angebot zusammenstellen, das sie veranlasst, ihre P2P-Verbindungen möglichst häufig an diesem Flughafen anzubieten. Ein solches Angebot kann bspw. aus der Bereitstellung einer besonderen Infrastruktur (Wartung, Technik, Anbindung) oder anderer Inzentivierungen (Kapazitäten, Preis- und Kostenmodelle, Partnerschaften, etc.) bestehen.

Sollte es einem Flughafen durch seine ungünstige Lage oder bestehende Infrastruktur nicht möglich sein, sich als attraktiver O&D-Flughafen zu positionieren, wird er langfristig nicht profitabel sein, sondern nur als reiner Infrastrukturanbieter existieren (**Dinosaur Aerodromes**). Diese Positionierung kann durchaus ausreichend sein, solange die öffentliche Hand diesen Infrastrukturauftrag als volkswirtschaftlich nötig erachtet und den Flughafen ggf. entsprechend subventioniert. Durch den beschriebenen Druck, kostendeckend zu operieren wird dies jedoch nicht für alle Flughäfen eine dauerhafte Option darstellen.

Ausgehend von dieser Analyse der bisherigen Positionierungsmöglichkeiten sowie der Herausforderungen durch die Entwicklungen der Luftfahrtindustrie soll zusammenfassend das folgende Modell genutzt werden, um die künftigen Positionierungen zu beschreiben sowie die Strategien aufzuzeigen, die ein Flughafen verfolgen sollte, um eine bestimmte Positionierung zu erreichen oder zu vermeiden:

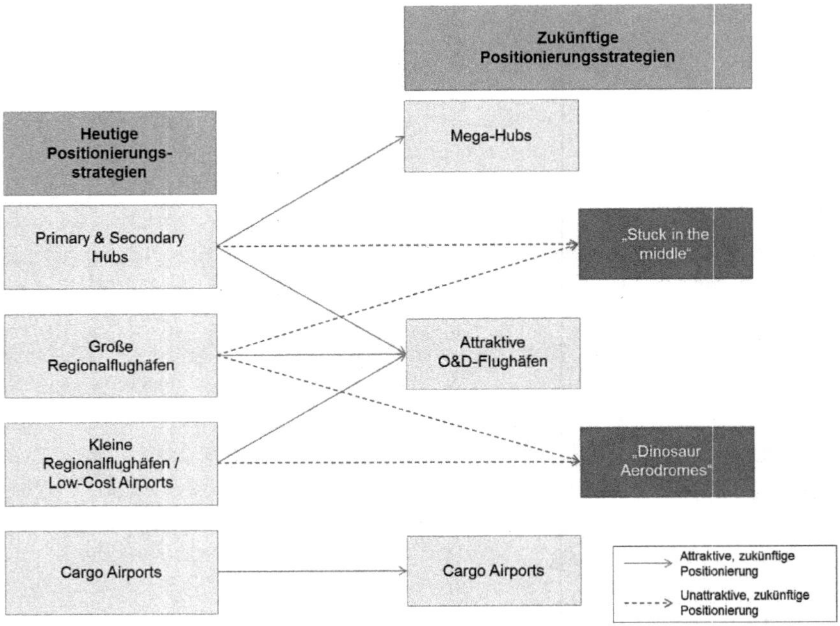

Abbildung 4-6: Zukünftige Ausrichtung der Positionierungsstrategien von Flughäfen

Kapitel 4 hat aufgezeigt, welchen Entwicklungen und veränderten Herausforderungen die Flughafenindustrie zukünftig gegenübersteht und verdeutlicht, dass neue Positionierungsstrategien implementiert werden müssen, damit ein Flughafen langfristig als wirtschaftendes Unternehmen erfolgreich sein kann. Diese Positionierungsstrategien wurden auf Basis der bisherigen Flughafentypologien und der zukünftigen Anforderungen aufgestellt und in Abbildung 4-8 nochmal graphisch zusammengefasst.

Handlungsempfehlungen zur Erreichung dieser zukünftigen Strategien werden in Kapitel 7 noch eingehend beschrieben. Zuerst sollen im folgenden Kapitel jedoch verschiedene deutsche Flughäfen hinsichtlich ihrer aktuellen Positionierung und Gestaltung ihrer strategischen Geschäftsfelder untersucht werden.

5. Explorative Untersuchung der einzelnen, bestehenden Positionierungsansätze basierend auf den beschriebenen Flughafentypologien anhand verschiedener Fallbeispiele der deutschen Flughafenindustrie

Durch den explorativen Charakter der übergeordneten Fragestellung dieser Dissertation ist eine **qualitativ-orientierte, multiple Fallstudienuntersuchung** in diesem Kontext besonders geeignet. Qualitative Studien beruhen häufig auf persönlichen Befragungen. Eine Form dieser Befragung ist die **Einzelexploration durch Interviews** mit einzelnen Personen. In diesem Dialog werden durch die Expertenmeinung der Interviewpartner tiefergehende Erkenntnisse über das untersuchte Thema gewonnen.[276]

In den vorliegenden Fallstudien sollen sowohl **übergeordnete deskriptive Merkmale** der ausgewählten Fallbeispiele zusammengetragen als auch durch die **explorative Expertenbefragung** darüberhinausgehende Fragen und Hypothesen beantwortet werden. Hintergrund der Experteninterviews ist die praktische Untersuchung der in Kapitel 4 aufgestellten, aktuellen Positionierungsansätze sowie ein tiefergehendes Verständnis der zukünftigen Entwicklungen und Herausforderungen, denen die Flughäfen innerhalb ihrer Positionierung gegenüberstehen. Darüber hinaus ist das Ziel der Fallstudien und zu Grunde liegenden Expertenbefragung eine Einschätzung der Notwendigkeit zur Markenbildung und Markenführung im Hinblick auf die bestehenden sowie zukünftige Positionierungsstrategien.

276 Vgl. Bruhn, Manfred (2016): Marketing – Grundlagen für Studium und Praxis, S. 101–102
Trumpfheller, Michael (2006): Strategisches Flughafenmanagement – Positionierung und Wertschöpfung von Flughafentypen, S. 198–199

5.1 Aktueller Positionierungsansatz 1: „Primary & Secondary Hubs" am Fallbeispiel Flughafen Frankfurt (Fraport)

a) Positionierung

(i) Streckennetz und Typologie

Als größter Flughafen Deutschlands und Heimatbasis von Lufthansa als größter nationaler und zweitgrößter europäischer Airline ist der Flughafen Frankfurt (FRA) klar als **Hub** positioniert. Über seine Stellung als **Hauptdrehkreuz von Lufthansa** hinaus stellt Frankfurt ebenfalls die europäische Basis für die **Star-Alliance** dar und konstituiert somit einen der größten europäischen Drehkreuzflughäfen für den internationalen Transferverkehr. Der Anteil am Passagieraufkommen durch die Star-Alliance beträgt 75%, was die enge Bindung des Flughafens an seinen Flag-Carrier Lufthansa und die verbundene Allianz verdeutlicht. Insgesamt bedient der Frankfurter Flughafen **137 verschiedene Fluggesellschaften** (davon 34 Passagier-Airlines ab Terminal 1 und weitere 75 ab Terminal 2 sowie weitere 28 Frachtgesellschaften). Das **Einzugsgebiet** des Flughafens ist durch die Metropolregion Rhein-Neckar sehr attraktiv und umfasst im Umkreis von 200km ca. 40 Mio. Personen.[277]

(ii) Strategische Geschäftsfelder

Über das Streckennetz hinaus bietet Fraport am Standort Frankfurt das gesamte Spektrum aller Flughafen- und flughafennahen Leistungen an. Hierzu gehören auch die Ausgestaltung des SGF Non-Aviation und der Aufbau einer umfassenden Airport City. Entsprechend hat Fraport sein Geschäftsmodell in vier strategische Felder eingeteilt: (1) Aviation, (2) Retail & Real Estate, (3) Ground Handling und (4) External Activities & Services.

Das Geschäftsfeld **Aviation** umfasst hierbei das klassische luftfahrtbezogene Angebot in den Bereichen Flugbetriebs- und Terminalmanagement, Unternehmenssicherheit und Airport Security Management.

Das Geschäftsfeld **Retail und Real Estate** beschreibt die Haupttreiber des nicht luftfahrtbezogenen Geschäftsfeldes. Innerhalb dieses Geschäftsfeldes wird das Konzessionsgeschäft von dem Bereich Handels- und Vermietungsmanagement geführt, während der Bereich Real Estate der Konzerngesellschaft Fraport Immobilienservice und -entwicklungs GmbH & Co KG zugeordnet ist. Neben den Retail-Aktivitäten und der Vermietung und Vermarktung der gesamten

277 Vgl. Fraport AG (2017d): Frankfurt Airport Luftverkehrsstatistik 2016, S. 61–65

Flächen an und um den Flughafen ist in diesen Geschäftsbereich ebenfalls das Parkraummanagement eingegliedert.

Wie bereits in Kapitel 2 beschrieben, wird das **Ground Handling**, also die Bodenverkehrsdienste innerhalb dieser Dissertation dem SGF Aviation zugeordnet, stellen aber für viele Flughäfen ein signifikantes, eigenständiges Geschäftsfeld dar. Am Flughafen Frankfurt ist die Aufteilung ähnlich; hier fallen unter den Bereich Ground Handling zum einen die genannten Bodenverkehrsdienste und zum anderen die Konzerngesellschaften FCS Frankfurt Cargo Services GmbH und die APS Airport Personal Services GmbH zur Bereitstellung der zentralen Infrastruktur am Flughafen.

Abschließend ist noch das SGF **External Activities und Services** zu nennen, welches sich primär mit dem Management von Akquisitionen und Beteiligungen befasst und die weiteren Konzerngesellschaften der Fraport beinhaltet.[278]

b) Kennzahlen des Flughafens

(i) Passagier- und Frachtaufkommen

Das **Passagieraufkommen** am Frankfurter Flughafen war 2016 leicht rückläufig (-0,4%) im Vergleich zu 2015. Dennoch konnte mit 60,8 Mio. Passagieren das zweithöchste Aufkommen verzeichnet werden, wodurch Frankfurt den deutlich größten Flughafen Deutschlands und den viertgrößte Europas darstellt. Grund für den Rückgang waren die geopolitischen Krisen in vielen touristischen Gebieten, die den Reisemarkt 2016 beeinflussten und die kontinentalen Verkehrsströme vermehrt vom östlichen in den westlichen Mittelmeerraum verschoben. Die dort begrenzte Kapazität führte darüber hinaus zu einer Verlagerung von Flugreisen zur Nutzung privater und öffentlicher Bodenverkehrsmittel, was zu einem Rückgang der internationalen Kontinentalstrecken von -0,7% führte. Diese Entwicklungen beeinflussten ebenfalls den Interkontinentalverkehr durch eine gesunkene Nachfrage von Flugreisen nach Europa. Der innerdeutsche Verkehr wuchs im Vergleich zu den anderen Segmenten am stärksten mit 0,9%. Grund hierfür war vor allem der vermehrte Umsteigeverkehr von und nach Berlin. Ähnliche Zahlen bestimmen die Betrachtung der **Flugbewegungen**, die mit 463.000 Starts und Landungen unter dem Vorjahreswert (-1,1%) lagen.

---

278 Vgl. Fraport AG (2017e): Geschäftsbericht 2016, S. 27–28
Interview mit Martin Bien, Senior Executive Vice President Groundservices Fraport AG (2016)

Allgemein steigt das Segment der Privatreisenden gegenüber den Geschäftsreisenden, vor allem im internationalen Luftverkehr.

Im Bereich der **Fracht** konnte der Frankfurter Flughafen jedoch ein starkes Wachstum von 1,8% und damit ein Gesamtaufkommen von 2,1 Mio. Tonnen erreichen. Auch im Cargo-Segment stellt Frankfurt durch das große Ausmaß an Belly-Fracht den größten europäischen Flughafen dar.[279]

(ii) Mitarbeiter und Beteiligungen

Der Mutterkonzern der Fraport AG, die Fraport AG Frankfurt Services Worldwide, beschäftigt zurzeit 20.300 **Mitarbeiter**, von denen 10.500 Beschäftige bei der seit 2001 börsennotierten und größten Einzelgesellschaft des Konzerns, der Fraport AG beschäftigt sind.

Neben dem Flughafen Frankfurt ist der Fraport Konzern (kurz Fraport) an **13 weiteren Flughäfen** aktiv. Besonders signifikant sind hierbei die **Konzessionsverträge in Lima** (Betrieb des Flughafens bis 2031 mit Verlängerungsoption), **Antalya** (Betrieb der Terminals bis 2024) sowie Varna und Burgas (Betrieb der Flughäfen über **Twin Star** bis 2041). Darüber hinaus sind für das Konzernergebnis auch die **Fraport USA Inc.** (zeitlich befristeter Vertrieb von Retailflächen an den Flughäfen Baltimore, Boston, Cleveland und Pittsburgh), **Ljubljaja** (Recht zur Nutzung des Flughafens bis 2054) und **Xi'an** (als Kapitaleigner des Flughafens) von besonderer Signifikanz. Weitere Anteile hält Fraport an den Flughäfen **Hannover** (30%), **St. Petersburg** (25%) und **Delhi** (10%). Im Jahr 2017 plant Fraport zusätzlich die Übernahme von 14 griechischen Regionalflughäfen.[280]

(iii) Eigentumsstruktur und Finanzkennzahlen

Der Flughafen Frankfurt ist durch die Fraport AG seit 2001 als **Aktiengesellschaft** an der Börse gelistet. Hauptaktionär ist mit ca. 31% das Land Hessen. Weitere Aktionäre sind die Stadtwerke Frankfurt am Main Holding GmbH (20%), die Deutsche Lufthansa AG (8,44%) und die Lazard Asset Management LLC (5,05%). Die Minderheitsaktionäre mit einem prozentualen Anteil unter

---

279 Vgl. Fraport AG (2017d): Frankfurt Airport Luftverkehrsstatistik 2016, S. 12–40
Fraport AG (2017e): Geschäftsbericht 2016, S. 25–26/49–51
Interview mit Martin Bien, Senior Executive Vice President Groundservices Fraport AG (2016)

280 Vgl. Fraport AG (2017e): Geschäftsbericht 2016, S. 5/25/50

3% sind unter Free Float mit insgesamt ca. 35% zusammengefasst. Die folgende Abbildung verdeutlicht die Eigentumsstruktur nochmal.[281]

Trotz leicht rückläufiger Umsatzerlöse (-0,45%) im Vergleich zu 2015 konnte die Fraport AG 2016 einen **Umsatz** von € 2.586,2 Mio. erzielen. Abzüglich betrieblicher und finanzieller Aufwendung bedeutet dies einen **Gewinn** von € 581,4 Mio. und nach Ertragssteuern ein Konzernergebnis von € 400,3 Mio.. Der Gewinn wurde mit einer Dividende von € 1,50 je Aktie an die Aktionäre ausgeschüttet.[282]

Die einzelnen Segmente trugen 2016 je mit folgenden, prozentualen Beträgen zum Konzernergebnis bei:

1) Aviation: 910,2 Mio. (35,19%)
2) Retail & Real Estate: 493,9 (19,10%)
3) Ground Handling: 630,4 Mio. (24,38%)
4) External Activities & Services: 551,7 Mio. (21,33%).[283]

Aufgrund der sinkenden Profitabilität der luftverkehrsnahen Geschäftsfelder (Aviation und Ground Handling), gewinnt das Segment Non-Aviation immer mehr an Bedeutung. Die größten Gewinne können hierbei durch die Strategischen Geschäftsfelder Airport Retail und Immobilien erzielt werden. Die großen Drehkreuze entwickeln sich immer zunehmend modernen Einkaufsstätten mit innovativen, gastronomischen Konzepten und einer steigenden Expertise in der Vermarktung von Immobilien während das SGF Aviation (inkl. Der Bodenverkehrsdienste) immer mehr einen zu Grunde liegenden Erfolgsfaktor als einen tatsächliches Differenzierungskriterium ausmacht.[284]

c) *Zukünftige Entwicklungen, Herausforderungen und Wettbewerb*

Trotz der allgemeinen Wachstumsprognosen im Luftverkehrsmarkt, wird es für den Frankfurter Flughafen schwierig sein, ein weiterhin kontinuierliches Wachstum zu erreichen, da die bestehenden **geopolitischen Krisen** auch in naher Zukunft den europäischen Luftverkehr beeinflussen werden. Neben diesen unbeeinflussbaren Faktoren existieren jedoch innerhalb der Industrie große Herausforderungen. Der anhaltende **Wettbewerb und Preiskampf** der Airlines

281 Vgl.Fraport AG (2017e): Geschäftsbericht 2016, S. 71

282 Vgl. Fraport AG (2017e): Geschäftsbericht 2016, S. 98–99

283 Vgl. Fraport AG (2017e): Geschäftsbericht 2016, S. 53–55

284 Interview mit Martin Bien, Senior Executive Vice President Groundservices Fraport AG (2016)

sowie eine erhöhte Luftverkehrssteuer und Gefahr von Arbeitskämpfen, haben einen negativen Einfluss auf die Profitabilität der Fluggesellschaften, vor allem der FSC. Der Frankfurter Flughafen ist durch seine Positionierung als internationales Drehkreuz ebenfalls signifikant von diesen Entwicklungen betroffen.

Hinsichtlich der **Konkurrenzsituation** steht Frankfurt sowohl im Wettbewerb um die Originärpassagiere aus dem Einzugsgebiet als auch – aufgrund seiner Funktion als Drehkreuz – um den Umsteigeverkehr. Als Hauptdrehkreuz der Lufthansa und Star Alliance in Europa ist der Transferverkehr ein wichtiger Treiber des Wachstums am Frankfurter Flughafen.

Die stärksten Wettbewerber für den Frankfurter Flughafen sind daher die anderen europäischen Drehkreuzflughäfen LHR, CDG, AMS und IST als Sitz der jeweiligen Flag-Carrier und angeschlossenen Allianzen. Durch die Weiterentwicklung der Flughäfen in der Golfregion sowie der partiellen Verschiebung der Verkehrsströme über diese Flughäfen, konstituieren jene, vor allem Dubai (DXB), ebenfalls starke Konkurrenten.

In Deutschland muss sich der Flughafen vor allem mit dem Flughafen München messen, der zwar deutlich niedrigere Passagierzahlen aufweist, aber durch seine hohe Service- und Kundenorientierung zum besten Flughafen Europas gewählt wurde und hierdurch auch viele Passagiere aus dem attraktiven Transfersegment anziehen kann.

Im Bereich der Fracht besteht vor allem eine Konkurrenz mit dem Flughafen Leipzig/Halle, der durch seine spezialisierte Positionierung im Cargo-Segment viele Integrators und Logistikunternehmen an sich binden kann.

Für die Beibehaltung und ggf. Verbesserung der bestehenden Wettbewerbsposition ist eine stetige Verbesserung der **Infrastruktur** von besonderer Bedeutung. Daher liegt ein strategischer Fokus auf weiteren **Ausbau- und Modernisierungsvorhaben**. Besonders signifikante Maßnahmen sind in diesem Zusammenhang die bereits fertig gestellte Landebahn Nordwest sowie die Inbetriebnahme des Terminal 3 in 2023.[285]

In der Ausgestaltung des **luftfahrtbezogenen Angebots** liegt nach wie vor ein starker Fokus auf der Kooperation mit den **Netzwerk-Carriern** der Star-Alliance, die 75% der Passagiere des Flughafens ausmachen. Hierzu wurde 2012 bereits der Flugsteig A-Plus eröffnet, um den reibungslosen Transferverkehr innerhalb der Allianz zu ermöglichen. Darüber hinaus engagiert sich der Flughafen Frankfurt, wie im folgenden Kapitel eingehend beschrieben wird, verstärkt

285 Interview mit Martin Bien, Senior Executive Vice President Groundservices Fraport AG (2016)

im **Niedrigpreissegment**, um das dort vorhandene Wachstumspotential auszuschöpfen.

Auch im **SGF Non-Aviation** engagiert sich der Flughafen zunehmend, da dieses Segment einen der signifikantesten Treiber der Profitabilität des Flughafens darstellt. Ein besonderes Augenmerk liegt hierbei auf einer erhöhten Kundenorientierung durch die Nutzung neuer Kommunikationsmedien und -kanäle sowie der innovativen Gestaltung der Angebotsstruktur, wie z.B. die Einführung einer Online-Shopping-Plattform und eines Prämienprogramms. Hinsichtlich des Airport Retail-Angebots steht der Flughafen nicht nur in Konkurrenz mit anderen Einkaufsstätten, sondern auch mit Fluglinien, die durch Bearbeitung dieses Geschäftsfeldes ebenfalls ihre Profitabilität steigern wollen (z.B. Lufthansa WorldShop).

Eine weitere Strategie zur Steigerung der kompetitiven Vorteile ist ein weiterer Ausbau der **Airport City** mit Fokus auf das Frachtsegment durch die CargoCity Nord und CargoCity Süd sowie die Entwicklung und Vermarktung von Immobilien und Gewerbeflächen am und um den Flughafen, wie z.B. das Mönchhof-Gelände oder die Gateway Gardens. Die gewinnbringende Zukunft des Flughafens liegt zunehmend im Retail und Dienstleistungssektor, während das SGF Aviation zunehmend an Profitabilität verliert jedoch nach wie vor reibungslos ablaufen und ein qualitativ hochwertiges Streckennetz bieten muss. Hierzu ist eine enge Zusammenarbeit mit den Airlines, vor allem dem Netzwerk-Carrier Lufthansa unerlässlich.

Die langfristige Strategie des Flughafens zielt darauf ab, einer der bedeutendsten internationalen Flughafenbetreiber für seine B2C- als auch B2B-Kunden darzustellen und deren Bedürfnisse ganzheitlich zu befriedigen und als Europas bester Flughafenbetreiber weltweit Maßstäbe zu setzen.[286]

Die folgende Abbildung zeigt nochmal die wichtigsten Ziele des Konzern-Leitbilds am Flughafen Frankfurt:

286 Vgl. Fraport AG (2017e): Geschäftsbericht 2016, S. 25–26/29–30
Interview mit Martin Bien, Senior Executive Vice President Groundservices Fraport AG (2016)

d) Kundenorientierung und Markenbildung

Seit Ende 2015 hat der Flughafen Frankfurt ein verstärkt **kundenorientiertes Leitbild** implementiert, das sich stärker an den Bedürfnissen der verschiedenen Kundengruppen orientiert als an der traditionellen Rolle des „Airport Managers". Hauptausprägungen dieser Zielsetzung sind eine internationale Vernetzung, wirtschaftliche Entwicklung und Wohlstand in der Region sowie die Befriedigung sämtlicher Mobilitätsbedürfnisse. Zusammengefasst wird dieses neue Leitbild in dem Slogan „Gute Reise – wir sorgen dafür".

Damit einher geht auch eine verstärkte **Serviceorientierung** des Flughafens mit dem Ziel, für alle Kundengruppen „Flughafen ihrer Wahl" zu sein. Ein besonderer Fokus liegt hier auf der Digitalisierung aller Prozesse und Leistungen. Das Serviceprogramm läuft unter dem Motto „Great to have you here!" und soll langfristig zu einer 5-Sterne-Positionierung des Flughafens führen (dieses Ziel hat bisher München als einziger Flughafen in Europa erreicht). Treiber hierzu sind die Globalzufriedenheit der Kunden und daraus resultierende Bindung an den Standort.

Um in dem zukünftig vor allem im Non-Aviation-Segment stattfindenden Wettbewerb bestehen zu können, muss der Flughafen Frankfurt sein Angebot in diesem Bereich stetig ausbauen und verbessern. Markenbildung ist ein durchaus sinnvolles Mittel zur Erreichung einer verstärkten Kundenbindung. Gerade für das Segment der Transferpassagiere können Markenbildung und Investitionen in das Marken-Image entscheidende Kriterien bei der Flughafenwahl sein. Die Wahl wird zwar nach wie vor maßgeblich durch den Preis bestimmt aber durch eine zunehmende Preisangleichung im Luftverkehr treten bei Umsteigern häufig andere Treiber wie z.B. der Erlebnischarakter des Flughafens in den Vordergrund. Die Anforderungen der Kunden sind jedoch zu heterogen, als dass man klar zugeschnittene Markenbotschaften und –versprechen kommunizieren könnte. Auch der Flughafen Frankfurt steht vor der Herausforderung, sowohl das vielfältige Angebot als auch eine zielgruppenspezifische Bedürfnisbefriedigung durch sein Marken-Image zu überbringen.

Generell gewinnen für den Flughafen Frankfurt die **nicht finanziellen Leistungsindikatoren** zunehmend an Bedeutung. Besonders signifikant ist hierbei die **Kundenzufriedenheit und Produktqualität**, die durch die Faktoren (1) Globalzufriedenheit, (2) Pünktlichkeitsquote, (3) Gepäck-Konnektivität und (4) Anlagenverfügbarkeit bestimmt wird. Darüber hinaus ist die **Attraktivität als Arbeitgeber** ebenfalls ausschlaggebend und beinhaltet neben der

Mitarbeiterzufriedenheit auch diverse Kennzahlen im Bereich des Arbeitsschutzes und des Gesundheitsmanagements.[287]

e) Voraussetzungen zur Erreichung der neuen Positionierungsstrategien

Bei der Untersuchung der heutigen Positionierung des Flughafens Frankfurt und der zukünftigen Herausforderungen, denen der Flughafen gegenübersteht, wird deutlich, dass die großen Drehkreuze einer Vielzahl verschiedener Anforderungen gerecht werden müssen.

Zuerst muss das **SGF Aviation** nach wie vor durch ein umfassendes **Streckennetz** und eine Vielzahl an vorhandenen Fluggesellschaften bestimmt sein. Die Qualität dieses Strategischen Geschäftsfeldes ist nach wie vor ein bedeutender Treiber für den zukünftigen Erfolg der großen Drehkreuze. Um sich zu einem zukünftigen Mega-Hub zu entwickeln, muss der Flughafen also stetig seine Leistungen und sein Streckennetz ausbauen und an die Bedürfnisse der Endkunden anpassen. Hierzu ist es unerlässlich, dass der Flughafen die für seine Positionierung relevanten Airlines anziehen und deren Anforderungen bedienen kann. Der Flughafen Frankfurt muss sich also sowohl im B2C- als auch B2B-Segment kontinuierlich an seine Kundenbedürfnisse anpassen und mit diesen primären als auch einer Vielzahl an sekundären Stakeholdern kommunizieren. Die Aufstellung einer starken Marke und eines damit verbundenen, positiven Marken-Images ist ein geeignetes Mittel zur Unterstützung dieser Zielerreichung.

Darüber hinaus ist es vor allem für die Flughäfen, die sich zukünftig als Mega-Hub positionieren wollen, unerlässlich, eine enge Kooperation mit ihrem **Netzwerk-Carrier**, in diesem Fall die Deutsche Lufthansa AG anzustreben, da sowohl die Ausgestaltung des SGF Aviation als auch die davon abgeleitete Kundenstruktur maßgeblich von diesen Fluggesellschaften abhängt. Eine Kooperation im nach außen gerichteten Markenauftritt kann für den Flughafen durchaus förderlich sein. Der Frankfurter Flughafen hat diese Strategie in Teilen bereits implementiert, indem verschiedene Angebots- und Kommunikationsmaßnahmen in Kooperation mit Lufthansa durchgeführt werden.[288]

Darüber hinaus muss sich der Frankfurter Flughafen zunehmend durch innovative Angebotsstrukturen im **SGF Non-Aviation** auszeichnen, da dieses

287 Vgl. Fraport AG (2017e): Geschäftsbericht 2016, S. 30–31/35–36
Interview mit Martin Bien, Senior Executive Vice President Groundservices Fraport AG (2016)

288 Vgl. Kapitel 7 für weiterführende Beispiele.

Geschäftsfeld die Basis für eine zukünftig steigende Profitabilität des Flughafens darstellt. Treiber hierbei sind vor allem Digitalisierung und eine zunehmende Kunden- und Service-Orientierung, die der Flughafen bereits verfolgt aber in Zukunft kontinuierlich ausbauen muss. Auch hierbei sind der Aufbau eines entsprechenden Marken-Images und eine geeignete Kommunikationsstrategie wichtige Voraussetzungen für den zukünftigen Erfolg

5.2 Positionierungsansatz 2: „Große, internationale Regionalflughäfen" an den Fallbeispielen Köln-Bonn und Stuttgart

5.2.1 Flughafen Köln-Bonn

a) Positionierung

(i) Streckennetz und Typologie

Aufgrund seiner Größe hinsichtlich Passagier- und Frachtaufkommen als auch seines diversifizierten Angebots im SGF Aviation kann der Flughafen Köln-Bonn (CGN) klar als großer, internationaler Regionalflughafen positioniert werden. Die Abgrenzung zu den großen Drehkreuzen Frankfurt und München liegt in der mangelnden Fokussierung auf den Transferverkehr und die Kooperation mit einem bestimmten Netzwerk-Carrier. Vielmehr verfolgt der Flughafen Köln-Bonn eine diversifizierte Angebotsstrategie mit einem klaren Fokus auf das Low-Cost-Segment. Im Gegensatz zu den kleinen, als Low-Cost-Airport positionierten Regionalflughäfen, weist CGN jedoch deutlich höhere **Passagierzahlen** auf. Fast 30 Fluggesellschaften nutzen CGN und bedienen von hier etwa 130 nationale und internationale Ziele. Durch dieses Verkehrsaufkommen konnte sich der Flughafen Köln-Bonn zum fünftgrößten Flughafen Deutschlands entwickeln.[289]

Auch im **Frachtsegment** unterscheidet der Flughafen sich durch seine enge Kooperation mit den Integrators, die das Nachtflugverbot anderer Flughäfen umgehen wollen und daher vermehrt CGN nutzen, wodurch der Flughafen nach Frankfurt und Leipzig der drittgrößte Frachtflughafen in Deutschland ist. Hierdurch und durch seine geographisch günstige Lage in der Wirtschaftsregion Nordrhein-Westfalen konnte sich der Flughafen Köln-Bonn als ein bedeutendes

---

289 Die meisten auf Low-Cost spezialisierten Flughäfen bedienen ca. 1 Mio. Passagiere pro Jahr, während der Flughafen Köln-Bonn in 2016 ein Passagieraufkommen von knapp 12 Mio. verzeichnen konnte.
Vgl. Flughafen Köln-Bonn GmbH (2017c): Geschäftsbericht 2016, S. 8
Interview mit Ulrich Stiller, Division Manager Marketing / Sales Flughafen Köln / Bonn (2016)

Frachtlogistikzentrum und somit als einer der wichtigsten Treiber der wirtschaftlichen Attraktivität der Region positionieren.[290]

(ii) Strategische Geschäftsfelder

Der Flughafen Köln-Bonn bedient beide Strategischen Geschäftsfelder, Aviation und Non-Aviation. Der Fokus der Aktivitäten liegt jedoch klar auf dem **luftverkehrsbezogenen Geschäftsfeld** (sowohl **Flugzeugabfertigung** als auch **Bodenverkehrsdienste**), welches in CGN nach wie vor den stärksten Treiber der Erlöse darstellt. Auch hier ist es jedoch aufgrund eines zunehmenden Wettbewerbs und Preiskampfes eine Herausforderung, die Einnahmen stabil zu halten. Ein besonderer Fokus liegt bei dem Flughafen Köln-Bonn auf dem Niedrigpreissegment. Durch seine frühe Fokussierung auf die LCC (v.a. Eurowings und Ryanair) konnte CGN in diesem, am stärksten wachsenden Segment eine Vorreiterstellung erreichen. Diese beiden Carrier machen mit 36% (Eurowings) und 20% (Ryanair) den Großteil des Passagieraufkommens am Flughafen aus. Durch den starken Zuwachs bei Ryanair konnte sich CGN zur zweitstärksten Basis der Niedrigpreisgesellschaft entwickeln.[291]

Auch im Segment **Non-Aviation** sind die Erlöse gestiegen, stellen jedoch keinen signifikanten Erlösfaktor dar. Dennoch muss auch der Flughafen Köln-Bonn kontinuierlich den Erlebnischarakter des Flughafens ausbauen. Den stärksten Anteil im SGF Non-Aviation machen die für die Low-Cost-Passagiere relevanten, gastronomischen Angebote sowie Parkeinnahmen aus.[292]

Zusätzlich ist die Abwicklung der **Luftfracht**, wie bereits beschrieben, ein signifikanter Treiber des Wachstums am Flughafen Köln-Bonn. Durch das bestehende Cologne-Bonn Cargo Center und die enge Kooperation mit lokalen Logistikpartnern wie der Wisskirchen Handling Services kann der Flughafen sämtliche Logistik- und Infrastrukturdienstleistungen in unmittelbarer Nähe anbieten und erbringen.[293]

290 Vgl. Flughafen Köln-Bonn GmbH (2017c): Geschäftsbericht 2016, S. 34

291 Vgl. Flughafen Köln-Bonn GmbH (2017c): Geschäftsbericht 2016, S. 35

292 Interview mit Ulrich Stiller, Division Manager Marketing / Sales Flughafen Köln / Bonn (2016)

293 Vgl. Flughafen Köln-Bonn GmbH (2017b): http://www.koeln-bonn-airport.de/b2b/cologne-bonn-cargo.html

b) Kennzahlen des Flughafens

(i) Passagier- und Frachtaufkommen

Hinsichtlich des **Passagieraufkommens** am Flughafen Köln-Bonn konnte auch 2016 ein starkes Wachstum von 1,6 Mio. Passagieren (+15%) verzeichnet werden. Besondere Wachstumstreiber hierbei waren die Passagiere der Low-Cost-Airlines Eurowings und Ryanair. Der Flughafen Köln-Bonn ist aufgrund seiner zentralen geographischen Lage besonders stark im innerdeutschen Segment, mit der Route Köln-Bonn nach Berlin als stärkste Strecke mit ca. 1,4 Mio. PAX pro Jahr. Danach kommt als ebenfalls innerdeutsches Ziel München mit ca. 700.000 und im Anschluss Palma (Mallorca) als stärkstes internationales Ziel mit ca. 500.000 PAX.

Auch im Bereich der **Fracht** konnte der Flughafen Köln-Bonn ein Allzeithoch von knapp 800.000 Tonnen erzielen, was einem Wachstum von 4% im Vergleich zum Vorjahr entspricht.[294]

(ii) Mitarbeiter

Als wirtschaftlicher Treiber der Region ist der Flughafen Köln-Bonn auch einer der bedeutendsten privatwirtschaftlichen Arbeitgebern. Am Flughafen sind knapp 14.000 Mitarbeiter in 115 Betrieben und Behörden beschäftigt; in der unmittelbaren Umgebung stehen weitere 7.400 und in der gesamten Bundesrepublik 16.500 Arbeitsplätze mit dem Flughafen in Verbindung. Die Flughafen Köln-Bonn GmbH beschäftigt davon im Jahr 2016 über 1.700 Mitarbeiter.[295]

(iii) Eigentumsstruktur und Finanzkennzahlen

Die Grundlage für die Wirtschaftlichkeit liegt in der positiven Entwicklung des SGF Aviation am Flughafen Köln-Bonn. 2016 betrug der erzielte **Gewinn** 6,3 Mio. Euro, was einer Gewinnsteigerung von +23,6% entspricht. Es lässt sich also feststellen, dass der Flughafen Köln-Bonn nicht nur hinsichtlich seines Verkehrsaufkommens, sondern auch der erzielten Gewinne ein weit überdurchschnittliches Wachstum verzeichnen kann. Die **Umsätze** des Flughafens stiegen ebenfalls um 7,3% auf insgesamt 319 Mio. Euro, von denen ca. ein Drittel im SGF Non-Aviation erzielt wurde. Der Großteil dieser Einnahmen (ca. 90%) stammt hierbei aus Mieteinnahmen, Pachten und Versorgungsleistungen.[296]

---

294 Vgl. Flughafen Köln-Bonn GmbH (2017c): Geschäftsbericht 2016, S. 8–9
Interview mit Ulrich Stiller, Division Manager Marketing / Sales Flughafen Köln / Bonn (2016)

295 Vgl. Flughafen Köln-Bonn GmbH (2017c): Geschäftsbericht 2016, S. 34

296 Vgl. Flughafen Köln-Bonn GmbH (2017c): Geschäftsbericht 2016, S. 39–42

Die **Eigentümerstruktur** des Flughafens ist durch die öffentliche Hand geprägt, wobei die Stadt Köln, die Bundesrepublik Deutschland und die Beteiligungsverwaltungsgesellschaft des Landes Nordrhein-Westfalen mbH (BVG) jeweils ca. 31% des Stammkapitals halten, die Stadtwerke Bonn GmbH weitere 6% und der Rhein-Sieg-Kreis sowie der Rheinisch-Bergische-Kreis je unter 1%.[297]

c) Zukünftige Entwicklungen, Herausforderungen und Wettbewerb

Auch in **Zukunft** wird es essentiell wichtig sein, stetig neueste Trends und Entwicklungen im Aviation-Segment und im generellen Grundprodukt von Flughäfen (z.B. Parken) zu identifizieren und verfolgen. Ein großer Treiber dieser Entwicklungen ist die zunehmende Digitalisierung, welche die Flughäfen auch vor neue Herausforderungen hinsichtlich der Kundenorientierung und Kommunikation stellt.[298]

Ein zentraler Punkt der zukunftsgerichteten Strategie des Flughafen Köln-Bonn ist eine kontinuierliche **Diversifizierung der Kundenstruktur** mit einem bleibenden Fokus auf dem **Niedrigpreissegment** und dessen Ausbau auf **Interkontinal-Strecken**. Durch Eurowings werden bereits 14 Langstreckendestinationen bedient, zu denen 2016 ca. eine Mio. Passagiere befördert wurden. Diese Entwicklung legt den Grundstein für eine weiterführende Marktstellung im Low-Cost-Segment. Da der Flughafen jedoch nach wie vor nicht vorrangig die Langstrecke bedient, ist der P2P-Verkehr das primär wachsende Segment, wobei der Low-Cost-Verkehr auch hier den größten Wachstumstreiber darstellt. Auch im **Frachtsegment** ist langfristig der Erhalt und Ausbau der starken Positionierung geplant. Hierbei wird das Wachstum durch die enge Kooperation mit den Integrators und dem mangelnden Nachtflugverbot unterstützt.

Die zukünftige Entwicklung des SGF **Non-Aviation** soll primär durch eine zunehmende Verschmelzung von Aviation- und Non-Aviation-Flächen innerhalb des Terminals verfolgt werden. So ist ein Ausbau der luftseitigen Flächen in Terminal 2 zu einem übergreifenden, gastronomischen Marktplatzkonzept geplant. Auch in den Bereichen Hotel und Parken sind neue Expansionsstrategien zu beobachten.[299]

Hinsichtlich der **Konkurrenzsituation** befindet sich der Flughafen Köln-Bonn in einem besonders wettbewerbsintensiven Umfeld. Sowohl aufgrund seiner

---

297 Vgl. Flughafen Köln-Bonn GmbH (2017c): Geschäftsbericht 2016, S. 59

298 Vgl. Flughafen Köln-Bonn GmbH (2017c): Geschäftsbericht 2016, S. 5
Interview mit Ulrich Stiller, Division Manager Marketing / Sales Flughafen Köln / Bonn (2016)

299 Vgl. Flughafen Köln-Bonn GmbH (2017c): Geschäftsbericht 2016, S. 35–37
Interview mit Ulrich Stiller, Division Manager Marketing / Sales Flughafen Köln / Bonn (2016)

geographischen Lage in der Nähe zu Düsseldorf und Frankfurt sowie im Low-Cost-Bereich auch Hahn als auch seiner strategischen Positionierung konkurriert CGN mit einer Vielzahl an Wettbewerbern. Aufgrund seiner Größe sind trotz unterschiedlicher strategischer Positionierung die eher traditionell aufgestellten Flughäfen Düsseldorf und Frankfurt direkte Konkurrenten. Hier ist also eine differenzierte Positionierung als großer Regionalflughafen mit Low-Cost-Orientierung essentiell wichtig. Als solcher steht Köln-Bonn durch seine frühe Orientierung zu diesem Segment als First-Mover vor anderen Flughäfen, die sich zurzeit vermehrt im Niedrigpreissegment engagieren und kann durch das so bereits implementierte Marken-Image seine Vorreiterrolle beibehalten. Darüber hinaus bedient CGN im Vergleich zu den traditionell positionierten Flughäfen DUS und FRA verstärkt die spezifischen Bedürfnisse der LCC durch bspw. kurze Wege und schnelle Turn-around-Zeiten. Im Vergleich zu den kleinen, ebenfalls auf das Niedrigpreissegment fokussierten Regionalflughäfen wie Frankfurt Hahn, kann der Flughafen Köln-Bonn durch sein attraktives Einzugsgebiet und die gute intermodale Anbindung einen Wettbewerbsvorteil erzielen. Im Frachtverkehr konkurriert CGN vor allem mit Leipzig als größter Basis der Integrator, welcher ebenfalls durch die Möglichkeit von Nachtflügen und eine gute Anbindung für deren Bedürfnisse optimal aufstellt ist während Frankfurt als weiter Wettbewerber im Frachtsegment eher einen Fokus auf die Belly-Fracht legt.[300]

d) Kundenorientierung und Markenbildung

Im Bereich der Markenbildung ist der Flughafen Köln-Bonn bereits stark engagiert und legt einen Fokus auf die Implementierung eines positiven **Marken-Images** und eine steigende Kundenzufriedenheit. Diese wird konstant durch Kundenbefragung überprüft und darauf aufbauend kontinuierlich verbessert. Den Erfolg dieser Maßnahmen kann man durch die Verleihung drei aufeinanderfolgender Skytrax-Awards für den besten Regionalflughafen in Europa (und zweitbesten weltweit) erkennen.

Das Image des Flughafens wird inhaltlich durch einen Fokus auf die **lokale Kultur** geprägt, wie es auch der Flughafen München umsetzt. Das macht den Flughafen für die Kunden sehr nahbar und sympathisch und führt dazu, dass sie sich ihm stärker verbunden fühlen und gerne von hier fliegen.[301] Diese verstärke

---

300 Vgl. Flughafen Köln-Bonn GmbH (2017c): Geschäftsbericht 2016, S. 50
Interview mit Ulrich Stiller, Division Manager Marketing / Sales Flughafen Köln / Bonn (2016)

301 Vgl. Flughafen Köln-Bonn GmbH (2017c): Geschäftsbericht 2016, S. 13
Interview mit Ulrich Stiller, Division Manager Marketing / Sales Flughafen Köln / Bonn (2016)

Ansprache der **Endkunden** (B2C) zeigt sich auch in der geplanten Einführung eines Customer Relationship Managements und einer verstärkten Analyse den Kundendaten, um eine kontinuierliche Verbesserung des Endkundenservices zu sichern und neue strategische Maßnahmen für den Flughafen zu generieren.[302]

Über die eigene Ansprache der Endkunden hinaus kooperiert der Flughafen Köln-Bonn auch stark mit seinen **B2B-Kunden**, um einen abgestimmten Auftritt gegenüber den Passagieren zu gewährleisten und so das Marken-Image kontinuierlich durchzusetzen. Generell zeichnet sich CGN durch eine besonders gute und langfristige Beziehung zu seinen Airline-Kunden aus, die der Flughafen aktiv pflegt, indem er die Airlines bei Streckenaufbau und –optimierung sowie bei Markteintritten und Kommunikation unterstützt. Der Flughafen Köln-Bonn verfolgt die Strategie, mit den Airlines gemeinsam zu wachsen und zu werben, was von dieser Kundengruppe stark geschätzt wird.[303]

Eine weitere sehr bedeutende Interessengruppe, die der Flughafen durch seinen Markenauftritt anspricht, sind die **Anwohner der Umgebung**. Hier konnte CGN durch einen dauerhaft engen Kontakt und Engagement ein sehr viel positiveres Verhältnis aufbauen, als viele große Flughäfen es oft haben. Besonders durch die Förderung von Sportvereinen und Schulen konnte der Flughafen sein Image als sympathischer Flughafen verstärken und durch dieses sog. Neighbourhood-Marketing, eine Nähe zur Bevölkerung zu etablieren. Die Anwendung dieser Strategie zeigt sich bspw. in der kostenlosen Nachbarschaftszeitung „nebenan", in der der Flughafen die Anwohner über aktuelle Geschehnisse und allgemeine Informationen zum Flughafen informiert. Auch für die Städte Köln und Bonn sowie das umliegende Rheinland ist der Flughafen ein wertvoller Imageträger und Werbetreibender sowie wirtschaftlicher Motor.[304]

e) Voraussetzungen zur Erreichung der neuen Positionierungsstrategien

Der Flughafen Köln-Bonn ist durch seinen Fokus auf das am stärksten wachsende Segment der LCC gut aufgestellt, um im kommenden Wettbewerb innerhalb des SGF Aviation zu bestehen. Vorteil gegenüber großen Drehkreuzen wie Frankfurt, die ebenfalls versuchen, durch das Low-Cost-Segment Wachstum zu

302 Interview mit Ulrich Stiller, Division Manager Marketing / Sales Flughafen Köln / Bonn (2016)

303 Interview mit Ulrich Stiller, Division Manager Marketing / Sales Flughafen Köln / Bonn (2016)

304 Vgl. Flughafen Köln-Bonn GmbH (2017c): Geschäftsbericht 2016, S. 34
Interview mit Ulrich Stiller, Division Manager Marketing / Sales Flughafen Köln / Bonn (2016)

erzielen ist die Vorreiterrolle und das damit verbundene Marken-Image des Flughafens gegenüber Endkunden und auch Airline-Kunden. Gegenüber den kleineren Low-Cost-Flughäfen hat CGN einen klaren Vorteil durch seine Größe und geographische Lage. Durch die optimale Ausnutzung seiner Ressourcen und die damit verbundene, frühzeitige Orientierung auf das Niedrigpreissegment führte dazu, dass sich CGN bereits als besonders attraktiver O&D-Flughafen positionieren konnte. Unterstützt wird diese Attraktivität durch eine klare Markenbotschaft „Köln-Bonn Airport – so simple", die die kurzen Wege und effizienten Prozesse des Flughafens widerspiegelt sowie die kontinuierliche Optimierung der Kundenzufriedenheit und eines Images als sympathischer Flughafen mit starker regionaler Verbindung. Dieses Fallbeispiel zeigt, inwiefern eine Markenbildung die übergeordnete Strategie des Flughafens unterstützen und durch die Implementierung eines entsprechenden Marken-Images zur Beibehaltung der Vorreiterstellung beitragen kann.

5.2.2 Flughafen Stuttgart

a) Positionierung

(i) Streckennetz und Typologie

Aufgrund seiner Größe und strategischen Fokussierung auf den P2P- bzw. Spokes-Verkehr, ist der Flughafen Stuttgart (STR) klar als großer, internationaler Regionalflughafen positioniert. Seine Attraktivität resultiert maßgeblich aus dem attraktiven Einzugsgebiet und der geographischen Lage in der sowohl touristisch als auch wirtschaftlich gefragten Region Stuttgart. Durch eine Vielzahl an internationalen Fluggesellschaften aus allen strategischen Bereichen des Luftverkehrs – Linien, Charter, Low-Cost- und Ferienfluggesellschaften – (55) kann der Flughafen Stuttgart ein Streckennetz mit insgesamt 100 Destinationen aufweisen. Den größten Anteil machten bisher die deutschen Fluggesellschaften Germanwings (jetzt Eurowings: 30,7%) und Air Berlin (18,6%) aus. Das Geschäftsmodell des Flughafens basiert auf möglichst niedrigen Kosten und auch Preisen, einer geringen Komplexität sowie einer höchst attraktiven Catchment Area.[305]

---

305 Vgl. Flughafen Stuttgart GmbH (2016): Geschäftsbericht 2015, S. 5
Vgl. Flughafen Stuttgart GmbH (2017a): http://www.stuttgart-airport.com/company-information/facts-and-figures
Interview mit Prof. Dr. Georg Fundel, Geschäftsführer Flughafen Stuttgart GmbH (2016)

(ii) Strategische Geschäftsfelder

Der Flughafen Stuttgart bedient die klassischen Strategischen Geschäftsfelder Aviation und Non-Aviation, jedoch ähnlich dem Flughafen Köln-Bonn mit einem klaren Fokus auf dem **Aviation-Segment**. Die bedeutendsten Aktivitäten in diesem Segment sind die Abwicklung des Luftverkehrs (Operations), die Bodenverkehrsdienste (Ground traffic and handling) und Passagierabfertigung. Eine besondere Kernkompetenz des Flughafens stellen die **Bodenverkehrsdienste** dar, welche von vielen Flughäfen ausgelagert wurden aber hier ca. ein Drittel der Gesamteinnahmen und somit ein sehr rentables Geschäftsfeld ausmachen.

Im Bereich **Non-Aviation** stehen der Bau von Bürogebäuden, Parkmöglichkeiten und anderen Immobilien und die Vermietung und Verpachtung von Restaurant und anderen Verkaufsflächen im Vordergrund.

Zwischen diesen Geschäftsfeldern kann eine starke **Abhängigkeit** des Non-Aviation-Segments vom Flugverkehr beobachtet werden. Ohne den direkten Link zu diesem ersten Geschäftsfeld ist der Bereich Non-Aviation aufgrund weitaus höherer Standortkosten als der Konkurrenz „auf der grünen Wiese" kaum wettbewerbsfähig, obwohl auch in ersterem signifikante Gewinne erzielt werden können.[306]

b) Kennzahlen des Flughafens

(i) Passagier- und Frachtaufkommen

2016 konnte der Flughafen Stuttgart eine leicht positive Entwicklung der Passagierzahlen von 10,5 auf 10,6 Mio. PAX verzeichnen; im Bereich der Luftfracht gab es eine Steigerung von 20,4 auf 22 Mio. Tonnen. Allgemein kann man sowohl das Passagier-als auch Frachtaufkommen über die letzten Jahre als vorwiegend stetig bis leicht ansteigend beschreiben.[307]

---

306 Vgl. Flughafen Stuttgart GmbH (2017a): http://www.stuttgart-airport.com/company-information/facts-and-figures
Interview mit Prof. Dr. Georg Fundel, Geschäftsführer Flughafen Stuttgart GmbH (2016)

307 Vgl. Flughafen Stuttgart GmbH (2016): Geschäftsbericht 2015, S. 5
Vgl. Flughafen Stuttgart GmbH (2017a): http://www.stuttgart-airport.com/company-information/facts-and-figures

(ii) Mitarbeiter und Beteiligungen

Auf die Zufriedenheit aller **Mitarbeiter** legt der Flughafen großen Wert und fokussiert sich innerhalb der Nachhaltigkeitsstrategie „fairport STR“ stark darauf, diese kontinuierlich zu erhöhen. Insgesamt sind ca. 11.000 Mitarbeiter am Flughafen Stuttgart bei ungefähr 300 verschiedenen Firmen beschäftigt, davon ungefähr 1.000 direkt bei der Betreibungsgesellschaft und deren Tochterfirmen und Beteiligungen.[308]

Die Flughafen Stuttgart GmbH hat mehrere **Tochter- und Beteiligungsgesellschaften**, die sich primär auf Kernleistungen im SGF Aviation fokussieren. Hierzu gehören neben Anteilen an der Baden-Airpark GmbH (65,8%) auch folgende Unternehmen:

- Flughafen Stuttgart Energie GmbH (100%)
- Handels- und Service GmbH (HSG, 90%)
- Cost Aviation (75%)
- Stuttgart Airport Ground Handling GmbH (SAG, 74,9%)
- S. Stuttgart Ground Services GmbH (51%)
- Aviation Handling Services GmbH (10%).[309]

(iii) Eigentumsstruktur und Finanzkennzahlen

Der Flughafen Stuttgart liegt vollständig in öffentlicher Hand, wobei das Land Baden-Württemberg 65% und die Stadt Stuttgart 35% der Anteile hält.

Das finanzielle Ergebnis des Flughafens war insgesamt sehr positiv. 2016 konnte die Flughafen Stuttgart GmbH Gewinne in Höhe von knapp 270 Mio. Euro erzielen, was knapp 10% über dem Vorjahresergebnis liegt. Von diesem Ergebnis machte das SGF Aviation 165 Mio. (61%) und das SGF Non-Aviation 105 Mio. Euro (39%) aus. Hohe Erträge aus Beteiligungen und den Tochtergesellschaften führten bereits 2015 zu einem Gewinn von 3,3 Mio. Euro.[310]

---

308 Vgl. Flughafen Stuttgart GmbH (2016): Geschäftsbericht 2015, S. 19
Vgl. Flughafen Stuttgart GmbH (2017a): http://www.stuttgart-airport.com/company-information/facts-and-figures

309 Vgl. Flughafen Stuttgart GmbH (2016): Geschäftsbericht 2015, S. 10–11
Vgl. Flughafen Stuttgart GmbH (2017a): http://www.stuttgart-airport.com/company-information/facts-and-figures

310 Vgl. Flughafen Stuttgart GmbH (2016): Geschäftsbericht 2015, S. 6–7
Vgl. Flughafen Stuttgart GmbH (2017a): http://www.stuttgart-airport.com/company-information/facts-and-figures

c) *Zukünftige Entwicklungen, Herausforderungen und Wettbewerb*

Die **zukünftigen Herausforderungen** für den Flughafen Stuttgart liegen darin begründet, dass dauerhafte Verluste nicht dauerhaft durch die öffentliche Hand ausgeglichen werden dürfen. Hierdurch ergibt sich ein gestiegener Profitabilitätsdruck, was dazu führt, dass auch die Regionalflughäfen in öffentlicher Hand zunehmend stärker als wirtschaftende Unternehmen geführt werden müssen.

Hierzu gehört eine optimale Ausschöpfung der bestehenden Wachstumsmöglichkeiten, was sowohl durch die Optimierung des bestehenden Luftverkehrs als auch durch die Durchdringung neuer Märkte und Strecken (v.a. aus dem asiatischen und osteuropäischen Raum) verfolgt wird.

Eine effiziente Gestaltung des SGF Aviation kann auch einen nachhaltigen **Wettbewerbsvorteil** gegenüber den Hauptkonkurrenten München und Zürich ausmachen. Diese haben durch die angesiedelten Netzwerk-Carrier der Lufthansa Group (Lufthansa und Swiss) zwar einen strategischen Vorteil, können aber als große Hubs den Airlines allgemein keine ähnlich niedrige Kostenstruktur oder effiziente Prozesse bieten. Zusätzlich wird der reibungslose Luftverkehr durch eine stetige Modernisierung und Verbesserung der Luftverkehrsinfrastruktur unterstützt. So saniert der Flughafen zurzeit seine Start- und Landebahnen und baut gezielt die intermodale Anbindung an den Flughafen aus. Darüber hinaus engagiert sich der Flughafen Stuttgart auch zunehmend im SGF Aviation, um zusätzliche Gewinne zu erzielen und forciert zunehmend den Ausbau einer Airport City mit zusätzlichen Bürogebäuden und Parkeinrichtungen.[311]

d) *Kundenorientierung und Markenbildung*

Im Bereich der Markenbildung ist vor allem eine klare strategische Positionierung sowie eine zunehmende Stakeholder-Orientierung ein wichtiger Grundstein für den Flughafen Stuttgart. Das Marken-Image des Flughafens ist stark an seiner Einbindung in die Region angelegt und soll die Assoziation vermitteln „das ist mein Flughafen". Zu Grunde liegende Voraussetzung hierfür ist, dass jede Interaktion mit dem Flughafen als positiv wahrgenommen wird und eine insgesamt sympathische Markenpersönlichkeit geschaffen wird. Übergeordnetes Ziel ist hierbei eine emotionale Verbindung zwischen den Menschen und dem

311 Vgl. Flughafen Stuttgart GmbH (2016): Geschäftsbericht 2015, S. 8–9/15
Interview mit Prof. Dr. Georg Fundel, Geschäftsführer Flughafen Stuttgart GmbH (2016)

Flughafen zu schaffen und auf der anderen Seite das Image des Flughafens mit Hilfe der Marke nachhaltig positiv zu gestalten.

Eine Strategie dies zu erreichen ist die Aufstellung von STR als **„fairport Stuttgart"**. Generell ist der Flughafen Stuttgart sehr engagiert in der sozialen Imagebildung und betreibt u.a. ein Programm zur Schaffung von Arbeitsplätzen in verschiedenen Bereichen. Hierzu gehört bspw. das Gemeinschaftsprojekt mit der Uni Hohenheim und einer Unterorganisation der Caritas (Trottoir), die offiziell Flaschensammler einstellt, deren Gehalt mit dem gesammelten Pfand fast komplett getragen werden kann und zudem die Sauberkeit und Nachhaltigkeit des Flughafens steigert.

Darüber hinaus engagiert sich der Flughafen auch stark in der **Region**, um den Flughafen allen Stakeholdern näher zu bringen und sie zu Markenbotschaftern für STR zu machen. Beispiel hierfür ist ein alljährliches Kinderfest am Flughafen mit 20.000 Besuchern sowie der Ausbau der Flughafentouristik, wodurch nicht nur das Image des Flughafens verbessert wird, sondern auch zusätzliche Einnahmen erzielt werden können. Dieses Angebot nehmen jährlich ca. 40.000 Besucher in Anspruch.

Insgesamt fokussiert sich der Flughafen in seiner Markenbildung darauf, ein Image als nachhaltiger und fairer Akteur innerhalb der Region zu sein und für seine Kernkompetenzen wahrgenommen zu werden. Hierzu verfolgt STR diverse Maßnahmen zur Steigerung der Wertschöpfung und sozialen Verantwortung. Auf der nach außen gerichteten Kommunikation liegt hierbei nicht so ein hoher Fokus wie auf der tatsächlichen Implementierung der Markenwerte.[312]

e) Voraussetzungen zur Erreichung der neuen Positionierungsstrategien

Insgesamt ist festzustellen, dass der Flughafen Stuttgart einen sehr traditionellen Ansatz der strategischen Positionierung und Markenbildung mit einem klaren Fokus auf dem effizienten Ablauf des Luftverkehrs und einem qualitativ hochwertigen Netzwerk verfolgt. Dieser Fokus soll auch durch das Marken-Image betont werden. Eine zusätzliche Komponente ist die Einbindung in die Region und die Implementierung einer umfassenden Nachhaltigkeitsstrategie.

Trotz seiner sehr traditionellen Ausrichtung ist der Flughafen Stuttgart gut für die zukünftige Positionierung als attraktiver O&D-Flughafen aufgestellt. Sowohl seine geographische Lage in der attraktiven Stuttgarter Region als auch die gute

312 Vgl. Flughafen Stuttgart GmbH (2016): Geschäftsbericht 2015, S. 16
Interview mit Prof. Dr. Georg Fundel, Geschäftsführer Flughafen Stuttgart GmbH (2016)

Beziehung zu Kunden und Anwohnern der Region unterstützt diese Positionierung. Darüber hinaus überzeugt der Flughafen primär durch seine Kompetenz im Kerngeschäft Aviation.

Eine Markenbildung ist also essentiell wichtig, um dem Flughafen ein positives Image zu verleihen aber für den langfristigen Erfolg des Flughafens nicht der primäre Treiber.

5.3 Positionierungsansatz 3: „Kleine Regionalflughäfen / Low-Cost-Airports" an den Fallbeispielen Frankfurt-Hahn und Karlsruhe-Baden

5.3.1 Flughafen Frankfurt-Hahn

a) Positionierung

(i) Streckennetz und Typologie

Aufgrund seiner starken Kooperation mit und auch Abhängigkeit von Ryanair kann der Flughafen Hahn (HHN) als kleiner Regionalflughafen mit klarer Niedrigpreisorientierung beschrieben werden. Daneben bedienen den Flughafen auch noch Germania, Sunexpress und Wizzair, die alle im Niedrigpreissegment angesiedelt sind und von HHN aus 56 verschiedene Destinationen bedienen. Hahn positioniert sich auch als ersten und am konsequentesten geführten Low-Cost-Flughafen Deutschlands. Daraus resultiert ein klarer strategischer Fokus auf Effizienz und Kostenminimierung. Durch eine hohe Prozesseffizienz, kurze Wege, schnelle Turnaround-Zeiten und eine hohe Pünktlichkeitsrate bedient der Flughafen die speziellen Anforderungen der LCC.[313]

(ii) Strategische Geschäftsfelder

Hinsichtlich der Ausprägung der strategischen Geschäftsfelder ist klar zu erkennen, dass ein Fokus auf dem SGF Aviation liegt. Aufgrund der niedrigpreisorientierten Strategie des Flughafens stellt das Non-Aviation Segment lediglich ein fundamentales Ergänzungsangebot zu den luftverkehrsorientierten Bedürfnissen der Low-Cost-Kunden dar (Verpflegung an Bord, Reiseliteratur, etc.). Darüber hinaus engagiert sich der Flughafen noch in der Vermarktung von Immobilien und Werbeflächen.

---

313 Vgl. Flughafen Frankfurt-Hahn GmbH (2017b): https://www.hahn-airport.de/default.aspx?menu=desti-nations&cc=de

Das SGF Aviation umfasst sowohl den Passagier- als auch Frachtverkehr, der für den Flughafen Hahn einen wichtigen Umsatztreiber darstellt. Durch die 24-stündige Betriebserlaubnis ist HHN für dieses Segment gut aufgestellt und zu den fünf Flughäfen in Deutschland, über die 90% der Luftfracht abgewickelt werden.[314]

b) Kennzahlen des Flughafens

(i) Passagier- und Frachtaufkommen

Hahn ist der zehntgrößte Passagierflughafens Deutschland und konnte im Jahr 2016 ein Passagieraufkommen von 2,6 Mio. PAX sowie 72.577 Tonnen Fracht verzeichnen. Beide Zahlen zeigen eine leicht rückläufige Entwicklung zum Vorjahr (PAX: -2,1%, Fracht: -8,9%). Vergleicht man die Werte jedoch mit den Hochzeiten des Flughafens, als das Low-Cost-Modell enorm zu wachsen begann (2007-2011), erkennt man einen starken Abfall in beiden Segmenten (PAX: -35% vs. 2007; Fracht: -74,6% vs. 2011).[315]

(ii) Mitarbeiter

Auch im Fall von HHN gilt der Flughafen als Jobmotor der Region mit über 2.000 Mitarbeitern direkt am Standort und weiteren 11.000 Stellen, die in Verbindung mit dem Flughafen stehen.[316]

(iii) Eigentumsstruktur und Finanzkennzahlen

Seit August 2017 ist die HNA Airport Group GmbH als Mehrheitseigner mit 82,5% an der Flughafengesellschaft Frankfurt-Hahn GmbH beteiligt, die das Unternehmen vom Bundesland Rheinland-Pfalz übernommen hat. Die restlichen 17,5% hält das Land Hessen. Diese Beteiligung am Flughafen resultiert aus der einst verfolgten Strategie, möglichen Überhangverkehr, der in FRA nicht bedient werden kann über HHN abzuwickeln.

Der Flughafen ist jedoch stark defizitär, was auch zum Verkauf an die HNA Group führte. Im Jahr 2016 erwirtschaftete der Flughafen zwar einen Umsatz von 32,2 Mio. Euro, musste jedoch insgesamt Verluste von 14,1 Mio. Euro

314 Vgl. Flughafen Frankfurt-Hahn GmbH (2017a): https://www.hahn-airport.de/default.aspx?menu=about_ us&cc=de

315 Vgl. Flughafen Frankfurt-Hahn GmbH (2017c): https://www.hahn-airport.de/default.aspx?menu=traffic_data&cc=de

316 Vgl. Flughafen Frankfurt-Hahn GmbH (2017a): https://www.hahn-airport.de/default.aspx?menu=about_us&cc=de

verzeichnen. Die Entwicklung von Umsatz und Kosten ist jedoch insgesamt positiv, da HHN im Vergleich zum Vorjahr bereits 11,7% mehr Umsatz und 18,9% weniger Gesamtverluste verbuchen konnte. Diese Entwicklung hängt primär mit konstanten Frachtleistungen und einer Zunahme der militärischen Passagiere sowie Gebietsverkäufen zusammen.[317]

c) Zukünftige Entwicklungen, Herausforderungen und Wettbewerb

Die größte Herausforderung für den Flughafen Hahn liegt in dem gestiegenen Profitabilitäts- und Wettbewerbsdruck. Letzterer verstärkt das Rentabilitätsproblem, da Ryanair, von dem HHN bisher in hohem Maße abhängig war, sich bereits nach Frankfurt/Main (FRA) orientiert hat und diese Umorientierung vermutlich kontinuierlich ausbauen will. Damit bricht für HHN einer der wichtigsten Umsatztreiber weg.

Flughäfen befinden sich also jetzt tatsächlich in einem gestiegenen Wettbewerbsumfeld, in dem sie um Passagiere und Airlinekunden konkurrieren statt als reine Dienstleister die Grundfunktionen der Wegsicherung und Abfertigung erfüllen. Für den Flughafen Hahn ist diese Entwicklung besonders kritisch, da er nicht direkt durch eine attraktive Lage – über die kurzen Distanzen innerhalb der „blauen Banane" hinaus – bestechen kann und Flughäfen in ihrer Lage nun mal unveränderbar sind und daher nicht durch einen Standortvorteil Fluggesellschaften anziehen können.

Obwohl Hahn aufgrund seiner Infrastruktur (schnellere Frachtabfertigung) und dem mangelnden Nachtflugverbot eigentlich ein optimaler Frachtflughafen wäre, verhindert die beschriebene Standortproblematik den Ausbau des Cargosegments, denn eine Passagiermaschine mit Belly-Fracht von Lufthansa o.ä. wird nicht in Frankfurt-Hahn landen, sondern in Frankfurt am Main. Für eine reine Frachtmaschine wäre es jedoch weitaus effizienter, die Fracht über einen Flughafen wie Hahn abzuwickeln, mit niedrigeren Kosten sowie geringerem Zeitaufwand und -einschränkungen. Spannend wird die Cargoentwicklung also für reine Frachtflugzeuge oder –Airlines wie u.a. auch Fed-Ex oder UPS sowie auch der Ausbau der Logistikdienstleister wie bspw. Amazon in diesem Bereich. Weitere Überlegungen könnte man für die Zukunft auch für Transportdrohnen anstellen. In diesen Entwicklungen zu partizipieren wäre natürlich für uns generell sehr interessant.

317 Vgl. Flughafen Frankfurt-Hahn GmbH (2017a): https://www.hahn-airport.de/default.aspx?menu=about_us&cc=de

Diese zukünftigen Entwicklungen hängen jedoch auch stark von der Ausgestaltung und Vergabe der Flugrechte ab.

Das hängt stark davon ab, inwiefern sich die Akteure in der Luftfahrtindustrie auf gewisse Dinge einigen könne – wie also werden Flugrechte ausgestaltet und vergeben, vor allem auch im europäischen Zusammenhang. Momentan werden verschiedene Flugrechte noch auf Länderebene verhandelt (bspw. unterschiedliche Absprachen zwischen Malaysia und Deutschland vs. Malaysia und UK). Hier gilt es also, ein einheitliches europäisches System zu etablieren und gemeinsam aufzutreten. Dieses Netzwerk muss für die Zukunft aufgebaut und wettbewerbsfähig ausgestaltet werden.

In einem zweiten Schritt ist es aber dann eben auch wichtig, eine einheitliche Strategie innerhalb der Airport Cluster in Deutschland abzusprechen und zu verfolgen – „wie sollten wie uns als Hubs / Regionalflughäfen / Low-Cost-Airports positionieren, wie kann man ggf. kooperieren und was ist meine Rolle in diesem Netzwerk?" Hier müssen die verschiedenen Flughäfen also in jedem Fall miteinander und nicht stärker gegeneinander arbeiten. Darüber hinaus ist die Vernetzung der Mobilität und damit auch die verbundene Komplexität ein wichtiger Faktor in der zukünftigen Ausrichtung von Flughäfen.[318]

d) *Kundenorientierung und Markenbildung*

Im Gegensatz zur Positionierung einer Marke im Konsumgüterbereich bedeutet eine solche Strategie für einen Flughafen noch viel stärker, sich darüber klar zu sein, wie er in Zukunft gestellt und die Konzepte entsprechend ausgerichtet sind.

Die Positionierung als Low-Cost-Airport ist sowohl gegenüber den Primär- (Airlines) als auch Sekundärkunden (Passagiere) eine entscheidende Positionierung und ist ggf. eine hinreichende erste Differenzierung. Darüber hinaus, jedoch, muss ein visionäres Element kreieren werden, welches die Positionierung unterstützt und bestimmt, wie der Flughafen sich in Zukunft entwickeln und präsentieren wird. Dieses Element fehlt zurzeit noch in hinreichender Ausprägung, wie es bei vielen kleinen Regionalflughäfen der Fall ist.

Die Aufstellung einer solchen Positionierungsstrategie erfolgt allerdings auch auf zwei Ebenen: Zuerst muss der Flughafen festlegen, wie er aufgestellt ist und welches Geschäftsmodell er anbietet. Auf einer nachgelagerten Stufe

318 Interview mit John Kohlsaat, Bereichsleiter Vertrieb Flughafen Frankfurt-Hahn GmbH (2016)

kann bestimmt werden, welche Vision ich verfolge oder mit welcher Marke ich nach außen kommuniziere. Das wesentliche Fundament zur Markenbildung ist daher die Positionierung; darauf basieren sämtliche, weiteren Maßnahmen, um schließlich glaubwürdig zu wirken.[319]

e) *Voraussetzungen zur Erreichung der neuen Positionierungsstrategien*

Insgesamt basiert das Geschäftsmodell des Flughafens sehr stark auf dem Vorhandensein des LCC Ryanair, der sich jedoch zunehmend hin zu größeren Flughäfen orientiert, was für HHN eine ernstzunehmende Bedrohung des Geschäftsmodells darstellt. Darüber operieren alle Flughäfen unter dem Druck der Profitabilität, da dauerhafte Verluste in Zukunft nicht mehr zulässig sein werden.

Beide Faktoren stellen den Flughafen Hahn vor enorme Herausforderungen.

Die Übernahme der Mehrheitsanteile durch die HNA Group war ein erster wichtiger Schritt, diese Herausforderungen durch neues Kapital und neue Geschäftsfelder zu meistern. Auch in Zukunft muss der Flughafen jedoch nach innovativen Optionen der strategischen Geschäftsfelddiversifikation streben, um nachhaltig erfolgreich zu sein. Hierzu ist der Flughafen aufgrund seiner technischen Ausrichtung und seines innovativen Charakters bereits gut aufgestellt. Dennoch wird die Erschließung neuer Geschäftsfelder und ggf. die Ableitung einer neuen Positionierung eine sehr komplexe und weitreichende Aufgabe. Nur wenn der Flughafen sich durch eine diversifizierte Positionierung zukünftig als attraktiver O&D-Flughafen positionieren kann, hat er Aussichten auf eine steigende Profitabilität und dauerhaften Erfolg.[320]

---

319 Interview mit John Kohlsaat, Bereichsleiter Vertrieb Flughafen Frankfurt-Hahn GmbH (2016)

320 Interview mit John Kohlsaat, Bereichsleiter Vertrieb Flughafen Frankfurt-Hahn GmbH (2016)

5.3.2 Flughafen Karlsruhe-Baden

a) Positionierung

(i) Streckennetz und Typologie

Der Flughafen Karlsruhe-Baden (FKB) ist aufgrund seines Verkehrsaufkommens und einer primär auf das Niedrigpreissegment fokussierten Kundenstruktur klar als kleiner Regionalflughafen mit Low-Cost-Orientierung positioniert.

Im Jahr 2016 konnte der Flughafen Karlsruhe-Baden, der als Baden-Airpark geführt wird, mit acht Fluggesellschaften insgesamt 34 Zieldestinationen bedienen, wobei die Strecke nach Palma de Mallorca die signifikanteste Destination mit bis zu 30 Flügen in der Woche darstellt.[321]

(ii) Strategische Geschäftsfelder

Der Fokus des Flughafens liegt klar auf den SGF Aviation. Hier bietet der Flughafen ein kostengünstiges Angebot für die Airlines und Reiseveranstalter als primäre B2B-Zielgruppen und ein attraktives Einzugsgebiet.

Das SGF Non-Aviation ist nicht maßgeblich ausgestaltet, da die steigende Bedeutung dieses Geschäftsfeldes in FKB als einem Point-to-point-Flughafen nicht direkt erkennbar ist. Die Hauptzielgruppen der Geschäftsreisenden und preissensitiven Privatreisenden auf Kurstrecke haben das Ziel, möglichst kurze Zeit vor Abflug erst am Flughafen zu sein. Der Baden-Airpark bietet durchaus ein breites Spektrum an Gastronomie, Travel Value (Duty Free) und sonstigen Retail-Angeboten aber ohne spezifischen Fokus auf dieses Segment als unabhängiges Geschäftsfeld.[322]

Über den reinen Luftverkehr hinaus betreibt der Flughafen ebenfalls den Baden-Airpark Gewerbepark, an dem mehrere Unternehmen aus dem Bereich der Logistik angesiedelt sind.[323]

---

321 Vgl. Baden-Airpark GmbH (2017a): https://www.baden-airpark.de/wp-content/uploads/Baden-Airpark-20Jahre.pdf
Interview mit Manfred Jung, Geschäftsführer Baden-Airpark GmbH (2016)

322 Interview mit Manfred Jung, Geschäftsführer Baden-Airpark GmbH (2016)

323 Vgl. Baden-Airpark GmbH (2017a): https://www.baden-airpark.de/wp-content/uploads/Baden-Airpark-20Jahre.pdf

b) Kennzahlen des Flughafens

(i) Passagieraufkommen

Seit 2008 beträgt das Passagieraufkommen fast kontinuierlich knapp über eine Mio. PAX. Im Jahr 2016 konnten ebenfalls 1,064 Mio. Passagiere verzeichnet werden, was sogar einem Zuwachs zum Vorjahr von 4,7% entspricht.[324]

(ii) Eigentumsstruktur

Der Baden-Airport ist mit 66% eine mehrheitliche Beteiligung der Flughafen Stuttgart GmbH. Die restlichen 34% liegen in der Baden-Airpark Beteiligungsgesellschaft, von der die Stadt Karlsruhe 43,9%, die Stadt Baden-Baden 15,61% und die Landkreise Karlsruhe und Rastatt je 12,68% halten. Die übrigen Anteile verteilen sich auf weitere Städte und Gemeinden in der Region mit je unter 5% der Anteile.[325]

c) Zukünftige Entwicklungen, Herausforderungen und Wettbewerb

Aufgrund seiner Lage ist der stärkste Konkurrent des Baden-Airparks, der Flughafen Stuttgart, der neben den traditionellen Airlines durchaus auch das Low-Cost-Segment bedient. Als Mehrheitseigner des Baden-Airparks kann STR jedoch nicht als tatsächlicher Konkurrent im wirtschaftlichen Kontext bewertet werden.

Darüber hinaus steht FKB mit sämtlichen Flughäfen der erweiterten Region (ggf. auch HHN und FRA) im Wettbewerb um die Ansiedlung der LCC. Bezüglich FRA gilt es jedoch zu beachten, dass die Low-Cost-Airlines hier auch in stärkerer Konkurrenz zu allen anderen Fluggesellschaften fliegen und die längeren Bodenzeiten in Kauf nehmen müssten.

Der Schlüssel zur Anziehung von Airlines ist, dass man die Vorteile seiner Region, herausstellt und aufzeigt, dass eine Fluggesellschaft auf einer bestimmten Strecke mit einer bestimmten Anzahl an Kunden rechnen kann und damit Geld verdient. Zu dieser Präsentation und Bewertung des Einzugsgebietes gehören die Kaufkraft der Region, angesiedelte Unternehmen zur Steigerung des Business-Segments etc.. Für die Regionalflughäfen ist das Einzugsgebiet also der ausschlaggebende Faktor, den Wettbewerb zu überstehen. Frankfurt Hahn hat zwar über mehrere Jahre gezeigt, dass ein direktes Einzugsgebiet keine entscheidende

324 Vgl. Baden-Airpark GmbH (2017b): https://www.baden-airpark.de/wp-content/uploads/Passagiere_dt.pdf

325 Vgl. Baden-Airpark GmbH (2017a): https://www.baden-airpark.de/wp-content/uploads/Baden-Airpark-20Jahre.pdf

Rolle spielt aber das gelang nur dadurch, dass dieser Mangel von einem brutalen Preisabfall ausgeglichen wurde.

Für Regionalflughäfen stellt sich danach die Frage, welche Airlines bzw. welche Strecken in Zukunft profitabel und umsetzbar sind. Die Antwort hierzu findet sich bei den internationalen Airlines, da die bestehenden, innerdeutschen Strecken zwar stabil aber sind aber eine Erweiterung / ein Neugeschäft für die Regionalflughäfen hier nicht absehbar ist.[326]

d) *Kundenorientierung und Markenbildung*

Der Flughafen Karlsruhe-Baden verfolgt eine starke Kundenorientierung innerhalb seiner Region und positioniert sich als Flughafen der kurzen Wege und Jobmotor für die Anwohner und angesiedelten Unternehmen.

Der Grund für einen Passagier ab FKB zu fliegen ist, dass der Flughafen in seiner Nähe liegt und die angesiedelte Airline ihm einen günstigen Preis bietet oder ggf. eine bessere Abflugzeit. Zu einer Marke gehört aber darüber hinaus auch eine entsprechende Markenbindung, die der Flughafen bisher nicht aktiv verfolgt. Grund hierfür ist für den Flughafen die Fokussierung der Passagiere auf den Preis und damit das Kernprodukt des Flughafens, was jedoch nicht greifbar in einer Markenbildung übertragen werden kann. Ein weiterer Grund hierfür ist der indirekte Kontakt zum Endkonsumenten (Passagier), der seinen Vertrag nicht mit dem Flughafen schließt, sondern mit der Airline oder dem Reiseveranstalter.[327]

e) *Voraussetzungen zur Erreichung der neuen Positionierungsstrategien*

Der Flughafen Karlsruhe-Baden verfolgt ein sehr traditionelles Geschäftsmodell ohne einen verstärkten Ausbau des SGF Non-Aviation und ohne Fokus auf Markenbildung. Das Kernprodukt des Luftverkehrs und der reibungslose Ablauf aller damit verbundenen Prozesse stehen klar im Vordergrund.

Durch seine Verbindung und damit Unterstützung des profitablen Flughafens Stuttgart sowie der damit möglichen Positionierung als Infrastrukturanbieter der Region steht der Baden-Airpark zurzeit noch nicht unter dem gleichen Rentabilitätsdruck wie andere kleinere Regionalflughäfen. Vor dem Hintergrund der Entwicklungen im Luftverkehr ist eine Anpassung des Geschäftsmodells in der Zukunft ggf. durchaus notwendig.

---

326 Interview mit Manfred Jung, Geschäftsführer Baden-Airpark GmbH (2016)

327 Vgl. Baden-Airpark GmbH (2017a): https://www.baden-airpark.de/wp-content/uploads/Baden-Airpark-20Jahre.pdf
Interview mit Manfred Jung, Geschäftsführer Baden-Airpark GmbH (2016)

5.4 Positionierungsansatz 4: „Frachtflughäfen“ am Fallbeispiel der Mitteldeutschen Flughafen AG (Leipzig/Halle)

a) Positionierung

(i) Streckennetz und Typologie

Der Flughafen Leipzig/Halle (LEJ) ist ein Tochterunternehmen der Mitteldeutschen Flughafen AG bzw. Mitteldeutschen Airport Holding, genau wie der Flughafen Dresden. Während Dresden sich vor allem auf das Wachstum aus den Grenzregionen in Polen und Tschechien fokussiert, hat LEJ neben seiner besonderen Kernkompetenz im Frachtsegment einen Fokus auf Passagiere aus den Regionen Sachsen und Thüringen aber auch Nordbayern/ Franken im Süden und das Berliner Einzugsgebiet im Norden.

Durch seinen besonderen Fokus auf das Frachtsegment und der engen Kooperation mit den Integrators DHL, UPS und FedEx ist der Flughafen Leipzig/Halle klar als Frachtflughafen positioniert.[328]

(ii) Strategische Geschäftsfelder

Als Frachtflughafen steht bei LEJ das SGF **Aviation** klar im Vordergrund. Trotz der fokussierten Positionierung bedient der Flughafen auch eine Vielzahl an Passagieren und Strecken. Der Bereich **Non-Aviation** ist ähnlich wie bei den Regionalflughäfen zwar gegeben, macht aber keinen entscheidenden Differenzierungsfaktor aus.

Im Frachtsegment kann der Flughafen Leipzig/Halle sehr gute Wachstumsraten verzeichnen und kann durch seine besondere Kompetenz in diesem Bereich das Fracht- und Logistikgeschäft kontinuierlich auszubauen.

b) Kennzahlen des Flughafens

(i) Passagier- und Frachtaufkommen

Im Jahr 2016 konnte der Flughafen Leipzig/Halle im Passagierverkehr 2016 insgesamt 2,2 Mio. Fluggäste verzeichnen, was einem Rückgang von -5,6% entspricht.

---

328 Interview mit Inga Backhaus, Leiterin Marketing/Vice President Marketing Mitteldeutsche Flughafen AG (2016)

Im entscheidenden Segment der Luftfracht erzielte LEJ 2016 den zwölften Rekordwert in Folge mit insgesamt knapp über einer Mio. Tonnen. Somit erreichte der Flughafen hier ein Wachstum von 6,5%.[329]

(ii) Mitarbeiter und Beteiligungen

Die Konzerngesellschaften der Mitteldeutschen Airport Holding beschäftigen rund 1.000 Mitarbeiter. Am Standort Leipzig/Halle stehen darüber hinaus weitere 5.000 Arbeitsplätze in Verbindung mit dem Flughafen.

Neben den Flughäfen Leipzig/Halle und Dresden gehört zu der Konzernmutter ebenfalls die Abfertigungsgesellschaft PortGround.[330]

(iii) Eigentumsstruktur und Finanzkennzahlen

Die Flughafen Leipzig/Halle GmbH ist ein Tochterunternehmen der Mitteldeutschen Flughafen AG, welche wiederum ein Unternehmen der öffentlichen Hand darstellt. Hierbei hält der Freistaat Sachsen mit 77,3% die Mehrheit der Anteile. Der Rest unterteilt sich auf das Land Sachsen-Anhalt (18,5%), die Stadt Leipzig (2,1%), die Stadt Dresden (1,9%) und die Stadt Halle/Saale(0,2%).[331]

Im Jahr 2013 konnte der Flughafen Leipzig/Halle Umsätze in Höhe von knapp 90 Mio. Euro erzielen, von denen die Verkehrserlöse mit 73,4% den Großteil ausmachten. Hinsichtlich des Gesamtergebnisses musste ein Verlust von ca. -10 Mio. Euro verbucht werden, die Entwicklungen in insgesamt jedoch stark positiv (-26%).[332]

c) Zukünftige Entwicklungen, Herausforderungen und Wettbewerb

Durch seine einzigartige Positionierung und Restriktionsfreiheit konnte sich LEJ in den letzten Jahren zu einem Drehkreuz für internationale Luftfrachtverkehre entwickeln und stellt einen der bedeutendsten Standorte für Logistikunternehmen dar. Größter Konkurrent im Segment der Fracht ist zum einen der Flughafen Köln-Bonn, der ähnliche Vorteile aufweisen und deshalb ebenfalls die Integrator an sich binden kann. Auf der anderen Seite ist Frankfurt ein starker

329 Vgl. Flughafen Leipzig/Halle GmbH (2017): https://www.leipzig-halle-airport.de/unternehmen/ueber-uns/zahlen-und-fakten/entwicklung-158.html

330 Vgl. Mitteldeutsche Flughafen AG (2017b): http://www.mdf-ag.com/de/mf_ag/gesellschaften.html

331 Vgl. Mitteldeutsche Flughafen AG (2017a): http://www.mdf-ag.com/de/mf_ag/associates.html

332 Vgl. Flughafen Leipzig/Halle GmbH (2014): Geschäftsbericht 2013, S. 2

Wettbewerber im Frachtsegment, da er durch seine Kapazität für Belly-Fracht bereits das größte Frachtaufkommen unter den deutschen Flughäfen abfertigt. Hinsichtlich weiterer europäischer Wettbewerber sind die Verfügbarkeit von Slots, durchgängige Öffnungszeiten und ausreichend freie Flächen für Ausbau und Entwicklung die entscheidenden Standortvorteile.[333]

d) *Kundenorientierung und Markenbildung*

Die Mitteldeutsche Airport Holding ist generell bereits sehr stark in der Markenpositionierung und –bildung engagiert. In einer wissenschaftlichen Studie in Kooperation mit Prof. Zerfaß (Lehrstuhl für strategische Kommunikation) von der Universität Leipzig und der Unternehmens- und Kommunikationsberatung Lautenbach Sass. In einem mehrstufigen Prozess wurden zunächst die zukünftige Strategie und die Markenidentität festgelegt. Im Anschluss wurde im Rahmen von Stakeholder-Interviews das Marken-Image des Flughafens bestimmt. Diesen beiden Analysen wurden dann nochmals im Rahmen von Fokusgruppeninterviews und einer Online-Befragung überprüft und anschließend ausgewertet. Fokus dieser Umfragen war einerseits die Wahrnehmung der Flughäfen und andererseits auch die Erwartungen der Kunden an die Flughäfen.

Die letzte Phase umfasst dann die Gesamtanalyse durch Austausch der Meinungsdaten und Schärfung des Markenprofils und damit verbunden dann auch die Ableitung für die zukünftige Ausrichtung des Unternehmens. Die nächsten Schritte sind nun eine visuelle Umsetzung und Implementierung.

Übergeordnetes Ziel der Markenbildung ist eine Stärkung des Marken-Images und damit verbunden ein Zuwachs im Passagier- und Frachtverkehr.

Neben dem strategischen Aufbau einer Marke ist hierbei die Öffentlichkeitsarbeit ein signifikanter Faktor. Um ein positives Nachbarschaftsverhältnis zu den Anwohnern der Region sicher zu stellen, kooperiert der Flughafen Leipzig/Halle mit der regionalen Politik und Gemeinschaft und engagiert sich zunehmend im Lärmschutz sowie bei Vereinen, Schulen, sozialen Einrichtungen, etc..[334]

---

333 Vgl. Mitteldeutsche Flughafen AG (2017c): http://www.mdf-ag.com/de/mf_ag/gesellschaften/air-port_lh.html

334 Interview mit Inga Backhaus, Leiterin Marketing/Vice President Marketing Mitteldeutsche Flughafen AG (2016)

e) Voraussetzungen zur Erreichung der neuen Positionierungsstrategien

Insgesamt ist der Flughafen Leipzig/Halle gut aufgestellt, um sich weiterhin als attraktiver Frachtflughafen zu positionieren. Sowohl die Kernkompetenz im Frachtsegment als auch das Bewusstsein über die Notwendigkeit der Markenbildung bilden eine strategische Grundlage auf deren Basis der Flughafen weiter wachsen und zunehmend profitabler werden kann.

6. Ansätze zur strategischen Markenbildung von Flughäfen

Laut Porter (2013) liegt der Grundstein zu einer erfolgreichen, strategischen Positionierung und Schaffung eines Konkurrenzvorteils innerhalb eines gegebenen Wettbewerbsumfelds in der klaren Differenzierung.[335] Eine Möglichkeit zur Differenzierung und damit zur Erreichung der in Kapitel 4 vorgestellten, neuen Positionierungsstrategien stellt neben dem Ausbau des Leistungsangebots auch der Aufbau einer starken Marke dar. Die Notwendigkeit zum Aufbau einer solchen Flughafenmarke soll im Folgenden (Kapitel 6.1) noch eingehender beschrieben werden, bevor schließlich in Kapitel 6.2 die notwendigen Rahmenbedingungen zur Markenbildung aufgestellt und bestehende Ansätze in Kapitel 6.3 analysiert werden.

6.1 Ableitung der Notwendigkeit zur Markenbildung als Mittel zur Differenzierung und Positionierung in der Flughafenindustrie

6.1.1 Veränderungen in der Wertschöpfungskette von Flughäfen

In der Vergangenheit schien ein Flughafen relativ einfach zu führen: Wie in vielen anderen statischen Märkten wurde der Erfolg an wenigen, fundamentalen Indikatoren gemessen. Im Fall von Flughäfen war dieses Maß vorrangig die Entwicklung des Flugverkehrs von Passagieren und Cargo. In einem rein luftfahrtorientierten Markt brachte diese Entwicklung eine direkte Steigerung der Einnahmen sowie langfristige Ausbaumöglichkeiten mit sich.[336]

Flughäfen umfassen heute jedoch eine Vielzahl operationeller und kommerzieller Prozesse mit hoher Komplexität in Bezug auf deren Management und Koordination und müssen daher vielmehr als Unternehmen statt als reine Aerodrome angesehen werden. Die Wertschöpfungskette von Flughäfen hat sich ebenfalls dahingehend verändert, dass nicht mehr nur fast ausschließlich B2B-Beziehungen gepflegt werden, sondern ein neuer Fokus darin besteht, den

335 Vgl. Porter, Michael (2013): Wettbewerbsstrategien – Methoden zur Analyse von Branchen und Konkurrenten, S. 37–38/68

336 Vgl. Jarach, David (2005a): Airport Marketing: Strategies to cope with the new millennium environment, S. 1

Endkonsumenten direkt anzusprechen. So hat die Fallstudienanalyse (Kapitel 5) bspw. gezeigt, dass gerade die Drehkreuzflughäfen sich stark im B2C-Bereich engagieren und von diesen Kunden nicht nur als An- und Abflugsplattform, sondern als Anbieter eines umfangreichen Leistungsportfolios nicht luftfahrtbezogener Leistungen wahrgenommen werden sollen. Um dieser Rolle gerecht zu werden und langfristig neue Kunden anzuziehen, müssen Flughäfen ebenfalls einen höheren Fokus auf ein entsprechendes Marketing legen.[337]

Für Endkonsumenten bestand für lange Zeit jedoch die Hauptvisibilität von Flughäfen in ihrer Funktion als physikalischer Aufenthaltsort vor und nach dem Flug und wurde primär von technischen und operativen Aspekten geprägt, mit geringer Unterscheidung zwischen den verschiedenen Betreibern. Stakeholder aus dem B2B-Bereich wiederum, haben Flughäfen bislang häufig nur als Infrastrukturanbieter gesehen und nicht als aktive Unternehmen innerhalb der Luftfahrtindustrie.[338]

Die folgende graphische Darstellung der Akteure in der Luftfahrtindustrie spiegelt sowohl die sekundäre Rolle von Flughäfen in der Vergangenheit wieder als auch die historische Distanz zwischen Flughafenbetreibern und Endkonsumenten. Über diesen Mangel an Interaktion hinaus haben Flughäfen es auch ihren B2B-Kontakten überlassen, für sie die Kommunikation und damit auch Markenbildung zu übernehmen und an die Endkonsumenten weiterzugeben. Daher hatten Flughäfen historisch bedingt wenig Markenvisibilität und nur ein geringes Maß an „Customer Insight".[339]

337 Vgl. FlightGlobal (2003): The power of airport branding, in: Airline Business S. 1

338 Vgl. ACI Europe Airports Council International (2010): An outlook for Europe's airports – Facing the challenges of the 21st century, S. 6

339 Vgl. Francis, Graham / Humphreys, Ian / Ison, Stephen (2004): Airports' perspectives on the growth of low-cost airlines and the remodeling of the airport–airline relationship in: Tourism Management, S. 508
Amadeus IT Group SA / Travel Tech Consulting Inc. (2011): Navigating the airport of tomorrow, S. 14

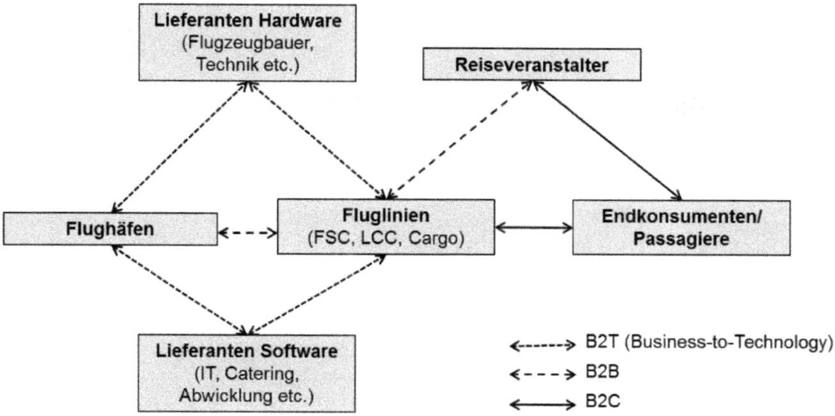

Abbildung 6-1: Beziehungen in der Luftverkehr-Wertschöpfungskette[340]

Man kann beobachten, dass bis zu den 1980er Jahren Flughäfen einen passiven und statischen Ansatz verfolgt haben ohne Anreize, proaktive Strategien zu implementieren, die es ermöglichen, sowohl den Marktanteil als auch die Machposition zu verstärken. Es wurde die Annahme vertreten, dass Flughäfen generell eine Monopolstellung innehaben und daher ihre Kundengruppen durch Marketing auch nicht in ihrer Entscheidung beeinflussen könnten.[341]

Diese Monopolstellung entstand aus der Einschränkung der Wettbewerbsmöglichkeiten, die für einige Flughäfen zu der Zeit jedoch einen entscheidenden Vorteil darstellten: Die bestehenden Restriktionen in den Bereichen der Streckennetzentwicklung und Kapazitätsplanung führten zu einer Bündelung der Verkehrsströme an einzelnen Flughäfen und somit erschwerten Wachstumsmöglichkeiten für die anderen Flughäfen. Darüber hinaus konnten Veränderungen in der Kostenstruktur direkt an die Fluggesellschaften und von diesen

---

340 Vgl. Jarach, David (2001): The evolution of airport management practices: Towards a multi-point, multi-service, marketing-driven firm, in: Journal of Air Transport Management, S. 120

341 Vgl. Halpern, Nigel / Graham, Anne (2015): Airport route development: A survey of current practice, in: Tourism Management, S. 213
Jarach, David (2005a): Airport Marketing: Strategies to cope with the new millennium environment, S. 32

wiederum direkt an die Passagiere weitergegeben werden. Durch dieses System bestand für Flughäfen keinerlei Anreiz, sich in den Bereichen Kosten- und Preismanagement zu engagieren. Ein Beispiel hierfür ist der Flughafen Frankfurt/ Main (FRA), der sich durch die internationalen Streckennetzeinschränkungen als einziger Flughafen zum Hauptdrehkreuz der Deutschen Lufthansa herausbilden konnte.[342]

Auch nach einer Marktöffnung oder -deregulierung bleiben die vorherrschenden Marktbedingungen noch eine gewisse Zeit gegeben, so dass sich die betroffenen Akteure auf mögliche neue Markteintritte und -veränderungen vorbereiten können. Die Flughafenindustrie hat teilweise jedoch zu viel Zeit verstreichen lassen, ohne die Chance auf eine entsprechende Repositionierung zu nutzen, so dass Flughäfen heutzutage einem starken Wettbewerb unterliegen, für den nicht alle optimal aufgestellt sind. Eine zentrale, durch die Deregulierung des Luftverkehrs entstandene Herausforderung für die Flughäfen ist die verstärkte Notwendigkeit einer erhöhten Markt- und Kundenorientierung. Zu diesem Zweck muss jedoch zuerst ein Bewusstsein über die verschiedenen Marktteilnehmer und Kundengruppen sowie deren Bedürfnisse geschaffen werden, auf welcher Basis dann eine marktorientierte Strategie abgeleitet und umgesetzt werden kann.[343]

6.1.2 Marktorientierung als Differenzierungsfaktor

Generell wird sich die Veränderung und Weiterentwicklung des Geschäftsmodells von Flughäfen durch den entstandenen Wettbewerbsdruck fortsetzen und neue Formen von Airports hervorbringen. Diese Entwicklung sowie die Notwendigkeit zur Markenbildung und einer verstärkt marktorientierten Positionierung lassen sich bereits an einer erhöhten Fokussierung auf und eine verstärkte Besetzung im Bereich Marketing erkennen. Jeder einzelne Flughafen muss jedoch seine eigene, klare Marktpositionierung definieren und seine Effektivität

342 Vgl. Button, Kenneth (2001): Deregulation and Liberalization of European Air Transport Markets, in: The European Journal of Social Sciences, S. 13–14
Reiche, Dirk (1999): Privatisierung der internationalen Verkehrsflughäfen in Deutschland, S. 20
Wolf, Hartmut (2003): Privatisierung im Flughafensektor: Eine ordungspolitische Analyse, S. 72–73

343 Vgl. Mehdorn, Hartmut / Klein-Bölting, Ralf (2007): Möglichkeiten und Grenzen der marktorientierten Führung in deregulierten Märkten am Beispiel der Deutschen Bahn, in: Bruhn, Kirchgeorg and Meier (Hrsg.): Marktorientierte Führung im wirtschaftlichen und gesellschaftlichen Wandel, S. 201–202

und Attraktivität erhöhen. Flughäfen sind zu wirtschaftlich handelnden Unternehmen geworden und müssen daher – wie alle Unternehmen – Wege finden, Kunden zu gewinnen, ihre Erlöse zu steigern und damit verbunden einen verstärkt kommerziellen Ansatz verfolgen, bei dem auch Marketing zunehmend an Bedeutung gewinnt. Daher ist das Konzept der Markenbildung und -positionierung für Flughäfen ebenso wichtig, wie für jeden Hersteller oder Dienstleister, der sich in einem kompetitiven Marktumfeld aufhält; im Fall von Flughäfen ggf. sogar noch wichtiger, da Marketing und Branding in dieser Industrie noch als differenzierendes Merkmal angesehen werden können.[344]

Das Ziel einer Markenbildung und -führung ist es, alle relevanten Stakeholdergruppen von den Fähigkeiten und Leistungen des Unternehmens zu überzeugen und die Kundenbeziehungen zu stärken und auszubauen. Diese Ziele müssen erreicht werden, um einen langfristigen Erfolg für das Unternehmen zu garantieren.[345]

In den letzten Jahren hat sich zunehmend das Bewusstsein darüber entwickelt, dass Flughäfen über ihre Existenz als Aerodrome hinaus auch als „Markenartikel an sich" wahrgenommen werden sollten. Solche Markenassoziationen können auf dem Absatzmarkt, also gegenüber den Endkonsumenten, vor allem in den Bereichen Bequemlichkeit der Flughafennutzung, Erreichbarkeit und Atmosphäre vor Ort geschaffen werden. Auf dem Beschaffungsmarkt müssen vor allem die Qualität und Zuverlässigkeit der Geschäftsbeziehungen in die Markendarstellung integriert werden. Um sich also gegenüber dem Wettbewerb zu differenzieren und als qualitativ hochwertige Marke angesehen zu werden, muss die Unternehmensmarke des Flughafens und die damit einhergehende Markenpositionierung auf allen Märkten klar und einheitlich kommuniziert werden. Gerade für große Flughäfen bzw. Flughafengruppen, wie z.B. Fraport, die international aufgestellt sind, ist eine Markenbildungsstrategie besonders signifikant, um die verschiedenen Geschäftsfelder weltweit zu vereinen.[346]

---

344 Vgl. ACI Europe Airports Council International (2010): An outlook for Europe's airports – Facing the challenges of the 21st century, S. 2–6
Tretheway, Michael / Kincaid, Ian (2010): Competition Between Airports: Occurrence and Strategy, in: Forsyth et al. (Hrsg.): Airport Competition – The European Experience, S. 119–120

345 Vgl. Klossek, Karin (2009): Die erfolgreiche Führung der Unternehmensmarke durch den CEO, S. 16

346 Vgl. Douglas, Susan / Craig, Samuel / Nijssen, Edwin (2001): Integrating Branding Strategy Across Markets: Building International Brand Architectures, in: Journal of International Marketing, S. 97

Darüber hinaus trägt die Markenbildung aktiv zum Aufbau der Reputation eines Flughafens bei, was durch die ökologischen und ökonomischen Rahmenbedingungen und das damit verbundene, verstärkte Interesse der Öffentlichkeit von höchster Bedeutung ist. Bisheriges Reputationsmanagement gestaltete sich eher als passiver Ansatz zur Verbesserung eines generell negativen Images. Der aktive und strategische Aufbau einer Unternehmensmarke ist das offensive Spiegelbild dieses Ansatzes, indem die Marke das Unternehmen repräsentiert und proaktiv die Meinungsbildung der Stakeholder beeinflusst.[347]

Viele Unternehmen sind sich zwar der Bedeutung des Werts ihrer Marke(n) bewusst, leiten daraus jedoch keine konkreten, strategischen Handlungsempfehlungen ab. Dies liegt einerseits daran, dass die Vielzahl unterschiedlicher Methoden zur Bestimmung des Markenwerts nicht immer eine einheitliche, objektive Bewertung zulässt, was die tatsächliche Messung erschwert. Andererseits besteht kein Wissen darüber, wie die Markenwertmessung in eine Ableitung strategischer, marktorientierter Maßnahmen überführt werden kann.[348] Ziel ist es daher, zuerst ein Bewusstsein für die Signifikanz und eine tiefergehende Kenntnis über die möglichen Implikationen der Markenbildung und des Markenwerts innerhalb der Flughafenindustrie zu schaffen.

Häufig wird die Führung einer Marke hier auf die nach außen gerichtete Kommunikation beschränkt und nicht als wichtiger immaterieller Vermögensgegenstand betrachtet. Die Signifikanz einer starken Marke und die damit verbundene Wertsteigerung für Kunden und Unternehmen birgt jedoch ein hohes Erfolgspotential. Daher haben Flughafenbetreiber vor einiger Zeit begonnen, einen direkten Kontakt zu ihren Endkonsumenten im B2C Segment herzustellen und einen Einblick in deren Anforderungen und Prioritäten zu erlangen. Dies geschah durch einige Kommunikationsmechanismen wie bspw. regionale Werbemaßnahmen oder Direktmarketinginitiativen. Auch wenn diese kundenorientierten Aktivitäten für die Flughafenindustrie als innovativ angesehen

---

Graham, Anne (2003): Managing Airports: An international perspective, S. 11
Reynolds-Feighan, Aisling / McLay, Peter (2006): Accessibility and attractiveness of European airports: A simple small community perspective in: Journal of Air Transport Management, S. 314

347 Vgl. Kapferer, Jean-Noel (2012): The New Strategic Brand Management – Advanced insights and strategic thinking, S. 27–28

348 Vgl. Künzel, Manuela (2006): Die Marke und ihr Wert – Benchmarking-Studie zu integrativen Ansätzen der Markenbewertung, S. 13–14

werden können, haben sie nur partiell dazu beigetragen, die Markenbildung von Flughäfen voran zu treiben.[349]

Die zu beantwortende Frage ist, in welcher Form Flughäfen sich im Bereich Marketing engagieren sollten. Auch wenn der Kontakt zu den Endkonsumenten in den letzten Jahren enorm verstärkt wurde, wird die Ansprache der Endkonsumenten bzgl. Reisebuchungen nach wie vor von den Fluglinien übernommen. Ein weiterer Aspekt des Marketing innerhalb der Luftfahrtindustrie ist das sog. „Destination Marketing", welches für eine bestimmte Region, Stadt oder Nation wirbt. Dieses wird jedoch auch größtenteils von den entsprechenden Verwaltungen der Destinationen durchgeführt. Es ist daher besonders wichtig für Flughäfen, nicht nur diese Inhalte zu kommunizieren, sondern vor allem eine Marke für sich zu entwickeln und diese proaktiv und dynamisch zu bewerben. Hierzu sind eine kundenorientierte Marktbearbeitung, eine professionelle Markenbildung sowie eine zu Grunde liegende, einzigartige Positionierung des Flughafens von essentieller Wichtigkeit. Diese Konzepte konstituieren auch eine wertvolle Differenzierungsmöglichkeit, dem erhöhten Wettbewerb standzuhalten und dem – durch das Emporkommen des Niedrigpreissegments entstandenen – Preiskrieg entgegenzuwirken.[350]

---

349 Vgl. Alsolami, Hazaz et al. (2015): Transformation of airport industries: A fresh review of global changes, in: International Journal of Economics, Commerce and Management, S. 494
Bezerra, George Christian Linhares / Gomes, Carlos (2016): Measuring airport service quality: A multidimensional approach, in: Journal of Air Transport Management, S. 85
Jarach, David (2005a): Airport Marketing: Strategies to cope with the new millennium environment, S. 28

350 Vgl. Hauff, Thomas / Spinnen, Bernadette / Tillmann, Berthold (2007): Marktorientierte Führung für Kommunen – Anspruch, Praxis und Perspektiven eines ganzheitlichen Stadtmarketings, in: Bruhn, Kirchgeorg and Meier (Hrsg.): Marktorientierte Führung im wirtschaftlichen und gesellschaftlichen Wandel, S. 380
Jarach, David (2005b): Aviation-related airport marketing in an overlapping metropolitan catchment area: The case of Milan's three airports, in: Journal of Air Transportation, S. 97
FlightGlobal (2003): The power of airport branding, in: Airline Business, S. 1–2
Schuster, Wolfgang (2007): Die Stadt als Marke im internationalen Wettbewerb, in: Bruhn, Kirchgeorg and Meier (Hrsg.): Marktorientierte Führung im wirtschaftlichen und gesellschaftlichen Wandel, S. 389–390

6.2 Analyse der zu Grunde liegenden Rahmenbedingungen

6.2.1 Analyse der Konkurrenzsituation

Ein weiteres Kriterium der Positionierung liegt in der Konkurrenzsituation, in der sich ein Flughafen aufgrund seiner Lage befindet oder in der er sich durch sein Angebot positioniert hat. Aufgrund der Deregulierung des Luftverkehrs – und dem einhergehenden Verlust der Monopolstellung vieler Flughäfen – sowie der Privatisierung und Kommerzialisierung von Flughäfen hat sich ein verstärkter Wettbewerb zwischen verschiedenen Flughäfen herausgebildet, wie in Kapitel 2.2 bereits eingehend beschrieben wurde.[351] Im Folgenden soll jedoch über die Entstehung des Wettbewerbs hinaus analysiert werden, inwiefern das soeben beschriebene Geschäftsmodell von Flughäfen dem Wettbewerbsdruck innerhalb der Flughafenindustrie unterliegt.

Die Analyse einer Industrie bedingt die genaue Betrachtung des spezifischen Wettbewerbsumfelds, dem die Akteure innerhalb dieser Industrie begegnen. Der bekannteste Ansatz zu diesem Zweck ist das „Five-Forces-Framework" zur Branchenstrukturanalyse von Porter (2013), welches im Folgenden auf die Flughafenindustrie angewandt werden soll.[352]

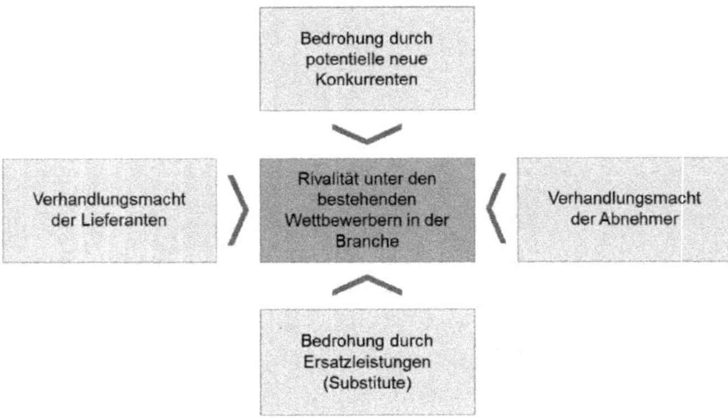

Abbildung 6-2: Die Triebkräfte des Branchenwettbewerbs[353]

351 Vgl. ACI Airports Council Europe (2015): Performance Management at European Airports, S. 6
Starkie, David (2012): European airports and airlines: Evolving relationships and the regulatory implications, in: Journal of Air Transport Management, S. 42

352 Vgl. Porter, Michael (2013): Wettbewerbsstrategien – Methoden zur Analyse von Branchen und Konkurrenten, S. 38

353 Vgl. Porter, Michael (2013): Wettbewerbsstrategien – Methoden zur Analyse von Branchen und Konkurrenten, S. 38

a) Rivalität innerhalb der Branche

Falls ein Flughafen auf einer kleineren Insel oder in einer abgelegenen Region liegt, wird er kaum einer Konkurrenzsituation begegnen. Die meisten anderen Flughäfen haben jedoch Konkurrenten in einem oder mehreren Bereichen. Hierbei ist nicht nur eine eventuelle Überschneidung des **Einzugsgebietes** von Relevanz, sondern auch das **spezifische Angebot** im luftverkehrsbezogenen sowie nicht luftverkehrsbezogenen Geschäftsfeld. Das Einzugsgebiet spielt aber dann eine entscheidende Rolle, falls es mehrere Flughäfen in unmittelbarer Nähe zueinander gibt wie bspw. in London oder New York. Häufig unterscheiden sich diese dann aber durch ihr spezifisches Angebot und werden teilweise von einer Gesellschaft geführt, um ein diversifiziertes Angebot zu liefern. Konkurrierende Flughäfen müssen aber nicht zwangsläufig eine geographische Nähe aufweisen. Paris Charles de Gaulle, Amsterdam Schiphol und Frankfurt/Main stehen bspw. in direkter Konkurrenz als primäre Hubs für **Transferverkehr**. In den letzten Jahren wurden sogar die Flughäfen in der persischen Golfregion teilweise in diese Konkurrenz miteingeschlossen. Abgesehen vom Wettbewerb zwischen solchen primären Hubs, gibt es aber auch verschiedene, weitere Konkurrenzsituationen, wie bspw. kleinere Flughäfen, die mit den primären Hubs konkurrieren und sich hierbei häufig im **Niedrigpreisbereich** positionieren. Durch diese differenzierende Positionierung erweitert sich auch die Zielgruppe des jeweiligen Flughafens um die preissensiblen Passagiere außerhalb des eigentlichen Einzugsgebiets. Darüber hinaus führt der starke Ausbau des Niedrigpreissegments dazu, dass die Flughäfen nicht nur im Einzelnen mit den großen Hubs konkurrieren, sondern sich – zumindest auf der Kurz- und Mittelstrecke – auch ein konkurrierendes Streckennetz mit eigenen Low-Cost-Drehkreuzen herausgebildet hat.[354]

Hierbei entstehen jedoch auch häufig Konkurrenzsituationen zwischen den kleineren Regionalflughäfen, da die meisten LCC nur Flughäfen bedienen, die ihnen die niedrigsten Kostenstrukturen anbieten können und auch nur eine

354 Vgl. De Neufville, Richard (2005): The Future of Secondary Airports: Nodes of a parallel air transport network, in: Cahiers Scientifiques du Transport, S. 11/17
Graham, Anne (2010): Airport Strategies to Gain Competitive Advantage, in: Forsyth et al. (Hrsg.): Airport Competition – The European Experience, S. 91
Halpern, Nigel / Graham, Anne (2013): Airport Marketing, S. 21–22
Morrell, Peter (2010): Airport Competition and Network Access, in: Forsyth et al. (Hrsg.): Airport Competition – The European Experience, S. 16
Interview mit Ulrich Stiller, Division Manager Marketing / Sales Flughafen Köln / Bonn (2016)

begrenzte Anzahl für ihre Zwecke auswählen. Ähnliche Situationen bestehen häufig auch in **Ferienregionen**, in denen Flughäfen darum konkurrieren, als Hauptanflugspunkt für verschiedene Freizeitangebote wie bspw. Kreuzfahrten ausgewählt zu werden. Flughäfen konkurrieren also einerseits um die Attraktion von Kunden im B2B-Bereich, die Airlines, sowie auch im B2C-Bereich um Passagiere – sowohl im Transfersegment als auch in ihren spezifischen Einzugsgebieten.[355]

b) Bedrohung durch neue Konkurrenten

Generell kann man schließen, dass eine **Bedrohung durch neue Eintritte** von Flughäfen in die Konkurrenzsituation als relativ gering angesehen werden kann. Es wird zunehmend schwieriger, geeignete, neue Standorte für Flughäfen zu erschließen. Hauptgrund hierfür sind die limitierenden, politischen und ökologischen Rahmenbedingungen. Darüber hinaus ist der Prozess der Planung und Umsetzung eines solchen Neubaus langwierig und mit hohen Kosten verbunden, was dazu führt, dass nur in wenigen Fällen neue Konkurrenten entstehen. Das wird auch daran deutlich, dass in den letzten Jahrzehnten kaum Veränderungen in der Liste der größten Flughäfen auf den bestehenden Märkten zu erkennen waren. Dennoch besteht ein verstärkter Wettbewerb durch die Evolution von ehemaligen Militäranlagen zu zivilen Flughäfen, die primär das stark umkämpfte Niedrigpreissegment bedienen. Hierdurch entsteht jedoch nicht nur ein Konkurrenzkampf um die bestehenden Passagiere, sondern durch die neu herausgebildete Niedrigpreisstrategie dieser Flughäfen vor allem auch ein Preiskampf im luftfahrtbezogenen Geschäftsfeld der Flughäfen. Eine stärkere Bedrohung geht auf den Heimatmärkten also von der Weiterentwicklung bestehender Flughäfen sowie Anbietern vergleichbarer, nicht luftfahrtbezogener Geschäftsfelder aus. Weltweit besteht jedoch tatsächlich eine Bedrohung durch neue Flughäfen in neuen Märkten, wie bspw. im mittleren Osten, die, wie bereits zu Anfang des Kapitels erwähnt, durchaus eine Konkurrenz für bestehende Hubs in Europa darstellen.[356]

---

355 Vgl. Halpern, Nigel / Graham, Anne (2013): Airport Marketing, S. 21–22
Jimenez, Edgar / Claro, Joao / Pinho de Sousa, Jorge (2013): The airport business in a competitive environment, in: European Journal of Transport and Infrastructure Research, S. 321
Morrell, Peter (2010): Airport Competition and Network Access, in: Forsyth et al. (Hrsg.): Airport Competition – The European Experience, S. 14

356 Vgl. Arthur D Little (2005): Demystifying the Aviation Industry – Die Sieger und Verlierer im internationalen Luftverkehr, S. 21

c) Bedrohung durch Substitute

Aber nicht nur im Bereich anderer Flughäfen besteht ein ständiger Wettbewerb; gerade kleinere Flughäfen, die viele Kurzstrecken bedienen wie bspw. Düsseldorf oder Stuttgart konkurrieren mit anderen Reiseoptionen am Boden. Hier stellt der öffentliche Fernverkehr ein durchaus relevantes Substitut für viele Reisende dar. Die Bewertung des Konkurrenzverhältnisses zu **substituten Verkehrsmitteln** soll innerhalb dieser Dissertation jedoch nicht weitergehend analysiert werden, da der Fokus auf dem Wettbewerb innerhalb der Flughafenindustrie an sich liegt und multi-modale Möglichkeiten hierbei eher ein Mittel zur Differenzierung als eine Bedrohung darstellen. Es besteht jedoch durchaus ein Wettbewerb um den Kurzstreckentransfer mit Fernbussen und Bahnen.[357]

d) Verhandlungsmacht der Lieferanten

Eine starke Verhandlungsmacht der Lieferanten kann die Rentabilität der Branche erheblich schmälern, falls diese in der Lage sind, eigenständig die Preise zu erhöhen oder die Qualität zu senken, ohne dass die Unternehmen in der Branche die erhöhten Preise an ihre eigenen Kunden weitergeben können. Meist ist dies der Fall, wenn die Lieferanten über einen für das Branchenprodukt notwendigen Input-Faktor verfügen, der nur von wenigen Unternehmen bereitgestellt werden und nicht durch andere Produkte substituiert werden kann.[358]

Generell ist dies für einige der diversen Lieferanten wie Flugsicherung, Zoll, Flughafensicherheit oder auch Feuerschutz durchaus der Fall; jedoch haben diese Unternehmen eher einen Bereitstellungsauftrag als Infrastrukturanbieter und sind entweder in staatlicher Hand oder in Form einer Non-Profit-Organisation

---

Jarach, David (2005b): Aviation-related airport marketing in an overlapping metropolitan catchment area: The case of Milan's three airports, in: Journal of Air Transportation, S. 96–97
Müller-Rostin, Christiane et al. (2010): Airport Entry and Exit: A European Analysis, in: Forsyth et al. (Hrsg.): Airport Competition – The European Experience, S. 31–33
The Boston Consulting Group (BCG) (2004): Airports – Dawn of a New Era. Preparing for one of the industry's biggest shake-ups, S. 9–11

357 Vgl. Malighetti, Paolo / Paleari, Stefano / Redondi, Renato (2008): Connectivity of the European airport network: 'Self-help hubbing' and busines implications, in: Journal of Air Transport Management, S. 58
Morrell, Peter (2010): Airport Competition and Network Access, in: Forsyth et al. (Hrsg.): Airport Competition – The European Experience, S. 14

358 Vgl. Porter, Michael (2013): Wettbewerbsstrategien – Methoden zur Analyse von Branchen und Konkurrenten, S. 64–65

als Bereitsteller tätig, so dass an dieser Stelle keine Motivation besteht, die Rentabilität der Branche aus strategischen Gründen zu senken. Die Gefahr dieser relativ starken Machtposition der Lieferanten wird jedoch dann deutlich, wenn diese mit Streik drohen (wie es in der Vergangenheit bei der Flugsicherung bereits der Fall war) oder diesen gar umsetzen, was signifikante Verluste für die Fluglinien als auch die Flughäfen bedeuten würde. Die weiteren Lieferanten bestehen u.a. aus der Passagier-, Gepäck- und Frachtabwicklung, Parkplatzbetreibern, direkten Händlern und Treibstoffzulieferern sowie gewerblichen Kunden als Lieferanten des Flughafens, da sie das nicht luftfahrtbezogene Angebot für die Endkunden bereitstellen und anbieten. Einige dieser Anbieter haben insofern eine relativ starke Verhandlungsmacht dem Flughafen gegenüber, da ihre Existenz am Flughafen von den Endkunden erwartet und vorausgesetzt wird. Ihre Leistungen und Produkte können jedoch ggf. ausgetauscht oder durch andere Dienstleister erbracht werden.[359]

e) Verhandlungsmacht der Abnehmer

Abnehmer haben dann eine für die Rentabilität der Branche kritische Verhandlungsmacht, wenn sie *„die Preise drücken, höhere Qualität oder bessere Leistung verlangen und Wettbewerber gegeneinander ausspielen"* können.[360]

In der Flughafenindustrie müssen die Abnehmer in verschiedene Kundengruppen eingeteilt werden, wobei die Fluggesellschaften im B2B-Bereich und die Passagiere im B2C-Bereich die signifikantesten Segmente ausmachen.[361]

Fluggesellschaften haben aufgrund der häufig sehr starken Abhängigkeit der Flughäfen von bestimmten Airlines eine sehr starke Verhandlungsmacht, v.a. die Flag-Carrier an großen Drehkreuzen oder die LCC, von denen das Geschäftsmodell vieler Niedrigpreisflughäfen abhängt. Die Verteilung der Machtverhältnisse zwischen Flughäfen und Fluggesellschaften beruht auf der Option der Airlines, eine Wechseldrohung auszusprechen und gestaltet sich daher meist zu Gunsten der Fluglinien; die Bindung des Flughafens an die Fluggesellschaft

359 Vgl. Halpern, Nigel / Graham, Anne (2013): Airport Marketing, S. 17–19
Jimenez, Edgar / Claro, Joao / Pinho de Sousa, Jorge (2013): The airport business in a competitive environment, in: European Journal of Transport and Infrastructure Research, S. 325
Young, Seth / Wells, Alexander (2011): Airport Planning and Management, S. 362

360 Vgl. Porter, Michael (2013): Wettbewerbsstrategien – Methoden zur Analyse von Branchen und Konkurrenten, S. 61

361 Für eine detaillierte Analyse der verschiedenen Stakeholdergruppen, vgl. Kapitel 6.2.2.

ist also meist signifikanter als umgekehrt. Um diese Machtposition weiter zu stärken und ihr Netzwerk auszubauen, setzen einige Fluggesellschaften auf eine sog. „Dual-Hubbing"-Strategie, indem sie einen weiteren Flughafen zu einem Secondary Hub ausbauen (z.B. Lufthansa in München). Diese Strategie steht jedoch in direktem Gegensatz zu dem Konsolidierungstrend der Streckennetze und wird daher nicht mehr allzu häufig implementiert. Die geringste Wechselwahrscheinlichkeit weisen die Linien- und Regionalfluggesellschaften auf, da ihre Prozesse spezifisch an die Flughäfen angepasst sind. Andererseits besteht dadurch auch eine starke Bindung der Flughäfen an die jeweilige Airline, da ihr Wechsel einen signifikanten Einbruch der bestehenden Umsatzstruktur mit sich bringen würde. Über 75% der Top 50 Flughäfen weltweit generieren mehr als 40% ihres Verkehrs durch eine einzelne Fluggesellschaft. Dies gilt sowohl für Hub- als auch für P2P-Carrierer; Beispiele hierfür sind Lufthansa mit einem Verkehrsanteil von 72% in Frankfurt oder auch Ryanair mit über 90% am Flughafen Hahn. Einen Ausweg aus dieser Abhängigkeit kann ein Flughafen nur dann schaffen, wenn er (analog zu der Dual Hubbing-Strategie) weitere Kooperationen mit anderen Linienfluggesellschaften eingeht und die Bindung durch die Attraktivitätssteigerung des Einzugsgebietes erhöht. Darüber hinaus haben viele Fluggesellschaften aber ebenfalls enorme Investitionen in ihre Heimatflughäfen getätigt und verfolgen daher ebenfalls das Ziel einer langfristigen, bilateralen Bindung.[362]

---

362 Vgl. Albers, Sascha / Koch, Benjamin / Ruff, Christine (2005): Strategic alliances between airlines and airports—theoretical assessment and practical evidence, in: Journal of Air Transport Management, S. 52–54
Arthur D Little (2005): Demystifying the Aviation Industry – Die Sieger und Verlierer im internationalen Luftverkehr, S. 13
Jimenez, Edgar / Claro, Joao / Pinho de Sousa, Jorge (2013): The airport business in a competitive environment, in: European Journal of Transport and Infrastructure Research, S. 321
Stöwer, Gerd (2005): Entwicklungsmöglichkeiten von Regionalflughäfen am Beispiel Münster/Osnabrück, in: Darmstadt (Hrsg.): Regionalluftverkehr – Bindeglied zwischen den Regionen Europas, S. 149
Copenhagen Economics (2012): Airport Competition in Europe, S. 23/37

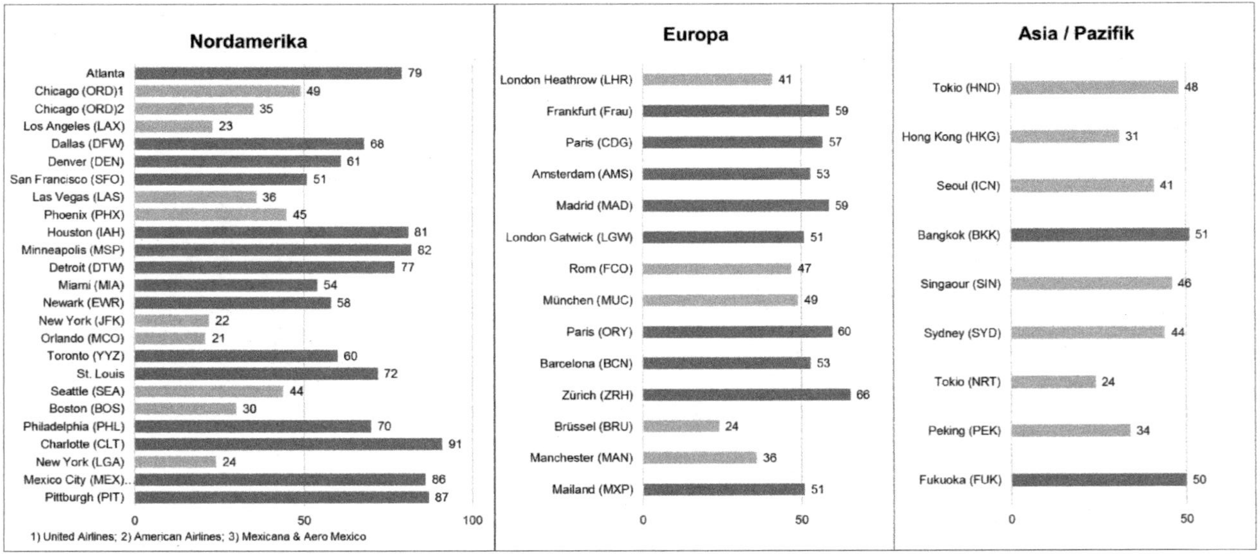

Abbildung 6-3: Abhängigkeit der Flughäfen von einzelnen Airlines (in% des Passagieraufkommens)[363]

363 Vgl. The Boston Consulting Group (BCG) (2004): Airports – Dawn of a New Era. Preparing for one of the industry's biggest shake-ups, S. 16

Betrachtet man den B2C-Bereich, besitzen **Passagiere,** ähnlich den Fluggesellschaften, eine gewisse Substitutionsmacht in ihrer Wahl des Flughafens. Auch wenn diese Wahl maßgeblich durch das von den Fluglinien angebotene Streckennetz sowie das Vorhandensein der gewünschten Airlines bestimmt wird, ist zu überlegen, welche Faktoren für die Passagiere im Fall einer Wahlmöglichkeit ausschlaggebend sind. Entscheidendes Argument für die Wahl einer Airline war lange der Qualitäts- und Sicherheitsfaktor; heutzutage können jedoch fast alle Airlines bei objektiver Bewertung ein entsprechendes Leistungsniveau in diesen Kategorien bieten. Durch den verstärkten Wettbewerb in der Airline-Industrie und dem resultierenden Preiskampf haben die Passagiere kaum Wechselbarrieren zwischen verschiedenen Fluggesellschaften. Gerade im Segment der Transferpassagiere kommt es durchaus zu der Situation, dass ein Passagier bei gleicher O&D-Strecke zwischen verschiedenen Transferzielen wählen kann. Für den (unwahrscheinlichen) Fall, dass ein Passagier keine Präferenz zwischen verschiedenen Fluggesellschaften oder Segmenten hat, stehen Flughäfen auch auf Basis ihrer globalen, geographischen Lage im Wettbewerb. Je stärker dieser Wettbewerb ist, desto höher ist die Substitutionsmacht der Passagiere. Bei einer hohen Substitutionsmacht ist es also ggf. notwendig, nicht nur mit den Fluggesellschaften, sondern auch mit den Passagieren direkt zu kommunizieren. Es besteht also durchaus die Gefahr, dass die Rentabilität für die Branche sowohl aufgrund direkter als auch indirekter Verhandlungsmacht der Passagiere abnimmt.[364]

Um in diesem verstärkten Wettbewerb bestehen zu können, müssen Flughäfen vermehrt Strategien verfolgen, die ihnen einen **kompetitiven Vorteil** verschaffen.[365] Innerhalb eines wettbewerbsintensiven Umfelds kann nur derjenige Flughafen einen solchen kompetitiven Vorteil erzielen, der die kontrollierbaren Variablen des Angebots optimal ausgestaltet und sich entsprechend positioniert. Zu den primär kontrollierbaren Variablen zählen in diesem Zusammenhang die Preissetzung sowie das Spektrum des nicht luftfahrtbezogenen Angebots.

---

364 Vgl. Hess, Stephane / Polak, John (2006): Exploring the potential for cross-nesting structures in airport-choice analysis: A case-study of the Greater London area, in: Transportation Research, S. 63–64
Interview mit Martin Bien, Senior Executive Vice President Groundservices Fraport AG (2016)
Weitere Ausführungen zu dem Wahlverhalten der Passagiere finden sich in der im nächsten Kapitel folgenden Stakeholderanalyse.

365 Zur Untersuchung, welche der generischen Wettbewerbsstrategien von Porter (2012) von den verschiedenen Positionierungsstrategien verfolgt werden, vgl. auch Kapitel 4.1.

Weniger stark bis gar nicht beeinflussbar sind jedoch Faktoren wie Teile der Kostenstruktur, Flugzeiten und Slot-Verfügbarkeit und vor allem auch die Lage des Flughafens.[366]

Aus den eben beschriebenen Parametern ergibt sich, welche Positionierungsstrategie ein Flughafenbetreiber wählen sollte. Die geänderten Rahmenbedingungen im Luftverkehr führten dazu, dass diese Entscheidung stark an Signifikanz gewonnen hat. Die grundlegende Entscheidung für eine bestimmte Positionierungsstrategie bestimmt, welche Wettbewerbssituation entsteht, welche Kundenbedürfnisse erfüllt werden müssen und wie die Tätigkeitsfelder des Flughafens zu gestalten sind. Die Ausgestaltung dieser Strategie entscheidet jedoch darüber, ob ein kompetitiver Vorteil erzielt werden kann.[367]

6.2.2 Stakeholderanalyse

Die Integration der verschiedenen Stakeholdergruppen in die Auswahl der strategischen Markenpositionierung ist für den langfristigen Erfolg unabdingbar. Bei den relevanten Stakeholdern handelt es sich um die Interessensgruppen, die die Beziehung zwischen dem Flughafen und seiner Umwelt wesentlich mitgestalten bzw. einen signifikanten Einfluss auf den Flughafen und seine kommerzielle Gestaltung ausüben. Daher konstituieren sie einen wesentlichen Faktor bei der Positionierungsentscheidung.[368]

Der generelle Stakeholder-Ansatz von Unternehmen umfasst eine Vielzahl von Gruppen zu denen vorrangig Kunden, Wettbewerber, Lieferanten, Eigentümer und Fremdkapitalgeber, Mitarbeiter sowie die Öffentlichkeit gezählt werden. Ein Flughafen muss mit all diesen Gruppen in einem 360°-Ansatz kommunizieren und kooperieren, um seine Positionierung langfristig und nachhaltig implementieren zu können.[369] Die folgende Abbildung verdeutlicht die integrative Ausrichtung von Marketing unter Bezug sämtlicher Bezugsgruppen:

---

366 Vgl. Graham, Anne (2010): Airport Strategies to Gain Competitive Advantage, in: Forsyth et al. (Hrsg.): Airport Competition – The European Experience, S. 94–96

367 Vgl. Schulz, Axel / Baumann, Susanne / Wiedenmann, Simone (2010): Flughafen Management, S. 41

368 Vgl. Grant, Robert (2013): Contemporary Strategy Analysis, S. 93
Müller-Stewens, Günter / Lechner, Christoph (2011): Strategisches Management: Wie strategische Initiativen zum Wandel führen, S. 141

369 Vgl. Frank, Laurence (2011): Business models for airports in a competitive environment. One sky, different stories, in: Research in Transportation Business and Management, S. 26
Halpern, Nigel / Graham, Anne (2013): Airport Marketing, S. 20

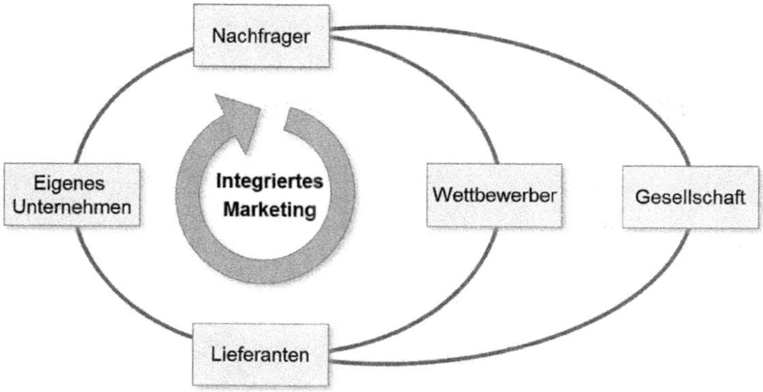

Abbildung 6-4: Integrationsfelder und -beziehungen des integrierten Marketing[370]

Die neue, durch die Entstehung von kommerziellen Strukturen und einer wirtschaftlichen Perspektive herbeigeführte, Zielgruppe von Flughäfen darf also nicht mehr nur Flugpassagiere und Airlines umfassen, sondern muss auch konkurrierende Flughäfen, Luftverkehrsangestellte sowie angesiedelte Firmen und deren Angestellte, Anwohner der Region, sowie Touristen und Luftverkehrsbegeisterte mit einbeziehen.[371]

Die Unterscheidung in primäre und sekundäre Stakeholder kann durch die Erfüllung des Unternehmenszwecks vorgenommen werden: **Primäre Stakeholder** haben einen direkten Einfluss auf den Unternehmenszweck und werden daher als marktbezogen charakterisiert, während die **sekundäre Stakeholdergruppe** erst durch die Erfüllung entsteht und somit als nicht marktbezogen anzusehen ist.[372]

Eine Übersicht über die verschiedenen, relevanten Stakeholdergruppen von Flughäfen bietet die folgende Abbildung:

---

370 Vgl. Mattmüller, Roland (2012): Integrativ-Prozessuales Marketing, S. 27
Mattmüller, Roland / Tunder, Ralph (2004): Strategisches Handelsmarketing, S. 16

371 Vgl. Jarach, David (2005a): Airport Marketing: Strategies to cope with the new millennium environment, S. 71
Schaar, David / Sherry, Lance (2010): Analysis of Airport Stakeholders, in: Integrated Communications Navigation and Surveillance Conference (ICNS), S. 3–9

372 Vgl. Lawrence, Anne / Weber, James (2013): Business and Society: Stakeholders, Ethics, Public Policy, S. 633–635

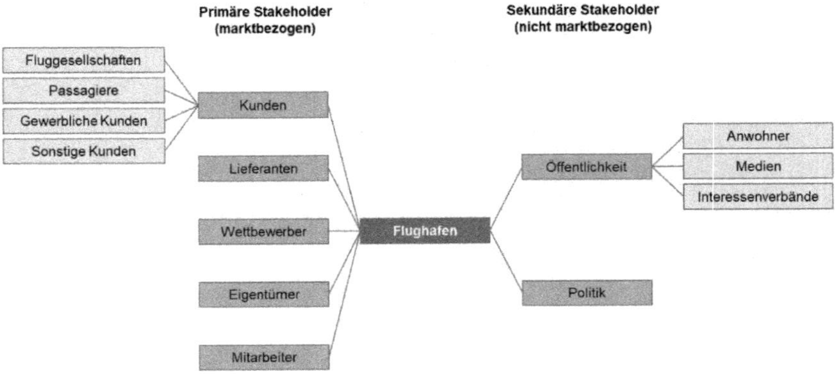

Abbildung 6-5: Ausgewählte primäre und sekundäre Stakeholdergruppen von Flughäfen[373]

6.2.2.1 *Primäre Stakeholder*

a) Kunden:

(i) *Fluggesellschaften:*

Die wichtigste Kundengruppe von Flughäfen stellen nach wie vor die Fluggesellschaften dar. Innerhalb der Beziehung zwischen Flughafenbetreibern und Fluglinien, besteht seither ein klares Machtverhältnis zugunsten der Fluglinien. Flughafenentscheider haben ein standardisiertes und undifferenziertes Angebot für alle Fluglinien erarbeitet und dieses passiv angeboten. Heutzutage besteht jedoch stärker eine voneinander unabhängige, symbiotische Partnerschaft zwischen Fluggesellschaften und Flughafen: Die Fluggesellschaften benötigen die Infrastruktur, die der Flughafen bereitstellt, um ihr Geschäftsmodell durchführen zu können. Hierbei kommt den Flughäfen die Rolle als Drehkreuze, Destinationen und Heimstationen der Airlines zu. Der Flughafen, andererseits, ist von den Fluglinien abhängig, da diese der Haupttreiber des Kundenaufkommens für beide Geschäftsfelder des Flughafens sind. Da der Konsument im Allgemeinen nicht unterscheiden kann, welcher Teil der Leistung von den Fluggesellschaften und welcher von den Flughäfen erbracht wird, ist es von besonderer Wichtigkeit,

373 Vgl. Trumpfheller, Michael (2006): Strategisches Flughafenmanagement – Positionierung und Wertschöpfung von Flughafentypen, S. 112

dass Fluglinien und Flughäfen – zusammen mit den anderen Akteuren in der Wertschöpfungskette – reibungslos und effizient zusammenarbeiten.[374]

Generell existieren in der Literatur verschiedene Ansätze zur Klassifizierung der Fluggesellschaften anhand verschiedener Charakteristika und Anforderungen, die – analog zu den Positionierungsmöglichkeiten von Flughäfen – in die folgende Unterteilung zusammengefasst werden können und im Folgenden einzeln untersucht werden sollen: (1) Linien-, (2) Regional-, (3) Ferien-, (4) Low-Cost- und (5) Frachtfluggesellschaften.[375]

Linienfluggesellschaften, Full-Service-Carrier oder auch Netzwerkfluggesellschaften genannt, zeichnen sich durch ein dichtes, interkontinentales und wirtschaftliches Streckennetz aus, welches sie in einem **Drehkreuzsystem** bedienen. Diese Drehkreuze stellen in der Regel sog. Hub-Flughäfen im Heimatmarkt der Fluglinie dar und repräsentieren die stärkste regionale Präsenz der Airline. Von hier aus bietet die Fluglinie dann auch kontinentale und nationale Flüge an – häufig in Kooperation mit Regionalfluggesellschaften – und bietet somit das gesamte Spektrum an Kurz-, Mittel- und Langstrecken. Um möglichst viele Destinationen über dieses System hinaus zu bedienen, gehen Linienfluggesellschaften häufig Kooperationen mit anderen Fluggesellschaften ein und bilden **strategische Allianzen** (wie die Star Alliance, One World oder Sky Team). Darüber hinaus bedeutet die Ansiedlung und dauerhafte Bindung an den Drehkreuzflughafen, dass die Fluglinie ein großes Kontingent an Slots sowie ausgedehnte Bereiche für

---

374 Vgl. Francis, Graham / Humphreys, Ian / Ison, Stephen (2004): Airports' perspectives on the growth of low-cost airlines and the remodeling of the airport–airline relationship in: Tourism Management, S. 508–510
Klingenberg, Christoph (2005): Airlines und Airports als Schicksalsgemeinschaft, in: Internationales Verkehrswesen, S. 470
Starkie, David (2012): European airports and airlines: Evolving relationships and the regulatory implications, in: Journal of Air Transport Management, S. 40–43

375 Vgl. Jarach, David (2005a): Airport Marketing: Strategies to cope with the new millennium environment, S. 31
Rupprecht, Karl-Rudolf (2005): Fliegen beginnt am Boden – Das Lufthansa Hub Management Frankfurt, in: DVWG (Hrsg.): Innovative Strategien der Luftfahrtbranche. 12. Verkehrsforum der DVWG. Zitiert durch: Trumpfheller, M. (2006). Strategisches Flughafenmarketing – Positionierung und Wertschöpfung von Flughafentypen, S. 62
Schulz, Axel / Baumann, Susanne / Wiedenmann, Simone (2010): Flughafen Management, S. 157

Wartungs-, Catering-, und Verwaltungseinrichtungen vor Ort benötigt, was den Ausbau der Hub-Flughäfen zu Airport Cities weiter vorantreibt.[376]

Generell weisen diese Fluglinien ein Mehrklassensystem (First, Business und Economy) auf, sind aber insgesamt eher im hochpreisigen Segment angesiedelt. Hierdurch ergibt sich eine starke Orientierung hin zu **Premium- und Geschäftskunden** für welche die Airline dann auch entsprechende Einrichtungen seitens des Flughafens wie bspw. Lounges sowie eine generell hochwertig orientierte Terminal- und Angebotsgestaltung erwartet. Generell bieten diese Fluggesellschaften ein besonders **hohes Leistungs- und Serviceniveau** vor und während des Fluges (z.B. Catering, In-Flight Entertainment, Sitzplatzvergabe oder auch Buchungsflexibilität). Darüber hinaus implementieren die Linienfluggesellschaften weitreichende Loyalitätsprogramme, die der Markenbildung und Kundenbindung dienen sollen. Diese Differenzierungsmöglichkeiten durch ein erhöhtes Leistungsangebot bedingen allerdings auch stark erhöhte Kostenstrukturen. Somit muss auch ein höherer Preis an die Endkonsumenten weitergegeben werden.[377] Insgesamt kann also geschlussfolgert werden, dass das Geschäftsmodell der Linienfluggesellschaften darauf abzielt, ihren Kunden ein möglichst weites Streckennetz mit einer Vielzahl von Flugverbindungen sowie ein hohes Level an Komfort, Service und Qualität zu einem entsprechend höheren Preis anzubieten.[378]

Um dieses Ziel zu erreichen, haben dies Linienfluggesellschaften auch über die zuvor schon genannten **Infrastruktureinrichtungen** hinaus besondere Anforderungen an die entsprechenden Hub-Flughäfen, an denen sie sich

376 Vgl. Bieger, Thomas / Rüegg-Sturm, Johannes / von Rohr, Thomas (2002): Strukturen und Ansätze einer Gestaltung von Beziehungskonfigurationen – Das Konzept Geschäftsmodell, in: Bieger et al. (Hrsg.): Zukünftige Geschäftsmodelle: Konzept und Anwendung in der Netzökonomie, S. 51
Maurer, Peter (2006): Luftverkehrsmanagement: Basiswissen, S. 28–30

377 Vgl. Gillen, David / Morrison, William (2003): Bundling, integration and the delivered price of air travel: Are low-cost carriers full service competitors?, in: Journal of Air Transport Management, S. 18
Lawton, Thomas C. (2002): Cleared for take-off: Structure and strategy in the low-fare airline business, S. 38
Pitt, Michael / Brown, Andrew (2001): Developing a strategic direction for airports to enable the provision of services to both network and low-fare carriers, in: Facilities, S. 55

378 Vgl. Bieger, Thomas / Agosti, Sandro (2005): Business Models in the Airline Sector – Evolution and Perspectives, in: Delfmann et al. (Hrsg.): Strategic Manegement in the Aviation Industry, S. 50

ansiedeln. Hierzu gehören vor allem ein attraktives und großes **Einzugsgebiet** in der Umgebung des Flughafens (Catchment Area), das alle relevanten Passagiergruppen in notwendigem Umfang umfasst und die Bereitstellung entsprechender **Serviceeinrichtungen** sowie einer hochwertigen und komfortablen **Terminalgestaltung** seitens der Flughäfen für all diese verschiedenen Kundengruppen. Darüber hinaus besteht die Notwendigkeit für freie **Kapazitäten** (Slots) und ein bestehendes Streckenangebot mit attraktiven Destinationen für Transferpassagiere.[379]

Ähnlich positioniert sind die ***Regionalfluggesellschaften***. Ihr Angebot liegt zwar preislich unter den Linienfluggesellschaften, wird aber im Gegensatz zu den Ferienfliegern ganzjährig angeboten und dient eher als **Kurzstreckenverbindung** zwischen Drehkreuzen und innerhalb regionaler Destinationen im Domestik- und Kontinentalverkehr. Die Kundengruppe dieser Fluglinien wird maßgeblich von **Geschäftsreisenden** bestimmt, die einen stärkeren **Fokus auf Service** als auf Kosten legen. Das Geschäftsmodell der Regionalfluggesellschaften ähnelt also stark den Linienfluggesellschaften. Deshalb ist es sinnvoll – und auch häufig der Fall -, dass Regionalfluggesellschaften Töchter oder Allianzpartner der Linienfluggesellschaften darstellen, um die Synergien der Geschäftsmodelle auszunutzen und gleichzeitig das Streckennetz zu komplementieren. Regionalfluggesellschaften dienen also häufig als Zubringer und „Passagierlieferanten" zwischen Hubs und regionalen Destination und konstituieren somit die sog. „Spokes" im Hub-and-Spoke System. Die Abgrenzung zu den Low-Cost-Airlines wird trotz beidseitiger Nutzung von Kurzstrecken dadurch deutlich, dass die Serviceorientierung der Regionalfluggesellschaften denen der Linienfluggesellschaften gleicht, um das gemeinsame Kundensegment zu bedienen. Darüber hinaus bedienen die Regionalfluggesellschaften auch weniger stark frequentierte Routen, um ihrer Funktion als Spokes gerecht zu werden.[380]

---

379 Vgl. de Neufville, Richard / Odoni, Amadeo (2013): Airport Systems: Planning, design, and management, S. 118
Graham, Anne (2003): Managing Airports: An international perspective, S. 184
Maurer, Peter (2006): Luftverkehrsmanagement: Basiswissen, S. 334–336

380 Vgl. Bieger, Thomas / Agosti, Sandro (2005): Business Models in the Airline Sector – Evolution and Perspectives, in: Delfmann et al. (Hrsg.): Strategic Manegement in the Aviation Industry, S. 53
Maurer, Peter (2006): Luftverkehrsmanagement: Basiswissen, S. 36–38
Mountford, Trevor / Kemp, Rachel / Tacoun, Fabrice (2005): Regional Ranking 2004, in: Airline Business, S. 48–50
Trumpfheller, Michael (2006): Strategisches Flughafenmanagement – Positionierung und Wertschöpfung von Flughafentypen, S. 123–125

Ferienfluggesellschaften, wiederum, haben trotz starker **Niedrigpreisorientierung** ähnliche Anforderungen an Flughäfen wie die Linienfluggesellschaften. Diese Airlines bedienen **saisonal begrenzt** den zusätzlichen P2P-Verkehr von **Urlaubsreisenden** zwischen attraktiven Heim- und **Feriendestinationen**. Hierin bestehen auch die Hauptunterschiede zu den Linienfluggesellschaften: Saisonalität, Destinationen und Passagiergruppen. Da sie häufig Teil vertikal integrierter Reiseveranstalter sind[381], stellt der Flug hierbei nicht die Hauptleistung, sondern nur einen Teil des Reisepakets dar und sollte somit im niedrigeren Preissegment liegen, den Passagieren jedoch möglichst das komplette Servicepaket bieten. Häufig fliegen diese Airlines daher ab zentral gelegenen Regionalflughäfen. Das **Serviceangebot** dieser Touristikfluggesellschaften ist dem der Linienfluggesellschaften (mit bspw. Catering, Sitzplatzreservierung oder auch Kundenbindungsprogrammen) angenähert, während die operative Ausgestaltung mit stark frequentierten P2P-Routen sowie einem Ein-Klassen-Konzept und hoher Bestuhlungsdichte eher den Low-Cost-Carriern gleicht. Die Anforderungen an Flughäfen sind gleichermaßen divergierend: Ein hohes Level an **Komfort** für die Passagiere in der Terminalgestaltung ist ebenso gefragt wie niedrige Flughafenentgelte und effiziente Prozesse. In Zukunft wird sich diese Art der Fluggesellschaften also höchstwahrscheinlich einem dieser Geschäftsmodelle weiter annähern, während sie das andere verlassen.[382]

Low-Cost-Carrier (LCC; auch Low-Fare- oder No-Frills-Airlines genannt) konstituieren die nächste und am stärksten divergierende Gruppe von Airlines. Ihr Angebot ist stark **standardisiert** und konzentriert sich auf den reinen Transport ohne starke Serviceorientierung. Das Streckennetz umfasst meist nur eine ausgewählte Anzahl an hochfrequentierten Kurz- und Mittelstreckenflügen. Diese Niedrigpreisairlines operieren vorrangig im P2P-Verkehr und bieten nur wenige Transfermöglichkeiten.[383]

---

381 So ist bspw. Condor ein Teil des Thomas Cook Konzerns oder Hapag-Lloyd dem TUI Konzern zugehörig, vgl. Airline-Business (2004): Leisure Travel Focus. Airlines ranked by charter passenger numbers, in: Airline Business, S. 89

382 Vgl. Joppien, Martin (2006): Strategisches Airline-Management: Evolutionstheorie und Luftverkehrsstrategien, S. 299
Maurer, Peter (2006): Luftverkehrsmanagement: Basiswissen, S. 32–36
Williams, George (2001): Will Europe's charter carriers be replaced by "no-frills" scheduled airlines?, in: Journal of Air Transport Management, S. 279–281

383 Vgl. Baker, Colin / Field, David / Ionides, Nicholas (2005): Global Reach – Airline Business Low Cost Survey, in: Airline Business, S. 65

Das Geschäftsmodell dieser Fluggesellschaften basiert auf einem **modularen System** mit sehr niedrigem Basispreis für den Flug an sich und zusätzlich anfallenden Kosten für alle weiteren Serviceleistungen wie Gepäckaufgabe oder Verpflegung. Die Hauptkundengruppe stellen deshalb **spontane Privatreisende und preissensible Geschäftsreisende** dar. Das generelle Preisniveau ist niedrig und die zu Grunde liegenden Preisstrukturen gradlinig ausgestaltet.[384]

Das Hauptaugenmerk der LCC liegt auf einer dauerhaft niedrigen Kostenstruktur und optimaler Ausnutzung aller Optionen zur **Kosteneinsparung**. Ein generell niedriges Niveau an operativen Kosten wird durch eine **geringe Komplexität** und **hohe Effizienz der Prozessgestaltung** erreicht. Hierdurch entstehen geringe Stand- und Turn-around-Zeiten auf der einen und eine hohe Flugfrequenz und -ausnutzung auf der anderen Seite. Darüber hinaus führt die Nutzung einheitlicher Flugzeugtypen zu zusätzlichen Synergien bei der Ausbildung des Flugpersonals sowie der Wartung und Operation der Flotte. Durch eine enge Bestuhlung und den partiellen Umbau von Galleys und Toiletten wird zusätzliche Sitzplatzkapazität gewonnen, was die Flugzeugauslastung erhöht. Letztlich sparen die Low-Cost-Airlines noch ein hohes Maß an Kosten durch vergleichsweise niedrige Lohnzahlungen und den flexiblen Einsatz des Personals für diverse Aufgaben sowie das Outsourcen diverser Prozesse in der Passagier- und Flugzeugabfertigung an Fremdfirmen.[385]

Auch in Bezug auf ihre Anforderungen an Flughäfen sind Preis und Effizienz die stärksten Treiber. Flughäfen müssen also eine **schnelle und vor allem günstige Abwicklung** (durch kurze Turnaround-Zeiten und niedrige Flughafengebühren) garantieren und aufgrund mangelnder Serviceorientierung der Airlines ein **Ersatzangebot** für die Passagiere bereithalten. Die Ausstattung der entsprechenden Flughäfen ist daher i.d.R. sehr reduziert (mit effizienten Check-In-Prozessen und der Einsparung von Lounges), bietet aber dennoch ein

---

Gillen, David / Morrison, William (2003): Bundling, integration and the delivered price of air travel: Are low-cost carriers full service competitors?, in: Journal of Air Transport Management, S. 18

384 Vgl. Lawton, Thomas C. (2002): Cleared for take-off: Structure and strategy in the low-fare airline business, S. 38

385 Vgl. Gillen, David / Morrison, William (2003): Bundling, integration and the delivered price of air travel: Are low-cost carriers full service competitors?, in: Journal of Air Transport Management, S. 18
Pitt, Michael / Brown, Andrew (2001): Developing a strategic direction for airports to enable the provision of services to both network and low-fare carriers, in: Facilities, S. 55

komplementäres Gastronomie- und Einkaufsangebot. Letztlich ist auch noch eine gute **landseitige Verkehrsanbindung** notwendig, da die entsprechenden Flughäfen meist nicht in Ballungszentren liegen, die von den Passagieren einfach erreicht werden können.[386]

Generell kann also festgehalten werden, dass die LCC einen starken Kostenfokus verfolgen, während die Linienfluggesellschaften (und auch die Regionalfluggesellschaften) einen klaren Servicefokus legen.[387]

Die letzte Gruppe sind die ***Frachtfluggesellschaften***, die sich auf den Transport von Gütern statt Passagieren fokussiert haben. Für sie ist also ein hohes Level an Service und Komfort von geringer Bedeutung. Vielmehr ist es für diese Fluglinien notwendig, dass der ausgewählte Flughafen eine reibungslose und **effiziente Abwicklung** des Transports inkl. zügiger Zoll- und Dokumentenabfertigung begünstig. Entsprechende Anlagen und Einrichtungen müssen also seitens des Flughafens bereitgestellt werden. Darüber hinaus ist ein reibungsloser, **intermodaler Verkehr** notwendig zum zügigen Weitertransport. Unbegrenzte **Öffnungszeiten** (kein Nachtflugverbot) sowie eine gute Anbindung an das Bodenverkehrsnetz sind für diese Airlines also unabdingbar.[388]

Es muss jedoch in Betracht gezogen werden, dass nur wenige Fluggesellschaften als reine Fracht-Fluglinien fungieren und daher meist auch über den Frachtbetrieb hinausgehende Ansprüche an die Flughäfen stellen. Der Großteil des Frachttransports (ca. 75%) wird von den Linienfluggesellschaften als sog. **Kombinationscarrier** mittransportiert oder durch integrierte Tochtergesellschaften für Frachtverkehr übernommen. Auch in diesem Markt bilden sich Allianzen wie etwa Sky Team Cargo oder WOW, zu denen auch die Lufthansa Cargo als Marktführer im Frachtsegment gehört. Daneben existieren noch die

---

386 Vgl. Barrett, Sean (2004): How do the demands for airport services differ between full-service carriers and low-cost carriers?, in: Journal of Air Transport Management, S. 37–38
Francis, Graham / Humphreys, Ian / Ison, Stephen (2004): Airports' perspectives on the growth of low-cost airlines and the remodeling of the airport–airline relationship in: Tourism Management, S. 509

387 Vgl. Trumpfheller, Michael (2006): Strategisches Flughafenmanagement – Positionierung und Wertschöpfung von Flughafentypen, S. 122

388 Vgl. Hoppin, David (2005): Cargo Counts, in: Airline Business, S. 100–103
Meeder, Stephan (2003): Flughafenwettbewerb und Flughafenstrategie, in: Merkel and Bjelicic (Hrsg.): Logistik und Verkehrswirtschaft im Wandel, S. 497
Terhorst, Rüdiger (1992): Das Modell eines Frachtflughafens und sein Beitrag zur logistischen Optimierung der Luftfrachttransportkette: Eine theoretische Analyse als Beitrag zur Wirtschaftlichkeit des Luftfrachtsystems, S. 68/162–167

sog. **Integrators**, die auf den Frachttransport spezialisiert sind, aber nicht nur den Lufttransport übernehmen, sondern den kompletten Weg zwischen Sender und Empfänger abdecken. Hierzu gehören vorrangig FedEx Express, UPS Airlines und im deutschen Markt auch DHL Aviation.[389]

Im Entscheidungsprozess von Airlines für einen Flughafen spielen demnach diverse Faktoren eine entscheidende Rolle. Diese Faktoren unterscheiden sich in ihrer Wichtigkeit je nach dem Geschäftsmodell der Fluglinien. Von besonderer Bedeutung für alle Fluglinien ist die Größe und Art des **Einzugsgebietes** des entsprechenden Flughafens. Hierbei spielen die Attraktivität für Geschäfts- und Privatreisende sowie die Eigenschaften und Kaufkraft der angebundenen Bevölkerung eine wichtige Rolle. Je nach Geschäftsmodell kommen dann als ausschlaggebende Faktoren die Möglichkeit, Cargo zu transportieren sowie die zentrale, geographische Lage des Flughafens hinzu. Generell müssen die Anforderungen der Airlines dahingehend erfüllt sein, dass die gesamte Infrastruktur in der Umgebung sowie die Einrichtungen am Flughafen selbst das operative Geschäft der Fluglinien unterstützen. Hierzu gehören u.a. eine ausreichende Anzahl an Slots, Einrichtungskapazitäten wie bspw. Wartungsanlagen oder auch physikalische Faktoren wie eine ausreichende Länge der Landebahn. Zusätzlich zu diesen allgemeinen Anforderungen, sind solche Faktoren wichtig, die die Positionierung der Fluglinie unterstützen wie bspw. ein möglichst geringes Nachtflugverbot für Cargoflugzeuge oder niedrige operative Kosten und finanzielle Unterstützung seitens des Flughafens für Low-Cost-Carrier.[390]

Um mögliche Fluglinienpartnerschaften zu realisieren, präsentieren die Flughafenbetreiber eine möglichst attraktive Berechnung ihres Einzugsgebietes sowie ein Angebot an **Anreizen und Unterstützungen** auf Basis des so genannten Marketing Support System Plans (MSSP). Von besonderer Bedeutung ist dies für die Low-Cost-Carrier, die auf einen besonders günstigen MSSP angewiesen sind, um ihre Niedrigpreisstrategie dauerhaft zu verfolgen. Flughafenbetreiber sind häufig dazu bereit, den LCCs entgegenzukommen, da deren Anwesenheit eine direkte, positive Auswirkung auf das Passagieraufkommen hat. Ein solcher Anstieg im Verkehrsvolumen steigert sowohl die touristische Ausrichtung der Region als auch die Schaffung von Arbeitsplätzen in dieser. Ein häufiges Problem solcher Kooperation ist das opportunistische Verhalten der Fluglinien: Statt

389 Vgl. Conway, Peter (2004): Cargo Alliances: Team Work, in: Airline Business, S. 58
Mountford, Trevor / Tacoun, Fabrice (2004): Cargo Airline and Airport Ranking 2003, in: Airline Business, S. 51

390 Vgl. Halpern, Nigel / Graham, Anne (2013): Airport Marketing, S. 48–49

einen Teil der Unterstützung, wie geplant, in eine gemeinsame Kommunikation und langfristige Ausrichtung zu investieren, nutzen viele Airlines den MSSP ausschließlich als finanzielle Unterstützung und verlassen den kooperierenden Flughafen, wenn diese finanziellen Mittel aufgebraucht sind.[391]

Es bestehen also verschiedene Faktoren, die die Attraktivität eines Flughafens für Fluggesellschaften bestimmen, die zusammenfassend in der folgenden Tabelle nochmals aufgeführt sind.[392]

Hauptkriterien zur Auswahl eines Flughafenbetreibers durch Airlines:
• Breite, Dichte und potentielles Marktwachstum des Einzugsgebietes
• Verfügbarkeit von Slots
• An- bzw. Abwesenheit direkter Konkurrenten
• Netzwerk und operationale Beständigkeit
• Flughafengebühren und Treibstoffpreise
• Minimale Turnaroundzeiten
• Ökonomische und kommerzielle Incentives zu Beginn
• Breite und Verfügbarkeit von Infrastruktureinrichtungen
• Verfügbarkeit intermodularer Lösungen zum Ansteuern / Verlassen des Flughafens
• Wenig umweltbedingte Einschränkungen
• Verfügbarkeit von Wartungseinrichtungen
• Keine Flugverbotszeiten
• Flughafenausbauprojekte
• Niedrige historische Rate von abfertigungsbedingten Vorfeldunfällen

Tabelle 6-1: Kriterien zur Wahl des Flughafens durch Airlines[393]

---

391 Zur Verhandlungsmacht der Fluglinien vgl. auch Kapitel 6.2.1.
Vgl. Jarach, David (2005a): Airport Marketing: Strategies to cope with the new millennium environment, S. 46–49

392 Eine detaillierte Zusammenfassung der Anforderungen je Kundengruppe liefert Abb. 6-8 auf S. 239.

393 Vgl. Jarach, David (2005a): Airport Marketing: Strategies to cope with the new millennium environment, S. 36

(ii) *Passagiere und weitere Endkonsumenten:*

Neben den Airlines zählen die Passagiere zu der zweitsignifikantesten Kundengruppe von Flughäfen. Flugpassagiere sind über die letzten Jahre erfahrener geworden, was das Angebot im Luftverkehrsbereich angeht und durch die gestiegene Auswahl auch weniger loyal gegenüber den bestehenden Anbietern wie Fluglinien und Flughäfen. Darüber hinaus besteht auch eine immer größer werdende Nachfrage seitens der Endkonsumenten nach einem weiterführenden, innovativen Angebot.[394]

Generell können Passagiere entweder nach **Reiseanlass** (Privat- vs. Geschäftsreisende) oder nach **Art des Aufenthalts** (Originär- vs. Transferpassagiere) kategorisiert werden. Für die **Privatreisenden** steht häufig der **Preis** des Angebots im Vordergrund, sowohl bei der Flugbuchung als auch während des Aufenthalts am Flughafen. Sie verbringen tendenziell eine längere Zeit am Flughafen und nutzen währenddessen viele Angebote des Non-Aviation-Segments, vor allem in den Bereichen Gastronomie, Duty-Free-Einkäufen und Souvenirs. Für **Geschäftsreisende**, auf der anderen Seite, spielt vor allem der Faktor **Zeit** eine wichtige Rolle. Sie nutzen daher vor allem die Serviceeinrichtungen des Flughafens zur Effizienzsteigerung ihres Aufenthalts wie bspw. Banken, Autovermietungen oder Lounges und legen verstärkt Wert auf Verfügbarkeit und Effizienz aller Geschäftsfelder. Trotz eines vergleichsweise hohen, verfügbaren Einkommens nutzen sie durch die limitierte Aufenthaltszeit nur beschränkt das sonstige, nicht luftfahrtbezogene Angebot.

Bei der Einteilung nach Aufenthaltsart können ebenfalls Unterschiede zwischen den Passagiersegmenten festgestellt werden: Es ist zu beobachten, dass **Originärpassagiere** vor allem einen großen Wert auf die gute **Erreichbarkeit** des Flughafens legen (Verkehrsanbindung, öffentliche Verkehrsanbindung und Parkmöglichkeiten), während **Transferpassagiere** aufgrund ihrer langen Verweildauer am Flughafen verstärkt alle Bereiche des **Non-Aviation-Segments** (v.a. auch erlebnisorientierte Angebote) nutzen und daher auch den größten Anteil am Umsatz in diesem Bereich erbringen.[395]

Generell ist jedoch festzustellen, dass Flughäfen (und auch Fluglinien) bisher kaum innerhalb dieser Kundengruppe differenzieren. Eine gezielte Ansprache

---

394 Vgl. Halpern, Nigel / Graham, Anne (2013): Airport Marketing, S. 2
Schulz, Axel / Baumann, Susanne / Wiedenmann, Simone (2010): Flughafen Management, S. 162

395 Vgl. Boeing (2014): Current Market Outlook 2014–2033, S. 7
Conrady, Roland / Fichert, Frank / Sterzenbach, Rüdiger (2012): Luftverkehr: Betriebswirtschaftliches Lehr- und Handbuch, S. 12–15
Doganis, Rigas (2009): Flying off course: Airlines economics and marketing, S. 190–192
Schulz, Axel / Baumann, Susanne / Wiedenmann, Simone (2010): Flughafen Management, S. 162–163

erfolgt nur auf der Ebene der Buchungsklassen oder des Loyalitätsstatus in den Bereichen Check-In und Lounge-Zugang.[396] Eine Bestimmung der verschiedenen Customer Touch Points der einzelnen Segmente und eine darauf aufbauende Analyse über den bestehenden Grad der Bedürfnisbefriedigung wären daher sinnvoll.

Die **Wahl des Flughafens** bestimmt bei der Kundengruppe der Passagiere sehr häufig immer noch das **luftfahrtbezogene Angebot**. Hierbei sind die wichtigsten Faktoren der Ticketpreis, die Reisezeit, die Anzahl der Zwischenstopps, Pünktlichkeit, Airline, Flugzeugtyp und Abflug- bzw. Ankunftszeit. In Bezug auf Passagiere ist der Flug selbst meist wichtiger als der Aufenthalt am Airport, weswegen die Reiseroute maßgeblich durch das Vorhandensein bestimmter **Fluglinien und damit Streckennetze** bestimmt wird und nicht durch das unabhängige Angebot des Flughafens. Die Zuverlässigkeit und Pünktlichkeit des Flugbetriebs ist also das ausschlaggebende Kriterium, kann allerdings seitens des Flughafens nur bedingt beeinflusst werden. Der Zielflughafen wird hierbei durch das gewünschte **Reiseziel** bestimmt, der Startflughafen durch das entsprechende **Einzugsgebiet**. Nur im Fall einer starken Konkurrenzsituation zwischen mehreren Flughäfen an einem dieser Orte ist der Flughafen an sich ein entscheidendes Auswahlkriterium. Stärker ist ggf. die Wahl eines Transferflughafens, an dem der Passagier sich über längere Zeit aufhält. Auch dieser ist generell jedoch doch das Streckennetz der gewählten Airline vorgegeben und nur ein relevantes Kriterium, falls Reisende keine Präferenz zwischen Airlines (hinsichtlich Preis und Angebot) haben oder die gewählte Airline verschiedene Drehkreuze innerhalb ihres Streckennetzes verwendet.[397] Die folgende Graphik bietet eine Übersicht über den Auswahlprozess der Passagiere bei der Wahl der Luftverkehrsroute:

---

396 Vgl. Graham, Anne (2003): Managing Airports: An international perspective, S. 75

397 Dies ist vor allem bei nordamerikanischen Airlines teilweise der Fall, wie z.B. US Airways (jetzt zusammengeschlossen mit American Airlines), die sowohl Charlotte als auch Philadelphia als Drehkreuze einsetzen.
Vgl. Cho, Woohyun / Windle, Robert J. / Dresner, Martin E. (2015): The impact of low-cost carriers on airport choice in the US: A case study of the Washington–Baltimore region, in: Transportation Research Part E, S. 154
Furuichi, Masahiko / Koppelmann, Frank (1994): An analysis of air travelers' departure airport and destination choice behavior, in: Transportation Research, S. 187–188
Hess, Stephane / Polak, John (2010): Airport Choice Behavior: Findings from Three Seperate Studies, in: Forsyth et al. (Hrsg.): Airport Competition – The European Experience, S. 194–195
Ishii, Jun / Jun, Sunyoung / van Denver, Kurt (2009): Air travel choices in multi-airport markets, in: Journal of Urban Economics, S. 225

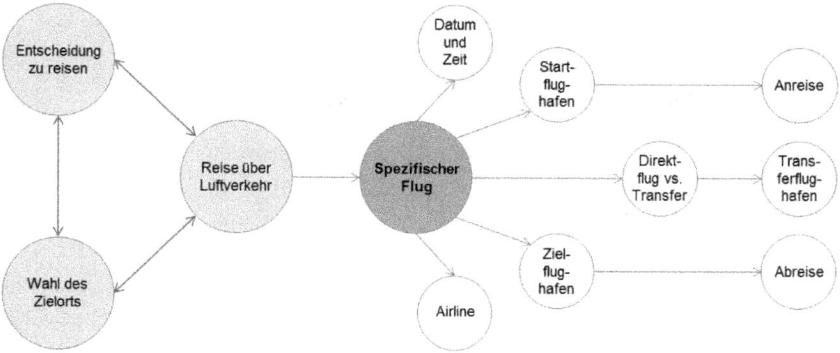

Abbildung 6-6: Auswahlprozesse einer Luftverkehrsroute[398]

Auch für andere Endkonsumenten wie **„Meeters & Greeters"** (Abholer und Bringer) ist daher das luftfahrtbezogene Angebot bestimmend. Ein weiterer wichtiger Aspekt für alle Endkonsumenten ist die **Erreichbarkeit** des Flughafens; hierzu zählen neben der geographischen Nähe auch dessen Einbettung in das öffentliche Verkehrsnetz und die Parkmöglichkeiten. Weitere vom Flughafen beeinflussbare Kriterien liegen in den für die Passagiere wichtigen Faktoren Service und Komfort sowie Prozesseffizienz beim Check-in. Für Endkonsumenten wie **Luftfahrtenthusiasten, Besucher und Anwohner**, die insgesamt stärker an dem nicht luftfahrtbezogenen Angebot des Flughafens interessiert sind, zählen die **Flughafeneinrichtungen** sowie das **kommerzielle Angebot** zu den wichtigsten Faktoren. Hierbei stehen die Flughäfen dann in direkter Konkurrenz zu Anbietern anderer Kultur-, Konferenz-, Freizeit- und Einkaufseinrichtungen.[399]

398 Vgl. Hess, Stephane (2010): Modelling Air Travel Choice Behavior, in: Forsyth et al. (Hrsg.): Airport Competition – The European Experience, S. 155

399 Vgl. Bao, Danwen / Hua, Songyi / Gu, Jiayu (2016): Relevance of airport accessibility and airport competition, in: Journal of Air Transport Management, S. 50
Halpern, Nigel / Graham, Anne (2013): Airport Marketing, S. 50–52
Reynolds-Feighan, Aisling / McLay, Peter (2006): Accessibility and attractiveness of European airports: A simple small community perspective in: Journal of Air Transport Management, S. 314
Trumpfheller, Michael (2006): Strategisches Flughafenmanagement – Positionierung und Wertschöpfung von Flughafentypen, S. 132–137

Es ist es daher besonders wichtig, dass der Flughafen sein Angebot auch auf die speziellen Bedürfnisse seiner entsprechenden Kundengruppen ausrichtet. Im kommerziellen Bereich bedeutet dies bspw., dass an Low-Cost-Flughäfen eher ein günstiges und schnell abwickelbares Angebot offeriert wird, während an Transferflughäfen, an denen Passagiere verweilen, ein breites Angebot verschiedener Einkaufsmöglichkeiten geboten wird.[400]

Für die Bestimmung der Zielgruppengröße ist das jeweilige **Einzugsgebiet** des Flughafens ausschlaggebend. Die Berechnung des Einzugsgebietes wird häufig an der Fahrtzeit zum Flughafen festgemacht. Die maximale Entfernung beträgt für die primäre Zielgruppe hierbei ca. eine Stunde, wobei internationale Drehkreuze mit extensiven Streckennetzen sicherlich auf ein größeres, primäres Einzugsgebiet zurückgreifen können. Darüber hinaus gilt diese Einteilung vorrangig für den stark besiedelten Markt in Deutschland und weiteren Teilen Europas. Weiter entfernte Einzugsgebiete stellen die sekundäre Zielgruppe dar, die stärker umkämpft ist, da ihr möglicherweise ein konkurrierender Flughafen in gleicher Entfernung zur Verfügung steht.[401] Diese Überschneidung des Einzugsgebiets ist aber nur dann relevant, wenn die konkurrierenden Flughäfen auch ein vergleichbares Angebot aufweisen. Die Größe des primären Einzugsgebietes wird allerdings auch durch weitere Faktoren wie der Qualität der bestehenden Infrastruktur / Anbindungsmöglichkeiten, der ökonomischen, wirtschaftlichen und touristischen Ausrichtung der Region sowie der Demographie der Anwohner bestimmt. Daher wurde als neuere und treffendere Methode zur Bestimmung des Einzugsgebietes das so genannte Geomarketing genutzt. Unter Einbezug von Buchungsdaten, kann dieses genutzt werden, um Zonen zu identifizieren, die geographisch nicht zum primären Einzugsgebiet gehören, aber dennoch im direkten Anziehungsbereich liegen. Dieses natürliche Einzugsgebiet wird jedoch nicht immer proportional ausgeschöpft. Falls ein Teil des einem bestimmten Flughafen zugerechneten Einzugsgebietes zu einem anderen Flughafen abwandert, entsteht ein sog. „Traffic Leakage“ oder auch Verkehrsschwund. In den letzten Jahren wurde ein solcher

400 Vgl. Doganis, Rigas (2009): Flying off course: Airlines economics and marketing, S. 202–205
Halpern, Nigel / Graham, Anne (2013): Airport Marketing, S. 138

401 Eine Übersicht über die Anzahl der Flughäfen (über 1 Mio. PAX p.a.), zu denen Reisende in einem Radius von zwei Stunden Zugang haben findet sich in Abbildung A-6-1 auf S. 312 des Anhangs.

Schwund häufig durch das an anderen Flughäfen steigende Aufkommen von Niedrigpreisfluglinien verursacht.[402]

Eine signifikante Schwachstelle im Management vieler Flughafenbetreiber liegt darin, dass kein Bewusstsein über die Größe, Dichte und ökonomische Relevanz ihrer Einzugsgebiete besteht. Diese Kenntnis hätte jedoch starke Auswirkungen auf die Verhandlungsposition von Flughäfen innerhalb ihrer Kooperationen im B2B-Bereich, da sowohl für Airlines als auch angesiedelte Unternehmen ein attraktives Einzugsgebiet einen signifikanten Erfolgstreiber darstellt.[403]

b) Gewerbliche Kunden und Lieferanten:

Die nächste Gruppe sind die gewerblichen Kunden und Lieferanten, die bei einem produzierenden Unternehmen relativ einfach bestimmt werden können. Flughäfen sind jedoch Unternehmen, die eine Vielzahl von Produkten und Dienstleistungen verschiedenster Art anbieten und daher auch eine sehr vielfältige Lieferantenstruktur aufweisen. Es ist hierbei daher besonders wichtig, eine strukturierte und integrierte Kommunikation zu all diesen Gruppen zu gestalten. Zu den **Lieferanten** zählen u.a. Flugsicherung, Zoll, Flughafensicherheit, Passagierabwicklung, Gepäckabwicklung, Frachtabwicklung, Parkplatzbetreiber, Händler, Treibstoffzulieferer und Feuerschutz.[404]

---

402 Vgl. Dempsey, Paul Stephen (1999): Airport Planning & Development Handbook: A Global Survey, S. 235–242
Fu, Qian / Kim, Amy (2016): Supply-and-demand models for exploring relationships between smaller airports and neighboring hub airports in the U.S., in: Journal of Air Transport Management, S. 67
Morrell, Peter (2010): Airport Competition and Network Access, in: Forsyth et al. (Hrsg.): Airport Competition – The European Experience, S. 16–17
Schulz, Axel / Baumann, Susanne / Wiedenmann, Simone (2010): Flughafen Management, S. 146–147
Zeike, Olaf (2003): Nachfrageveränderungen im Rahmen von Flughafenkooperationen: Analyse des Verhaltens von Luftverkehrskunden und -unternehmen sowie der Maßnahmen zur Förderung von Verkehrsverlagerungen zwischen Flughäfen, S. 91

403 Vgl. Strobach, Daniel (2010): Competition among Airports and Overlapping Catchment Areas: An Application to the State of Baden-Württemberg, in: Forsyth et al. (Hrsg.): Airport Competition – The European Experience, S. 262–264

404 Vgl. Halpern, Nigel / Graham, Anne (2013): Airport Marketing, S. 17–19
Jimenez, Edgar / Claro, Joao / Pinho de Sousa, Jorge (2013): The airport business in a competitive environment, in: European Journal of Transport and Infrastructure Research, S. 325

Zu den **gewerblichen Kunden** zählen vor allem Unternehmen, die am Flughafen angesiedelt sind und ihre Leistungen vor Ort anbieten. Diese zahlen Miete oder Konzessionen an die Flughäfen und nutzen sowohl die Immobilien und Verkaufsflächen des Flughafens als auch seine Infrastruktur und Anbindungsoptionen. Hierzu zählen u.a. Gastronomie, Hotels, Einzelhändler, Autovermietungen, Reisebüros sowie diverse Serviceanbieter im nicht luftfahrtbezogenen Geschäftsfeld des Flughafens. Indirekt sind diese Kunden auch **gleichzeitig Lieferanten** des Flughafens, da sie das nicht luftfahrtbezogene Angebot für die Endkunden bereitstellen und anbieten.[405]

Von besonderem Interesse sind für diese Kundengruppe Flughäfen in verkehrsgünstiger Lage und die angebotenen Flächen im Flughafen und Flughafenumfeld. Darüber hinaus legen sie ihren Fokus auf günstige Preise, flexible Zeiten für Anlieferung und Abholung und unterstützende Infrastruktureinrichtungen.[406]

c) Wettbewerber

Obwohl viele Flughäfen aufgrund ihrer Größenvorteile, Markteintrittsbarrieren und der Abhängigkeit angesiedelter Fluglinien eher in einer Monopolstellung agieren als einem starken Wettbewerb gegenüberstehen, besteht dennoch Konkurrenz zwischen einigen Flughäfen sowie zu anderen Anbietern des nicht luftfahrtbezogenen Portfolios.[407]

Diese Wettbewerbssituation wurde im vorangegangenen Kapitel bereits eingehend beschrieben. Zusammengefasst besteht im luftfahrtbezogenen Geschäftsbereich auf der einen Seite eine Konkurrenz mit anderen Flughäfen und auf der anderen Seite eine Substitutionsgefahr durch den öffentlichen Fernverkehr am Boden. Letzterer ist jedoch nur eine Konkurrenz für nationale Kurzstreckenverbindungen und an den meisten Flughäfen eher ein intermodaler Partner in

---

405 Vgl. Freathy, Paul / O'Connel, Frank (1999): Planning for profit: the commercialization of European airports, in: Long Range Planning S. 593–594
Young, Seth / Wells, Alexander (2011): Airport Planning and Management, S. 362

406 Vgl. Peneda, Mauro José Aguiar / Reis, Vasco Domingos / Macário, Rosário (2011): Critical factors for development of airport cities, in: Transportation Research Record: Journal of the Transportation Research Board, S. 10
Terhorst, Rüdiger (1992): Das Modell eines Frachtflughafens und sein Beitrag zur logistischen Optimierung der Luftfrachttransportkette: Eine theoretische Analyse als Beitrag zur Wirtschaftlichkeit des Luftfrachtsystems, S. 73–74

407 Vgl. Barrett, Sean (2000): Airport Competition in the deregulated European aviation market, in: Journal of Air Transport Management, S. 14–16

der Anbindung als ein Wettbewerber. Hinsichtlich anderer Flughäfen besteht dann eine starke Konkurrenzsituation, wenn die Einzugsgebiete verschiedener Flughäfen sich überschneiden, was vor allem in dicht besiedelten Regionen und Ballungsgebieten der Fall ist (bspw. Stuttgart vs. München oder Köln-Bonn vs. Düsseldorf). Hier entscheiden dann meist das Preisniveau und die Flugfrequenzen bzw. das bestehende Streckennetz über die Wahl der Fluglinie und des Flughafens. Darüber hinaus besteht vor allem eine Konkurrenz um Transferpassagiere, die nicht an einen Flughafen als Origin/Destination gebunden sind. Im nicht luftfahrtbezogenen Segment steht der Flughafen in direkter Konkurrenz mit sämtlichen Einzelhändlern mit vergleichbarem Angebot in der Umgebung. Die Vorteile des Flughafens liegen hierbei jedoch in der Aufenthaltsdauer der verschiedenen Zielgruppen am Flughafen und der zusätzlichen Öffnungszeiten. Generell hängt die Machtposition des Wettbewerbs also von der Substitutionsmacht der Endkonsumenten ab.[408]

d) Eigentümer

Ungeachtet der in Kapitel 2 beschriebenen Möglichkeiten der Eigentümerstruktur ist das übergeordnete Ziel der Shareholder immer die letztendliche Gewinnmaximierung und Unternehmenswertsteigerung. Sollte ein Flughafen also (teil-)privatisiert sein, ist hierauf ein besonderer Fokus zu legen. Es gilt jedoch zu bedenken, dass die öffentliche Hand als Eigentümer sowohl einen Gewinnmaximierungsansatz als auch ein Verständnis von Flughäfen als Infrastrukturanbieter verfolgt und somit gespaltene Interessen aufweist. Diese müssen von den Flughäfen immer in Betracht gezogen und ggf. gegeneinander abgewogen werden.[409]

---

408 Vgl. Hanlon, Pat (2007): Global Airlines: Competition in a Transnational Industry, S. 176–178
Holzschneider, Michael (2003): Flughäfen im Wettbewerb, in: Internationales Verkehrswesen, S. 329ff
Copenhagen Economics (2012): Airport Competition in Europe, S. 60
Tretheway, Michael / Kincaid, Ian (2010): Competition Between Airports: Occurrence and Strategy, in: Forsyth et al. (Hrsg.): Airport Competition – The European Experience, S. 120–121

409 Vgl. The Boston Consulting Group (BCG) (2004): Airports – Dawn of a New Era. Preparing for one of the industry's biggest shake-ups, S. 10
Interview mit Prof. Dr. Georg Fundel, Geschäftsführer Flughafen Stuttgart GmbH (2016)

e) Mitarbeiter und Gewerkschaften

Gerade durch die kommerzielle Entwicklung von Flughäfen entsteht durch die Vielzahl von **Arbeitnehmern am Flughafen** eine neue, sehr signifikante Zielgruppe. Hierzu zählen nicht nur die direkten Angestellten des Flughafens, sondern vor allem auch von anderen Firmen innerhalb der Luftfahrtwertschöpfungskette: (1) Luftfahrtdienstleistungen wie bspw. Bodenabwicklung oder Catering, (2) kommerzieller Einrichtung wie Airport Retailer oder Autovermietungen, (3) Ankäufer von Werbeflächen, Immobilien etc. und (4) Lieferanten wie bspw. Bauunternehmen und Ingenieursfirmen.[410]

Die Ansprüche und Bedürfnisse der Mitarbeiter des Flughafens und der angesiedelten Unternehmen unterscheidet sich nicht signifikant von denen anderer Arbeitnehmer. Hierzu zählen vordergründig Einkommensniveau, Arbeitsplatzsicherheit und gute Arbeitsbedingungen sowie weitere materielle und immaterielle Nutzenkategorien.[411]

Die Verhandlungsmacht der Arbeitnehmer ist hier jedoch durch die erheblichen Auswirkungen im Fall einer Streiksituation weitaus stärker als in den meisten anderen Branchen. Durch diese Sanktionsmacht der in Gewerkschaften organisierten Mitarbeiter (häufig vor allem bei den angesiedelten Fluglinien) ist es von höchster Signifikanz, eine gute Kommunikation und Beziehung zu diesen aufzubauen.[412]

Andererseits sind Flughäfen als Arbeitgeber sehr beliebt und angesehen und zählen aufgrund der Vielzahl der bestehenden und neu geschaffenen Arbeitsplätze sowie ihrer starken Arbeitsplatzsicherheit als „Jobmotoren" ihrer entsprechenden Regionen. Die europäischen Flughäfen beschäftigen z.B. 156.000 direkte und 1,2 Mio. indirekte Mitarbeiter.[413]

---

410 Vgl. Halpern, Nigel / Graham, Anne (2013): Airport Marketing, S. 2

411 Vgl. Janisch, Monika (1993): Das strategische Anspruchsgruppenmanagement: Vom Shareholder Value zum Stakeholder Value, S. 224

412 Vgl. Trumpfheller, Michael (2006): Strategisches Flughafenmanagement – Positionierung und Wertschöpfung von Flughafentypen, S. 142

413 Vgl. ADV / DLR (2015): Marktbarometer Luftverkehr, S. 6
Fraport (2013): Flughafen Frankfurt ist Wirtschaftsfaktor und Job-Motor erster Ordnung

6.2.2.2 Sekundäre Stakeholder – Öffentlichkeit und Politik

Wie bereits soeben und in Kapitel 2 beschrieben, stehen Flughäfen als signifikante Wirtschaftstreiber ihrer Region besonders im **Fokus der Öffentlichkeit**. Hierzu zählen vor allem Anwohner der Region, die regionale Wirtschaft und Gesetzgeber, Bürger(initiativen) und Interessensverbände sowie die Medien. Die Forderungen dieser Zielgruppe drehen sich primär um den **Umweltschutz** mit der Vermeidung von **Lärm und Abgasen** auf der einen Seite und dem **wirtschaftlichen Fortschritt** und damit einhergehend der Schaffung und Beibehaltung von **Arbeitsplätzen** sowie der Entwicklung der Region auf der anderen Seite.[414]

Die Machtposition dieser Stakeholdergruppe ist stark, da sie ein **hohes Beeinflussungs- und Meinungsbildungspotential** aufweist. Durch die direkte Betroffenheit sind gerade die Bewohner der Region sehr darauf bedacht, ihre Interessen gegenüber dem Flughafen zu vertreten und durchzusetzen. Bei der Verhinderung des Flughafenausbaus oder der Durchsetzung des Nachtflugverbotes am Flughafen Frankfurt bspw. hat die Öffentlichkeit durch Bürgerinitiativen der Anwohner eine starke Meinungsbildungsfraktion gestellt, die sich lautstark und weitreichend gegen die Interessen des Flughafens ausgesprochen hat. Um eine solch **negative Imagebildung** zu verhindern, muss darauf geachtet werden, das Konfliktpotential mit diesen Stakeholdern durch Kooperation und offene Kommunikation möglichst gering zu halten. Ein besonderes Augenmerk der Öffentlichkeitsarbeit von Flughäfen liegt daher auf den Maßnahmen zum Umweltschutz seitens des Flughafens, da die öffentliche Meinung hierzu besonders kritisch steht. Um das Meinungsklima nachhaltig zu verbessern muss der Flughafen solche Maßnahmen glaubwürdig umsetzen und dies eingehend gegenüber den Meinungsbildern und allen Stakeholdern kommunizieren. Beispiele hierfür sind in Frankfurt unter anderem das vom Land Hessen getragene „Forum Flughafen und Region", welches als Informationsplattform für die Anwohner dient sowie den Dialog zwischen der Region und der Luftverkehrswirtschaft ermöglicht. Durch die integrierte Expertenkommission

414 Vgl. ACI Airports Council International (2000): Creating Employment and Prosperity in Europe: An Economic Impact Study Kit, S. 4/12–13
Beder, Heinrich (1999): Flughafen Frankfurt a.M.: Drehscheibe des Weltluftverkehrs, S. 14–15
Jimenez, Edgar / Claro, Joao / Pinho de Sousa, Jorge (2013): The airport business in a competitive environment, in: European Journal of Transport and Infrastructure Research, S. 324
Kaspar, Claude / Erni, Pascal (1992): Die volkswirtschaftliche und verkehrswirtschaftliche Bedeutung des Flughafens Zürich, S. 14

„Aktiver Schallschutz", bestehend aus Vertretern von Flughafen, Flugsicherung und Öffentlichkeit, werden die Interessen der Anwohner zusätzlich vertreten. Während des Flughafenausbaus (2000-2008) bestand zudem noch das „Regionale Dialogforum", welches als Mediationsplattform für alle beteiligten Stakeholder fungierte. Die Imagebildung kann jedoch durch Förderung und Gründung unterstützender Initiativen auch positiv beeinflusst werden. So existieren im Raum Frankfurt ebenfalls Interessensverbände der Bürger, die den Flughafen unterstützen („Pro-Flughafen"). Darüber hinaus haben Fraport, Lufthansa und Condor sich zusammengeschlossen und die Initiative „Ja zu FRA" ins Leben gerufen, die über die positiven Auswirkungen des Flughafens und die wirtschaftliche Bedeutung für die Region informiert und mit allen Interessensvertretern kommuniziert.[415] Die folgende Graphik stellt die in Kapitel 6.2.2 bereits beschriebenen Kundengruppen von Flughäfen nochmals dar[416]:

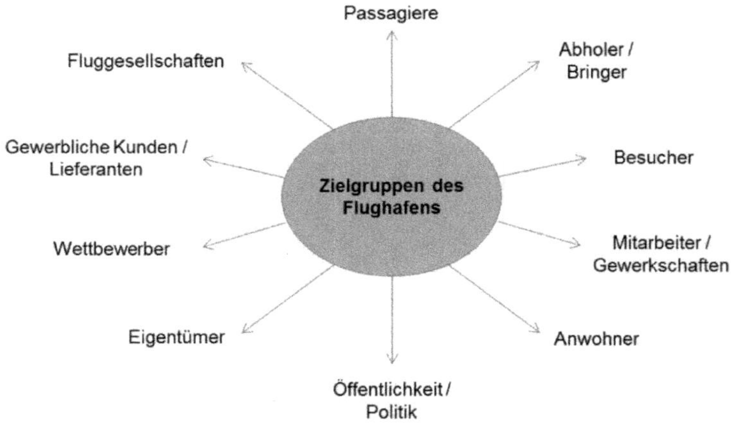

Abbildung 6-7: Zusammenfassung der Kundengruppen von Flughäfen

415 Vgl. Bündnis der Bürgerinitiative (2015): Für eine lebenswerte Region Rhein-Main
Eurocontrol (2013): Challenges of Growth 2013, S. 17–19
Forum Flughafen und Region (2008): Regionales Dialogforum Flughafen Frankfurt
Forum Flughafen und Region (2015): Dialog zwischen der Region und der Luftverkehrswirtschaft
Ja zu FRA! (2015): Für den Flughafen. Für RheinMain.
Pro Flughafen e.V. (2015): Eine Initiative für die Zukunft der Region Frankfurt/Rhein-Main
Young, Seth / Wells, Alexander (2011): Airport Planning and Management, S. 49–50

416 Darüber hinausgehende Stakeholdergruppen im Makro-Umfeld von Flughäfen finden sich in Abbildung A-6-2 auf S. 312 des Anhangs

Über die beschriebenen Kundengruppen hinaus besteht zudem noch das **Makro-Umfeld** von Flughäfen, welches politische und rechtliche sowie ökonomische, sozio-kulturelle, technologische und umweltbezogene Faktoren umfasst. Letztere wurden im vorangegangenen Abschnitt zu der Öffentlichkeit als Stakeholder bereits beschrieben. **Politische und rechtliche Faktoren** werden stark durch die Eigentümerstruktur sowie den Grad der Deregulierung bestimmt, wie bereits in Kapitel 2.2.1 beschrieben wurde. Ein weiterer Faktor, der diesbezüglich eine Rolle spielt, ist die globale **Sicherheit** im Luftverkehr. Daher werden nach besonderen Vorfällen wie bspw. vom 11. September 2001 in den USA zusätzliche Vorgehensweisen und Richtlinien eingeführt. Solche Richtlinien werden nicht von einzelnen Flughäfen bestimmt, sondern durch die ICAO festgelegt.[417]

Die **ökonomischen Einflussfaktoren** entstehen durch eine direkte Korrelation zwischen der wirtschaftlichen Situation einer Region und der Luftverkehrsnachfrage in dieser. Es hat sich in der Historie gezeigt, dass die Entwicklung des Bruttoinlandsproduktes eines Landes eine direkte Auswirkung auf die Nachfrage im Flugverkehr mit sich bringt. Zum einen liegt dies natürlich daran, dass in schlechteren wirtschaftlichen Zeiten nicht so viel Fracht transportiert wird und weniger Reisende im Business Segment fliegen. Darüber hinaus besteht jedoch auch eine Auswirkung auf die Anzahl der Privatpassagiere, da diese in solchen Zeiten ein niedrigeres verfügbares Einkommen haben und die Gesamtbevölkerung eher zurückhaltend in ihren Ausgaben ist. Es ist daher für Fluglinien sowie für Flughäfen in solchen Zeiten schwierig, die nötige Anzahl an Passagieren zu behalten, um kompetitiv operieren zu können.[418]

Hinsichtlich der **sozio-kulturellen Faktoren** ist es zur Erstellung eines optimalen Angebots wichtig, die spezifischen Bedürfnisse der Zielgruppe zu kennen. In vielen westlichen Ländern ist bspw. die Anzahl der älteren Passagiere stark gestiegen, was zum einen dem demographischen Wandel, aber auch dem neuen Selbstbild dieser Zielgruppe zuzuschreiben ist. In anderen Ländern liegt ein stärkerer Fokus bspw. auf jüngeren Familien mit einer Vielzahl von Kindern. Ein Flughafen muss es schaffen, die jeweilige Zielgruppe sowohl hinsichtlich der gewünschten Reiserouten als auch während ihres Aufenthaltes am Flughafen optimal anzusprechen und ihre Bedürfnisse bestmöglich zu erfüllen.[419]

Die Luftfahrtindustrie ist stark **technologisch** geprägt, weshalb es für alle Akteure in der Wertschöpfungskette essentiell wichtig ist, diesbezüglich auf

417 Vgl. Halpern, Nigel / Graham, Anne (2013): Airport Marketing, S. 24–25
418 Vgl. Halpern, Nigel / Graham, Anne (2013): Airport Marketing, S. 32
419 Vgl. Halpern, Nigel / Graham, Anne (2013): Airport Marketing, S. 36

dem neuesten Stand zu sein. Durch Innovationen in der Luftfahrt müssen häufig sowohl Infrastrukturen als auch Geschäftsmodelle verändert werden. Seit Flugzeuge längere Strecken ohne Nachtanken bedienen können, sind einige Flughäfen, die primär als technische Zwischenstationen agierten – wie bspw. Dubai oder Anchorage, Alaska – in ihrer bestehenden Form obsolet geworden. Die Herausforderung besteht dann darin, sich neu zu definieren, z.B. als eigenes Endziel (Dubai) oder internationale Frachtstation (Anchorage). Weitere Entwicklungen betreffen den Fortschritt im Flugzeugbau: Durch immer neue, innovative Flugzeugmodelle müssen Flughäfen sich ständig in ihrer Ausstattung anpassen. Ein Beispiel hierfür ist die Einführung des Airbus A380, der aufgrund von Größe und Gewicht eine völlig neue Flughafeninfrastruktur benötigte. Technische Entwicklungen bestehen jedoch nicht nur im Flugzeugbau, sondern auch in der generellen Abwicklung des Flugverkehrs in der Luft und am Boden. Verschiedene, internationale Air Traffic Management (ATM) Initiativen, wie bspw. das Single European Sky Project (SESAR – Single European Sky ATM Research), sollen die allgemeine Effizienz des Luftverkehrs erhöhen und gleichzeitig die negativen Auswirkungen auf Gesellschaft und Umwelt verringern, was alle Akteure im Luftverkehr vor neue Herausforderungen stellt. Auch am Boden bietet die Luftfahrtindustrie viele Innovationen mit dem Ziel, Prozesse stromlinienförmiger und moderner zu gestalten. Bereits integriert ist bspw. der sog. Self-Service Check-In Prozess. Weitere Entwicklungen werden gerade in den Bereichen Mobile Check-In, Gepäckabwicklung mit Hilfe von RFID-Technologie oder auch in papierlosen Frachtprozessen integriert.[420]

All diese Faktoren müssen neben den Anforderungen der verschiedenen Kundengruppen in Betracht gezogen werden, um ein entsprechendes Leistungsportfolio zu erstellen, welches die Basis für die Erreichung der in Kapitel 4.3 aufgestellten, zukünftigen Positionierungsstrategien darstellt. Die Analyse der Kundenstruktur und -anforderungen ist daher notwendige Basis für die Ableitung strategischer Handlungsempfehlungen in Kapitel 7. Die folgende Abbildung fasst die Bedürfnisse der primären Kundengruppen von Flughäfen zu diesem Zweck nochmal zusammen:

---

420 Vgl. Halpern, Nigel / Graham, Anne (2013): Airport Marketing, S. 37–39
Lufthansa Group (2016): Politikbrief 1/2016 März, S. 2

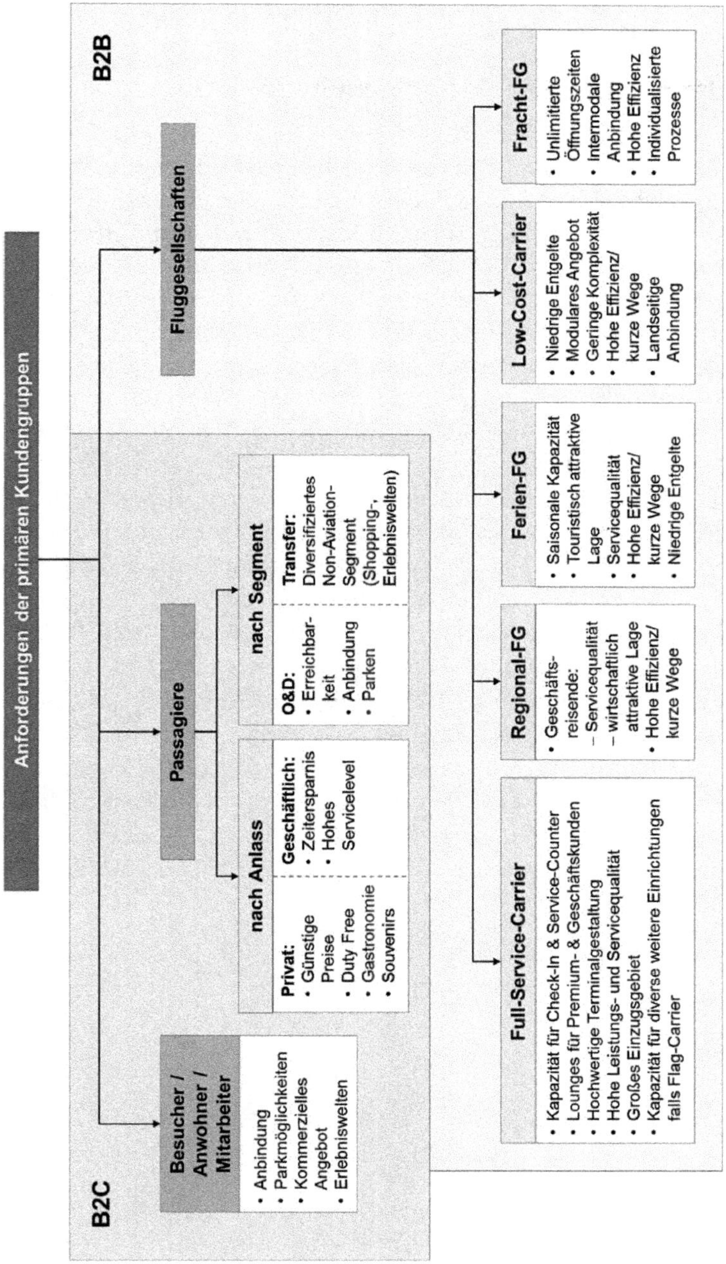

Abbildung 6-8: Anforderungen der verschiedenen Kundensegmente

6.3 Analyse bestehender Markenbildungs- und Marketinginitiativen

6.3.1 Entwicklung der Marktorientierung von Flughäfen

Zwischen dem Konzept von Airport Marketing und der generellen Entwicklung des strategischen Marketingansatzes können durchaus Parallelen gezogen werden. Die zeitliche und inhaltliche Entwicklung des Marketing hat innerhalb des letzten Jahrhunderts verschiedene Orientierungsphasen durchlaufen, die in ähnlicher Form verspätet in der Flughafenindustrie beobachtet werden können:

Zu Anfang wurden Flughäfen meist zu militärischen Zwecken erbaut, da der Lufttransport zu zivilen Zwecken in dieser Form kaum existierte. Es bestand daher auch keine Notwendigkeit, das Angebot von Flughäfen auf ihre Kunden auszurichten oder es diesen gegenüber zu demonstrieren. Zu Beginn der zivilen Luftfahrt wurden Flughäfen dann häufig als Statussymbol erbaut, das die wirtschaftliche Bedeutung und Machtposition eines Landes oder einer Region hervorheben sollte. Da die Ziele also eher politisch als ökonomisch waren, wurde auch hier kein Fokus auf die Zielgruppen, sondern nur auf die operative Durchführung gelegt. Im weiteren Verlauf der Luftfahrtentwicklung wurden dann zwar die Passagiere als tatsächliche Kunden angesehen aber das Produkt „Fliegen" in keiner Form differenziert betrachtet.[421] Durch den Verständnis- und Positionierungswandel von Flughäfen hin zu wirtschaftlich agierenden Unternehmen jedoch, entstand ein erhöhter Wettbewerb zwischen den Flughäfen und somit eine neue Relevanz von Markenbildung und Marketing. Sowohl das luftfahrtbezogene als auch nicht luftfahrtbezogene Geschäftsfeld mussten zunehmend entsprechend vermarktet und diese Vermarktung effektiv in die übergeordnete Strategie der Flughäfen integriert werden. Flughäfen, die danach streben, zu den besten zu gehören, müssen ihre Attraktivität sowohl im B2C als auch im B2B Kontext signalisieren.[422]

421 Vgl. Halpern, Nigel / Graham, Anne (2013): Airport Marketing, S. 3–4

422 Vgl. Schulz, Axel / Baumann, Susanne / Wiedenmann, Simone (2010): Flughafen Management, S. 155

6.3.2 Untersuchung der aktuellen Marktorientierung unter Anwendung des Marketing-Mixes innerhalb der Flughafenindustrie

Eines der bekanntesten Modelle zur Beschreibung von Marketingansätzen sind die 4P des Marketing, bekannt als Marketing-Mix: *Produkt, Preis, Promotion und Platzierung.*[423] Im Folgenden sollen diese auf die Flughafenindustrie angewandt werden.

Die erste Dimension ist das **Produkt** an sich, welches aufgrund der Vielzahl von Angeboten und Leistungen am Flughafen, die teilweise von verschiedenen Anbietern und Dienstleistern erbracht werden, im vorliegenden Fall jedoch nicht vollständig abgegrenzt werden kann. Auch hier können die beiden Strategischen Geschäftsfelder des Flughafens wieder gesondert betrachtet werden: Zum einen das luftfahrtbezogene Geschäftsfeld, das die Kernleistung des Flughafens ausmacht und das nicht luftfahrtbezogene Geschäftsfeld, das den verschiedenen Zielgruppen des Flughafens darüber hinaus attraktive Leistungen bietet. Obwohl bereits analysiert wurde, dass sich letzteres ggf. besser zur Abgrenzung im Wettbewerb mit anderen Flughäfen eignet, wird zwar die Auswahl der Angebote und Leistungen durch den Flughafen getätigt, nicht jedoch die Ausgestaltung und Erbringung an sich. Es soll daher an dieser Stelle nur festgehalten werden, dass diese Ausgestaltung von höchster Signifikanz für die Positionierung des Flughafens ist und dementsprechend gemäß den Anforderungen der daraus resultierenden Zielgruppe angepasst werden muss. Das luftfahrtbezogene SGF auf der anderen Seite, kann anhand der nachfolgenden Dimensionen bestimmt und teilweise durch den Flughafen ausgestaltet werden.

- Frequenz der Flüge und Verfügbarkeit von Slots
- Streckennetzwerk und verfügbare Destinationen
- Möglichkeit zum luft- und landseitigen Transferverkehr
- Öffnungszeiten und sonstige Limitationen
- Infrastrukturversorgung (Anzahl an Parkpositionen, Gates, Lounges, etc.)
- Angebot an Dienstleistungen (Wartung, Parken, etc.).

Zusätzlich zu der Ausgestaltung dieser Dimensionen muss generell sichergestellt werden, dass die Abfertigung von Passagieren und Gepäck mit höchstmöglicher Effizienz durchgeführt wird, da ein reibungsloser und zeitsparender Ablauf für alle Kunden (B2B und B2C) von primärer Wichtigkeit ist. Ein unterstützender

---

423 Vgl. Homburg, Christian (2012): Marketingmanagement, S. 7–8
Peter, Paul / Donnelly, James (2013): Marketing Management – Knowledge and Skills, S. 48–50

Faktor kann hierbei die Flexibilität des Flughafendesigns sein, das an veränderte Anforderungen (wie bspw. Kundenstrukturen) angepasst werden kann. Darüber hinaus kann auch die Entscheidung, gewisse Leistungen auszulagern zur Effizienz und Effektivität des Flughafens beitragen.[424]

Die nächste Dimension ist der **Preis** des Flughafenangebots. Hier wurde bereits beschrieben, dass der Preisdruck, unter dem die Airlines leiden, sich in direkter Auswirkung auf die Flughäfen übertragen hat, so dass bei der Preissetzung kein allzu großer Spielraum besteht. Generell kann jedoch festgehalten werden, dass Flughäfen, die versuchen, neue Fluggesellschaften anzuziehen, kompetitivere Preise bieten müssen, als Flughäfen mit etablierten Routen und Airline-Partnerschaften. Darüber hinaus besteht die Möglichkeit ein sog. „Incentive Pricing" zu etablieren, bei dem der Preis so gestaltet wird, dass sich die Kunden in einer vom Flughafen favorisierten Art verhalten, um den optimalen Preis zu erzielen. Ein klassisches Beispiel hierfür ist die Preissetzung für die Nutzung von Gates, bei dem den Airlines attraktive Konditionen für schnelle Turn-around-Zeiten gewährt werden, um eine kürzere Aufenthaltsdauer und damit stärkere Auslastung zu erzielen.[425]

Generell ist es für europäische und vor allem für deutsche Fluglinien und Flughäfen schwierig ausreichend kompetitiv zu bleiben, da sie besonders strengen Vorschriften unterliegen, was Kosten, Preise und Angebot angeht. Mit der allgemeinen Deregulierung des Luftverkehrs sind Flugpreise generell gesunken, die Lohnkosten sind jedoch in Europa und vor allem in Deutschland gesetzlich geregelt und dürfen daher nicht wie in anderen Ländern an das Niedrigpreisniveau angeglichen werden. Das macht es für im Luftverkehr agierende Unternehmen schwierig, kostendeckend und gleichzeitig kompetitiv zu operieren. Hinzu kommen vor allem in Deutschland geltende ökologische Vorschriften wie das Nachtflugverbot oder die Emissionssteuer auf Flugtickets, die die erzielbare Marge noch weiter einschränken.[426]

Als nächstes betrachtet der Ansatz die **Platzierung** des Angebots. Da die physikalische Lage des Flughafens nicht veränderbar ist, muss ein besonderer Fokus auf der Platzierung der Informationsleistung bzgl. des spezifischen Angebots des Flughafens gelegt und über verschiedene Kanäle an die Kundengruppen getragen

---

424 Vgl. Bush, Harry / Starkie, David (2014): Competitive drivers towards improved airport/airline relationships, in: Journal of Air Transport Management, S. 47

425 Vgl. Tretheway, Michael / Kincaid, Ian (2010): Competition Between Airports: Occurrence and Strategy, in: Forsyth et al. (Hrsg.): Airport Competition – The European Experience, S. 130–132

426 Vgl. Halpern, Nigel / Graham, Anne (2013): Airport Marketing, S. 35/39
Lufthansa Group (2016): Politikbrief 1/2016 März, S. 1–2

werden. Hierfür benötigt der Flughafen eine ausreichende Präsenz in verschiedenen Absatzkanälen. Essentiell wichtig sind hierfür die Reservierungssysteme und Internetauftritte von Fluggesellschaften und Reiseveranstaltern, weshalb Kooperationen mit diesen von essentieller Wichtigkeit sind. Darüber hinaus ist die effektive Gestaltung der eigenen Absatzkanäle des Flughafens ein relevanter Faktor. Während der Vorbereitungs- und Anbahnungsphase sind diese im B2C-Segment mittlerweile vermehrt online zu finden; in der Abschluss- und Realisierungsphase sowie bei B2B-Kunden steht vor allem die **persönliche Interaktion** im Vordergrund.[427]

Letztendlich ist der Faktor **Promotion** zu betrachten. Hierunter fällt die marktorientierte Kommunikation des Flughafens. Die Ausgestaltung des Faktors Promotion ist in Bezug auf Flughäfen vor allem dahingehend zu unterscheiden, dass Flughäfen all ihre Zielgruppen, die sich stark voneinander differenzieren, mit einer einheitlichen bzw. integrierten Kommunikation ansprechen müssen. Hierbei setzen Flughäfen vor allem auf klassische Werbung, Direktmarketing und Public Relations (PR) sowie auch Social Media Marketing. Die **klassische Werbung** wird von Flughäfen vorrangig genutzt, um Bewusstsein zu generieren und mit ihrer vielfältigen Zielgruppe zu kommunizieren. Zusätzlich zu den hohen Kosten, die mit Werbung in Print und TV verbunden sind, ist diese Art der Kommunikation jedoch unpersönlich und einseitig und wird daher von der relevanten Zielgruppe nur bedingt wahrgenommen und wertgeschätzt. Um konkrete Inhalte zu übermitteln, wie es bspw. beim Streckenmanagement der Fall sein muss, werden also andere Formen der Kommunikation benötigt.[428]

Bisherige Marketingaktivitäten sind bisher vorrangig im **B2B-Segment** zu finden. Hier existieren bereits diverse Ansätze zum **„Air Service / Route Development“**, dessen Ziel es ist, neue Fluggesellschaften anzuziehen, bestehende und neue Strecken im Netz zu bewerben sowie die luftseitigen Leistungen auf die spezifischen Bedürfnisse der Airlines zugeschnitten auszubauen. Darüber hinaus trägt ein verbessertes Streckennetz auch stark zum kommerziellen Erfolg

---

427 Vgl. Mattmüller, Roland (2012): Integrativ-Prozessuales Marketing, S. 59
Tretheway, Michael / Kincaid, Ian (2010): Competition Between Airports: Occurrence and Strategy, in: Forsyth et al. (Hrsg.): Airport Competition – The European Experience, S. 135
Die einzelnen Phasen des Integrativ-Prozessualen Marketingansatzes werden im weiteren Verlauf des Kapitels eingehender beschrieben.

428 Vgl. Halpern, Nigel / Graham, Anne (2013): Airport Marketing, S. 169–173
Halpern, Nigel / Graham, Anne (2015): Airport route development: A survey of current practice, in: Tourism Management, S. 213–214

eines Flughafens bei. In diesem Teilbereich des Airport Marketing engagieren sich bereits jetzt 96% aller europäischen Flughäfen aller Größen durch Teilnahme an entsprechenden Konferenzen und Messen sowie Inzentivierungsmechanismen und engen Austausch mit den Airlines.[429]

Eine Form der Interaktion, die ebenfalls vor allem im B2B Bereich erforderlich ist, ist das **Direktmarketing** und der **persönliche Verkauf**. Hierbei können gezielte Inhalte vermittelt sowie ein persönliches Verhältnis und eine Vertrauensbasis aufgebaut werden, was für Transaktionen mit Fluglinien und anderen Unternehmen von signifikanter Bedeutung ist, da diese mit hohen Investitionen verbunden und auf lange Zeit ausgelegt sind. Im B2B-Kontext ist darüber hinaus vor allem eine starke Unternehmensmarke (Corporate Brand) notwendig, da das anbietende Unternehmen häufig einen stärkeren Einfluss auf die Kaufentscheidung hat als die Leistung an sich. Diese persönlichen Interaktionen werden entweder bilateral oder häufig auch auf den oben erwähnten entsprechenden Messen und Fachtagungen (sog. Streckennetz-Entwicklungs-Foren) wie z.B. dem „World Route Development Forum“ oder der „Tourism and Air Service Summit“ geschlossen.[430]

Sowohl im B2B- als vor allem auch im B2C-Bereich ist jedoch auch der Einsatz von **Public Relations** (PR) von höchster Effektivität und Bedeutung. Der zu Grunde liegende Faktor ist, dass Flughäfen einen signifikanten sozialen, ökonomischen und ökologischen Einfluss haben und daher einer starken Meinungsbildung unterliegen. Zielgruppe dieser Aktivitäten sind Bewohner, Bürger(initiativen), Gesetzgeber, Medien und auch Kunden des Flughafens. Mit gezielter Öffentlichkeitsarbeit können Beziehungen zu diesen Gruppen aufgebaut und nachhaltig gepflegt werden.[431] Gerade im Bereich der Imagebildung und –erhaltung ist PR von höchster Wichtigkeit, da es dazu beitragen kann,

429 Vgl. Halpern, Nigel / Graham, Anne (2016): Factors affecting airport route development activity and performance, in: Journal of Air Transport Management, S. 69–71
Tretheway, Michael / Kincaid, Ian (2010): Competition Between Airports: Occurrence and Strategy, in: Forsyth et al. (Hrsg.): Airport Competition – The European Experience, S. 133–134
Interview mit Ulrich Stiller, Division Manager Marketing / Sales Flughafen Köln / Bonn (2016)

430 Vgl. Halpern, Nigel / Graham, Anne (2013): Airport Marketing, S. 173–177
Rosenbaum-Elliott, Richard / Percy, Larry / Pervan, Simon (2011): Strategic Brand Management, S. 230

431 Eine Beschreibung der Öffentlichkeitsarbeit vom Flughafen Frankfurt/Main wurde bereits in Kapitel 6.2.2 integriert.

die Beziehungen zur Öffentlichkeit und anderen Stakeholdern nachhaltig zu verbessern sowie die Bekanntheit des Flughafens und seines spezifischen Leistungsportfolios insgesamt zu erhöhen. Hierbei sind nicht nur eine einseitige Kommunikation, sondern ein Dialog mit den relevanten Stakeholdern sowie eine Einbindung des Flughafens in die Gesellschaft von großer Bedeutung.[432]

Darüber hinaus sind Flughäfen vor allem im Bereich **Sponsoring** stark engagiert, da dies eine direkte, positive Korrelation in der Meinungsbildung der Zielgruppe zu Folge hat. Ein Flughafen hat in diesem Zusammenhang die Möglichkeit, seine Marke in einem positiven und für die Zielgruppe relevanten Umfeld zu positionieren. Hierbei können wünschenswerte Assoziationen über das tatsächliche Geschäftsfeld hinaus geschaffen werden. Das Marken-Image wird an dieser Stelle dann direkt mit dem gesponserten Event und den damit verbundenen Assoziationen in Verbindung gebracht. Viele Flughäfen engagieren sich bereits im Bereich des Sportsponsorings, wie z.B. Fraport bei der Frankfurter Eintracht oder der Flughafen Köln-Bonn auf kommunaler Ebene. Dieses Sponsoring hat die Steigerung der Bekanntheit und in diesem Fall vor allem des Images des Flughafens zum Ziel. Neben dem Sport-Sponsoring kann häufig auch ein Kunst-, Sozio- oder Politsponsoring beobachtet werden. Gerade bzgl. der ökologischen Bedenken, die viele Stakeholder in Bezug auf Flughäfen haben, könnte ein stärker sozial und umweltorientiertes Sponsoring sehr positiv zur Imagebildung beitragen.[433]

In der heutigen Zeit ist es jedoch unumgänglich, diese Formen der Kommunikation auch im Bereich der **sozialen Medien** zu spiegeln und zugänglich zu machen, was bisher nur partiell von einigen wenigen Flughäfen umgesetzt wird. Vor allem für die Zielgruppe der Passagiere ist es wichtig, sich online über den

432 Vgl. Halpern, Nigel / Graham, Anne (2013): Airport Marketing, S. 179
Schulz, Axel / Baumann, Susanne / Wiedenmann, Simone (2010): Flughafen Management, S. 168–169
Young, Seth / Wells, Alexander (2011): Airport Planning and Management, S. 47–48
Interview mit Ulrich Stiller, Division Manager Marketing / Sales Flughafen Köln / Bonn (2016)
Interview mit Prof. Dr. Georg Fundel, Geschäftsführer Flughafen Stuttgart GmbH (2016)

433 Vgl. Gwinner, Kevin / Eaton, John (1999): Building Brand Image through Event Sponsorship: The Role of Image-Transfer, in: Journal of Advertising, S. 47–48
Halpern, Nigel / Graham, Anne (2013): Airport Marketing, S. 171
Rosenbaum-Elliott, Richard / Percy, Larry / Pervan, Simon (2011): Strategic Brand Management, S. 133

Flughafen und sein Angebot zu informieren und diesbezüglich auch mit anderen Nutzern auszutauschen.[434] Für einen Flughafen bietet dies eine weitere Möglichkeit, Einfluss auf die Meinungs- und Imagebildung in seiner Zielgruppe zu nehmen. Generell ist eine digitale Transformation der Flughäfen sowohl in der Ausgestaltung des Serviceangebots als auch der Kommunikation also unerlässlich für die zukünftige Ausrichtung.[435]

Die Tatsache, dass Flughafenbetreiber im Vergleich zu den Fluglinien einen rein reaktiven Ansatz bezüglich der Ansprache ihrer Endkonsumenten verfolgt haben, ist ein entscheidender Faktor dafür gewesen, dass flughafeninterne Marketingkompetenzen stark vernachlässigt wurden. Zwar engagieren sich die meisten Flughäfen, wie oben beschrieben, in verschiedenen Arten von Marketing und Kommunikation, vernachlässigen jedoch stark die strategischen Aspekte des Marketing.[436]

Da der Ansatz der 4Ps diese ebenfalls nicht vollständig beinhaltet und unter der Dimension „Promotion" meist eher eine einseitige Kommunikation seitens des Unternehmens versteht und darüber hinaus in der Praxis generell nur schwer zu operationalisieren ist, soll im Folgenden zur Analyse der integrativen Ansprache aller Kundengruppen der Integrativ-Prozessuale Marketingansatz von Mattmüller und Tunder (1999) betrachtet werden.[437]

Dieser integrative Ansatz der Bezugsgruppenberücksichtigung basiert auf der Transaktionskostentheorie und den Annahmen der Neuen Institutionenökonomie sowie den vom Tauschprozess abgeleiteten Marketingfunktionen: (1) Vorbereitung der Marktteilnahme, (2) Anbahnung (Marktkommunikation), (3) Abschluss des Marktvertrags und (4) Realisierung des Tauschgeschäfts.[438]

Diese Marketingfunktionen unterliegen sowohl übergreifend als auch in ihren Teilfunktionen den Managementfunktionen der Konzeption, Planung, Ausführung und Kontrolle. Die Marketingfunktionen selbst stellen die Gesamtheit

---

434 Bereits heute geschieht dies in allen Bereichen des Luftverkehrs über nutzergenerierten Content auf Plattformen wie z.B. Airliners.de.

435 Vgl. Arthur D Little (2015): Airports 4.0: Impact of Digital Transformation on Airport Economics, S. 8
Halpern, Nigel / Graham, Anne (2013): Airport Marketing, S. 180–182

436 Vgl. Jarach, David (2005a): Airport Marketing: Strategies to cope with the new millennium environment, S. 31

437 Vgl. Mattmüller, Roland (2012): Integrativ-Prozessuales Marketing, S. 43–45
van Waatershoot, Walter / van den Bulte, Christophe (1992): The 4P Classification of the Marketing Mix Revisited, in: Journal of Marketing, S. 84–85

438 Vgl. Mattmüller, Roland (2012): Integrativ-Prozessuales Marketing, S. 52–54

der Funktionen innerhalb der Anbieter-Nachfrage-Beziehung dar und bieten somit eine fundamentale Integration der Kunden sowohl während der Marktprogrammerstellung als auch in der darauffolgenden Abschluss- und Realisierungsphase, welche in bisherigen Modellen vernachlässigt wurden und deren

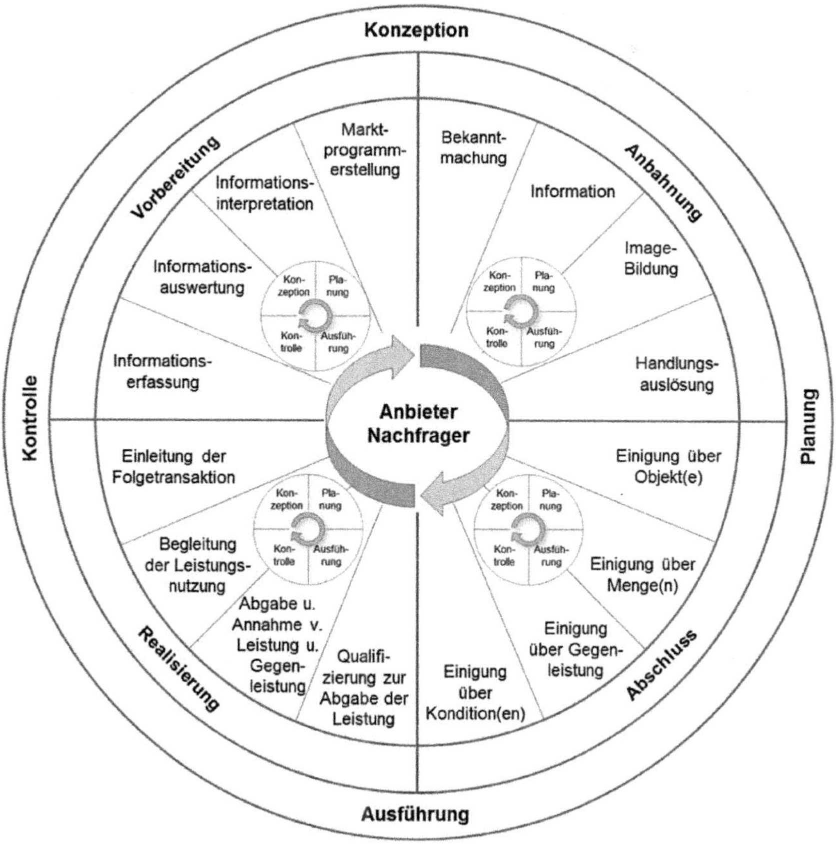

Abbildung 6-9: Integrativ-Prozessualer Marketingansatz (IPM)[440]

Operationalisierung basierend auf dem IPM abgeleitet werden kann.[439]

439 Vgl. Mattmüller, Roland (2012): Integrativ-Prozessuales Marketing, S. 58–60
440 Vgl. Mattmüller, Roland (2012): Integrativ-Prozessuales Marketing, S. 59

Vor allem vor dem Hintergrund, dass die Wirkung von Kommunikationsmaßnahmen durch die Vielzahl an Medien und Kommunikationskanälen immer stärker zersplittert ist und durch Kosteneinsparungen keine weitere Steigerung der Profitabilität erreicht werden kann, ist ein integrativer Ansatz, der inhaltlich und formal aufeinander abgestimmt ist und somit die Wirkung einzelner Maßnahmen als Ganzes verstärkt, von immer höherer Bedeutung.[441]

Für Flughäfen bedeutet dies, dass sie sich nicht mehr ausschließlich auf die Ausgestaltung ihres Produkts und eine möglichst niedrige Kostenstruktur fokussieren sollten, sondern die Ausarbeitung einer geeigneten Marktbearbeitungsstrategie und entsprechender Markenbildung als signifikante Treiber ihres langfristigen Erfolgs anerkennen. Hierzu ist es vorrangig wichtig, nicht nur einseitig mit den relevanten Kunden zu kommunizieren, sondern durch einen integrativen Ansatz deren Bedürfnisse in alle Phasen der Angebotsausgestaltung miteinzubeziehen.

Im folgenden Kapitel soll nun konzeptionell erarbeitet werden, auf welchem Weg die zukünftig attraktiven Positionierungen erreicht werden (Kapitel 7.1) und wie Flughäfen Ansätze zur Markenbildung als unterstützende Maßnahmen implementieren können (Kapitel 7.2). Abbildung 6-9 verdeutlicht noch einmal die bisherigen Analysen der vorliegenden Arbeit und ihre Signifikanz für das folgende Kapitel.

441 Vgl. Aaker, David / Stahl, Florian / Stöckle, Felix (2015): Marken erfolgreich gestalten – Die 20 wichtigsten Grundsätze zur Markenführung, S. 4
Kroeber-Riel, Werner / Esch, Franz-Rudolf (2015): Strategie und Technik der Werbung, S. 151–152

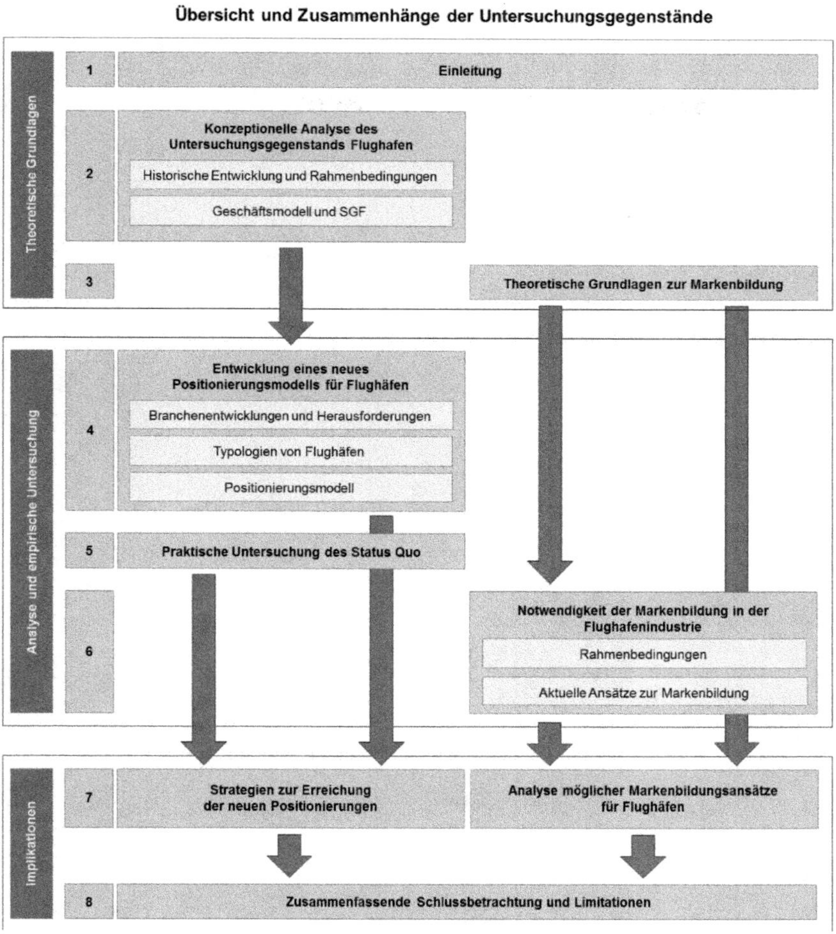

Abbildung 6-10: Übersicht und Zusammenhänge innerhalb der vorliegenden Arbeit

7. Ableitung unternehmerischer Handlungsempfehlungen

Im folgenden Kapitel sollen die auf den bisherigen Untersuchungen basierenden Handlungsempfehlungen zur Erreichung der zukünftig optimalen Positionierungsstrategien (Kapitel 7.1) und der Implementierung einer entsprechenden Markenbildung (Kapitel 7.2) aufgezeigt werden.

7.1 Voraussetzungen und Strategien zur Erreichung der zukünftigen Positionierungsoptionen

Die Auswahl einer geeigneten Positionierungsstrategie ist unerlässlich für den langfristigen Erfolg eines Flughafens. Diese Wahl kann jedoch nicht immer frei getroffen werden, da verschiedene Parameter der Positionierung häufig bereits gegeben sind. Je nach gewählter Positionierung müssen unterschiedliche Strategien hinsichtlich der Ausrichtung und der Zielgruppenattraktion getroffen werden. Ein neues Modell zur Positionierung von Flughäfen wurde basierend auf den bestehenden Geschäftsmodellstrukturen (Kapitel 4.1) sowie heutigen und zukünftigen Entwicklungen der Luftverkehrsindustrie (Kapitel 4.2) hergeleitet und in Kapitel 4.3 vorgestellt. Zusätzlich wurden in Kapitel 5 die bestehenden Flughafentypologien an Fallbeispielen empirisch untersucht. Vor diesem Hintergrund sollen in diesem Kapitel die notwendigen Voraussetzungen und möglichen Strategien zur Erreichung der zukünftig erstrebenswerten Positionierungsmodelle hervorgehoben werden. Die folgende Abbildung stellt das in Kapitel 4 aufgestellte Modell zukünftiger Positionierungsansätze nochmal in seiner Gesamtheit dar.

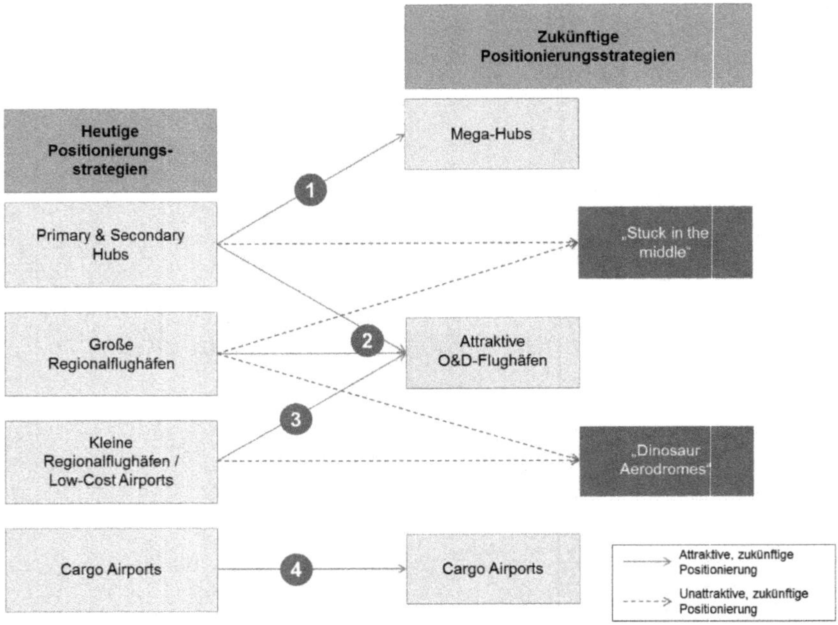

Abbildung 7-1: Mögliche Entwicklungen der heutigen Positionierungen zu den zukünftigen Modellen der Positionierung

a) Entwicklung von Drehkreuzen zu Mega-Hubs

Wie bereits beschrieben, ist es für die bestehenden Hubs zur Sicherung ihrer Positionierung als führende Mega-Hubs essentiell wichtig, sich zu allumfassenden **„Airport-Mega-Cities"** zu entwickeln. Um die notwendige Größe zu erreichen, müssen diejenigen Flughäfen, die diese zukünftige Positionierung anstreben, zunächst die kritische Anzahl an Passagier- und Frachtaufkommen anziehen. Daher muss als erster Faktor das potentielle **Einzugsgebiet** des Flughafens betrachtet werden. Ein Flughafen, der aufgrund seiner Lage nicht die entsprechende Anzahl an Anwohnern, Touristen oder angesiedelten Unternehmen aufweist, hat niemals die Möglichkeit, sich als großes Drehkreuz zu positionieren und die notwendigen **Flag-Carrier** anzuziehen oder zu halten. Nur ein Flughafen, der es schafft, einen der großen, internationalen Carrier langfristig an sich zu binden, hat die Chance, sich zum Mega-Hub weiterzuentwickeln bzw. diese Position beizubehalten. Insgesamt müssen Flughafenbetreiber deshalb weitaus stärker mit den Fluggesellschaften kooperieren anstatt diese als Opposition zu betrachten, denn durch die Konsolidierung der Streckennetze ist die Ausrichtung und Positionierung der Flughäfen von diesen primären Stakeholdern im höchsten Maße abhängig. Die verbesserte Kooperation hilft dabei, Synergien auszunutzen und die beidseitige Unsicherheit durch eine langfristige Bindung zu minimieren. Daher werden sich langfristig sog. **Airport-Systeme** bestehend aus Flughafen und Flag-Carrier bzw. Airline-Allianzen zusammenschließen und gemeinsam im Wettbewerbsumfeld mit anderen Airport-Systemen konkurrieren.[442]

Aber auch die großen Drehkreuze können sich auf ihrem Weg zu Mega-Hubs nicht mehr ausschließlich auf die enge Kooperation mit ihrem Flag-Carrier oder der entsprechenden Airline-Allianz verlassen. Auch sie müssen sich in geeigneter Weise differenzieren und **attraktive Destinationen** über ihre Drehkreuzfunktion hinaus darstellen, falls die kommende Konsolidierung der Luftverkehrsnetze die Umsetzung der Mega-Hub-Strategie nicht unterstützt.

Selbst große Flughäfen wie Frankfurt müssen mittlerweile erkennen, dass sie sich zunehmend diversifizieren müssen, um nachhaltig wachsen zu können, wie die bereits in Kapitel 4.2.3 beschriebene Ausrichtung auf das Niedrigpreissegment, ggf. sogar mit eigener Terminalstruktur für diesen Bereich, verdeutlicht. Auch wenn die Airlines im Low-Cost-Bereich nicht mehr an die hohen Wachstumsraten der letzten Jahre anschließen können, wird in diesem Segment nach wie vor das höchste Wachstum erzielt. Neben den hier nachhaltig hohen Wachstumszahlen erwarten die Passagiere im Einzugsgebiet das Vorhandensein des Niedrigpreissegments, für das sie ansonsten ggf. tatsächlich einen anderen Flughafen wählen würden. Verdeutlicht wird diese Entwicklung dadurch, dass Ryanair Lufthansa Anfang 2017 als größte europäische Airline abgelöst hat. Es muss jedoch bedacht werden, dass sich eine solche Diversifizierung des Geschäftsmodells nicht immer nahtlos in die bestehende Positionierungsstrategie integrieren lässt und auch die daraus abzuleitende Kommunikationsstrategie vor neue Herausforderungen stellt. So sind bspw. weder die Arbeitnehmer noch die Öffentlichkeit, Politik oder Anwohner sonderlich erfreut über die neue Niedrigpreis-Expansion des Frankfurter Flughafens. Durch eine verstärkte Nutzung der neuen Landebahn durch die LCC nehmen die Flüge in den Randzeiten

442 Vgl. Albers, Sascha / Koch, Benjamin / Ruff, Christine (2005): Strategic alliances between airlines and airports—theoretical assessment and practical evidence, in: Journal of Air Transport Management, S. 52–53
Arthur D Little (2005): Demystifying the Aviation Industry – Die Sieger und Verlierer im internationalen Luftverkehr, S. 19
Fife, William (2001): The future of airports, in: Civil Engineering, S. 46
The Boston Consulting Group (BCG) (2004): Airports – Dawn of a New Era. Preparing for one of the industry's biggest shake-ups, S. 6/30

zu, während die allgemeinen Lohnstrukturen, Arbeitnehmerleistungen und Arbeitsbedingungen durch die Präsenz der „Billigflieger“ teilweise abnehmen. Einige Studien haben jedoch auch gezeigt, dass die Präsenz von LCC an einem Flughafen durch eine allgemein höhere Attraktivität des Aviation-Angebots in den Augen der Passagiere auch positive Auswirkungen auf die anderen Fluggesellschaften haben kann. Es muss also immer zwischen potentiellem Wachstum – was in diesem Fall noch keine wachsende Profitabilität bedeutet – und den damit einhergehenden negativen Auswirkungen abgewogen werden.[443]

Zusätzlich muss die bestehende **Airport City** in allen relevanten Geschäftsfeldern ausgebaut werden, um alle Bedürfnisse und Anforderungen der Kunden – sowohl im B2C- als auch im B2B-Segment – zu bedienen. Hierzu gehört zum einen natürlich eine sog. „Core Airport City“, die alle luftfahrtbezogenen Services beinhaltet. Darüber hinaus ist es jedoch auch essentiell wichtig, die „Extended Airport City“ soweit auszubauen und zu diversifizieren, dass jegliche Wünsche der Kundengruppen vor Ort erfüllt und alle erdenklichen Leistungen umgehend in Anspruch genommen werden können. Ziel ist es also, nicht nur ein hervorragendes Airport-Produkt, sondern auch eine überragende Airport-Erlebniswelt zu bieten. Ein weiterer Faktor ist die **multi-modale Anbindung und Infrastruktur** des Flughafens, welche für die Weiterentwicklung der Airport City ein unerlässlicher Faktor ist.[444]

In der folgenden Graphik ist zu erkennen, dass die deutschen Hubs in der Ausgestaltung eines diversifizierten Angebots deutlich hinter den anderen internationalen Drehkreuzen – vor allem aus Asien und den Golfstaaten – zurückliegen.

---

443 Vgl. ACI Europe Airports Council International (2010): An outlook for Europe's airports – Facing the challenges of the 21st century, S. 7–8
Airliners.de (dh/dpa) (2017a): Fraport erwägt spezielles Billigflieger-Terminal
Cho, Woohyun / Windle, Robert J. / Dresner, Martin E. (2015): The impact of low-cost carriers on airport choice in the US: A case study of the Washington–Baltimore region, in: Transportation Research Part E, S. 142
Eurocontrol (2016b): Seven-Year Forecast 2016–2022, S. 19–20
Manager-Magazin (2017): Ryanair erstmals vor Lufthansa
Hessenschau (2016b): Streit um Rabatte und Sozialdumping: Ryanair scheucht Lufthansa und Landtag auf
The Boston Consulting Group (BCG) (2004): Airports – Dawn of a New Era. Preparing for one of the industry's biggest shake-ups, S. 5

444 Vgl. Ariffin, Ahmad Azmi M. / Yahaya, Mohd Fahmi (2013): The relationship between airport image, national identity and passengers delight: A case study of the Malaysian low cost carrier terminal (LCCT) in: Journal of Air Transport Management, S. 33–34
Arthur D Little (2013): Mega-Aviation Cities' Project – Giant Battles on the Ground… to Win the War in the Skies, S. 3–5

Die bestehenden Hubs in Europa (sowie auch in den USA) müssen also dringlich ihre Wertschöpfung und ihr Nutzenversprechen in den Augen ihrer Kunden überdenken und an die neuen Herausforderungen anpassen. Hierzu gehört auch ein neuer Fokus auf **Innovationen und Digitalisierung** sowie die vermehrte Nutzung der vorhandenen **Kundendaten** zur stetigen Anpassung des Angebots. Aktuelles Bespiel hierfür ist die Integration eines Chat-Bots durch den Flughafen Hamburg auf dessen Facebook-Seite, der dazu dient, die Kunden über die sozialen Medien passgenau mit allen relevanten Informationen zu versorgen.[445]

		Europa						Asia-Pazifik						
		AMS	ATH	CDG	FRA	MUC	ORY	BKK	DWC	HKG	ICN	KUL	PEK	SIN
Logistik- & Industriepark	Logistik- und Lagerstätten	✓	✓	✓	✓				✓			✓	✓	
	Industrie- / Technologie- / Forschungsparks										✓	✓		
	Freihandelszone		✓						✓			✓		
Business-Einrichtungen	Konferenzzentren		✓	✓	✓		✓	✓	✓	✓	✓	✓		
	Messezentren und Ausstellungshallen	✓	✓				✓	✓		✓	✓	✓		
	Bürogebäude	✓	✓	✓	✓		✓	✓	✓	✓	✓	✓		
Freizeit-angebot	Sportangebot		✓						✓	✓	✓	✓	✓	✓
	Erlebnisangebot		✓					✓	✓		✓	✓	✓	✓
Retail-Angebot	Einkaufszentrum		✓	✓	✓				✓		✓	✓	✓	✓
	Kommerzielle Einrichtungen		✓						✓	✓		✓		
Hotels		✓	✓	✓	✓	✓	✓	✓	✓	✓	✓	✓	✓	✓
Weiteres Angebot	Wohnkomplex		✓					✓	✓		✓	✓		
	Medizinische Einrichtungen / Krankenhaus					✓		✓				✓		

AMS=Amsterdam, ATH=Athen, CDG=Paris CDG, Frau=Frankfurt, MUC=München, ORY=Paris Orly
BKK=Bangkok Suv., DWC=Dubai World Center, HKG=Hong Kong, ICN=Seoul Incheon, KUL=Kuala Lumpur, PEK=Peking, SIN=Singapur

Tabelle 7-1: Beispiele derzeitiger Airport-Mega-Cities hinsichtlich ausgewählter Geschäftsfelder[446]

445 Vgl. Arthur D Little (2013): Mega-Aviation Cities' Project – Giant Battles on the Ground…to Win the War in the Skies, S. 6
Manager-Magazin (2017): Ryanair erstmals vor Lufthansa
Werben und Verkaufen (2017b): Kundenkommunikation: Wie ein Flughafen Chatbots einsetzt
Interview mit Martin Bien, Senior Executive Vice President Groundservices Fraport AG (2016)

446 In Anlehnung an Arthur D Little (2013): Mega-Aviation Cities' Project – Giant Battles on the Ground…to Win the War in the Skies, S. 9

Zusammenfassend müssen die jetzigen Hubs, die sich eine dauerhafte Positionierung als Mega-Hubs sichern wollen, also sowohl ein weitreichendes Angebot im SGF Aviation mit einem attraktiven Streckennetz als auch im SGF Non-Aviation mit einem einzigartigen Einkauferlebnis, innovativen Angeboten und höchster Servicequalität bieten. Unterstützt wird diese Entwicklung durch eine enge Kooperation mit den führenden Airlines sowie dem stetigen Ausbau der Airport City. Die folgende Abbildung des partiellen Positionierungsmodells verdeutlicht diese Voraussetzungen nochmal.

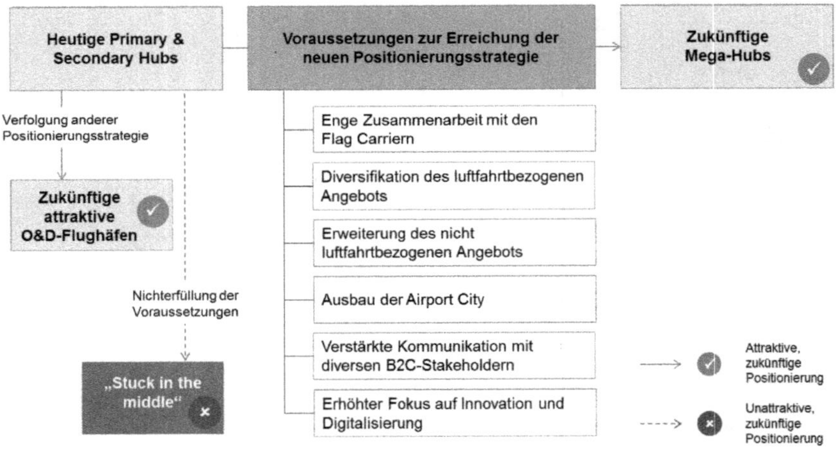

Abbildung 7-2: Voraussetzungen zur Erreichung der Positionierungsstrategie „Mega-Hub"

Um diesen Voraussetzungen gerecht zu werden, müssen Flughäfen die Anforderungen ihrer primären Kundengruppen bestmöglich bedienen. Bei den zukünftigen Mega-Hubs sind diese Kundengruppen und damit verbunden das Ausmaß der Anforderungen aufgrund des starken Diversifizierungsgrades besonders vielseitig. Die folgende Abbildung verdeutlicht nochmals, welche Anforderungen innerhalb dieser Positionierungsstrategie besonders relevant sind.

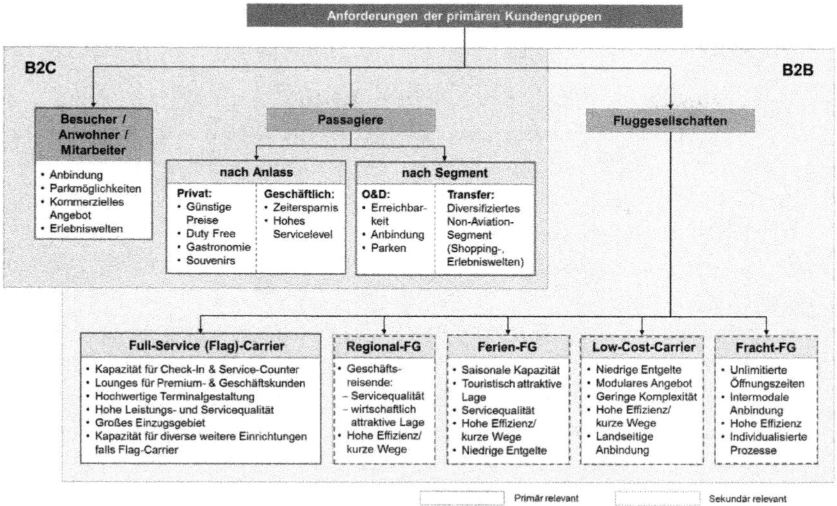

Abbildung 7-3: Anforderungen der verschiedenen Kundensegmente von Mega-Hubs

b) Positionierung von derzeitigen Hubs und großen Regionalflughäfen als attraktive O&D-Flughäfen

Auch für die Regionalflughäfen bestehen Restriktionen in der Positionierung: Bei einer hohen **Konkurrenzsituation** ist die Positionierung als großer Regionalflughafen keine ausreichende Differenzierung mehr, um die Visibilität des Flughafens zu garantieren. Oftmals hilft die geographische Lage des Flughafens bei der Implementierung eines solchen Images als touristisch oder wirtschaftlich interessanter Standort mit einem für die B2B-Kunden des Flughafens attraktiven Einzugsgebiet.[447]

Der Fokus dieser Flughäfen wird aufgrund der zukünftigen Entwicklungen primär auf dem P2P-Verkehr liegen, was dazu führt, dass sich vor allem das **luftfahrtbezogene Angebot** als Differenzierungsgrundlage eignet, da der für das Non-Aviation-Segment attraktive Transferverkehr fehlt. Dieses Geschäftsfeld muss zwar durchaus bearbeitet werden, um die Bedürfnisse der Passagiere in ihrer Gesamtheit befriedigen zu können, ist jedoch kein ausschlaggebendes Kriterium der Flughafenwahl oder stärkster Treiber der Rentabilität. Um diese Bedürfnisse zu erfüllen muss ein Flughafen sowohl einen Schwerpunkt auf die Attraktion verschiedenster Airlines von FSC bis LCC als auch eine enorme Kostenkontrolle legen, um das Streckennetz zunehmend attraktiver zu machen und gleichzeitig eine steigende Profitabilität zu erreichen.

Eine erste Strategie hierzu ist auch in diesem Segment die vermehrte **Attraktion des Low-Cost-Verkehrs**, der nach wie vor die höchsten Wachstumszahlen aufweist. Ziel hierbei ist der Ausbau eines Low-Cost-Drehkreuzes, welches zwar nicht im Hub-und-Spoke, sondern im P2P-Verkehr operiert, aber den Flughafen als niedrigpreisorientierte Basis ansieht, die es schafft, neben Full-Service-Carriern vor allem auch die Bedürfnisse der LCC zu bedienen. Wie bereits beschrieben zählen hierzu vor allem schnelle Turnaround-Zeiten am Gate (was sich sowohl für den Flughafen als auch die Airline positiv auf Kapazität und Kostenstruktur auswirkt) als auch günstige, pekuniäre Konditionen. Durch diese

---

447 Vgl. Arthur D Little (2005): Demystifying the Aviation Industry – Die Sieger und Verlierer im internationalen Luftverkehr, S. 2
Jarach, David (2005b): Aviation-related airport marketing in an overlapping metropolitan catchment area: The case of Milan's three airports, in: Journal of Air Transportation S. 97–98
Peneda, Mauro José Aguiar / Reis, Vasco Domingos / Macário, Rosário (2011): Critical factors for development of airport cities, in: Transportation Research Record: Journal of the Transportation Research Board, S. 10

Strategie konnten vor allem der Flughafen Köln-Bonn, aber auch der Berliner Flughafen Schönefeld sowie der Flughafen Stuttgart enormes Passagierwachstum erzielen. Vor allem die ersten beiden Flughäfen setzen einen klaren Fokus auf das Niedrigpreissegment, welches bei beiden mittlerweile knapp 80% des Gesamtverkehrs ausmacht.[448]

Ein weiterer Faktor, der als differenzierendes Merkmal unterstützend zum Erfolg beitragen kann, ist die Kapazität, die ein Flughafen den Airlines bietet. Viele der für Fluggesellschaften und Passagiere attraktiven Flughäfen sind bereits so stark frequentiert, dass ihre Slots zu bestimmten Zeiten koordiniert werden müssen und zu diesen Zeiten keine Zeitfenster mehr an potentielle neue Airlines vergeben werden können. Hierzu gehören in Deutschland die Flughäfen Frankfurt, Düsseldorf, Stuttgart, München und Hamburg sowie die Berliner Flughäfen. Dieser Faktor trug nicht unerheblich dazu bei, dass Köln-Bonn sich so erfolgreich als Destination für den Low-Cost-Bereich und für zusätzliche Airline-Kunden aus neuen Märkten positionieren konnte: Neben der attraktiven geographischen Lage hatte der Flughafen sowohl die nötige Infrastruktur als auch Kapazität, die Anforderungen neu gewonnener Airline-Kunden zu erfüllen.[449]

Über das luftfahrtbezogene Angebot hinaus können aber auch andere Faktoren die Attraktivität des Flughafens maßgeblich steigern. Hierzu gehören zum einen die Darstellung des Flughafens als **touristisches Ziel für Luftfahrtenthusiasten und Besucher** verschiedener Events am Flughafen. Die strategische Ausrichtung des Flughafen München konzentriert sich bspw. nicht nur darauf, Passagiere anzuziehen, sondern auch viele weitere Besucher, die nicht nur das besondere Einkaufserlebnis, sondern vor allem auch die vielen Events des Flughafens (wie z.B. Public Viewing, Sportveranstaltungen oder auch Food Festivals) in Anspruch nehmen.[450]

---

448 Vgl. Airliners.de (gk) (2016d): DLR-Studie: Ticketpreise der Billigairlines gleichen sich an
Airliners.de (gk/AFP) (2016f): Flughafen Frankfurt will für Billigflieger attraktiver werden
De Neufville, Richard (2005): The Future of Secondary Airports: Nodes of a parallel air transport network, in: Cahiers Scientifiques du Transport, S. 11–17
Hessenschau (2017c): Was bedeutet der Ryanair-Boom?

449 Interview mit Ulrich Stiller, Division Manager Marketing / Sales Flughafen Köln / Bonn (2016)
Vgl. Airliners.de (2016i): Startschuss für die große Air-Berlin-Slot-Aufteilung

450 Vgl. Werben und Verkaufen (2017a): Erlebniswelt Flughafen München

Diese Erlebniswelten und Events bieten natürlich auch eine attraktive Möglichkeit zur Markeninszenierung weiterer Unternehmen. Mit vielen großen und innovativen Werbeflächen (wie z.B. am Flughafen München mit der Westfassade von Terminal 2 als größter Außenwerbefläche Europas oder dem digitalen Meta-Twist-Tower im MAC-Forum) kann der Flughafen viele werbetreibende B2B-Kunden an sich binden. Diese Art der **Kooperation mit Unternehmen und Einrichtungen außerhalb der Luftverkehrsindustrie** können ebenfalls dazu beitragen, dass ein Flughafen seine Attraktivität erhöht und verstärkt nach außen tragen kann. So signalisiert bspw. die auffällige Logo-Darstellung von Bosch am Flughafen Stuttgart direkt die wirtschaftliche Kompetenz und Attraktivität der Region. Neben derartigen Kooperationen mit Unternehmen aus Wirtschaft und Technik, ist auch ein gemeinsames Auftreten von Flughäfen und Touristikunternehmen oder Städten/Regionen/Ländern denkbar, um die touristisch attraktive Lage des Flughafens zu vermitteln.[451]

451 Vgl. Werben und Verkaufen (2017a): Erlebniswelt Flughafen München

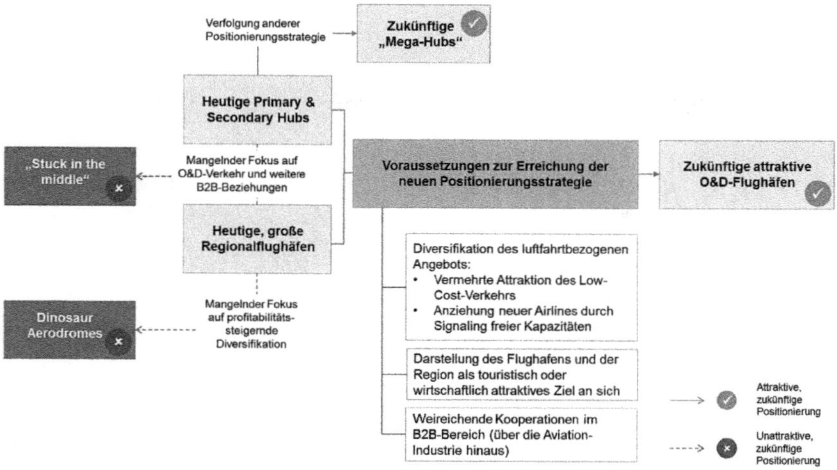

Abbildung 7-4: Voraussetzungen für heutige Hubs und große Regionalflughäfen zur Erreichung der Positionierungsstrategie „Attraktiver O&D-Flughafen"

Durch die stärkere Spezialisierung auf bestimmte, primäre Kundengruppen sind die Anforderungen zwar nicht so stark diversifiziert, die angesprochenen Kundengruppen erwarten jedoch ein umso stärker auf sie zugeschnittenes Angebot. Bei den B2C-Kunden liegt nur wenig Transferverkehr vor aber sowohl Geschäfts- als auch preissensible Privatreisende erwarten einen möglichst schnellen und reibungslosen Prozess vor Ort durch einen „Flughafen der kurzen Wege“.[452] Bei den Airline-Kunden stehen nicht wie an den Mega-Hubs die großen Flag-Carrier im Vordergrund, sondern die regionalen und Low-Cost-Airlines im P2P-Verkehr sowie die Zubringer- oder auch „Feeder“-Flüge zwischen den Hubs und den dezentralen Flughäfen (die sog. Spokes im Hub-and-Spoke-System der großen FSC).

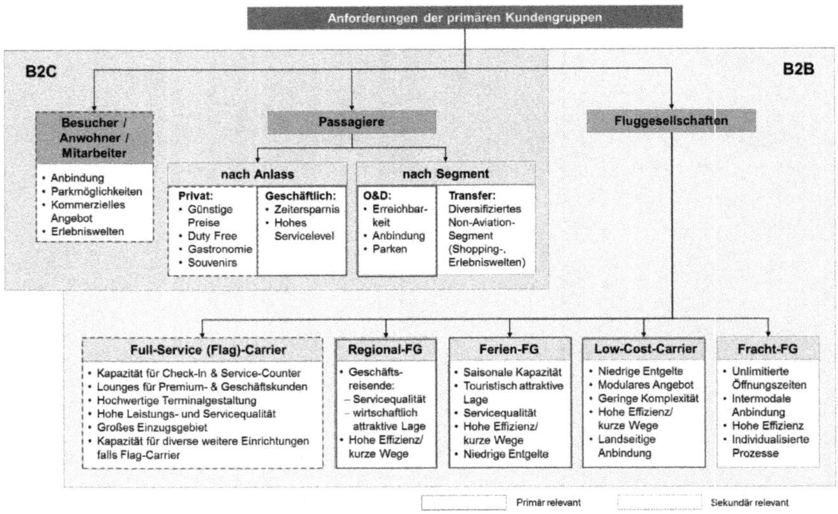

Abbildung 7-5: Anforderungen der verschiedenen Kundensegmente von attraktiven O&D-Flughäfen

452 Interview mit Ulrich Stiller, Division Manager Marketing / Sales Flughafen Köln / Bonn (2016)

c) Entwicklung von kleinen Regionalflughäfen mit Low-Cost-Orientierung zu attraktiven O&D-Flughäfen

Auch Low-Cost-Airports müssen sich zu attraktiven O&D-Flughäfen entwickeln, um langfristig profitabel zu sein und im Wettbewerb mit den neuen Mega-Hubs bestehen zu können. Hierzu ist es wichtig, besonders kostenorientiert zu operieren, um neben der Destination an sich einen weiteren Vorteil gegenüber den großen Flughäfen zu haben. Die reine Ausrichtung auf das Niedrigpreissegment ist für diese Flughäfen jedoch aufgrund der zunehmenden Abwanderung der LCC und dem steigenden Profitabilitätsdruck nicht mehr ausreichend. In den letzten Jahren haben vor allem die kleineren Regionalflughäfen, die durch das Emporkommen der LCC einen starken Aufschwung erlebten, Einnahmen einbüßen müssen.[453]

Wie bereits beschrieben, orientieren sich die LCC immer stärker hin zu größeren und attraktiveren Flughäfen, die sie bisher aufgrund zu hoher Gebühren gemieden hatten. Bedingt durch die Notwendigkeit, an dem Wachstum im Niedrigpreissegment zu partizipieren, versuchen jetzt aber auch die großen Flughäfen, die LCC anzuziehen. Hieraus resultiert eine zunehmende **Abwanderung der LCC** von den kleinen Regionalflughäfen, deren bisheriges Geschäftsmodell und damit verbunden der Großteil der Erlöse von der Präsenz dieser Fluggesellschaften abhängig ist; so musste bspw. der Flughafen Düsseldorf Weeze-Niederrhein durch die zunehmende Abwanderung von Ryanair nach Köln-Bonn 2014 ca. 30% des Passagieraufkommens einbüßen. Ähnliche Entwicklungen können an vielen der kleinen Flughäfen beobachtet werden; hierzu zählen u.a. Memmingen, Rostock-Laage, Karlsruhe/Baden-Baden oder auch Paderborn/Lippstadt. Für viele dieser ohnehin bisher nicht profitablen Flughäfen bedeutet dies, dass sie ohne eine **signifikante Repositionierung** und **strategische Differenzierung** über das niedrigpreisorientierte, luftfahrtbezogene Angebot hinaus keine Aussichten auf eine zukünftige Rentabilität haben.

Vor dem Hintergrund des innerhalb dieser Arbeit entwickelten Positionierungsmodells würde dies eine dauerhafte Stellung als sog. „Dinosaur Aerodromes" bedeuten. Deren Existenz wird jedoch durch den **steigenden Profitabilitätsdruck** zunehmend gefährdet, denn die bisherigen Subventionen durch die öffentliche Hand wollen und können sich viele Länder nicht mehr leisten. Viele der kleinen Flughäfen stehen also vor der Herausforderung, externe Investoren zu finden oder den Flugbetrieb ggf. einstellen zu müssen. So erging es bspw. dem ehemaligen

453 Vgl. De Neufville, Richard The Future of Secondary Airports: Nodes of a parallel air transport network, in: Cahiers Scientifiques du Transport, S. 31

Militärflughafen Magdeburg/Cochstedt, der durch starke Subventionierung zum Zivilflughafen ausgebaut wurde, ohne jemals profitabel zu sein. Sollte der Flughafen, dessen Betrieb eingestellt und sämtliche Mitarbeiter zurzeit (Stand 03/2017) freigestellt sind, in nächster Zeit keinen Investor finden, wird er seine Betriebserlaubnis verlieren. Aber auch dem ehemaligen Hauptanflugspunkt des führenden LCC Ryanair Frankfurt-Hahn ergeht es ähnlich. Seit längerer Zeit versuchen die Länder Hessen und Rheinland-Pfalz ihre Anteile an dem stark defizitären Flughafen zu veräußern. Darüber hinaus existieren neue EU-Richtlinien, die eine Subvention von mehr als einem Flughafen innerhalb eines 100-Kilometer-Radius untersagen, was bereits die Schließung des insolventen Flughafens Zweibrücken 2014 nach sich zog, da der nahe gelegene Flughafen Saarbrücken ebenfalls subventioniert wurde.

Der einzige Ausweg aus der drohenden Schließung ist für viele dieser Flughäfen nur die Übernahme durch einen **Investor**. Möglich ist das jedoch nur, falls der Flughafen es schafft, eine zukünftige Positionierung zu präsentieren, die nicht allein auf dem Vorhandensein einzelner Airlines basiert, sondern eine tatsächliche Differenzierung darstellt. So wird der Flughafen Frankfurt Hahn gerade (Stand 2017) von dem chinesischen Touristik-Konzern HNA (in Partnerschaft mit der pfälzischen Firma ADC) übernommen, mit dem Ziel, Hahn durch Investitionen in Höhe von 40-50 Mio. Euro zum Drehkreuz für Passagier- und vor allem Frachtverkehr aus China zu machen. Zusätzlich geplante Einnahmen könnten bspw. durch den Aufbau eines Ausbildungszentrums für Piloten generiert werden, wofür Hahn sowohl die notwendige Fläche als auch technische Infrastruktur bieten kann.[454]

Halpern, Nigel / Graham, Anne / Dennis (2016): Low cost carriers and the changing fortunes of airports in the UK, in: Research in Transportation Business and Management, S. 9–10

454 Vgl. Airliners.de (2015a): Passagierzahlen: Die großen Flughäfen wachsen, die kleinen kämpfen

Airliners.de (ch) (2017c): Hahn-Bieter wollen 40 Millionen Euro in Airport investieren

Airliners.de (dh/dpa) (2017b): Fristverlängerung für Investorensuche in Magdeburg/Cochstedt

Hessenschau (2017b): Notartermin Hessen verkauft Anteile am Flughafen Hahn

Diese Partnerschaft ist zwar eine Chance, aber keine Garantie für eine zukünftige Profitabilität wie verschiedene Beispiele zeigen: So wurde der Flughafen Schwerin-Parchim 2007 von dem chinesischen Investor Jonathan Pang ohne langfristigen Erfolg übernommen und der jetzt stillgelegte Flughafen Magdeburg/Cochstedt 2010 durch die dänische Airport Development A/S zum Aufbau eines weiteren Low-Cost-Zentrums erworben. Eine stärkere Differenzierung und ein auf die strategischen Herausforderungen des zukünftigen Luftverkehrs zugeschnittenes Geschäftsmodell sind also unerlässlich, um im zunehmenden Wettbewerb der Flughafenindustrie bestehen zu können. Für Frankfurt Hahn bietet sich diese Chance durch die für eine Herausbildung zum Fracht- und Ausbildungszentrum geeignete, bestehende Infrastruktur.[455]

Darüber hinausgehende Chancen liegen vermehrt in der **Innovation und Digitalisierung** verschiedener Transport- und Logistikunternehmen. Ein Beispiel hierfür wäre die in Zukunft durchaus mögliche Nutzung von Drohnen zur Auslieferung von Paketen, wofür ebenfalls eine Koordination des Luftraums sowie ein geeigneter Start- und Landeplatz nötig wäre.[456]

Generell muss jedoch sichergestellt sein, dass die zukünftige Planung und Ausrichtung der Flughäfen verstärkt flexibel gestaltet wird, so dass die heute bestehenden Abhängigkeiten verringert werden und Anpassungen an neue Entwicklungen möglich sind.[457]

---

455 Eine solche Entwicklung würde eine Diversifikation der bestehenden Strategischen Geschäftsfelder beschreiben.
Vgl. Airliners.de (dh/dpa) (2017b): Fristverlängerung für Investorensuche in Magdeburg/Cochstedt
Interview mit John Kohlsaat, Bereichsleiter Vertrieb Flughafen Frankfurt-Hahn GmbH (2016)

456 Vgl. Airliners.de (ch/dpa/AFP) (2015b): Mehr Schutz für europäische Airlines vor Konkurrenz
Lufthansa Group (2016): Politikbrief 1/2016 März, S. 4
Interview mit John Kohlsaat, Bereichsleiter Vertrieb Flughafen Frankfurt-Hahn GmbH (2016)

457 Vgl. Fife, William (2001): The future of airports, in: Civil Engineering, S. 4

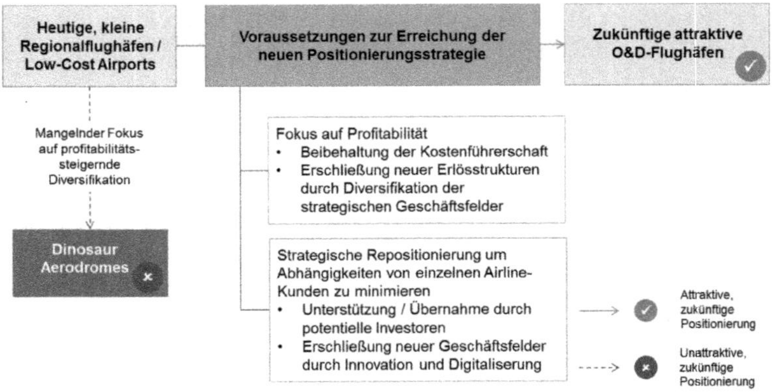

Abbildung 7-6: Voraussetzungen für heutige, kleine Regionalflughäfen zur Erreichung der Positionierungsstrategie „Attraktiver O&D-Flughafen"

Die genaue Ausgestaltung der Positionierung und Analyse der Kundenanforderungen hängt bei dieser Gruppe von Flughäfen stark von dem gewählten, zukünftigen Geschäftsmodell und dessen Erlösstrukturen ab und kann daher nicht einheitlich bestimmt werden. Allgemein kann jedoch gesagt werden, dass ein verstärkter Fokus auf das B2B-Segment innerhalb und außerhalb der Aviation-Industrie die Voraussetzung für die zukünftige Wirtschaftlichkeit der heutigen, kleinen Regionalflughäfen darstellen wird.

d) Spezialisierte Positionierung als Cargo Airport

Der wichtigste Faktor zur Erreichung bzw. Beibehaltung dieser Positionierung ist die **multi-modale Anbindung und Infrastruktur** des Flughafens. Hierauf müssen die Cargo Airports auch in Zukunft einen besonderen Fokus legen, da der Ausbau der Luftfrachtdrehkreuze vor allem in Kooperation mit den sog. Integrators, die die komplette Sendekette von Gütern steuern, vorangetrieben wird. Aktuelles Beispiel hierfür ist die Eröffnung der zwei neuen Terminals am Flughafen Leipzig/Halle durch DHL in 2016. Eine geeignete Infrastruktur (vor allem hinsichtlich Prozessabwicklung, Anbindung und Öffnungszeiten) ist von essentieller Wichtigkeit, um die Integrators langfristig an sich zu binden und dem erhöhen Transport von Gütern durch Belly-Fracht an den großen Passagierdrehkreuzen entgegenzuwirken.[458]

458 Interview mit Inga Backhaus, Leiterin Marketing/Vice President Marketing Mitteldeutsche Flughafen AG (2016)
Vgl. Airliners.de (dpa/gk) (2016b): DHL baut Luftfrachtdrehkreuz Leipzig/Halle weiter aus

Die Anforderungen der einzelnen, primären Kundengruppen innerhalb der verschiedenen Positionierungen wurden in Kapitel 6.2.2 bereits eingehend beschrieben und graphisch zusammengefasst sowie für die einzelnen, zukünftigen Positionierungsstrategien innerhalb dieses Kapitels nochmal verdeutlicht. Die folgende Abbildung zeigt darüber hinausgehend noch einmal die möglichen Differenzierungsfaktoren für langfristig erfolgreiche Positionierungen, die nicht nur die primären Kundengruppen, sondern auch darüber hinausgehende Stakeholder einschließen.

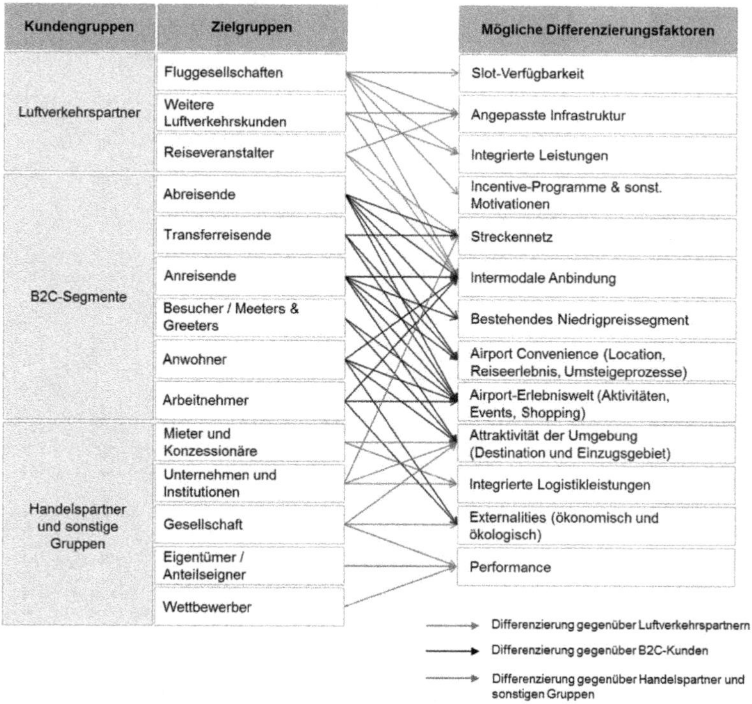

Abbildung 7-7: Differenzierungsfaktoren für Flughäfen[459]

459 In Anlehnung an Jimenez, Edgar / Claro, Joao / Pinho de Sousa, Jorge (2013): The airport business in a competitive environment, in: European Journal of Transport and Infrastructure Research, S. 329

7.2 Marktorientierung und Markenbildung als unterstützende Maßnahmen zur Implementierung der strategischen Positionierung

Um die im vorangegangenen Kapitel aufgezeigten Strategien umzusetzen und vor allem auch an die relevanten Zielgruppen zu kommunizieren, ist der Aufbau einer klaren Markenpositionierung unerlässlich. Die notwendigen Schritte zum Aufbau einer Marke wurden in Kapitel 3.3 bereits eingehend beschrieben und sollen im Folgenden hinsichtlich ihrer Eignung für Flughäfen analysiert werden.

Die folgende Abbildung zeigt nochmal das in Kapitel 3 aufgestellte Modell zur schrittweisen Implementierung einer Markenpositionierung.

Abbildung 7-8: Notwendige Schritte zur Erstellung der Markenpositionierung[460]

460 Eigene Darstellung in Anlehnung an Keller, Kevin Lane (2013): Strategic Brand Management - Building, Measuring, and Managing Brand Equity, S. 108

(1) Erstellung der Markenidentität

Die Markenidentität ist, wie bereits eingehend in Kapitel 3 beschrieben, das Fundament, auf dem eine erfolgreiche Markenstrategie aufgebaut ist. Unabhängig von der strategischen Positionierung eines Flughafens muss daher zunächst grundsätzlich determiniert werden, was den spezifischen Flughafen ausmacht und damit seine Identität festlegt. Häufig kann die Frage, welches Angebot dem Markt ohne die Existenz des Unternehmens fehlen würde, den Grundstein zur Ableitung einer differenzierten Markenidentität darstellen.[461]

Die Notwendigkeit einer klaren Markenidentität wird auch durch die Anforderungen der zukünftigen Zielgruppen an erfolgreiche Marken verdeutlicht. Ein einzigartiges und starkes Nutzenversprechen, glaubwürdige und langfristige Unternehmenswerte, ein Fokus auf Interaktion und Erlebniswelten sowie eine nachhaltige und moralische Unternehmenskultur sind hierbei von höchster Wichtigkeit.[462]

Von besonderer Bedeutung ist die Erstellung einer klaren Markenidentität für die Flughäfen, die sich von Low-Cost-Flughäfen zu attraktiven O&D-Flughäfen entwickeln wollen, da diese für ein langfristiges Bestehen eine vollständige Neupositionierung erreichen müssen, die auf einer Markenkompetenz außerhalb des primären, luftfahrtbezogenen Angebots basiert.

Zur Aufstellung der Markenidentität kann entweder einer der in Kapitel 3 aufgestellten Ansätze verwendet oder ein eigenes Modell zur Herleitung der Markenidentität basierend auf einer detaillierten und ehrlichen Selbstanalyse genutzt werden. Im Rahmen dieser Dissertation soll der in Kapitel 3 vorgestellte Ansatz von Aaker (1996) als Basis zur Aufstellung der Markenidentität dienen, nach dem sich die Markenidentität aus vier Perspektiven zusammensetzt, nach denen die Marke als (1) Produkt, (2) Organisation, (3) Person oder (4) Symbol betrachtet werden kann.

Der Aufbau einer erfolgreichen Marke bedingt die Integration interner als auch externer Faktoren. Ein relevanter Teil der Markenidentität stellen daher auch die Mitarbeiter des Unternehmens als interne Faktoren dar. Wie bereits beschrieben ist die interne Durchsetzung des Marken-Images ebenfalls von höchster Bedeutung. Aufgrund der Vielfalt an Anbietern, Produkten und Leistungen an Flughäfen ist eine integrative Gestaltung aller Kontakte zwischen Kunden und Mitarbeitern jedoch nur schwierig umzusetzen. Daher sollte sich

---

461 Vgl. Kapferer, Jean-Noel (2012): The New Strategic Brand Management – Advanced insights and strategic thinking, S. 32

462 Vgl. Kapferer, Jean-Noel (2012): The New Strategic Brand Management – Advanced insights and strategic thinking, S. 126

die interne Umsetzung nicht nur auf die direkten Mitarbeiter des Flughafens, sondern auch auf alle weiteren Mitarbeiter-Touch-Points entlang der Customer Journey erstrecken. Dies ist zwar sehr kostenintensiv, trägt jedoch maßgeblich zur Steigerung des Kundenerlebnisses am Flughafen bei. Es ist daher von essentieller Signifikanz, die Unterstützung des internen Umfeldes zu haben und dieses über alle Ebenen in die Markenbildung zu integrieren. Hierzu muss eine unternehmensinterne Marketingstrategie formuliert werden, die sowohl die Mitarbeiter als auch das Management des Unternehmens anspricht. Für den Erfolg der Gesamtmarketingstrategie ist es essentiell, dass diese in die anderen Funktionen der Organisation integriert ist und von allen Bereichen unterstützt wird.[463] Die Markenkommunikation des Flughafens München ist bspw. nicht nur auf die externe Umsetzung eines einzigartigen Marken-Images begrenzt. Auch im Bereich Employer-Branding ist der Flughafen Vorreiter und wurde sogar zum besten nationalen Arbeitgeber im Bereich Logistik und Verkehr 2017 gewählt.[464]

(2) Aufstellung der Rahmenbedingungen und (3) Ableitung der Positionierung:

Wie bereits in Kapitel 3 beschrieben, erfordert die Aufstellung der Markenidentität und darauffolgende Ableitung der Markenpositionierung eine detaillierte Analyse der eigenen Stärken und Schwächen und eine damit verbundene, mögliche Abgrenzung zum aktuellen sowie potentiellen Wettbewerb. Im Anschluss daran gilt es, den **kompetitiven Bezugsrahmen** aufzustellen und die Bedürfnisse aller relevanten **Kundengruppen** zu analysieren. Diese Grundlagen wurden in Kapitel 6.2.2 bereits eingehend erstellt.

Während die Einordnung in ein relevantes Set an Marken (POP) sich primär auf das Vorhandensein des luftfahrtbezogenen Angebotes fokussiert und somit für die Flughafenindustrie nicht explizit aufgestellt werden muss, wurden mögliche Differenzierungsfaktoren (POD) zur Erreichung der zukünftigen Positionierungsstrategien bereits im vorherigen Kapitel vorgestellt. Da viele Flughäfen jedoch eine ähnliche Positionierung im Markt zu erzielen versuchen werden, ist es notwendig, eine klare Positionierung im Markt zu besetzen, die sich auf wenige

463 Vgl. Aaker, David / Stahl, Florian / Stöckle, Felix (2015): Marken erfolgreich gestalten – Die 20 wichtigsten Grundsätze zur Markenführung, S. 29
Arthur D Little (2015): Airports 4.0: Impact of Digital Transformation on Airport Economics S. 18
Halpern, Nigel / Graham, Anne (2013): Airport Marketing, S. 15

464 Vgl. Flughafen Munich GmbH (2017): Top nationaler Arbeitegeber 2017

wichtige Eigenschaften stützt, die aus der Markenidentität abgeleitet sind.[465] Für Flughäfen könnte dies z.B. ein umfassendes Streckennetz, die Verbindung zum Flag-Carrier, die besondere Lage oder auch ein Fokus auf bestimmte Kundengruppen umfassen. Hinsichtlich des Wahlverhaltens der Kunden (sowohl im B2B- als auch B2C-Segment) sind meist der Preis sowie die Attraktivität des Reiseziels/Einzugsgebiets der entscheidende Faktor bei der Verkehrsmittelwahl und damit verbunden des Flughafens.[466]

Betrachtet man jedoch die Positionierungsoptionen anhand dieser beiden Determinanten stellt man fest, dass bedingt durch die beschriebenen Entwicklungen und Rahmenbedingungen im Luftverkehr nur wenige Möglichkeiten bestehen, sich hinsichtlich der Preissetzung zu diversifizieren. Die abgeleiteten Strategien des neuen Positionierungsmodells basieren also primär auf der Attraktivität des Flughafens für die verschiedenen Kundengruppen, welche dann durch die Erstellung eines entsprechenden Marken-Images vermittelt werden muss.

(4) Implementierung durch Verbesserung des Markenwissens

a) Markenbekanntheit

Das Markenwissen besteht aus der Markenbekanntheit einerseits und dem Marken-Image andererseits.[467] Da Flughäfen generell eine hohe **Bekanntheit** genießen, soll an dieser Stelle nicht weiter untersucht werden, wie diese gesteigert werden kann. Es ist jedoch möglich, dass der Flughafen als Standort zwar bekannt ist, nicht jedoch seine Positionierung oder sein Leistungsspektrum. Dieses der relevanten Zielgruppe vorzustellen, ist jedoch bereits Teil des Signaling zum Aufbau eines starken Marken-Images.

---

465 Vgl. Maier, Franz / Esch, Franz-Rudolf / Knörle, Christian (2009): Wie Phoenix aus der Asche – Repositionierung der Marke SWISS, in: Esch and Armbrecht (Hrsg.): Best Practice der Markenführung, S. 155–159
Mehdorn, Hartmut / Klein-Bölting, Ralf (2007): Möglichkeiten und Grenzen der marktorientierten Führung in deregulierten Märkten am Beispiel der Deutschen Bahn, in: Bruhn, Kirchgeorg and Meier (Hrsg.): Marktorientierte Führung im wirtschaftlichen und gesellschaftlichen Wandel, S. 203

466 Vgl. Mehdorn, Hartmut / Klein-Bölting, Ralf (2007): Möglichkeiten und Grenzen der marktorientierten Führung in deregulierten Märkten am Beispiel der Deutschen Bahn, in: Bruhn, Kirchgeorg and Meier (Hrsg.): Marktorientierte Führung im wirtschaftlichen und gesellschaftlichen Wandel, S. 201

467 Vgl. Keller, Kevin Lane (1993): Conceptualizing, Measuring, and Managing Customer-Based Brand Equity, in: Journal of Marketing, S. 2
Keller, Kevin Lane (2013): Strategic Brand Management – Building, Measuring, and Managing Brand Equity, S. 69–70

b) Marken-Image

Generell dient die Verbesserung des **Marken-Images** dazu, dem Unternehmen in den Augen aller relevanten Stakeholdergruppen positive Attribute oder herausragende Kompetenzen zuzusprechen, die die allgemeine Attraktivität erhöhen. Diese Kompetenzen können sowohl sachlicher (funktionaler) als auch erlebnisbezogener (emotionaler) Natur sein. Die **Markenassoziationen**, die zur Erstellung eines solchen Marken-Images ausgewählt werden, müssen also sowohl informativ als auch emotional ansprechend sein. Beispiele für emotionale Assoziationen im Luftverkehr sind naturgemäß häufig mit den Themen Reise, Urlaub und Abenteuer verknüpft; daneben sind aber auch andere Assoziationen denkbar wie z.B. Nostalgie durch Portraitieren einer langen Markenhistorie bei traditionellen Marken wie bspw. Lufthansa. Wichtig zur Implementierung des Marken-Images ist, dass die die Assoziationen über reine Attribute hinausgehen und für die Zielgruppe relevante Inhalte über die Basisinformationen hinaus bieten (z.B. Reiseführer o.ä.). Eine starke **Markenpersönlichkeit** unterstützt die Implementierung eines positiven Marken-Images ebenfalls durch eine verstärkte Markenwahrnehmung und -identifikation sowie ein erhöhtes Markenerlebnis. In jedem Fall jedoch muss der Flughafen sich entsprechend ausrichten und aufstellen, um nicht mehr nur als Verkehrsknotenpunkt, sondern als Destination an sich wahrgenommen zu werden. Dies kann nur gelingen, wenn der Flughafen neben einem höchst attraktiven Streckennetz durch viele entsprechend attraktive Partner-Airlines ein ausreichendes Maß an Innovationen, Erlebniswelten und einer hervorragenden Customer Experience bietet.[468]

Eine weitere Herausforderung der klaren Signalwirkung einer Flughafenmarke liegt darin, dass die Wahrnehmung des Konsumenten in diesem Umfeld von einer Vielzahl verschiedener Marken beeinflusst wird. Für das holistische Markenimage im Sinne des Flughafenbetreibers müssen also sowohl die Airline- als auch Händler-, Hersteller- und Dienstleistungsmarken, die gleichzeitig vom Konsumenten wahrgenommen und somit auch mit der Flughafenmarke assoziiert werden, ein stimmiges Bild präsentieren.[469]

---

468 Vgl. Aaker, David / Stahl, Florian / Stöckle, Felix (2015): Marken erfolgreich gestalten – Die 20 wichtigsten Grundsätze zur Markenführung, S. 32–33
Arthur D Little (2013): Mega-Aviation Cities' Project – Giant Battles on the Ground… to Win the War in the Skies, S. 3

469 Vgl. Carpenter, Gregory (1989): Perceptual Position and Competitive Brand Strategy in a Two-Dimensional Two-Brand Market, in: Management Science, S. 1029
Halpern, Nigel / Graham, Anne (2013): Airport Marketing, S. 130

Dies verdeutlicht bereits, wie wichtig die **Kooperation mit verschiedenen B2B-Partnern,** und ggf. auch ein entsprechendes **Co-Branding**, für den Aufbau eines einzigartigen, klaren und attraktiven Marken-Images innerhalb der Flughafenindustrie ist. Auf die Ausgestaltung dieser Kooperationen soll im Folgenden näher eingegangen werden.

Besonders sichtbar und häufig vertreten sind Kooperationen zwischen den Flughäfen, deren Ausrichtung langfristig die **Positionierung als Mega-Hub** ist, und ihren respektiven **Netzwerk-Carriern**. Eine Zusammenarbeit zwischen Fluggesellschaft und Flughafen ist in Bezug auf Marketing und Kommunikation gegenüber den Endkunden generell sinnvoll, da diese Akteure gemeinsam das Passagier- und Kundenerlebnis ausgestalten. Eine stimmige Markenwelt über alle Customer Touchpoints hinweg kann dadurch sichergestellt werden. Eine tatsächliche, gemeinsame Markenbildung oder sogar ein Co-Branding ist für einen Flughafen jedoch vor allem dann sinnvoll, wenn die kooperierende Fluggesellschaft ein essentieller Teil der Markenwelt am Flughafen und damit des Kundenerlebnisses ist, wie es bei der Zusammenarbeit von Drehkreuzen und ihren Netzwerk-Carriern der Fall ist. So wird ein Kunde am Frankfurter Flughafen unabhängig von der von ihm genutzten Fluggesellschaft auch immer die Lufthansa Markenwelt erleben, weshalb eine gemeinsame Ausgestaltung dieses Markenerlebnisses durch Fraport und Lufthansa besonders sinnvoll ist. Nicht nur das Markenerlebnis vor Ort am Flughafen, sondern auch hinsichtlich der gemeinsam erstellten Angebote ist sinnvoll, um das positive Markenimage beider Kooperationspartner zu nutzen. Auch in Frankfurt und München wird eine gemeinsame Image-Bildung von Lufthansa und Fraport bzw. der Flughafen München GmbH umgesetzt, die über das luftfahrtbezogene Geschäftsfeld hinaus die Attraktivität des Standorts hervorhebt. Aktuelles Beispiel ist die Initiative „Lieferadresse Airport“, wobei das Einkaufsangebot des Lufthansa World Shops den Passagieren an den Flughäfen in die Lufthansa-Shops oder direkt ans Gate geliefert wird.[470]

Ein weiteres Beispiel ist die Kooperation zwischen Lufthansa und dem Flughafen Frankfurt bei der neuen MyAirCargo-Kampagne, die sich über diverse Kontaktpunkte am Flughafen und in den sozialen Medien an Endkunden richtet, die privat Sperrgepäck versenden wollen. Im Zentrum der Kampagne stand eine Werbeaktion

470 Vgl. Miles & More GmbH (2017): Worldshop Airport Delivery Service
Interview mit Martin Bien, Senior Executive Vice President Groundservices Fraport AG (2016)

am Flughafen Frankfurt, bei der überdimensionale Teddybären als Beispiel für persönliche Frachtsendungen die Passagiere durch das Terminal begleiteten.[471]

In Bezug auf ein Branding gegenüber B2B-Kunden ist eine solche Kooperation vor allem auf Drittmärkten sinnvoll, um ein positives Image der Marken auf das holistische Angebot über die gesamte Transportkette, das ein Flughafen und eine Airline gemeinsam leisten, zu übertragen. Somit kann diesen Kunden (vorrangig Frachtunternehmen oder B2B-Kunden, die einen Lufttransport in Anspruch nehmen wollen) signalisiert werden, dass sowohl der Transport an sich als auch die Abwicklung und ggf. Weiterbearbeitung vor Ort in enger Zusammenarbeit von Airline und Flughafen erbracht wird, um ein ganzheitliches und aufeinander abgestimmtes Angebot zu präsentieren und somit die höchste Effizienz und Effektivität zu gewährleisten.

Vorteile eines solchen Co-Brandings liegen vor allem in der Sicherstellung eines umfassenden und einheitlichen Markenerlebnisses und der wechselseitigen Übertragung des positiven Images der einzelnen Kooperationspartner. Gerade bei neuen oder neu ausgebauten Flughäfen kann die starke Marke des angesiedelten Netzwerk-Carriers signifikant positive Auswirkungen auf das Image des Flughafens haben, da die bestehenden positiven Markenassoziationen der Airline auf den Flughafen übertragen werden. Ein solches positives Image wurde an diesen Flughäfen häufig schon dadurch implementiert, dass die dort angesiedelten Airlines verstärkt in ihre Markenbildung investiert haben, was ebenfalls positive Effekte auf die Markenstärke und das Markenimage der entsprechenden Flughäfen hatte (z.B. Emirates/ Dubai oder Turkish Airlines/ Istanbul). Hierdurch wurde Dubai als eigene Marke und als Ziel an sich bekannt und konnte sich durch ein erstklassiges Retail-Angebot und mit dem Airport verbundene Erlebniswelten sowie unzähligen Innovationen entlang der Customer Journey auch weiterhin als solches etablieren.[472]

Nachteile einer solchen Kooperation liegen in einer potentiellen Verwässerung der einzelnen Marken-Images, falls diese nicht klar aufeinander abgestimmt sind. So wäre trotz der steigenden Präsenz der Low-Cost-Carrier in Frankfurt eine Kooperation zwischen Fraport und bspw. Ryanair nicht sinnvoll, da die Images der einzelnen Marken zu stark divergieren und sich

471 Vgl. Werben und Verkaufen (2016): Lufthansa Cargo lockt mit Riesen-Teddys

472 Vgl. Arthur D Little (2013): Mega-Aviation Cities' Project – Giant Battles on the Ground…to Win the War in the Skies, S. 5–6
Mattmüller, Roland / Tunder, Ralph / Michael, Bernd (2009): Aufbruch: Ingredient Branding schafft Werte, S. 327

dadurch nicht in einer Zusammenarbeit verstärken könnten. Darüber hinaus birgt eine Kooperation zwischen Flughafen und Airline auch die Gefahr, dass für den Kunden nicht ersichtlich ist, welche Leistung durch welchen Marken-inhaber geliefert wird und die Ausgestaltung der Leistung dann auch nicht notwendiger Weise positiv auf das individuelle Marken-Image des Erbringers einzahlt.

Diese oben aufgezeigten Beispiele verdeutlichen dennoch, wie wichtig die enge Kooperation mit den Fluggesellschaften nicht nur in der allgemeinen Positionierungsstrategie und im operativen Bereich, sondern auch bei der Erstellung eines holistischen Marken-Images ist. Hierzu gehört bei allen Flughäfen, vor allem jedoch denen einer solchen Größe, auch die aktive Öffentlichkeitsarbeit. Der Aufbau einer starken Marke im Bereich des **Corporate Social Responsibility (CSR)-Managements** unterstützt die allgemeine Reputation des Flughafens als Unternehmen sowie die langfristige Verankerung eines positiven Marken-Images. Gerade bzgl. der ökologischen Bedenken, die viele Stakeholder in Bezug auf Flughäfen haben, kann ein stärker sozial und umweltorientiertes Sponsoring und „Neighbourhood-Marketing" sehr positiv zur Imagebildung von Flughäfen als auch Fluggesellschaften beitragen.[473]

Die folgende Abbildung verdeutlicht nochmal, wie die Zusammenarbeit von Flughafen und Airline den Aufbau positiver, globaler Marken für beide Partner ermöglicht.

473 Vgl. Gwinner, Kevin / Eaton, John (1999): Building Brand Image through Event Sponsorship: The Role of Image-Transfer, in: Journal of Advertising, S. 47–48
Kirchhof, Ann-Kathrin / Nickel, Oliver (2014): Marken nachhaltig erfolgreich führen, in: Kirchhof and Nickel (Hrsg.): CSR und Brand Management – Marken nachhaltig führen, S. 1–2

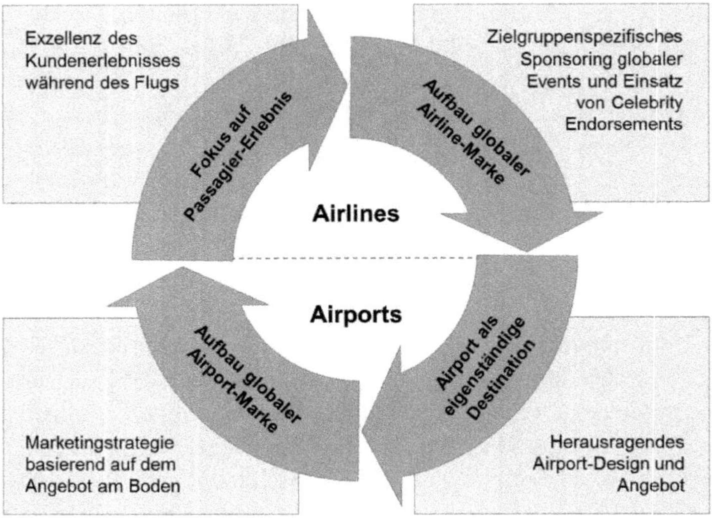

Abbildung 7-9: Aufbau einer globalen Marke durch die Zusammenführung der Positionierungsstrategien von Airport und Airline[474]

Neben der engen Zusammenarbeit von Hubs und ihren Netzwerk-Carriern, sind aber auch **Kooperationen von attraktiven O&D-Flughäfen mit anderen Unternehmen** denkbar, wie im vorangegangenen Kapitel bereits beschrieben wurde. Besonders geeignet scheinen hierzu Unternehmen aus Wirtschaft und Technik sowie Touristikunternehmen oder Städte/Regionen/Länder. Gerade letztere engagieren sich in den letzten Jahren ebenfalls zunehmend im Bereich der Markenbildung durch sog. **Destination-Marketing**, innerhalb dessen Städte, Länder oder Regionen zu Marken an sich werden. Diese Entwicklung unterstützt mögliche Kooperationen und Co-Branding-Strategien mit Flughäfen, die sich dadurch als „Tor zu einer Destination" positionieren und somit attraktive sekundäre Markenassoziationen nutzen können.

Darüber hinaus haben die Flughäfen auch gelernt, dass sie neben den positiven Effekten der Markenstrategie der angesiedelten Airlines auch **eigene Markenbildungsinitiativen** in Angriff nehmen müssen, um als **attraktive Destinationen** wahrgenommen zu werden. Zu diesem Zweck hat bspw. der Changi

474 In Anlehnung an Arthur D Little (2013): Mega-Aviation Cities' Project – Giant Battles on the Ground…to Win the War in the Skies, S. 6

Airport in Singapur das sog. „Jewel-Projekt" gestartet, welches den Flughafen als „einzigartige, weltklasse Lifestyle-Destination" positionieren und eine entsprechende Marke für den Flughafen aufbauen soll.[475] Einen ähnlichen Ansatz verfolgt auch der Flughafen Frankfurt mit verschiedenen, über den Luftverkehr hinausgehenden Erlebnissen, wie z.B. der jährlichen, internationalen Wein- und Genussmesse „Destination Wine" oder weiteren sog. „Airlebnis-Tagen" bei denen ein umfassendes Themenprogramm (z.B. aus den Bereichen Reisen, Mode oder auch Musik) geboten wird.[476]

Eine Positionierung als attraktive Destination an sich kann wie bereits beschrieben durchaus ein Entscheidungskriterium für die Zielgruppe der Transferpassagiere sein. Aber vor allem für die zukünftigen attraktiven O&D-Flughäfen, die primär auf den P2P-Verkehr fokussiert sind, sind solche Initiativen ausschlaggebend für den Erfolg der zukünftigen Positionierung. Eine entsprechende Ausstattung des Flughafens und ein holistisches Markenkonzept tragen stark zu der Herausbildung eines solchen Marken-Images bei. So wird bspw. der Flughafen München aufgrund seiner sehenswürdigen Architektur aber vor allem auch aufgrund seiner destinationsspezifischen Positionierung unter Einbindung der lokalen Kultur (wie dem Biergarten, dem traditionellen Einkaufsangebot und saisonaler Besonderheiten wie dem Oktoberfest oder auch einem Weihnachtsmarkt direkt außerhalb des Terminals) regelmäßig zu einem der attraktivsten Airports (2017: Platz 1 weltweit und einziger 5-Sterne Flughafen Europas) gewählt. Diese Angebots- und Erlebniswelten sind vor allem für das lukrative Segment der Transferpassagiere ein Grund, ihre Reiseroute explizit über den Flughafen München zu planen.[477]

Für die ehemaligen **Low-Cost-Airports** ist eine solche Implementierung des Marken-Images, das aus ihrer neu aufgestellten Markenidentität abgeleitet ist von besonderer Bedeutung. Sie können sich jedoch zunehmend weniger auf die Unterstützung der verbleibenden LCC verlassen, um ihre Attraktivität zu verdeutlichen. Vielmehr müssen sie neue Geschäftsmodelle und diversifizierte

---

475 Vgl. Arthur D Little (2013): Mega-Aviation Cities' Project – Giant Battles on the Ground…to Win the War in the Skies, S. 5–6
Changi Airport (2017): Jewel

476 Vgl. Fraport AG (2016): Destination Wine
Fraport (2017b): https://www.frankfurt-airport.com/de/faszination-airport/airport-specials.detail. suffix.html/article/faszination-airport/events---airlebnis/veranstaltungen-am-flughafen/airlebnis-tage-2015.html

477 Vgl. Travel Channel (2017): Best Airports for a Layover
Werben und Verkaufen (2017a): Erlebniswelt Flughafen München

Positionierungen kreieren, die es ihnen erlauben – durch Anziehung von **Investoren** in diese Geschäftsmodelle – langfristig profitabel zu operieren. Mögliche Optionen zu einer solchen Differenzierung (z.B. durch technische Ausstattung, digitale Innovation etc.) wurden im vorherigen Kapitel bereits beschrieben und können durch den Aufbau einer entsprechenden Flughafenmarke entsprechend signalisiert werden.[478]

Für Flughäfen in diesem Segment, die aufgrund ihrer bisherigen Aufstellung und noch nicht klar differenzierten Markenidentität keinen primären Fokus auf die Markenbildung und -positionierung legen, kann es dennoch empfehlenswert sein, sich einer **Markenallianz** anzuschließen. Durch eine solche Allianz wird die Kraft der einzelnen Marken zu einer sog. „Mega Brand" gebündelt und erlaubt einen positiven Imagetransfer zwischen den Marken. Solche Markenallianzen existieren in verschiedenen Ausprägungen:

(i) Vertikale Markenallianzen:

Diese Form der Allianzen beschreibt eine Kooperation zwischen einzelnen, in der Luftverkehrswertschöpfungskette nacheinander gelagerten Akteuren.[479] Klassisches Beispiel hierfür ist die Kooperation zwischen Flughäfen und Fluggesellschaften, die bereits im Verlauf dieses Kapitels eingehend beschrieben wurde. Für kleine Regionalflughäfen könnte dies bspw. Eine Kooperation zwischen dem Flughafen Frankfurt Hahn und Ryanair darstellen. Im Gegensatz zu der notwendigen Kooperation von Drehkreuzen und ihren Netzwerk-Carriern ist eine derartige Kooperation für Regionalflughäfen, die sich als eigenständig attraktive O&D-Flughäfen positionieren wollen jedoch nicht immer sinnvoll, da hierdurch die bereits hohe Anhängigkeit von einzelnen Airlines noch verstärkt würde.

(ii) Horizontale Markenallianzen

Häufig beschreiben solche Markenallianzen eine Co-Branding-Strategie auf horizontaler Ebene zwischen mehreren Flughäfen. Dies wäre denkbar für Flughäfen einer Region, die sich zu einem gemeinsamen Markenauftritt zusammenschließen um somit die Kraft ihrer einzelnen Marken zu bündeln und so zu verstärken. Ein Beispiel wäre hierfür der gemeinsame Auftritt von Dresden und Leipzig, die ja bereits zusammen unter der mitteldeutschen Flughafen AG

---

478 Vgl. Kasarda, John (2008): The Evolution of Airport Cities and the Aerotropolis, in: (Hrsg.): Airport Cities: The Evolution, S. 15

479 Vgl. Mattmüller, Roland / Tunder, Ralph / Michael, Bernd (2009): Aufbruch: Ingredient Branding schafft Werte, S. 14–15

geführt werden. Der Markenauftritt ist jedoch aufgrund der unterschiedlichen strategischen Ausrichtung autonom gehalten. Interessanter wäre ein solches Co-Branding bspw. für die Flughäfen Nürnberg und Memmingen oder auch Stuttgart und Karlsruhe durch einen Fokus in der Markenbildung auf der jeweiligen touristisch oder wirtschaftlich attraktiven Region, in der die kooperierenden Flughäfen liegen. Ebenfalls möglich wäre auch der Anschluss einer kleinen, noch nicht strategisch positionierten Flughafenmarke an eine größere Marke, deren positives Image sich dann auf die Flughafenmarke überträgt. Denkbar hierfür wäre ein Anschluss an eine starke Flughafenmarke (bspw. für den Flughafen Hannover und Fraport).[480]

(iii) Ingredient Branding

Eine weitere Form des Ingredient Branding durch Anschluss an eine starke Kundenmarke, wie bspw. Airlines oder Logistik- und Verkehrsunternehmen. Hierbei würde die Flughafenmarke nicht als eigenständige Marke erkannt, sondern primär in Kombination mit der Kundenmarke wahrgenommen. Ein denkbares Beispiel hierfür wäre eine Kooperation des Flughafens Leipzig mit dem Integrator DHL. Aufgrund der hohen Abhängigkeit, die ein Flughafen hiermit schaffen würde, ist eine solche Markenallianz in den meisten Fällen jedoch nicht sinnvoll.[481]

(5) Umsetzung in konkrete Maßnahmen

Obwohl die Umsetzung und Überführung der Markenpositionierung in eine konkrete Kommunikationsstrategie und Visualisierung keinen integralen Teil dieser Dissertation darstellt, soll im Folgenden noch abschließend betrachtet werden, inwiefern das finale Branding des Flughafens die Markenpositionierung unterstützen kann.

Die Marke eines Flughafens (bestehend aus Wort- und Bildmarke) kann nur bedingt die direkte Positionierung des Flughafens widerspiegeln, sie jedoch in Teilen unterstützen. Der Name kann bspw. bereits darauf hinweisen, ob ein internationaler Hub oder ein lokaler Flughafen vorliegt (z.B. Vienna International

---

480 Vgl. Mattmüller, Roland / Tunder, Ralph / Michael, Bernd (2009): Aufbruch: Ingredient Branding schafft Werte, S. 14–15
Interview mit Inga Backhaus, Leiterin Marketing/Vice President Marketing Mitteldeutsche Flughafen AG (2016)

481 Vgl. Mattmüller, Roland / Tunder, Ralph / Michael, Bernd (2009): Aufbruch: Ingredient Branding schafft Werte, S. 12–14

Airport vs. Asheville Regional Airport). Darüber hinaus kann der Markenname auch noch die Zugehörigkeit zu einer bestimmten Stadt (über geographische Nähe hinaus), einer bestimmten Region oder auch Attraktion symbolisieren (z.B. Frankfurt Hahn, Girona Costa Brava Airport, Annecy Haute-Savoie Airport Mont Blanc) oder den Kunden auf emotionaler Ebene ansprechen (Rovaniemi Santa Claus Airport in Finnland oder Bardufoss Snowman International Airport in Norwegen).[482] Darüber hinaus werden Flughäfen sowohl von der IATA als auch der ICAO mit drei- bzw. vierstelligen Buchstabenkürzeln gekennzeichnet. Der IATA-Code wird hierbei vorrangig im kommerziellen Rahmen genutzt (z.B. Flugbuchung) während das ICAO-Kürzel eher im operativen Bereich (z.B. Flugsicherung) Anwendung findet. Somit hat jeder Flughafen bereits zwei gegebene Namen, die auch in der Außenwirkung genutzt werden; Frankfurt/Main operiert beispielsweise unter dem IATA-Code „FRA" und der ICAO-Kennzeichnung „EDDF". Diese Kürzel verwendet Frankfurt auch aktiv in seiner Kommunikationskampagne „JA zu FRA".[483]

Generell ist für die Umsetzung der Markenpositionierung in eine konkrete Darstellungsform eine übergeordnete Integration von zu Grunde liegendem Produkt, Markennamen und Markenbild essentiell wichtig. Hierzu gilt es, die Markenidentität mittels Eigenschaftsübertragung, thematischer Relation oder Wort-Bild-Redundanz auf den Markennamen und das Markenbild zu übertragen.[484]

Die Ausgestaltung der meisten Markenbilder von Flughäfen richtet sich primär nach der Kompetenz des luftfahrtbezogenen Angebots und integriert daher Markenbilder mit klaren Linien, welche verschiedene Aspekte der Luftfahrt hervorheben (Stuttgart: Flugzeug, Frankfurt: Hub-Netzwerk, München: Verbindung). Es gibt jedoch einige Flughäfen, die diesbezüglich bereits einen innovativeren Ansatz zur Übertragung der Markenidentität auf die Darstellung der Marke implementiert haben, wie z.B. der oben genannte Bardufoss Snowman International Airport in Norwegen oder auch die unter dem Dach der Swedavia gemeinsam auftretenden, schwedischen Airports.

---

482 Vgl. Halpern, Nigel / Graham, Anne (2013): Airport Marketing, S. 125

483 Vgl. Ja zu FRA! (2015): Für den Flughafen. Für RheinMain.
Schulz, Axel / Baumann, Susanne / Wiedenmann, Simone (2010): Flughafen Management, S. 12

484 Vgl. Langner, Tobias / Esch, Franz-Rudolf (2004): Integriertes Branding neuer Marken – Techniken zur wirkungsvollen Verknüpfung von Markenname, Markenbild und Produkt, in: Marketing: Zeitschrift für Forschung und Praxis, S. 19–20

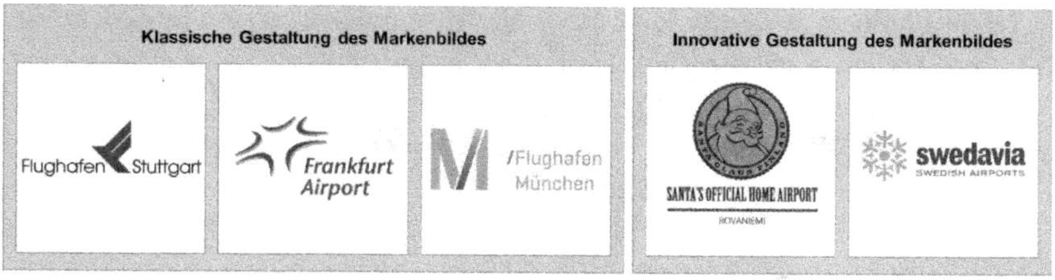

Abbildung 7-10: Verschiedene Markenbilder der Flughafenindustrie[485]

In Deutschland verfolgt bspw. der Flughafen Köln-Bonn bereits einen stark integrierten Auftritt von Positionierung und Außendarstellung, wie die folgende Darstellung verdeutlicht:

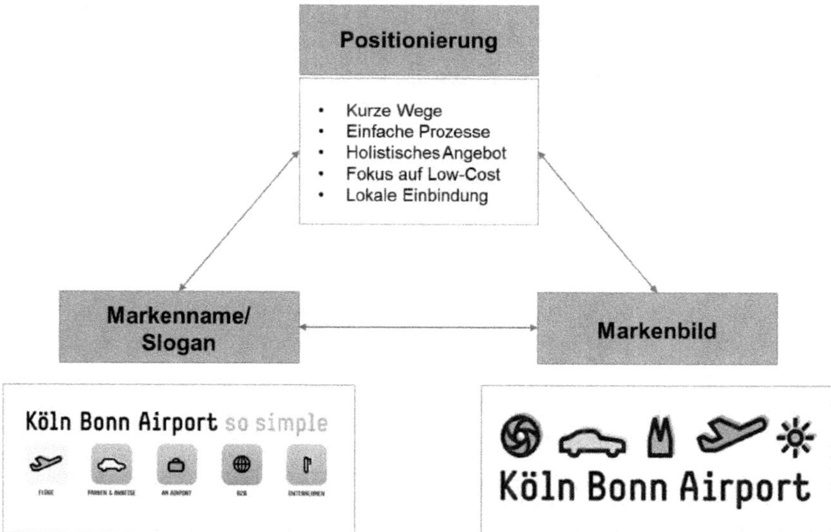

Abbildung 7-11: Integration des Branding am Beispiel des Flughafens Köln-Bonn[486]

485 Vgl. Fraport AG (2017c): https://www.frankfurt-airport.com/de/reisen/rund-um-den-flug.html
Flughafen München GmbH (2017a): https://www.munich-airport.de/
Rovaniemi Airport (2017): http://www.santaclausfinland.fi/en/rovaniemen-lentoasema-on-joulupukin-virallinen-lentoasema/
Flughafen Stuttgart (2017b): http://www.flughafen-stuttgart.de/newsroom/mediathek/bilder
Swedavia (2017): https://www.swedavia.com/#gref

486 Eigene Darstellung in Anlehnung an Langner, Tobias / Esch, Franz-Rudolf (2004): Integriertes Branding neuer Marken – Techniken zur wirkungsvollen Verknüpfung von

Eine detailliertere Einbindung der Positionierung in das Markenbild ist häufig schwierig, da Flughäfen ein großes Portfolio unterschiedlicher Leistungen und Marken umfassen, die in der Umsetzung und Kommunikation integriert werden müssen. Der Flughafen München hat diese Problematik durch die farbliche Anpassung des Logos, welche die Vielfalt des Flughafens symbolisiert, adressiert und unter dem gemeinsamen Slogan „Verbindung leben" vereint, wie die folgende Abbildung zeigt.

Abbildung 7-12: Anpassung des Markenbildes des Flughafen München[487]

Inwiefern die Umsetzung von Markenname und Markenbild zur Positionierung beiträgt, muss jedoch in einer nachfolgenden Untersuchung beurteilt werden. Diese und weitere Limitationen und daraus resultierende Ansätze für folgende Forschungsvorhaben sollen im nächsten Kapitel nochmal zusammengefasst werden.

(6) Markenwertbetrachtung:

Eine Betrachtung und tatsächliche Messung des Markenwerts ist ein zurzeit noch nachgelagerter Schritt in der Markenstrategie der Flughäfen. Zunächst wird dies auch primär für die privatisierten Flughäfen, wie bspw. die Fraport AG, ein relevantes Konzept darstellen, da diese einen tatsächlichen Shareholder-Value-Ansatz verfolgen.

Markenname, Markenbild und Produkt, in: Marketing: Zeitschrift für Forschung und Praxis, S. 19–20

Vgl. Flughafen Köln-Bonn GmbH (2017a): https://www.koeln-bonn-airport.de/

487 In Anlehnung an Invidis-Consulting (2013): Airport München frischt sein(e) M(arke) auf

Aber auch über diese finanzorientierte Bewertungsperspektive hinaus ist es langfristig nicht nur sinnvoll, sondern auch notwendig, die verschiedenen Determinanten des Markenwerts zu erfassen und in regelmäßigen, zeitlichen Abständen zu kontrollieren. Die Auswahl der konkreten Determinanten gilt es im Individualfall zu bestimmen, aber allgemein sollten die ausgewählten Kriterien die langfristige Strategie und nicht kurzfristige, taktische Maßnahmen unterstützen, eine tatsächliche Bedeutung für die zukünftige Ausrichtung des Unternehmens als auch den Markenwert haben und schließlich auf alle relevanten Bereiche des Unternehmens anwendbar sein.[488]

Ein guter Startpunkt zur Auswahl geeigneter Messkriterien sind die von Aaker (1996) vorgestellten und in Kapitel 3 bereits beschriebenen Brand-Equity-Ten, die in der folgenden Tabelle mit einer ersten Anwendungsempfehlung integriert sind, welche jedoch auf die spezifische Positionierung und Situation der einzelnen Flughäfen angepasst werden müssen.

		B2C	B2B
Messung der Loyalität	Erzielbares Preispremium	Ist aufgrund des Preiskampfes auch durch Loyalität kaum erzielbar	
	Zufriedenheit & Loyalität	Relevantes Messkriterium für die zukünftige Zusammenstellung des Leistungsangebots	Relevantes Messkriterium für die zukünftige Kooperation mit B2B-Segment
Messung der wahrgenommenen Qualität / Leistungsführerschaft	Wahrgenommene Qualität	Relevantes Messkriterium für die zukünftige Ausgestaltung des Leistungsangebots	
	Leistungsführerschaft	Relevantes Messkriterium für die Stellung im Wettbewerbsumfeld	
Messung von Assoziationen und Differenzierungsfaktoren	Wahrgenommener Wert	Relevantes Messkriterium für die Erfüllung der verschiedenen Nutzenkategorien	
	Markenpersönlichkeit	Relevantes Messkriterium der Flughafenmarke als Differenzierungsfaktor	
	Unternehmensassoziationen	Relevantes Messkriterium für die Öffentlichkeitsarbeit der Flughäfen	Relevantes Messkriterium für die zukünftige Kooperation mit B2B-Segment
Messung der Bekanntheit	Markenbekanntheit	Ist aufgrund der allgemeinen Bekanntheit von Flughäfen kein primär relevantes Messkriterium	
Messung von Marktgegebenheiten	Marktanteil	Kein eigenständiges Messkriterium durch Abhängigkeit von B2B-Kooperationen und Einzugsgebiet	Kein eigenständiges Messkriterium durch Abhängigkeit von Positionierung
	Preis- und Distributionsindeces	Relevantes Messkriterium hinsichtlich der Bestimmung des Einzugsgebiets	Kein relevantes Messkriterium, durch mangelnde Preisesetzungsoptionen und Abhängigkeit der Distribution von Positionierung und B2B-Kooperationen

Abbildung 7-13: Brand-Equity-Ten als Ausgangspunkt zur Auswahl relevanter Messkriterien[489]

488 Vgl. Aaker, David (1996b): Measuring Brand Equity Across Products and Markets, in: California Management Review, S. 104–105

489 Eigene Darstellung in Anlehnung an Aaker, David (1996b): Measuring Brand Equity Across Products and Markets, in: California Management Review, S. 105–116

Insgesamt gilt es zu beachten, dass Investitionen in die Markenbildung sich ggf. nicht in direkter Auswirkung auf die Profitabilität der Flughäfen auswirken, sondern ein unterstützendes Konzept zur Erreichung einer langfristig erfolgreichen Positionierung darstellen. Hierzu gilt es, die Marke und ggf. deren Wert stetig und nachhaltig aufzubauen und die relevanten Kennzahlen wie Marken-Image und Loyalität stetig zu messen und zu verbessern, um daraus einen langfristigen Wettbewerbsvorteil zu gestalten.[490]

490 Vgl. Aaker, David / Stahl, Florian / Stöckle, Felix (2015): Marken erfolgreich gestalten – Die 20 wichtigsten Grundsätze zur Markenführung, S. 11–17

8. Abschließende Betrachtung

8.1 Zusammenfassende Schlussfolgerung hinsichtlich der Erkenntnisziele der Arbeit

Die **übergeordnete Zielsetzung** der Arbeit war eine Untersuchung und Überführung der bestehenden Positionierungsstrategien unter Berücksichtigung der aktuellen und zukünftigen Entwicklungen im Luftverkehr in ein neues Positionierungsmodell. Hierbei sollten Maßnahmen hinsichtlich der Strategie und Markenbildung identifiziert und auf ihre Eignung als Mittel zur Erreichung der Positionierungsstrategie analysiert werden. Dieses Ziel wurde durch die Erreichung der einzelnen Partialziele wie im Folgenden beschrieben erfüllt.

Innerhalb der übergeordneten Zielsetzung war das **deskriptiv-abgrenzende Partialziel** die Analyse des Untersuchungsgegenstandes „Flughafen". Hierzu wurden bestehende Definitions- und Klassifizierungsansätze für Flughäfen vorgestellt. Im weiteren Verlauf des Kapitels wurden dann die veränderten Rahmenbedingungen der Flughafenbranche beschrieben, aus denen ein verstärkter Wettbewerb resultierte, welcher innerhalb des Kapitels ebenfalls aufgezeigt und untersucht wurde. Schließlich wurde das zu Grunde liegende Geschäftsmodell von Flughäfen analysiert. Hierbei werden sowohl das Wertschöpfungsversprechen als auch die finanziellen Aspekte von Flughäfen eingehend untersucht und schließlich in eine Geschäftsfeldstrategie übergeleitet. In diesem Zusammenhang konnte aufgestellt werden, dass sich das Geschäftsmodell von Flughäfen zwei, voneinander nicht vollständig unabhängige, Strategische Geschäftsfelder (SGF Aviation uns SGF Non-Aviation) untergliedern lässt. Die weitere Untersuchung zeigte die zunehmende Signifikanz des SGF Non-Aviation für die Positionierung als auch Gewinnerzielung von Flughäfen auf.

Anschließend wurde die theoretische Basis hinsichtlich Markenführung und –positionierung für die Ableitung strategischer Handlungsempfehlungen zur Markenbildung gelegt. Hierbei ergab sich, dass viele der aufgezeigten Maßnahmen für Flughäfen eine Relevanz haben, jedoch die Strategien zur Positionierung und Stärkung des Marken-Images zurzeit die größte Bedeutung innerhalb der Flughafenindustrie haben.

Zur Erreichung des **explikativen Partialziels** wurden in sowohl die bestehenden Typologien von Flughäfen untersucht als auch die aktuellen Entwicklungen und zukünftigen, strategischen Herausforderungen aufgestellt. Auf dieser Basis konnte ein neues Modell zukünftig erstrebenswerter Positionierungsstrategien entwickelt und vorgestellt werden.

Überprüft wurden die aufgestellten Entwicklungen und abgeleiteten, zukünftigen Positionierungsstrategien durch mehrere Expertenbefragungen und Fallstudien deutscher Flughäfen, die alle bestehenden Typologien hinsichtlich ihrer Geschäftsfeldstrategien, zukünftiger Entwicklungen und Herausforderungen, Notwendigkeit der Markenbildung und Aufstellung zur Erreichung der neuen Positionierungen untersuchen.

Zusätzlich wurden die Rahmenbedingungen der Markenbildung in Form einer Wettbewerbs- und Stakeholderanalyse von Flughäfen aufgestellt.

Das abschließende, **praktisch-normative Partialziel** wurde durch die Ableitung konkreter Handlungsempfehlungen für die Praxis erreicht. Hierbei wurde aufgezeigt, wie sich die verschiedenen, heutigen Typologien von Flughäfen aufstellen und welche strategischen Voraussetzungen sie erfüllen müssen, um eine zukünftig erfolgreiche Positionierung zu erzielen. Zusätzlich wurde aufgezeigt, welche Schritte im Rahmen der Markenführung für die verschiedenen Positionierungen besonders sinnvoll erscheinen und wie diese für die jeweilige Positionierung ausgestaltet werden sollten.

8.2 Limitationen der Untersuchung und Forschungsausblick

Ziel dieser Dissertation war eine Analyse der verschiedenen Positionierungsstrategien und deren zukünftiger Entwicklung vor dem Hintergrund eines neu aufgestellten Positionierungsmodells. Darüber hinaus sollte untersucht werden, inwiefern eine Markenbildung für die Flughafenindustrie sinnvoll ist und inwiefern diese die Erreichung einer neuen, wünschenswerten Positionierung unterstützen kann. Aufgrund der Tatsache, dass hierbei zuerst eine konzeptionelle Untersuchung durchgeführt wurde, gilt es einige der vorgestellten Konzepte und Strategien in der zukünftigen Forschung nochmals empirisch zu untersuchen.

Darüber hinaus ist die bisherige Betrachtung der Markenbildung von Flughäfen auf den Aufbau einer übergreifenden Unternehmensmarke limitiert. Durch das diversifizierte Angebot und die unterschiedlichen Geschäftsfelder von Flughäfen wäre jedoch eine nachgelagerte Analyse einer möglichen Markenarchitektur für das Geschäftsmodell von Flughäfen sinnvoll. Die Aufrechterhaltung einer starken Corporate Brand zur Steigerung der Reputation und der Außenwirkung von Flughäfen darf hierbei jedoch nicht vernachlässigt werden. Die Einbindung dieser Corporate Brand in die mögliche Markenfamilie sollte in einer solchen Studie daher auch untersucht werden.[491]

491 Vgl. Kapferer, Jean-Noel (2012): The New Strategic Brand Management – Advanced insights and strategic thinking, S. 27–28/250

Es wird deutlich, dass sich die Marketingaktivitäten eines Flughafens an sehr diverse Empfängergruppen richten und daher integrativ gestaltet sein müssen, um die verschiedenen Stakeholdergruppen möglichst effektiv und gleichzeitig einheitlich anzusprechen. Diese verschiedenen Gruppen wurden hinsichtlich ihrer wesentlichen Merkmale und Bedürfnisse in Kapitel 6.2.2 eingehend beschrieben. Nicht Teil dieser Dissertation jedoch ist die Untersuchung, in welcher Weise und auf welchen Kanälen die einzelnen Stakeholder angesprochen werden sollten, um sowohl eine integrative als auch individuelle Kommunikation zu gewährleisten.

Hinsichtlich der konkreten Umsetzung der Markenbildung in eine Visualisierung und Kommunikationsstrategie ist es ggf. ebenfalls sinnvoll, nicht nur internationale Best-Practice-Beispielen der Flughafenindustrie zu betrachten, sondern auch Benchmarks zur Markenbildung aus anderen Industrien zu integrieren. Durch die Betrachtung anderer Leistungsbündel und Produkte, die ggf. gleiche oder ähnliche Charakteristiken aufweisen oder innerhalb ihrer Industrien ähnlich positioniert sind, ist es möglich neue Ansätze zur Markenbildung zu erkennen. Zunächst wären hierzu andere Unternehmen aus den Bereichen Verkehr, Transport, Tourismus und Logistik aber auch aus weiteren Dienstleistungsindustrien sowie im Bereich der Markenbildung von Commodities denkbar. Eine weitergehende Analyse der Markenbildung von Flughäfen im Vergleich zu diesen Industrien würde daher eine sinnvolle Ergänzung zu der konzeptionellen Untersuchung dieser Dissertation darstellen.[492]

Zur Generalisierung der Ergebnisse wurden in der vorliegenden Dissertation aktuelle Geschehnisse und Entwicklungen, die den Luftverkehr in Teilen auch beeinflussen nicht einbezogen. Hierzu gehören unter anderem die Einschränkungen und Veränderungen des Luftraums durch die Konflikte in der Ukraine und in Syrien sowie der Flüchtlingskrise im europäischen Raum. Solche politischen Entwicklungen können die Luftfahrt durchaus beeinflussen aber wurden im Rahmen dieser Untersuchung aufgrund ihrer mangelnden Vorhersehbarkeit

---

Morwind, Klaus / Hennemann, Franz Peter (2004): Strategische Markenarchitektur und Markenbewertung bei Henkel, in: Wirtz and Göttgens (Hrsg.): Integriertes Marken- und Kundenwertmanagement – Strategien, Konzepte und Best Practices, S. 465

492 Vgl. Aaker, David (1996b): Measuring Brand Equity Across Products and Markets, in: California Management Review, S. 103
Aaker, David / Stahl, Florian / Stöckle, Felix (2015): Marken erfolgreich gestalten – Die 20 wichtigsten Grundsätze zur Markenführung, S. 84
Kapferer, Jean-Noel (2012): The New Strategic Brand Management – Advanced insights and strategic thinking, S. 53

nicht explizit einbezogen. Darüber hinaus können sich touristische Destinationen ggf. in den kommenden Jahren ändern, je nach aktuellen Präferenzen oder Sicherheitsbedenken. Allgemein also können politische, wirtschaftliche und touristische Entwicklungen die Luftfahrt und die mögliche Positionierung von Flughäfen durchaus beeinflussen und müssen in der praktischen Umsetzung zukünftiger Strategien beachtet werden.[493]

Ebenfalls wichtig für den langfristigen Erfolg eines Flughafens ist seine Position innerhalb der Wertschöpfungskette der Luftfahrtindustrie. In vielen Bereichen gilt es zu entscheiden, ob Dienstleistungen selbst erbracht oder ausgelagert werden. Diese Entscheidung kann ebenfalls große Auswirkungen auf die Rentabilität des Flughafens haben. Ein Beispiel hierfür sind die Bodenverkehrsdienste, die – obwohl eigentlich ein eigenständiges Geschäftsfeld – im Rahmen dieser Dissertation dem SGF Aviation zugeordnet wurden. Am Flughafen Stuttgart bspw. machen die Einnahmen aus diesem Bereich einen signifikanten Teil der Erlöse aus während viele andere Flughäfen diese ausgelagert haben.[494] Eine weiterführende Analyse aller Kosten und Erlöse sowie der verschiedenen Geschäftsfelder entlang der Wertschöpfungskette von Flughäfen, die die Positionierung eines Flughafens beeinflussen wäre für künftige Untersuchungen daher sinnvoll.[495]

Weiterhin ist ein relevanter Faktor in der Entwicklung der Flughäfen die kritische Kapazitätsgrenze, die einige Flughäfen heute schon erreicht haben. Viele dieser Flughäfen haben aufgrund ihrer Lage und den Limitierungen durch die öffentliche Hand keine Chance, durch Ausbau ihre Kapazitäten zu erhöhen, um das angestrebte Wachstum zu erreichen. Weltweit fallen laut dem ADV zurzeit ca. 43 Flughäfen, also eine durchaus signifikante Größe, in diese Kategorie. Diese Fälle und entsprechende, strategische Handlungsempfehlungen wurden in dieser Dissertation bisher nicht berücksichtigt.[496]

---

493 Vgl. Eurocontrol (2016b): Seven-Year Forecast 2016–2022, S. 53–54

494 Vgl. The Boston Consulting Group (BCG) (2004): Airports – Dawn of a New Era. Preparing for one of the industry's biggest shake-ups, S. 7
Interview mit Prof. Dr. Georg Fundel, Geschäftsführer Flughafen Stuttgart GmbH (2016)

495 Siehe Abbildung A-8-1 Auf S. 313 des Anhangs für einen Überblick über die Geschäftsfelder in der Wertschöpfungskette von Flughäfen.

496 Vgl. ACI Europe Airports Council International (2010): An outlook for Europe's airports – Facing the challenges of the 21st century, S. 14
ADV / DLR (2015): Marktbarometer Luftverkehr, S. 7

Letztlich gilt es einschränkend zu beachten, dass die vorliegende Dissertation zwar die globalen Entwicklungen der Flughafenindustrie analysiert und darauf aufbauend ein international anwendbares Positionierungsmodell vorstellt, die konkreten Handlungsempfehlungen sich jedoch vorrangig auf die Flughäfen in Deutschland beziehen.

Anhangsverzeichnis

Abbildungsverzeichnis des Anhangs

Tabellenverzeichnis des Anhangs

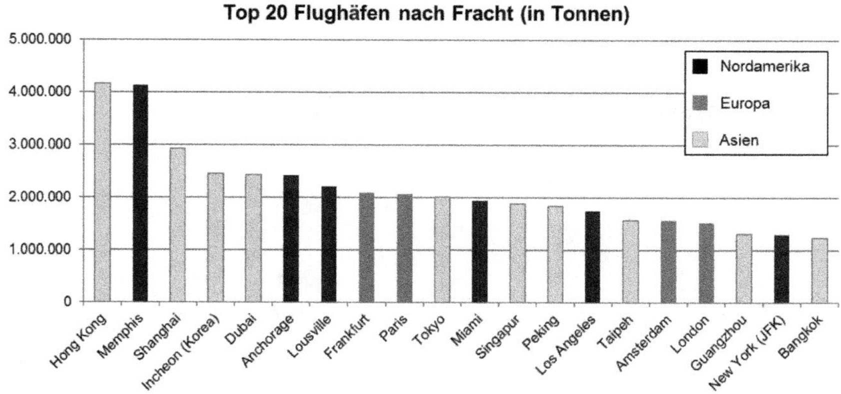

Abbildung A-2-1: Rangliste der internationalen Verkehrsflughäfen nach Fracht[497]

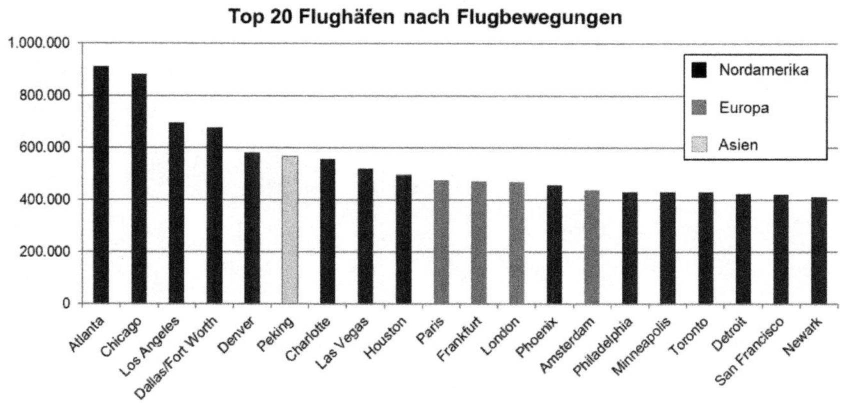

Abbildung A-2-2: Rangliste der internationalen Verkehrsflughäfen nach Flugbewegungen[498]

497 In Anlehnung an ACI Airports Council International (2015e): Cargo Traffic 2013 FINAL (Annual)

498 In Anlehnung an ACI Airports Council International (2015b): Aircraft Movements 2013 FINAL (Annual)

Legende:

IPO (vollständig oder partiell)

Konzessionen, Trade Sales oder Managementvertäge

Global Airport Privatization Summary					
1979	Waterford				
1987	**BAA**				
1989	Samui				
1990	Liverpool				
1992	GLA Prestwick	**Wien**			
1993	East Midlands				
1994	**Kopenhagen**	Belfast City	London Southend		
1995	London City	Bournemouth	Cardiff		
1996	Belfast Intl.	Athen	Sukothai		
1997	Düsseldorf Bolivian Airports Bristol Sanford	Perth Brisbane Melbourne Neapel	Birmingham Kent (UK) **Rom** Lahr	Santiago Cranbrook (CA) Dom. Rep. (6) Fort St. John (CA)	Kamloops (CA) Moncton (CA) Hamilton (CA)
1998	Argentinien Hannover Wellington Haiko	Mexico ASUR Hobart NT Airports (AUS) Canberra	Adelaide London Luton ACSA South Africa **Auckland**	Shanghai Coolangatta Turks & Caicos Launceston	Archerfield Hannover Stockholm Skavska Saarbrücken
1999	New York Stewart Costa Rica	**Malaysia Airports** Mexico Pacifico	Humberside Cochin	Antalya Frankfurt Hahn	
2000	Hamburg Plymouth	**Zürich** Rom	**Peking** Centro Norte (MEX)	Kilimanjaro Marsa Alam	
2001	Turin Florenz	Jamaica Oman	Newcastle Bangalore	Hyderabad Malta	**Fraport** St. Petersburg Istanbul (SAW)
2002	Sydney	Lima	Kruger (RSA)		
2003	Trat				
2004	Hainan **Airports of Thailand** Brüssel	Coventry Durham Valley Norwich	London Ashford Blackpool Doncaster	Biella Grenoble Chambery	Angers Tirana
2005	**Mexiko ASUR** Baudapest	Zypern (2) **Venedig**	Maastrickt Lübeck	Uppsala Kairo (+5)	
2006	Delhi Mumbai Peru Regional	**Mexiko GAP** Exeter **Paris**	Rygge Chittagong Kosice	Bogota Varna Burgas	Nassau Toluca Quito

Tabelle A-2-1: Global Airport Privatization Summary[499]

499 Centre for Asia-Pacific Aviation (2007): Global Airport Privatisation Report, S. 10

Reguliert	Dereguliert	Umformend	Konsolidiert	Regeneriert
Stabilisierte Kapazität	Erhöhte Kapazität	Kostenreduktion und Effizienzsteigerung	Konsolidierung der Industrie (Allianzen)	Verlust der Stabilität; Trend zu erhöhter Kapazität
Aufgeteilter Markt	Neue Markteintritte	Restrukturierung der operativen Bereiche zur Leistungssteigerung; Nutzung von Netzwerkeffekten	Markt verliert Anfechtbarkeit und gewinnt an Disziplin	Servicedifferenzierung nach Marktsegmenten
Gebündelte Dienstleistungen	Entbündelung der Leistungen	Zunahme neuer Dienstleistungen	Netzwerk weitet sich auf Flughäfen und Fluglinien aus	Aktivitätsbasierte Kostenspezialisierung
Wenig differenziertes Angebot	Preisreduktionen	Austritt schwacher Marktteilnehmer	Geschütze Hub-Strukturen zur Wahrung der Position	Fragmentierung der Netzwerke
Slot-Verteilung basiert auf Großvaterrechten	Slots als kompetitive Instrumente	Slots werden kommerziell vergeben; Netzwerk-Ansatz und Partnerschafts-abhängigkeit	Slots werden gehandelt	Slots werden an großen Flughäfen versteigert
Flughäfen als Infrastrukturanbieter	Flughäfen beginnen sich mit Wettbewerb auseinander zu setzen	Flughäfen als intermodale Glieder einer Kette	Flughäfen als multifunktionale Logistikplattformen	Flughäfen diversifizieren ihre Geschäftsmodelle; Aufkommen von Airport-City-Konzepten; Signifikanz des Shareholder-Values
Regulierung fokussiert auf Verstärkung des Wettbewerbs	Regulierung fokussiert auf Sicherheit	Regulierung fokussiert auf Servicequalität und Wohlbefinden der Kunden	Regulierung fokussiert auf Verstärkung des Wettbewerbs	Regulierung fokussiert auf Sicherheit Notwendigkeit sektorübergreifender Regulierungen

Tabelle A-2-2: Evolutionsphasen der Flughafenindustrie[500]

500 In Anlehnung an Macário, Rosário (2008): Airports of the future: essentials for renewed business models, in: European Journal of Transport and Infrastructure Research, S. 170

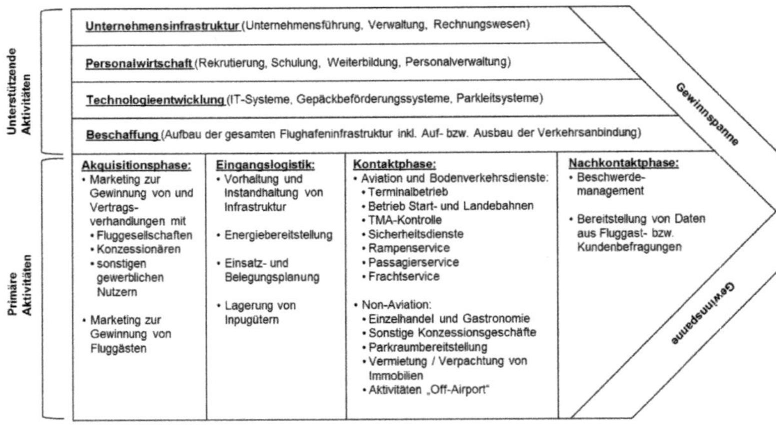

Abbildung A-2-3: Wertschöpfungskette der Flughafenbranche[501]

	Afrika	Asia-Pazifik	Europa	Latein-Amerika	Nord-Amerika	Mittlerer Osten
1	Mauritius (MRU, MU)	Seoul Incheon (ICN, KR)	Keflavik (KEF, IS)	Guayaquil (GYE, EC)	Indianapolis (IND, US)	Amman (AMM, JO)
2	Durban (DUR, ZA)	Singapur (SIN, SG)	Moskau (SVO, RU)	Quito (UIO, EC)	Tampa (TPA, US)	Abu Dhabi (AUH, AE)
3	Kapstadt (CPT, ZA)	Peking (PEK, CN)	Porto (OPO, PT)	Cancún (CUN, MX)	Jacksonville (JAX, US)	Tel Aviv (TLV, IL)
4	Johannesburg (JNB, ZA)	Haikou (HAK, CN)	Malta (MLA, MT)	Nassau (NAS, BS)	Sacramento (SMF, US)	Doha (DOH, QA)
5	Nairobi (NBO, KE)	Neu Delhi (DEL, IN)	Zürich (ZRH, CH)	Santo Domingo (SDQ, DO)	Ottawa (YOW, CA)	Dubai (DXB, AE)

Tabelle A-2-3: Liste der Flughäfen mit höchster Servicequalität 2014 nach Regionen[502]

501 In Anlehnung an: Trumpfheller, Michael (2006): Strategisches Flughafenmanagement – Positionierung und Wertschöpfung von Flughafentypen, S. 166;
Siehe auch: Albers, Sascha / Koch, Benjamin / Ruff, Christine (2005): Strategic alliances between airlines and airports—theoretical assessment and practical evidence, in: Journal of Air Transport Management, S. 51

502 In Anlehnung an International, ACI Airports Council (2015c): Airport Service Quality (ASQ) – Best Airport by Region (2014)

	2-5 Mio.	5-15 Mio.	15-25 Mio.	25-40 Mio.	Über 40 Mio.
1	Guayaquil (GYE, EC)	Haikou (HAK, CN)	Seoul Gimpo (GMP, KR)	Neu Delhi (DEL, IN)	Seoul Incheon (ICN, KR)
2	Mauritius (MRU, MU)	Sanya (SYX, CN)	Wuhan (WHU, CN)	Tapieh (TPE, TW)	Singapur (SIN, SG)
3	Ottawa (YOW, CA)	Hyderabad (HYD, IN)	Hangzhou (HGH, CN)	Chongqing (CKG, CN)	Peking (PEK, CN)
4	Nassau (NAS, BS)	Tianjin (TSN, CN)	Cancún (CUN, MX)	Shanghai Hongqiao (SHA, CN)	Shanghai Pudong (PVG, CN)
5	Ahmedabad (AMD, IN)	Changchun (CGQ, CN)	Tampa (TPA, US)	Mumbai (BOM, IN)	Hong Kong (HKG, HK)

Tabelle A-2-4: Liste der Flughäfen mit höchster Servicequalität 2014 nach Größe[503]

	Kriterium	Beschreibung
Marken-aufbau	**Unvergesslich**	Wie einfach sind die Erinnerung an und die Wiedererkennung des Elements für die Konsumenten?
	Bedeutsam	Besteht eine direkte Verbindung zwischen dem Element und dem Markenkern? Ist das Element glaubwürdig?
	Sympathisch	Wie ansprechend ist das Element hinsichtlich Design und Aesthetik? Welche Assoziationen ruft das Element hervor?
Marken-beibehaltung	**Übertragbar**	Kann das Element auf neue Produkte / Segmente übertragen werden? Ist das Element gleichermaßen auf anderen Märkten anwendbar?
	Anpassbar	Kann das Element an neue Gegebenheiten angepasst und aktualisiert werden?
	Schützbar	Inwiefern kann das Element rechtlich geschützt werden?

Tabelle A-3-1: Kriterien zur Bestimmung von Markenelementen[504]

503 In Anlehnung an International, ACI Airports Council (2015d): Airport Service Quality (ASQ) – Best Airport By Size (2014)

504 In Anlehnung an: Kotler, Philip / Keller, Kevin Lane (2012): Marketing Management, S. 272

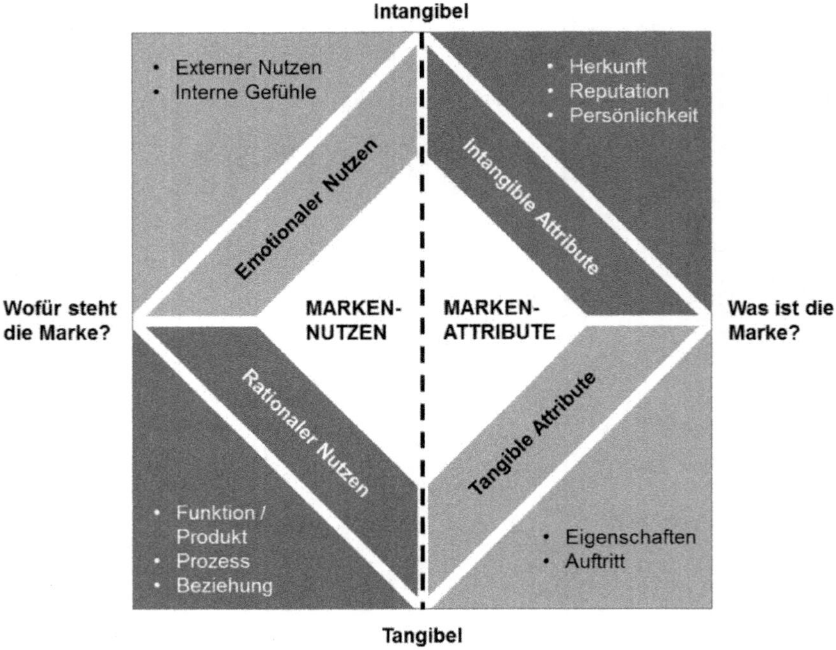

Abbildung A-3-1: Der McKinsey Markendiamant[505]

505 In Anlehnung an Riesenbeck, Hajo / Perrey, Jesko (2005): Mega-Macht Marke – Erfolge messen, machen, managen, S. 109

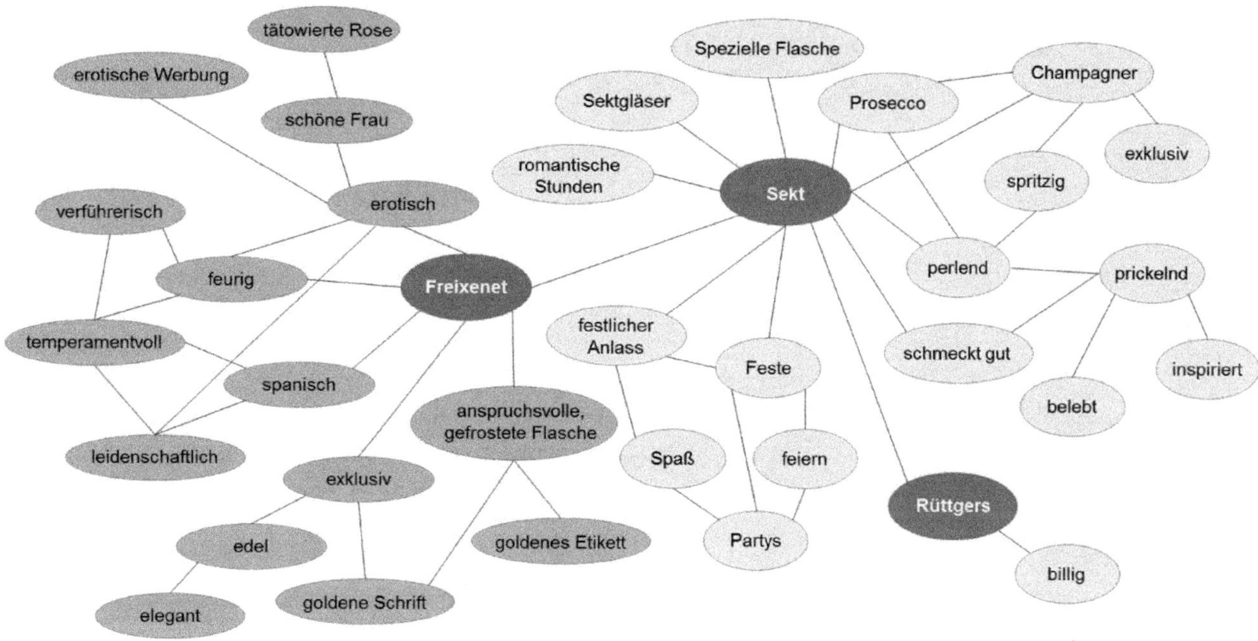

Abbildung A-3-2: Beispielhaftes semantisches Netzwerk[506]

506 In Anlehnung an Sattler, Henrik / Völckner, Franziska (2007): Markenpolitik, S. 73

	Marktpositionierung	Flughafenbeispiel
1	Flughäfen, die in den städtischen Marketingplan integriert sind	Manchester
2	Flughäfen, die in den regionalen oder nationalen Marketingplan integriert sind	München
3	Flughäfen mit Wachstumspotential, die jedoch durch physikalische Begrenzungen limitiert sind	Brüssel, Amsterdam
4	Flughäfen, die in ein System mit einenm dominanten Hub Carrier eingegliedert sind	Paris CDG, London Heathrow
5	Flughäfen, die durch das Bestreben des Betreibers in ein System eingegliedert sind	Mailand Malpensa, Washington Dulles
6	Flughäfen, die innerhalb eines Einzugsgebietes operieren aber verschiedene Nutzenversprechen anbieten	Stockholm Arlanda und Bromma, Chicago O'Hare und Midway
7	Flughäfen, die Überschussverkehr anziehen	Rom Ciampino, London Biggin Hill, Paris Le Bourget
8	Flughäfen mit einer alternativen Angebotsstruktur (Low-Cost)	London Stansted, Frankfurt Hahn
9	Flughäfen, die stark mit anliegenden Regionen und Staaten kooperieren	Frankfurt, Amsterdam
10	Flughäfen mit technischen Restriktionen	London City, Düsseldorf
11	Flughäfen, die durch das Verlassen ihres Hub Carriers einen Strukturwandel vollziehen	London Gatwick, Genf
12	Flughäfen, die als nationale oder überregionale Portale gestaltet sind (Primary und Secondary Hubs)	Frankfurt, Dubai, Los Angeles, New York JFK, Bangkok
13	Flughäfen mit einem Cargo Fokus	Lousiville, Leipzig
14	Greenfield Flughäfen	München, Oslo, Athen
15	Flughäfen, die aufgrund zuvor bestehender Infrastrukturen aufgebessert wurden	London Heathrow, Dubai, Madrid
16	Flughäfen, die aufgrund infrastruktureller Einschränkungen ein limitiertes Angebot im Luftfahrtbereich aufweisen	NY La Guardia, Washington Reagan
17	Flughäfen, die das nationale Hauptreiseportal darstellen	Singapur, Hong Kong
18	Flughäfen, die sich in einem Wandel befinden	El Toro (Kalifornien), Grazzanise (Italien)
19	Dominante Flughäfen, die nicht das Hauptreiseportal darstellen aber den Großteil des Marktes kontrollieren	Helsinki, Kopenhagen, Wien, Dublin

Tabelle A-4-1: Möglichkeiten zur Marktpositionierung von Flughäfen[507]

507 In Anlehnung an Jarach, David (2005a): Airport Marketing: Strategies to cope with the new millennium environment, S. 43–45

	Positionierungsstrategie	Beschreibung
1	Flughafen-Netzwerk	Koordinierte Flughafengruppe auf nationalem oder regionalem Level (e.g. AENEA, Swedavia)
2	Allianz Anker-Hub	Hub, an dem sich die Hauptallianzen von Fluglinien treffen (e.g. LHR, CDG, FRA)
3	Airport City	Flughafen, der die meisten städtischen Dienstleistungen auf seinem Boden anbietet (e.g. MUC, ZRH)
4	Multimodaler Hafen	Airport City mit starker multi-modaler Anbindung (e.g. AMS)
5	Flughafen als Endziel	Flughäfen, die ein Handels-/Servicezentrum für die eigene Umgebung darstellen (e.g. AHN)
6	Geschäftsreiseverkehr	Flughäfen, die sich auf Geschäftsreisende fokussieren (e.g. London City)
7	Niedrigpreis-Basis	Flughäfen, die sich auf Low Cost Carrier spezialisieren (e.g. London Stensted, Frankfurt Hahn)
8	Fracht Plattform	Flughäfen, die vor allem Frachttransport bedienen (e.g. Liege, Leipzig Halle)

Tabelle A-4-2: Positionierungsstrategien für Flughäfen[508]

508 In Anlehnung an Halpern, Nigel / Graham, Anne (2013): Airport Marketing, S. 60

	Prototyp eines Low-Cost-Airports
1	**Geringe Buchungsmöglichkeiten** (Großteil der Buchungen in diesem Segment erfolgt über das Internet und Smartphone-Applikationen)
2	**Schneller, elektronischer Check-In** (Self-Service)
3	**Einrichtungen sind auf Point-to-Point-Verkehr ausgelegt** (schnelle Turn-around-Zeiten, auf Kurzstreckenpassagiere zugeschnittenes Retail-Angebot, etc.)
4	**Lounges** sind, falls überhaupt vorhanden, auf das Economy-Segment zugeschnitten
5	**Geringes luftseitiges Angebot** (falls vorhanden, liegt der Fokus auf Convenience und Las-Minute-Notwendigkeiten)
6	**Starkes Entwicklungspotential / Kapazitäten** (v.a. in den Bereichen Anbindung, Terminalausstattung, etc.)
7	**Simplifizierte, funktionale Geschäftseinrichtungen** (derartige Einrichtungen werden weder von Airlines noch Passagieren in ausreichendem Maß genutzt)
8	**Zurückhaltendes Design und Decor**
9	**Effiziente Prozesse** (sowohl bei der Passagier- als auch Fracht- und Gepäckabfertigung)
10	**Unterentwickelte technische Ausstattung** (v.a. durch Nutzung von Treppen und Bustransfers statt Flugzeugbrücken)
11	**Limitierte Sitzmöglichkeiten und überfüllte Gate-Bereiche**
12	**Verlängerte Öffnungszeiten**
13	**Keine Stand-by-Parkerlaubnis** für Flugzeuge während der Öffnungszeiten
14	**Nächtliche** Wartung und Reinigung
15	**Finanzielle Unterstützung für die LCC** (wird seitens der Fluggesellschaften für Präsenz am Flughafen gefordert)

Tabelle A-4-3: Prototyp eines Low-Cost-Airports[509]

509 In Anlehnung an Centre for Asia-Pacific Aviation (2007): Global Airport Privatisation Report, S. 32

Emerging Markets (IWF)			
Afghanistan, Islamic Republic of	Djibouti	Lesotho	Saudi Arabia
Albania	Dominica	Liberia	Senegal
Algeria	Dominican Republic	Libya	Serbia
Angola	Ecuador	Lithuania	Seychelles
Antigua and Barbuda	Egypt	Macedonia	Sierra Leone
Argentina	El Salvador	Madagascar	Solomon Islands
Armenia	Equatorial Guinea	Malawi	South Africa
Azerbaijan	Eritrea	Malaysia	Sri Lanka
Bahamas, The	Estonia	Maldives	St. Kitts and Nevis
Bahrain	Ethiopia	Mali	St. Lucia
Bangladesh	Fiji	Mauritania	St. Vincent and the Grenadines
Barbados	Gabon	Mauritius	Sudan
Belarus	Gambia, The	Mexico	Suriname
Belize	Georgia	Moldova	Swaziland
Benin	Ghana	Mongolia	Syrian Arab Republic
Bhutan	Grenada	Montenegro	Tajikistan
Bolivia	Guatemala	Morocco	Tanzania
Bosnia and Herzegovina	Guinea	Mozambique	Thailand
Botswana	Guinea-Bissau	Myanmar	Timor-Leste
Brazil	Guyana	Namibia	Togo
Brunei Darussalam	Haiti	Nepal	Tonga
Bulgaria	Honduras	Nicaragua	Trinidad and Tobago
Burkina Faso	Hungary	Niger	Tunisia
Burundi	India	Nigeria	Turkey
Cambodia	Indonesia	Oman	Turkmenistan
Cameroon	Iran, Islamic Republic of	Pakistan	Uganda
Cape Verde	Iraq	Panama	Ukraine
Central African Republic	Jamaica	Papua New Guinea	United Arab Emirates
Chad	Jordan	Paraguay	Uruguay
Chile	Kazakhstan	Peru	Uzbekistan
China	Kenya	Philippines	Vanuatu
Colombia	Kiribati	Poland	Venezuela
Comoros	Kosovo	Qatar	Vietnam
Congo, Democratic Republic of	Kuwait	Romania	Yemen, Republic of
Congo, Republic of	Kyrgyz Republic	Russia	Zambia
Costa Rica	Lao People's Democratic Rep.	Rwanda	Zimbabwe
Côte d'Ivoire	Latvia	Samoa	
Croatia	Lebanon	São Tomé and Príncipe	

Tabelle A-4-4: Liste der als Emerging Markets klassifizierten Länder laut IWF[510]

510 In Anlehnung an (IWF), Internationaler Währungsfonds (2017): World Economic and Financial Surveys

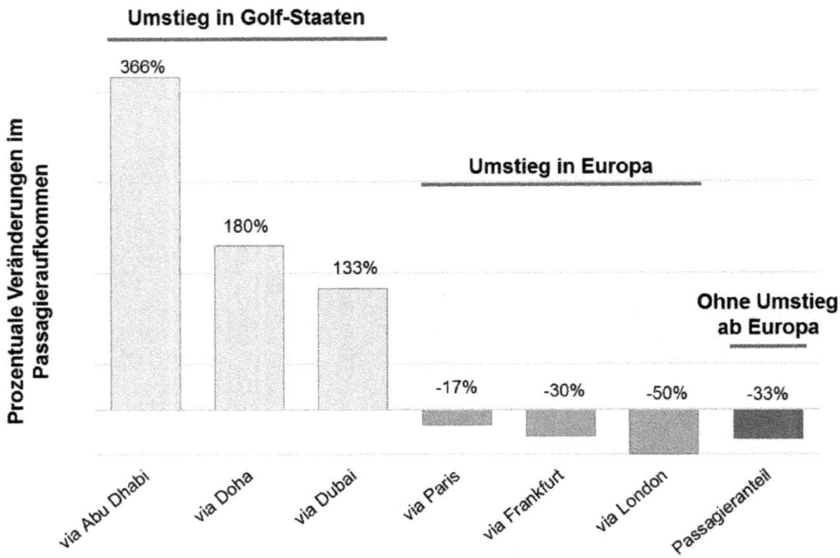

Abbildung A-4-1: Verlagerung der internationalen Passagierströme[511]

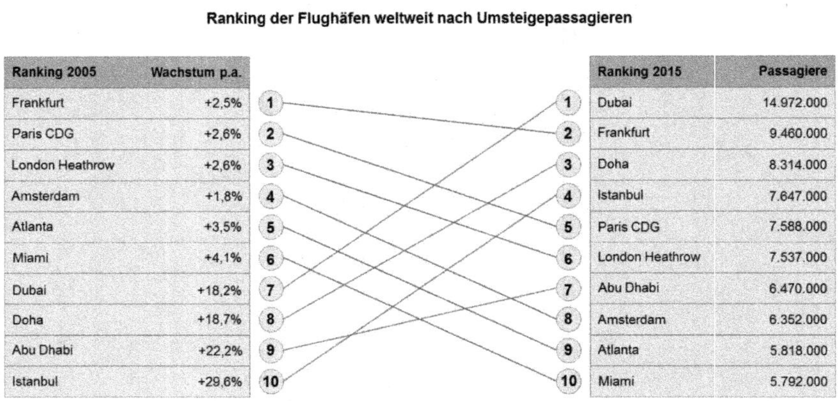

Abbildung A-4-2: Sinkende Transferpassagierzahlen im europäischen Interkontinentalverkehr[512]

511 In Anlehnung an Lufthansa Group (2016): Politikbrief 1/2016 März, S. 1
512 In Anlehnung an Lufthansa Group (2016): Politikbrief 1/2016 März, S. 2

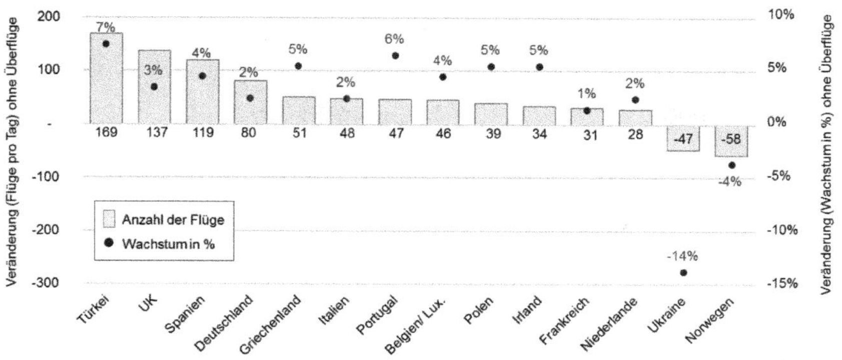

Abbildung A-4-3: Verkehrsentwicklung in Europa – Veränderungen 2014-2015[513]

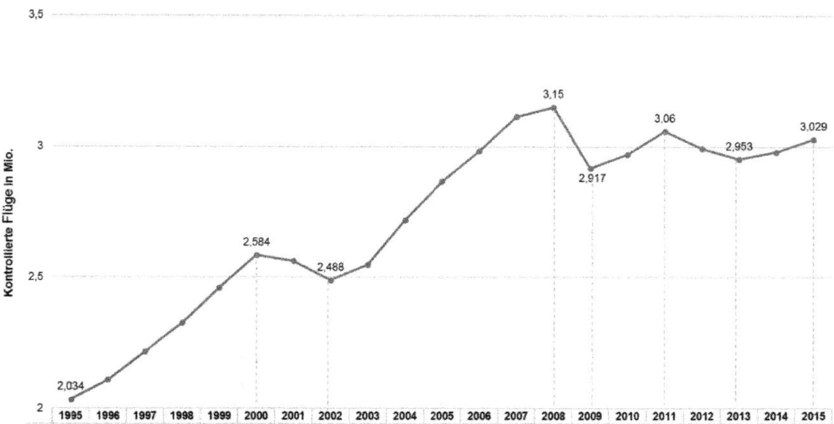

	1995	1996	1997	1998	1999	2000	2001	2002	2003	2004	2005	2006	2007	2008	2009	2010	2011	2012	2013	2014	2015
Mio.	2,034	2,109	2,215	2,325	2,459	2,584	2,561	2,488	2,548	2,719	2,866	2,983	3,115	3,15	2,917	2,971	3,06	2,994	2,953	2,98	3,029

Abbildung A-4-4: Verkehrsentwicklung nach Flugbewegungen in Deutschland[514]

513 In Anlehnung an Eurocontrol (2016b): Seven-Year Forecast 2016–2022, S. 16

514 Vgl. Deutsche Flugsicherung (DFS) (2016): Luftverkehr in Deutschland – Mobilitätsbericht 2015, S. 17

	2011	2012	2013	2014	2015	Veränderung '11-'15 in %
Internationale Verkehrsflughäfen						
Berlin-Schönefeld	71.048	69.227	63.092	66.881	74.355	4,7%
Berlin Tegel	168.579	170.303	173.979	181.532	183.696	9,0%
Berlin gesamt	239.627	239.530	237.071	248.413	258.051	7,7%
Bremen	37.120	35.547	35.107	36.538	34.211	-7,8%
Dresden	27.779	25.758	22.333	23.502	22.823	-17,8%
Düsseldorf	221.206	216.664	210.264	209.771	209.361	-5,4%
Erfurt	6.308	4.410	4.796	4.883	4.869	-22,8%
Frankfurt	487.052	482.079	472.549	468.915	468.027	-3,9%
Hamburg	149.073	144.572	136.605	146.315	149.937	0,6%
Hannover	70.779	67.481	64.157	62.914	62.320	-12,0%
Köln/Bonn	130.720	125.380	119.538	122.184	127.356	-2,6%
Leipzig/Halle	62.062	60.466	59.467	60.482	62.417	-0,6%
München	407.148	395.210	379.107	374.110	377.082	-7,4%
Münster/Osnabrück	24.802	19.689	16.322	17.678	17.611	-29,0%
Nürnberg	58.546	53.727	51.943	49.901	48.665	-16,9%
Saarbrücken	11.941	10.085	9.548	8.567	9.945	-16,7%
Stuttgart	125.209	120.279	114.082	113.798	118.931	-5,0%
Gesamt:	2.059.372	2.000.877	1.932.889	1.947.971	1.971.606	-4,3%
Regionale Verkehrsflughäfen						
Altenburg-Nobitz	466	440	300	349	-	k.A.
Augsburg	6.701	6.410	6.788	6.887	6.732	0,5%
Braunschweig	11.722	12.014	12.206	11.965	11.727	0,0%
Dortmund	20.245	19.724	19.791	20.097	20.114	-0,6%
Friedrichshafen	15.203	13.478	11.974	11.861	12.393	-18,5%
Hahn	29.577	27.010	23.939	20.570	20.957	-29,1%
Heringsdorf	1.148	1.330	1.115	1.210	984	-14,3%
Hof/Plauen	2.537	1.370	1.393	1.902	1.515	-40,3%
Ingolstadt/Manching	5.904	6.659	6.616	6.987	6.601	11,8%
Karlsruhe/Baden-Baden	17.788	17.507	15.776	14.640	13.930	-21,7%
Kassel-Calden	2.778	2.691	2.950	3.345	3,788	36,4%
Lahr	2.324	1.378	606	1.444	1.461	-37,1%
Lübeck-Blankenese	5.798	5.548	5.869	4.861	4.310	-25,7%
Magdeburg/Cochstedt	1.067	1.273	948	701	1.246	16,8%
Mannheim	8.252	5.384	4.934	5.704	6.309	-23,5%
Memmingen	9.466	11.068	9.175	8.933	11.298	19,4%
Mönchengladbach	5.472	5.007	4.796	5.472	5.726	4,6%
Niederrhein	18.153	16.980	18.897	13.567	13.187	-27,4%
Paderborn/Lippstadt	15.325	14.524	13.365	12.857	13.048	-14,9%
Rostock-Laage	10.185	9.582	9.777	9.381	8.449	-17,0%
Schwerin/Parchim	2.156	1.911	1.487	1.519	1.768	-18,0%
Westerland/Sylt	5.588	4.916	4.862	5.032	5.553	-0,6%
Zweibrücken	5.275	4.702	4.457	3.743	-	k.A.
Gesamt	203.130	190.906	182.291	172.027	171.096	-15,8%

Tabelle A-4-5: Entwicklung der Flugbewegungen je Flughafen[515]

515 Vgl. Deutsche Flugsicherung (DFS) (2016): Luftverkehr in Deutschland – Mobilitätsbericht 2015, S. 20

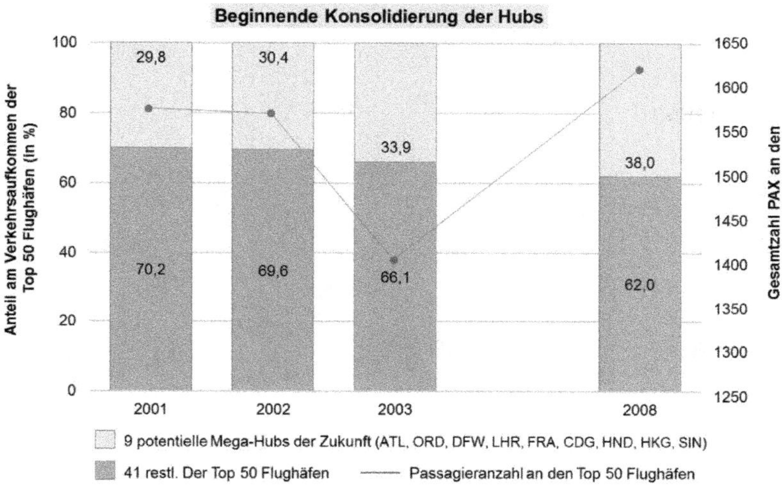

Abbildung A-4-5: Beginnende Konsolidierung der Drehkreuz-Flughäfen[516]

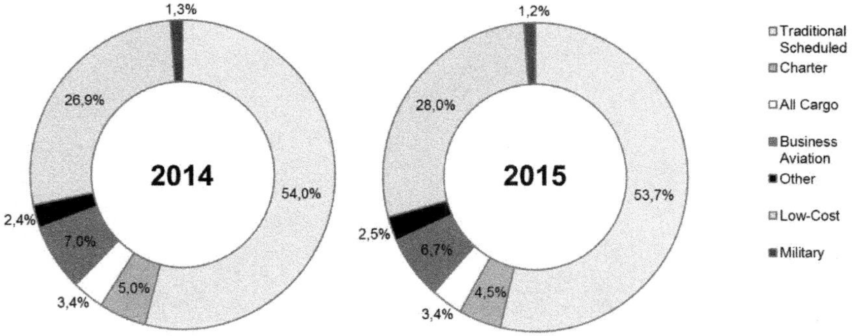

Abbildung A-4-6: Wachstum des Low-Cost-Segments 2014-2015[517]

516 The Boston Consulting Group (BCG) (2004): Airports – Dawn of a New Era. Preparing for one of the industry's biggest shake-ups, S. 19

517 Eurocontrol (2016b): Seven-Year Forecast 2016–2022, S.

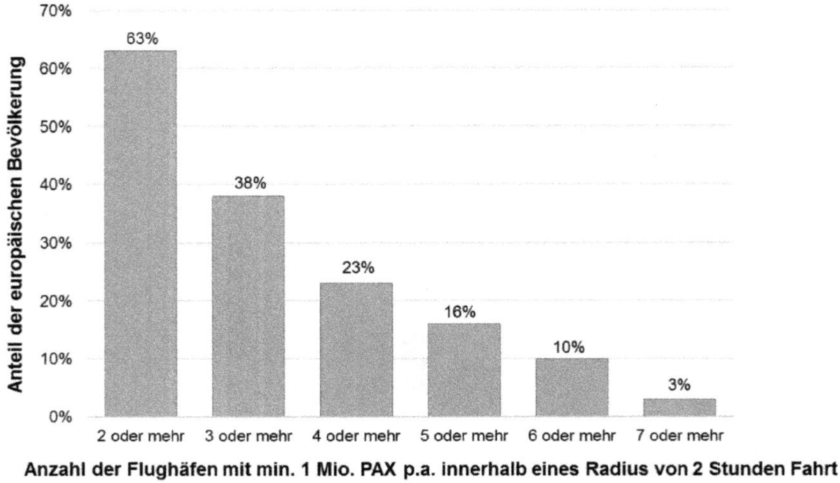

Abbildung A-6-1: Zugang zu Flughäfen innerhalb eines 2-Stunden-Radius mit mind. 1Mio. PAX p.a.[518]

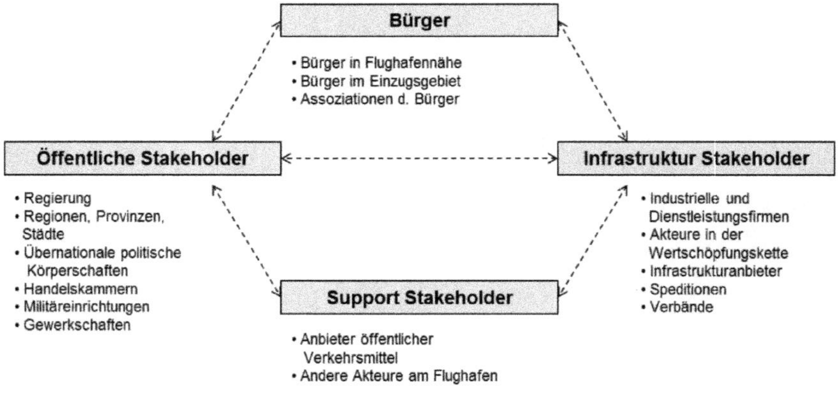

Abbildung A-6-2: Stakeholder im Makro-Umfeld von Flughäfen[519]

518 Copenhagen Economics (2012): Airport Competition in Europe, S. 56

519 In Anlehnung an: Jarach, David (2005a): Airport Marketing: Strategies to cope with the new millennium environment, S. 30

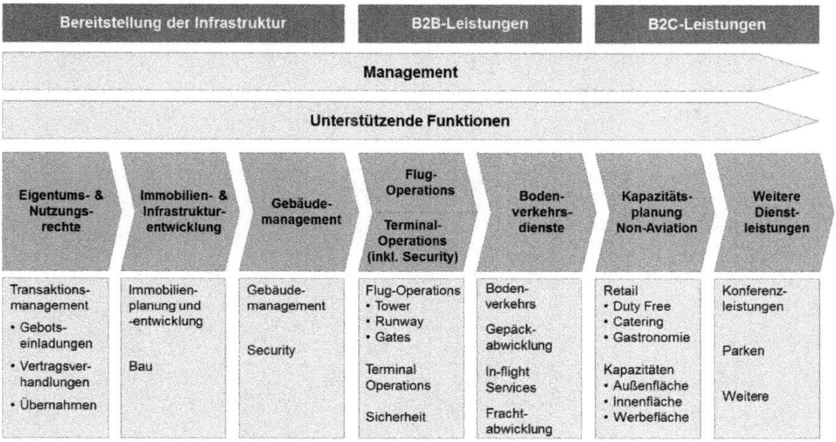

Abbildung A-8-1: Diversifizierte Wertschöpfungskette von Flughäfen[520]

520 The Boston Consulting Group (BCG) (2004): Airports – Dawn of a New Era. Preparing for one of the industry's biggest shake-ups, S. 23

Literaturverzeichnis

Aaker, D. (1996a): Building Strong Brands, New York.

Aaker, D. (1996b): Measuring Brand Equity Across Products and Markets, in: California Management Review, 38. Jg., Nr. 3, S. 102–120.

Aaker, D. (1992): Management des Markenwerts, Frankfurt.

Aaker, D./ Joachimsthaler, E. (2009): Brand Leadership, New York.

Aaker, D./ Stahl, F./ Stöckle, F. (2015): Marken erfolgreich gestalten – Die 20 wichtigsten Grundsätze zur Markenführung, Wiesbaden.

Aberle, G. (2003): Transportwirtschaft. Einzelwirtschaftliche und gesamtwirtschaftliche Grundlagen, 4. überarb. u. erw. Aufl., München / Wien.

ACI Airports Council International (2015a): ACI Airports Economics Report

ACI Airports Council International (2015b): Aircraft Movements 2013 FINAL (Annual), elektronisch veröffentlicht unter: http://www.aci.aero/Data-Centre/Annual-Traffic-Data/Movements/2013-final, abgerufen am 12.12.2015

ACI Airports Council International (2015c): Airport Service Quality (ASQ) – Best Airport by Region (2014), elektronisch veröffentlicht unter: http://www.aci.aero/Airport-Service-Quality/ASQ-Awards/Current-Winners, abgerufen am 11.12.2015

ACI Airports Council International (2015d): Airport Service Quality (ASQ) – Best Airport By Size (2014), elektronisch veröffentlicht unter: http://www.aci.aero/Airport-Service-Quality/ASQ-Awards/Current-Winners/Best-Airport-By-Size/2-5million, abgerufen am 11.12.2015

ACI Airports Council International (2015e): Cargo Traffic 2013 FINAL (Annual), elektronisch veröffentlicht unter: http://www.aci.aero/Data-Centre/Annual-Traffic-Data/Cargo/2013-final, abgerufen am 12.12.2015

ACI Airports Council International (2014): ACI Annual Report 2014

ACI Airports Council International (2014): ACI Economics Report – Preview

ACI Airports Council International (2013): ACI Economics Report – Preview

ACI Airports Council International (2000): Creating Employment and Prosperity in Europe: An Economic Impact Study Kit

ACI Europe (2015): Performance Management at European Airports

ACI Europe (2010): An outlook for Europe's airports – Facing the challenges of the 21st century

ADV / DLR (2015): Marktbarometer Luftverkehr

Airbus (2015): Global Market Forecast. Airbus Market Outlook 2015-2034, elektronisch veröffentlicht unter: http://www.airbus.com/company/market/forecast/, abgerufen am 13.08.2015

Airline-Business. (2004): Leisure Travel Focus. Airlines ranked by charter passenger numbers, in: Airline Business, 20. Jg., Nr. 9, S. 89

Airliners.de (dh/dpa) (2017a): Fraport erwägt spezielles Billigflieger-Terminal, elektronisch veröffentlicht unter: http://www.airliners.de/fraport-billigflieger-terminal/40807, abgerufen am 01.03.2017

Airliners.de (dh/dpa) (2017b): Fristverlängerung für Investorensuche in Magdeburg/Cochstedt elektronisch veröffentlicht unter: http://www.airliners.de/fristverlaengerung-investorensuche-magdeburg-cochstedt/40805, abgerufen am 01.03.2017

Airliners.de (ch) (2017c): Hahn-Bieter wollen 40 Millionen Euro in Airport investieren elektronisch veröffentlicht unter: http://www.airliners.de/hahn-bieter-40-millionen-euro-airport/40624?utm_campaign=readmore&utm_medium=articlebox&utm_source=air, abgerufen am 01.03.2017

Airliners.de (ch/dpa) (2017d): Lufthansa Group arbeitet noch enger mit Etihad zusammen elektronisch veröffentlicht unter: http://www.airliners.de/lufthansa-group-etihad/40651?utm_campaign=readmore&utm_medium=articlebox&utm_source=air, abgerufen am 01.03.2017

Airliners.de (ch) (2016a): Air-Berlin-Aufteilung wirkt sich auf Flughäfen aus elektronisch veröffentlicht unter: http://www.airliners.de/air-berlin-aufteilung-flughaefen/39773?utm_ campaign=readmore&utm_medium=articlebox&utm_source=air, abgerufen am 01.03.2017

Airliners.de (dpa/gk) (2016b): DHL baut Luftfrachtdrehkreuz Leipzig/Halle weiter aus, elektronisch veröffentlicht unter: http://www.airliners.de/dhl-luftfrachtdrehkreuz-leipzig-halle/39790, abgerufen am 01.03.2017

Airliners.de (dh) (2016c): Die Air-Berlin-Flugplanaufteilung beginnt elektronisch veröffentlicht unter: http://www.airliners.de/die-air-berlin-flugplanaufteilung/40225?utm_ campaign=readmore&utm_medium=articlebox&utm_source=air, abgerufen am 01.03.2017

Airliners.de (gk) (2016d): DLR-Studie: Ticketpreise der Billigairlines gleichen sich an elektronisch veröffentlicht unter: http://www.airliners.de/dlr-studie-ticketpreise-billig-airlines/38554?utm_campaign=readmore&utm_medium=articlebox&utm_source=air, abgerufen am 01.03.2017

Airliners.de (ch) (2016e): Eine freundliche Weihnachts-Übernahme elektronisch veröffentlicht unter: http://www.airliners.de/eine-weihnachts-uebernahme-lufthansa-air-berlin/40344, abgerufen am 01.03.2017

Airliners.de (gk/AFP) (2016f): Flughafen Frankfurt will für Billigflieger attraktiver werden, elektronisch veröffentlicht unter: http://www.airliners.de/flughafen-frankfurt-billigflieger/38606?utm_campaign=readmore&utm_medium=articlebox&utm_ source=air, abgerufen am 01.03.2017

Airliners.de (dh/dpa/AFP) (2016g): Fünf größte europäische Airlines gründen neuen Verband elektronisch veröffentlicht unter: http://www.airliners.de/fuenf-airlines-verband/37691?utm_campaign=readmore&utm_medium=articlebox&utm_source=air, abgerufen am 01.03.2017

Airliners.de (dh) (2016h): Neue Vorzeichen für die deutsche Luftverkehrspolitik elektronisch veröffentlicht unter: http://www.airliners.de/neue-vorzeichen-luftverkehrspolitik/40364, abgerufen am 01.03.2017

Airliners.de (2016i): Startschuss für die große Air-Berlin-Slot-Aufteilung elektronisch veröffentlicht unter: http://www.airliners.de/startschuss-air-berlin-slot-aufteilung-apropos-15/39811?utm_campaign=readmore&utm_medium=articlebox&utm_ source=air, abgerufen am 01.03.2017

Airliners.de (2015a): Passagierzahlen: Die großen Flughäfen wachsen, die kleinen kämpfen elektronisch veröffentlicht unter: http://www.airliners.de/passagierzahlen-flughaefen-deutschland/34733, abgerufen am 01.03.2017

Airliners.de (ch/dpa/AFP) (2015b): Mehr Schutz für europäische Airlines vor Konkurrenz elektronisch veröffentlicht unter: http://www.airliners.de/eu-kommissarin-bulc-fluggesellschaften/37369?utm_campaign=readmore&utm_medium=articlebox&utm_ source=air, abgerufen am 01.03.2017

Airliners.de (2014): Arten und Zuteilung von Slots, elektronisch veröffentlicht unter: http://www.airliners.de/arten-zuteilung-slots-basiswissen-luftverkehr-11/33885?utm_campaign=readmore&utm_medium=articlebox&utm_source=air, abgerufen am 01.03.2017

Albers, S./ Koch, B./ Ruff, C. (2005): Strategic alliances between airlines and airports—theoretical assessment and practical evidence, in: Journal of Air Transport Management, Jg., Nr. 11/2005, S. 49–58

Alsolami, H. et al. (2015): Transformation of airport industries: A fresh review of global changes, in: International Journal of Economics, Commerce and Management, 3. Jg., Nr. 8, S. 492–503

Amadeus IT Group SA / Travel Tech Consulting Inc. (2011): Navigating the airport of tomorrow

American Marketing Association (AMA) (2016a): AMA Dictionary, elektronisch veröffentlicht unter: https://www.ama.org/resources/pages/dictionary.aspx?dLetter=B, abgerufen am 29.08.2016

American Marketing Association (AMA) (2016b): Definition of Marketing, elektronisch veröffentlicht unter: https://www.ama.org/AboutAMA/Pages/Definition-of-Marketing.aspx, abgerufen am 28.08.2016

Ariffin, A. A. M./ Yahaya, M. F. (2013): The relationship between airport image, national identity and passengers delight: A case study of the Malaysian low cost carrier terminal (LCCT) in: Journal of Air Transport Management, 31. Jg., Nr. S. 33–36

Arndt, A. (2004): Die Liberalisierung des grenzüberschreitenden Luftverkehrs in der EU: eine quantitative Analyse der Wohlfahrtswirkungen und des Anbieterverhaltens, Frankfurt am Main.

Arthur D Little (2015): Airports 4.0: Impact of Digital Transformation on Airport Economics

Arthur D Little (2013): Mega-Aviation Cities' Project – Giant Battles on the Ground…to Win the War in the Skies

Arthur D Little (2009): Mastering Airport Retail – Roadmap to New Industry Standards

Arthur D Little (2008): Kostenvorteile der Middle East Carrier – Eine Quantifizierung struktureller und strategischer Vorteile im Vergleich zu europäischen Netzwerk Carriern

Arthur D Little (2007): Booming Middle East carriers – The largest threat beside LCC

Arthur D Little (2006): Airport parking – How to maximize customer experience and value creation from airport parking activities

Arthur D Little (2005): Demystifying the Aviation Industry – Die Sieger und Verlierer im internationalen Luftverkehr

Austrian Wings (2012): Singapore Airlines A380-Erstflug nach Frankfurt, elektronisch veröffentlicht unter: https://www.austrianwings.info/2012/01/singapore-airlines-a380-erstflug-nach-frankfurt/, abgerufen am 10.03.2017

Baden-Airpark GmbH (2017a): elektronisch veröffentlicht unter: https://www.baden-airpark.de/wp-content/uploads/Baden-Airpark-20Jahre.pdf, abgerufen am 10.12.2017

Baden-Airpark GmbH (2017b): elektronisch veröffentlicht unter: https://www.baden-airpark.de/wp-content/uploads/Passagiere_ dt.pdf, abgerufen am 10.12.2017

Baker, C./ Field, D./ Ionides, N. (2005): Global Reach – Airline Business Low Cost Survey, in: Airline Business, 21. Jg., Nr. 5, S. 60–65

Bao, D./ Hua, S./ Gu, J. (2016): Relevance of airport accessibility and airport competition, in: Journal of Air Transport Management, 55. Jg., Nr. S. 52–60

Barrett, S. (2004): How do the demands for airport services differ between full-service carriers and low-cost carriers?, in: Journal of Air Transport Management, 10. Jg., Nr. 1, S. 33–39

Barrett, S. (2000): Airport Competition in the deregulated European aviation market, in: Journal of Air Transport Management, 6. Jg., Nr. 1, S. 13–27

Bauer, H./ Valtin, A. (2004): Einsatz der Brand Scorecard im strategischen Markenmanagement, in: Bauer, H./Valtin, A. (Hrsg.): Integriertes Marken- und Kundenwertmanagement – Strategien, Konzepte und Best Practices, Wiesbaden, S. 161–207

Beder, H. (1999): Flughafen Frankfurt a.M.: Drehscheibe des Weltluftverkehrs, Egelsbach.

Bennett, J. (2001): Recent Trends in Airport Retailing, in: ICSC Research Quarterly, 8. Jg., Nr. 3, S. 9–16

Bentele, G. et al. (2009): Markenwert und Markenwertermittlung – Eine systematische Modelluntersuchung und -bewertung, 3. Aufl., Wiesbaden.

Bezerra, G. C. L./ Gomes, C. (2016): Measuring airport service quality: A multidimensional approach, in: Journal of Air Transport Management, 53. Jg., Nr. S. 85–93

Bieger, T./ Agosti, S. (2005): Business Models in the Airline Sector – Evolution and Perspectives, in: Bieger, T./Agosti, S. (Hrsg.): Strategic Management in the Aviation Industry, Farnham, S. 42–64

Bieger, T./ Rüegg-Sturm, J./ von Rohr, T. (2002): Strukturen und Ansätze einer Gestaltung von Beziehungskonfigurationen – Das Konzept Geschäftsmodell, in: Bieger, T./Rüegg-Sturm, J./von Rohr, T. (Hrsg.): Zukünftige Geschäftsmodelle: Konzept und Anwendung in der Netzökonomie, Berlin, S. 35–61

Boeing (2014): Current Market Outlook 2014-2033, elektronisch veröffentlicht unter: http://www.boeing.com/assets/pdf/commercial/cmo/pdf/Boeing_Current_Market_Outlook_2014.pdf, abgerufen am 13.08.2015

Bruhn, M. (2016): Marketing – Grundlagen für Studium und Praxis, 13. Aufl., Wiesbaden.

Bündnis der Bürgerinitiative (2015): Für eine lebenswerte Region Rhein-Main, elektronisch veröffentlicht unter: http://flughafen-bi.de/index.html, abgerufen am 26.11.

Burmann, C./Blinda, L. (2004): Identitätsbasiertes Markenmanagement, in: Burmann, C./Blinda, L. (Hrsg.): Integriertes Marken- und Kundenwertmanagement – Strategien, Konzepte und Best Practices, Wiesbaden, S. 209–230

Bush, H./ Starkie, D. (2014): Competitive drivers towards improved airport/airline relationships, in: Journal of Air Transport Management, 41. Jg., S. 45–49

Button, K. (2010): Countervailing Power to Airport Monopolies, in: Button, K. (Hrsg.): Airport Competition – The European Experience, Burlington, S. 59–75

Button, K. (2001): Deregulation and Liberalization of European Air Transport Markets, in: The European Journal of Social Sciences, 14. Jg., Nr. 3, S. 255–275

Carney, M./ Mew, K. (2003): Airport governance reform: a strategic management perspective, in: Journal of Air Transport Management, 9/2003. Jg., S. 221–232

Carpenter, G. (1989): Perceptual Position and Competitive Brand Strategy in a Two-Dimensional Two-Brand Market, in: Management Science, 35. Jg., Nr. 9, S. 1029–1044

Caves, R. E./ Gosling, G. D. (1999): Strategic Airport Planning, Amsterdam.

Centre for Asia-Pacific Aviation (2007): Global Airport Privatisation Report

Cho, W./ Windle, R. J./ Dresner, M. E. (2015): The impact of low-cost carriers on airport choice in the US: A case study of the Washington–Baltimore region, in: Transportation Research Part E, 81. Jg., S. 141–157

Cobb-Walgren, C./ Ruble, C./ Donthu, N. (1995): Brand Equity, Brand Preference, and Purchase Intent, in: Journal of Advertising, 24. Jg., Nr. 3, S. 25–40

Conrady, R./ Fichert, F./ Sterzenbach, R. (2012): Luftverkehr: Betriebswirtschaftliches Lehr- und Handbuch, München.

Conway, P. (2004): Cargo Alliances: Team Work, in: Airline Business, 20. Jg., Nr. 11, S. 58–59

Copenhagen Economics (2012): Airport Competition in Europe

Davis, M. (2005): World of Branding – Eine Einführung in die ganzheitliche Markenführung, Lausanne.

De Neufville, R. (2008): Low-cost airports for low-cost airlines: Flexible design to manage the risks, in: Journal of Transport Planning and Technology, 31. Jg., Nr. 1, S. 35–68

De Neufville, R. (2005): The Future of Secondary Airports: Nodes of a parallel air transport network, in: Cahiers Scientifiques du Transport, 47. Jg., S. 11–38

De Neufville, R./ Odoni, A. (2013): Airport Systems: Planning, design, and management, New York.

Dempsey, P. S. (1999): Airport Planning & Development Handbook: A Global Survey, New York.

Deutsche Flugsicherung (DFS) (2017): Deutsche Flugsicherung, elektronisch veröffentlicht unter: https://www.dfs.de/dfs_homepage/de/Unternehmen/%C3%9Cber%20uns/, abgerufen am 16.02.2017

Deutsche Flugsicherung (DFS) (2016): Luftverkehr in Deutschland – Mobilitätsbericht 2015

Deutsche Flugsicherung (DFS) (2014): Luftverkehr in Deutschland – Mobilitätsbericht 2013

Diller, H. (1992): Vahlens großes Marketinglexikon, München.

Docters, R. et al. (2005): Pricing und Branding – Strategien für mehr Profit, Frankfurt.

Doganis, R. (2009): Flying off course: Airlines economics and marketing, London.

Doleski, O. (2015): Integrated Business Model. Applying the St. Gallen Management Concept Guide to Business Models, Wiesbaden.

Douglas, S./ Craig, S./ Nijssen, E. (2001): Integrating Branding Strategy Across Markets: Building International Brand Architectures, in: Journal of International Marketing, 9. Jg., Nr. 2, S. 97–114

Esch, F.-R. (2014): Strategie und Technik der Markenführung, 8. Aufl.,

Esch, F.-R. (2000): Ansätze zur Messung des Markenwerts, in: Esch, F.-R. (Hrsg.): Moderne Markenführung, 2. Aufl., Wiesbaden, S. 937–966

Esch, F.-R./ Möll, T./ Rempel, J. E. (2004): Erfolgswirkungen strategischer Markenführung, in: Esch, F.-R./Möll, T./Rempel, J. E. (Hrsg.): Integriertes Marken- und Kundenwertmanagement – Strategien, Konzepte und Best Practices, Wiesbaden, S. 131–160

Eurocontrol (2016a): Industry Monitor

Eurocontrol (2016b): Seven-Year Forecast 2016-2022

Eurocontrol (2013): Challenges of Growth 2013

European Observatory on Airport Capacity & Quality (2005): Airport capacity in the EU: A strategic perspective

Faircloth, J./ Capella, L./ Alford, B. (2001): The Effect of Brand Attitude and Brand Image on Brand Equity, in: Journal of Marketing Theory and Practice, 9. Jg., Nr. 3, S. 61–75

Fasone, V./ Kofler, L./ Scuderi, R. (2016): Business performance of airports: Non-aviation revenues and their determinants, in: Journal of Air Transport Management, 53. Jg., Nr. S. 35–45

Fasone, V./ Maggiore, P. (2012): "Non-Aviation" activities and the introduction of new thinking and ideas in the airport business: Empirical evidence from an Italian case study, in: Journal of Airline and Airport Management, 2. Jg., Nr. 1, S. 34–50

Fife, W. (2001): The future of airports, in: Civil Engineering, 71. Jg., Nr. 2, S. 46

FlightGlobal (2003): The power of airport branding, in: Airline Business, 19. Jg., Nr. 12, S. 3–4

Flughafen Frankfurt Hahn GmbH (**2017a**): elektronisch veröffentlicht unter: https://www.hahn-airport.de/default.aspx?menu=about_ us&cc=de, abgerufen am 10.12.2017

Flughafen Frankfurt Hahn GmbH (**2017b**): elektronisch veröffentlicht unter: https://www.hahn-airport.de/default.aspx?menu=desti-nations&cc=de, abgerufen am 10.12.2017

Flughafen Frankfurt Hahn GmbH (**2017c**): elektronisch veröffentlicht unter: https://www.hahn-airport.de/default.aspx?menu=traffic_data&cc=de, abgerufen am 10.12.2017

Flughafen Köln-Bonn GmbH (**2017a**): elektronisch veröffentlicht unter: https://www.koeln-bonn-airport.de/, abgerufen am 10.03.2017

Flughafen Köln-Bonn GmbH (**2017b**): elektronisch veröffentlicht unter: http://www.koeln-bonn-airport.de/b2b/cologne-bonn-cargo.html, abgerufen am 10.03.2017

Flughafen Köln-Bonn GmbH (**2017c**): Geschäftsbericht 2016

Flughafen Leipzig/Halle GmbH (**2017**): elektronisch veröffentlicht unter: https://www.leipzig-halle-airport.de/unternehmen/ueber-uns/zahlen-und-fakten/entwicklung-158.html, abgerufen am 10.12.2017

Flughafen Leipzig/Halle GmbH (**2014**): Geschäftsbericht 2013

Flughafen München GmbH (**2017a**): elektronisch veröffentlicht unter: https://www.munich-airport.de/, abgerufen am 10.03.2017

Flughafen München GmbH (**2017b**): Top nationaler Arbeitgeber 2017, elektronisch veröffentlicht unter: http://www.munich-airport.de/de/micro/karriere/arbeitswelt/auszeichnungen/ focus2017/index.jsp, abgerufen am 01.03.2017

Flughafen Stuttgart GmbH (**2017a**): elektronisch veröffentlicht unter: http://www.stuttgart-airport.com/company-information/facts-and-figures, abgerufen am 10.12.2017

Flughafen Stuttgart GmbH (**2017b**): elektronisch veröffentlicht unter: http://www.flughafen-stuttgart.de/newsroom/mediathek/bilder, abgerufen am 10.03.2017

Flughafen Stuttgart GmbH (**2016**): Geschäftsbericht 2015

Flughafenkoordination der Bundesrepublik Deutschland (**2017**): elektronisch veröffentlicht unter: http://fhkd.org/, abgerufen am 10.03.2017

Forsyth, P. (**2010**): Competition Between Major and Secondary Airports: Implications for Pricing, Regulation and Welfare, in: Forsyth, P. (Hrsg.): Airport Competition – The European Experience, Burlington, S. 77–87

Forsyth, P./ Niemeier, H.-M./ Wolf, H. (**2010**): Airport Alliances and Multi-Airport Companies: Implications for Airport Competition, in: Forsyth,

P./Niemeier, H.-M./Wolf, H. (Hrsg.): Airport Competition – The European Experience, Burlington, S. 339–352

Forsyth, P. et al. (**2010**): Introduction and Overview, in: Forsyth, P. et al. (Hrsg.): Airport Competition – The European Experience, Burlington, S. 1–8

Forum Flughafen und Region (**2015**): Dialog zwischen der Region und der Luftverkehrswirtschaft, elektronisch veröffentlicht unter: http://www.forum-flughafen-region.de/startseite/, abgerufen am 26.11.

Forum Flughafen und Region (**2008**): Regionales Dialogforum Flughafen Frankfurt, elektronisch veröffentlicht unter: http://www.forum-flughafen-region.de/ fileadmin/files/Archiv/Archiv_RDF-Dokumentation/RDF_Abschlussbericht_2010.pdf, abgerufen am 26.11.

Francis, G./ Fidato, A./ Humphreys, I. (**2003**): Airport-airline interaction: the impact of low-cost carriers on two European airports, in: Journal of Air Transport Management, 9. Jg., Nr. 4, S. 267–273

Francis, G./ Humphreys, I./ Ison, S. (**2004**): Airports' perspectives on the growth of low-cost airlines and the remodeling of the airport–airline relationship in: Tourism Management, 25. Jg., S. 507–514

Frank, L. (**2011**): Business models for airports in a competitive environment. One sky, different stories, in: Research in Transportation Business and Management, 1. Jg., Nr. 1, S. 25–30

Fraport AG (**2017a**): Basisdaten & Aktionärsstruktur, elektronisch veröffentlicht unter: http://www.fraport.de/content/fraport/de/investor-relations/fraport-aktie/basisdaten-aktionaersstruktur.html, abgerufen am 16.02.2017

Fraport AG (**2017b**): elektronisch veröffentlicht unter: https://www.frankfurt-airport.com/de/faszination-airport/airport-specials.detail.suffix.html/article/faszination-airport/events---airlebnis/veranstaltungen-am-flughafen/airlebnis-tage-2015.html, abgerufen am 01.03.2017

Fraport AG (**2017c**): elektronisch veröffentlicht unter: https://www.frankfurt-airport.com/de/reisen/rund-um-den-flug.html, abgerufen am 01.03.2017

Fraport AG (**2017d**): Frankfurt Airport Luftverkehrsstatistik 2016

Fraport AG (**2017e**): Geschäftsbericht 2016

Fraport AG (**2016**): Destination Wine, elektronisch veröffentlicht unter: http://destinationwine.de/, abgerufen am 01.03.2017

Fraport AG (**2013**): Flughafen Frankfurt ist Wirtschaftsfaktor und Job-Motor erster Ordnung, elektronisch veröffentlicht unter: http://www.fraport.de/de/presse/newsroom/archiv/20131/flughafen-frankfurt-ist-wirtschaftsfaktor-und-job-motor-erster-o.html, abgerufen am 26.10.

Freathy, P. (2004): The commercialisation of European airports: successful strategies in a decade of turbulence?, in: Journal of Air Transport Management, 10. Jg., Nr. 3, S. 191–197

Freathy, P./ O'Connel, F. (1999): Planning for profit: the commercialization of European airports, in: Long Range Planning, 32. Jg., Nr. 6, S. 587–597

Fu, Q./ Kim, A. (2016): Supply-and-demand models for exploring relationships between smaller airports and neighboring hub airports in the U.S., in: Journal of Air Transport Management, 52. Jg., S. 67–79

Fuerst, F./ Gross, S./ Klos, U. (2011): The sky is the limit? The determinants and constraints of European airports commercial revenue, in: Journal of Air Transport Management, 17. Jg., S. 278–283

Furuichi, M./ Koppelmann, F. (1994): An analysis of air travelers' departure airport and destination choice behavior, in: Transportation Research, 28. Jg., Nr. 3, S. 187–195

Giersch, J. (2008): Corporate Brand Management international tätiger Unternehmen, Gabler.

Gillen, D. (2011): The evolution of airport ownership and governance, in: Journal of Air Transport Management, 17. Jg., S. 3–13

Gillen, D./ Morrison, W. (2003): Bundling, integration and the delivered price of air travel: Are low-cost carriers full service competitors?, in: Journal of Air Transport Management, 9. Jg., Nr. 1, S. 15–23

Göttgens, O./ Schotte, T. (2004): Integriertes Marken- und Kundenwertmanagement als unternehmerische Herausforderung, in: Göttgens, O./Schotte, T. (Hrsg.): Integriertes Marken- und Kundenwertmanagement – Strategien, Konzepte und Best Practices, Wiesbaden, S. 3–17

Graham, A. (2003): Managing Airports: An international perspective, 4. Aufl., Amsterdam.

Graham, A. (2009): How important are commercial revenues to today's airports?, in: Journal of Air Transport Management, 15. Jg., S. 106–111

Graham, A. (2010): Airport Strategies to Gain Competitive Advantage, in: Graham, A. (Hrsg.): Airport Competition – The European Experience, Burlington, S. 89–102

Grant, R. (2013): Contemporary Strategy Analysis, 8. Aufl., Chichester.

Gwinner, K./ Eaton, J. (1999): Building Brand Image through Event Sponsorship: The Role of Image-Transfer, in: Journal of Advertising, 28. Jg., Nr. 4, S. 47–57

Hahn, D./ Hungenberg, H. (2001): PuK: Planung und Kontrolle, Planungs- und Kontrollsysteme, Planungs- und Kontrollrechnung; wertorientierte Controllingkonzepte, Wiesbaden.

Halpern, N./ Graham, A. (2016): Factors affecting airport route development activity and performance, in: Journal of Air Transport Management, 56. Jg., S. 69–78

Halpern, N./ Graham, A. (2015): Airport route development: A survey of current practice, in: Tourism Management, 45. Jg., S. 213–221

Halpern, N./ Graham, A. (2013): Airport Marketing, New York.

Halpern, N./ Graham, A./ Dennis. (2016): Low cost carriers and the changing fortunes of airports in the UK, in: Research in Transportation Business and Management, 21. Jg., S. 33–43

Hanlon, P. (2007): Global Airlines: Competition in a Transnational Industry 3. Aufl., London.

Hauff, T./Spinnen, B./ Tillmann, B. (2007): Marktorientierte Führung für Kommunen – Anspruch, Praxis und Perspektiven eines ganzheitlichen Stadtmarketings, in: Hauff, T./Spinnen, B./Tillmann, B. (Hrsg.): Marktorientierte Führung im wirtschaftlichen und gesellschaftlichen Wandel, Wiesbaden, S. 349–384

Hauser, J. (1988): Competitive Price and Positioning Strategies, in: Marketing Science, 7. Jg., Nr. 1, S. 76–91

Hess, S. (2010): Modelling Air Travel Choice Behavior, in: Hess, S. (Hrsg.): Airport Competition – The European Experience, Burlington, S. 151–175

Hess, S./ Polak, J. (2010): Airport Choice Behavior: Findings from Three Seperate Studies, in: Hess, S./Polak, J. (Hrsg.): Airport Competition – The European Experience, Burlington, S. 177–196

Hess, S./ Polak, J. (2006): Exploring the potential for cross-nesting structures in airport-choice analysis: A case-study of the Greater London area, in: Transportation Research, E. Jg., Nr. 42, S. 63–81

Hessenschau (anbu) (2017a): Mega-Expansion im Winter – Ryanair plant ab Frankfurt 20 neue Flugverbindungen, elektronisch veröffentlicht unter: http://hessenschau.de/wirtschaft/billigflieger-ryanair-plant-mega-expansion-am-frankfurter-flughafen,ryanair-flugplan-100.html, abgerufen am 01.03.2017

Hessenschau (2017b): Notartermin Hessen verkauft Anteile am Flughafen Hahn elektronisch veröffentlicht unter: http://hessenschau.de/politik/hessen-verkauft-anteile-am-flughafen-hahn,flughafen-hahn-108.html, abgerufen am 01.03.2017

Hessenschau (2017c): Was bedeutet der Ryanair-Boom?, elektronisch veröffentlicht unter: http://hessenschau.de/wirtschaft/analyse-was-bedeutet-der-ryanair-boom,ryanair-expandiert-weiter-100.html, abgerufen am 01.03.2017

Hessenschau (dpa/lhe) (2016a): Frankfurter Flughafen: Kein exklusiver Rabatt für neue Airlines, Ryanair profitiert dennoch, elektronisch veröffentlicht unter: http://hessenschau.de/wirtschaft/kein-exklusiver-rabatt-fuer-neue-airlines-ryanair-profitiert-dennoch,sonder-rabatt-fluggesellschaften-100.html, abgerufen am 01.03.2017

Hessenschau (2016b): Streit um Rabatte und Sozialdumping: Ryanair scheucht Lufthansa und Landtag auf, elektronisch veröffentlicht unter: http://hessenschau.de/wirtschaft/ryanair-scheucht-lufthansa-und-landtag-auf,ryanair-lufthansa-104.html, abgerufen am 01.03.2017

Holzschneider, M. (2003): Flughäfen im Wettbewerb, in: Internationales Verkehrswesen, 55. Jg., Nr. 7/8, S. 329–333

Homburg, C. (2012): Marketingmanagement, 4. Aufl., Wiesbaden.

Hoppin, D. (2005): Cargo Counts, in: Airline Business, 21. Jg., Nr. 9, S. 100–102

Hoyer, W./ Brown, S. (1990): Effects of Brand Awareness on Choice for a Common, Repeat-Purchase Product, in: Journal of Consumer Research, 17. Jg., S. 141–148

Hungenberg, H. (2014): Strategisches Management in Unternehmen: Ziele, Prozesse, Verfahren, Wiesbaden.

ICAO (2013): Convention on International Civil Aviation – Annex 14: Aerodromes, 6. Aufl., Montreal.

International Monetary Fund (2017): World Economic and Financial Surveys, elektronisch veröffentlicht unter: http://www.imf.org/external/pubs/ft/weo/2010/02/weodata/groups.htm#oem, abgerufen am 04.09.

Invidis-Consulting (2013): Airport München frischt sein(e) M(arke) auf, elektronisch veröffentlicht unter: https://invidis.de/2013/11/relaunch-airport-muenchen-frischt-seine-marke-auf/, abgerufen am 10.03.2017

Ishii, J./ Jun, S./ van Denver, K. (2009): Air travel choices in multi-airport markets, in: Journal of Urban Economics, 65. Jg., S. 216–227

Janisch, M. (1993): Das strategische Anspruchsgruppenmanagement: Vom Shareholder Value zum Stakeholder Value, Bern.

Ja zu FRA! (2015): Für den Flughafen. Für RheinMain, elektronisch veröffentlicht unter: http://www.ja-zu-fra.org/, abgerufen am 26.11.

Jarach, D. (2005a): Airport Marketing: Strategies to cope with the new millennium environment, Burlington, USA.

Jarach, D. (2005b): Aviation-related airport marketing in an overlapping metropolitan catchment area: The case of Milan's three airports, in: Journal of Air Transportation, 10. Jg., Nr. 2, S. 96–108

Jarach, D. (2001): The evolution of airport management practices: Towards a multi-point, multi-service, marketing-driven firm, in: Journal of Air Transport Management, 7. Jg., Nr. 2, S. 119–125

Changi Airport (**2017**): Jewel, elektronisch veröffentlicht unter: http://www.jewelchangiairport.com/, abgerufen am 10.03.2017

Jimenez, E./ Claro, J./ Pinho de Sousa, J. (**2013**): The airport business in a competitive environment, in: European Journal of Transport and Infrastructure Research, 13. Jg., Nr. 4, S. 315–335

Johnson, M./ Christensen, C./ Kagermann, H. (**2008**): Reinventing your business, in: Harvard Business Review, 86. Jg., Nr. 12, S. 58

Joppien, M. (**2006**): Strategisches Airline-Management: Evolutionstheorie und Luftverkehrsstrategien, Bern.

Kaas, K.-P. (**1990**): Langfristige Werbewirkung und Brand Equity, in: Werbeforschung und Praxis, 35. Jg., Nr. 3, S. 48–52

Kalakou, S./ Macário, R. (**2013**): An innovative framework for the study and structur of airport business models, in: Case Studies on Transport Policy, 1. Jg., S. 2–17

Kapferer, J.-N. (**2012**): The New Strategic Brand Management – Advanced insights and strategic thinking, 5. Aufl., London.

Kasarda, J. (**2008**): Airport Cities: The Evolution, London.

Kaspar, C./ Erni, P. (**1992**): Die volkswirtschaftliche und verkehrswirtschaftliche Bedeutung des Flughafens Zürich, St. Gallen.

Keller, K. L. (**2013**): Strategic Brand Management – Building, Measuring, and Managing Brand Equity, 4. Aufl., Harlow.

Keller, K. L. (**1993**): Conceptualizing, Measuring, and Managing Customer-Based Brand Equity, in: Journal of Marketing, 57. Jg., S. 1–22

Keller, K. L./ Lehmann, D. (**2006**): Brands and Branding: Research Findings and Future Priorities, in: Marketing Science, 25. Jg., Nr. 6, S. 740–759

Kirchhof, A.-K./ Nickel, O. (**2014**): Marken nachhaltig erfolgreich führen, in: Kirchhof, A.-K./Nickel, O. (Hrsg.): CSR und Brand Management – Marken nachhaltig führen, Berlin, S. 1–36

Klein-Bölting, U. (**2004**): Strategic Brand Management Process: Systematische Führung komplexer Markenportfolios, in: Klein-Bölting, U. (Hrsg.): Integriertes Marken- und Kundenwertmanagement – Strategien, Konzepte und Best Practices, Wiesbaden, S. 59–81

Klingenberg, C. (**2005**): Airlines und Airports als Schicksalsgemeinschaft, in: Internationales Verkehrswesen, 57. Jg., Nr. 10, S. 470

Klophaus, R./ Schaper, T. (**2004**): Was ist ein Low Cost Airport? Ergebnisse einer vergleichenden Fluggastbefragung an den Flughäfen Frankfurt-Hahn und Bremen, in: Internationales Verkehrswesen, 56. Jg., Nr. 5, S. 191–196

Klossek, K. (2009): Die erfolgreiche Führung der Unternehmensmarke durch den CEO, Frankfurt.

Köhler, A. (2004): Wertschöpfungsstrukturen von traditionellen Flughäfen und Low-Cost-Airports in Deutschland, Trier.

Kotler, P./ Armstrong, G. (2014): Principles of Marketing, 15. Aufl., Harlow.

Kotler, P./ Keller, K. L. (2012): Marketing Management, 14. Aufl., Harlow.

Kroeber-Riel, W./ Esch, F.-R. (2015): Strategie und Technik der Werbung, 8. Aufl., Stuttgart.

Künzel, M. (2006): Die Marke und ihr Wert – Benchmarking-Studie zu integrativen Ansätzen der Markenbewertung, Saarbrücken.

Kurte, J. (1999): Produktions- und Beschäftigungseffekte von Verkehrsflughäfen am Beispiel des Flughafens Köln-Bonn, Köln.

Langner, T./ Esch, F.-R. (2004): Integriertes Branding neuer Marken – Techniken zur wirkungsvollen Verknüpfung von Markenname, Markenbild und Produkt, in: Marketing: Zeitschrift für Forschung und Praxis, 26. Jg., Nr. 1, S. 7–22

Lawrence, A./ Weber, J. (2013): Business and Society: Stakeholders, Ethics, Public Policy, New York.

Lawton, T. C. (2002): Cleared for take-off: Structure and strategy in the low-fare airline business, Farnham.

Lehner, U. (2007): Marktorientierte Unternehmensführung – Reflexionen aus der Praxis, in: Lehner, U. (Hrsg.): Marktorientierte Führung im wirtschaftlichen und gesellschaftlichen Wandel, Wiesbaden, S. 31–46

Lei, Z./ Papatheodorou, A. (2010): Measuring the effect of low-cost carriers on regional airports' commercial revenue, in: Research in Transportation Economics, 26. Jg., Nr. S. 37–43

Lemer, A. (1992): Measuring performance of airport passenger terminals, in: Transportation Research, 26. Jg., Nr. 1, S. 37–45

Lian, J. I./ Rønnevik, J. (2011): Airport competition – Regional airports losing ground to main airports, in: Journal of Transport Geography, 19. Jg., Nr. 1, S. 85–92

Lufthansa Group (2016): Politikbrief 1/2016 März

Macário, R. (2008): Airports of the future: essentials for renewed business models, in: European Journal of Transport and Infrastructure Research, 8. Jg., Nr. 2, S. 165–182

Maier, F./ Esch, F.-R./ Knörle, C. (2009): Wie Phoenix aus der Asche – Repositionierung der Marke SWISS, in: Maier, F./Esch, F.-R./Knörle, C. (Hrsg.): Best Practice der Markenführung, Wiesbaden, S. 146–172

Malighetti, P./ Paleari, S./ Redondi, R. (2008): Connectivity of the European airport network: 'Self-help hubbing' and business implications, in: Journal of Air Transport Management, 14. Jg., Nr. 2, S. 53–65

Malina, R. (2010): Competition in the German Airport Market, in: Malina, R. (Hrsg.): Airport Competition – The European Experience, Burlington, S. 239–260

Manager-Magazin (2017): Ryanair erstmals vor Lufthansa, elektronisch veröffentlicht unter: http://www.manager-magazin.de/unternehmen/artikel/passagierzahlen-ryanair-ueberholt-lufthansa-a-1129384.html#ref=nl-dertag, abgerufen am 01.03.2017

Manager-Magazin (2016): Neuordnung der Luftfahrtbranche: Wie die Lufthansa bei Air Berlin mitregiert elektronisch veröffentlicht unter: http://www.manager-magazin.de/unternehmen/artikel/air-berlin-wie-die-lufthansa-mitregiert-a-1126542.html#ref=nl-dertag, abgerufen am 01.03.2017

Maskus, M./ Schüttler, K. (2004): Praktischer Einsatz des Strategic Brand Management Process (SBMP) am Beispiel der Allianz, in: Maskus, M./Schüttler, K. (Hrsg.): Integriertes Marken- und Kundenwertmanagement – Strategien, Konzepte und Best Practices, Wiesbaden, S. 83–110

Matthews, L. (2000): Airports of the Future: A Manager's View of an Innovation Exercise, in: International Journal of Innovation Management, 4. Jg., Nr. 2, S. 187–205

Mattmüller, R. (2012): Integrativ-Prozessuales Marketing, 4. Aufl., Wiesbaden.

Mattmüller, R./ Tunder, R. (2004): Strategisches Handelsmarketing, München.

Mattmüller, R./ Tunder, R./ Michael, B. (2009): Aufbruch: Ingredient Branding schafft Werte, München.

Matys, E. (2008): Praxishandbuch Produktmanagement – Grundlagen und Instrumente, 4. Aufl., Frankfurt.

Maurer, P. (2006): Luftverkehrsmanagement: Basiswissen, 4. Aufl., München.

Mayer, G. (2001): Strategische Logistikplanung von Hub&Spoke-Systemen, Wiesbaden.

Meeder, S. (2003): Flughafenwettbewerb und Flughafenstrategie, in: Meeder, S. (Hrsg.): Logistik und Verkehrswirtschaft im Wandel, München, S. 487–505

Meffert, H./ Burmann, C./ Koers, M. (2002): Stellenwert und Gegenstand des Markenmanagement, in: Meffert, H./Burmann, C./Koers, M. (Hrsg.): Markenmanagement – Grundfragen der identitätsorientierten Markenführung, Wiesbaden, S. 3–15

Mehdorn, H./ Klein-Bölting, R. (2007): Möglichkeiten und Grenzen der marktorientierten Führung in deregulierten Märkten am Beispiel der Deutschen

Bahn, in: Mehdorn, H./Klein-Bölting, R. (Hrsg.): Marktorientierte Führung im wirtschaftlichen und gesellschaftlichen Wandel, Wiesbaden, S. 195–208

Mensen, H. (**2003**): Handbuch der Luftfahrt, Berlin.

Miles & More GmbH (**2017**): Worldshop Airport Delivery Service, elektronisch veröffentlicht unter: https://www.worldshop.eu/de/page/airport-delivery?0, abgerufen am 01.03.2017

Mitteldeutsche Flughafen AG (**2017a**): elektronisch veröffentlicht unter: http://www.mdf-ag.com/de/mf_ag/associates.html, abgerufen am 10.12.2017

Mitteldeutsche Flughafen AG (**2017b**): elektronisch veröffentlicht unter: http://www.mdf-ag.com/de/mf_ag/gesellschaften.html, abgerufen am 10.12.2017

Mitteldeutsche Flughafen AG (**2017c**): elektronisch veröffentlicht unter: http://www.mdf-ag.com/de/mf_ag/gesellschaften/air-port_lh.html, abgerufen am 10.12.2017

Morrell, P. (**2010**): Airport Competition and Network Access, in: Morrell, P. (Hrsg.): Airport Competition – The European Experience, Burlington, S. 11–25

Morwind, K./ Hennemann, F. P. (**2004**): Strategische Markenarchitektur und Markenbewertung bei Henkel, in: Morwind, K./Hennemann, F. P. (Hrsg.): Integriertes Marken- und Kundenwertmanagement – Strategien, Konzepte und Best Practices, Wiesbaden, S. 459–482

Mountford, T./ Tacoun, F. (**2004**): Cargo Airline and Airport Ranking 2003, in: Airline Business, 20. Jg., Nr. 11, S. 51–54

Mountford, T./ Kemp, R./ Tacoun, F. (**2005**): Regional Ranking 2004, in: Airline Business, 21. Jg., Nr. 5, S. 48–54

Müller-Rostin, C. et al. (**2010**): Airport Entry and Exit: A European Analysis, in: Müller-Rostin, C. et al. (Hrsg.): Airport Competition – The European Experience, Burlington, S. 27–45

Müller-Stewens, G./ Lechner, C. (**2011**): Strategisches Management: Wie strategische Initiativen zum Wandel führen, Stuttgart.

Osterwalder, A./ Pigneur, Y. (**2011**): Business Model Generation: A Handbook for Visionaires, Game Changers and Challengers, Hoboken, New Jersey.

Park, C. W. et al. (**2010**): Brand Attachment and Brand Attitude Strenghts: Conceptual and Empirical Differentiation of Two Critical Brand Equity Drivers, in: Journal of Marketing, 74. Jg., Nr. 6, S. 1–17

Peneda, M. J. A./ Reis, V. D./ Macário, R. (**2011**): Critical factors for development of airport cities, in: Transportation Research Record: Journal of the Transportation Research Board, 2214. Jg., Nr. S. 1–9

Peter, P./ Donnelly, J. (**2013**): Marketing Management – Knowledge and Skills, 11. Aufl., New York.

Pitt, M./ Brown, A. (2001): Developing a strategic direction for airports to enable the provision of services to both network and low-fare carriers, in: Facilities, 19. Jg., Nr. 2, S. 52–60

Pompl, W. (2002): Luftverkehr: Eine ökonomische und politische Einführung, Berlin.

Porter, M. (2014): Wettbewerbsvorteile – Spitzenleistungern erreichen und behaupten, 8. Aufl., Frankfurt.

Porter, M. (2013): Wettbewerbsstrategien – Methoden zur Analyse von Branchen und Konkurrenten, 12. Aufl., Frankfurt.

Pro Flughafen e.V. (2015): Eine Initiative für die Zukunft der Region Frankfurt/ Rhein-Main, elektronisch veröffentlicht unter: http://web906.we305.netcup.net/index.php?id=2, abgerufen am 26.11.

Reiche, D. (1999): Privatisierung der internationalen Verkehrsflughäfen in Deutschland, Wiesbaden.

Reynolds-Feighan, A./ McLay, P. (2006): Accessibility and attractiveness of European airports: A simple small community perspective in: Journal of Air Transport Management, 12. Jg., Nr. S. 313–323

Riesenbeck, H./ Perrey, J. (2005): Mega-Macht Marke – Erfolge messen, machen, managen, 2. Aufl., Redline Verlag.

Rosenbaum-Elliott, R./ Percy, L./ Pervan, S. (2011): Strategic Brand Management, 2. Aufl., New York.

Rothfischer, B. (2007): Flughäfen der Welt – Alle wichtigen Airports: Geschichte, Faken und Funktionen, München.

Rovaniemi Airport (2017): elektronisch veröffentlicht unter: http://www.santaclausfinland.fi/en/rovaniemen-lentoasema-on-joulupukin-virallinen-lentoasema/, abgerufen am 10.03.2017

Rupprecht, K.-R. (2005): Fliegen beginnt am Boden – Das Lufthansa Hub Management Frankfurt, in: Rupprecht, K.-R. (Hrsg.): Innovative Strategien der Luftfahrtbranche. 12. Verkehrsforum der DVWG. Zitiert durch: Trumpfheller, M. (2006). Strategisches Flughafenmarketing – Positionierung und Wertschöpfung von Flughafentypen. Wiesbaden, Gabler.

Sander, M. (1994): Die Bestimmung und Steuerung des Wertes von Marken: Eine Analyse aus Sicht des Markeninhabers, Heidelberg.

Sattler, H./ Völckner, F. (2007): Markenpolitik, 2. Aufl., Stuttgart.

Schaar, D./ Sherry, L. (2010): Analysis of Airport Stakeholders, in: Integrated Communications Navigation and Surveillance Conference (ICNS), Jg., S. 1–17

Schallmo, D. (2015): Bestehende Ansätze zu Business Model Innovation. Analyse und Vergleich der Geschäftsmodelle, Wiesbaden.

Schulz, A./ Baumann, S./ Wiedenmann, S. (2010): Flughafen Management, München.

Schuster, W. (2007): Die Stadt als Marke im internationalen Wettbewerb, in: Schuster, W. (Hrsg.): Marktorientierte Führung im wirtschaftlichen und gesellschaftlichen Wandel, Wiesbaden, S. 385–403

Starkie, D. (2012): European airports and airlines: Evolving relationships and the regulatory implications, in: Journal of Air Transport Management, 21. Jg., S. 40–49

Statista (2017): Passagiere an den größten Flughäfen der Welt bis 2015, elektronisch veröffentlicht unter: https://de.statista.com/statistik/daten/studie/226156/umfrage/passagiere-an-den-groessten-flughaefen/, abgerufen am 16.02.

Statistisches Bundesamt (2016): Luftverkehr auf Hauptverkehrsflughäfen 2015

Stöwer, G. (2005): Entwicklungsmöglichkeiten von Regionalflughäfen am Beispiel Münster/Osnabrück, in: Stöwer, G. (Hrsg.): Regionalluftverkehr – Bindeglied zwischen den Regionen Europas, Darmstadt, S. 121–162

Strobach, D. (2010): Competition among Airports and Overlapping Catchment Areas: An Application to the State of Baden-Württemberg, in: Strobach, D. (Hrsg.): Airport Competition – The European Experience, Burlington, S. 261–276

Sulzmaier, S. (2001): Consumer-Oriented Business Design. The Case of Airport Management Heidelberg.

Swedavia (2017): elektronisch veröffentlicht unter: https://www.swedavia.com/#gref, abgerufen am 10.03.2017

Teece, D. (2010): Business models, business strategy and innovation, in: Long Range Planning, 43. Jg., Nr. 2-3, S. 94–172

Terhorst, R. (1992): Das Modell eines Frachtflughafens und sein Beitrag zur logistischen Optimierung der Luftfrachttransportkette: Eine theoretische Analyse als Beitrag zur Wirtschaftlichkeit des Luftfrachtsystems, Köln.

The Boston Consulting Group (BCG) (2004): Airports – Dawn of a New Era. Preparing for one of the industry's biggest shake-ups

Travel Channel (2017): Best Airports for a Layover, elektronisch veröffentlicht unter: http://www.travelchannel.com/interests/business/articles/best-airports-for-a-layover, abgerufen am 01.03.2017

Tretheway, M./ Kincaid, I. (2010): Competition Between Airports: Occurrence and Strategy, in: Tretheway, M./Kincaid, I. (Hrsg.): Airport Competition – The European Experience, Burlington, S. 119–136

Trumpfheller, M. (2006): Strategisches Flughafenmanagement – Positionierung und Wertschöpfung von Flughafentypen, Wiesbaden.

van Waatershoot, W./ van den Bulte, C. (1992): The 4P Classification of the Marketing Mix Revisited, in: Journal of Marketing, 56. Jg., Nr. 4, S. 83

Washburn, J./ Plank, R. (2002): Measuring Brand Equity: An Evaluation of a Consumer-Based Brand Equity Scale, in: Journal of Marketing Theory and Practice, 10. Jg., Nr. 1, S. 46–62

Welge, M./ Al-Laham, A. (2012): Strategisches Management: Grundlagen, Prozess, Implementierung, 6. Aufl., Wiesbaden.

Williams, G. (2001): Will Europe's charter carriers be replaced by "no-frills" scheduled airlines?, in: Journal of Air Transport Management, 7. Jg., Nr. 5, S. 277–286

Wirtz, B. (2011): Business Model Management. Design – Process – Instruments, Wiesbaden.

Wirtz, B./ Roth, K. (2004): Grundlagen der Markenbewertung, in: Wirtz, B./Roth, K. (Hrsg.): Integriertes Marken- und Kundenwertmanagement – Strategien, Konzepte und Best Practices, Wiesbaden, S. 267–296

Wolf, H. (2003): Privatisierung im Flughafensektor: Eine ordnungspolitische Analyse, Berlin.

Werben und Verkaufen (WuV) (2016): Lufthansa Cargo lockt mit Riesen-Teddys elektronisch veröffentlicht unter: http://www.wuv.de/specials/airport_4_0/lufthansa_cargo_lockt_mit_riesen_teddys, abgerufen am 10-03.2017

Werben und Verkaufen (WuV) (2017a): Erlebniswelt Flughafen München, elektronisch veröffentlicht unter: http://www.wuv.de/marketing/erlebniswelt_flughafen_muenchen_werben_bei_europas_nummer_1_sponsored_post, abgerufen am 01.03.2017

Werben und Verkaufen (WuV) (2017b): Kundenkommunikation: Wie ein Flughafen Chatbots einsetzt elektronisch veröffentlicht unter: http://www.wuv.de/specials/airport_4_0/kundenkommunikation_wie_ein_flughafen_chatbots_einsetzt, abgerufen am 10-03.2017

Young, S./Wells, A. (2011): Airport Planning and Management, 6. Aufl., New York.

Yuan, X.-M./ Low, J./ Tang, L. C. (2010): Roles of the airport and logistics services on the economic outcomes of an air cargo supply chain, in: International Journal of Production Economics, 127. Jg., S. 215–225

Zeike, O. (2003): Nachfrageveränderungen im Rahmen von Flughafenkooperationen: Analyse des Verhaltens von Luftverkehrskunden und -unternehmen sowie der Maßnahmen zur Förderung von Verkehrsverlagerungen zwischen Flughäfen, Hamburg.

Zimmermann, R. (2001): Brand Equity Review, in: Brand Equity Excellence, 1. Jg., Nr. S. 4–7.

Strategisches Marketingmanagement

Herausgegeben von Roland Mattmüller

Band 1 Sven Franzen: Die Bedeutung von Spielauffassungen in vertikalen marktstrategischen Kooperationen. Eine verhaltensorientiert spieltheoretische Untersuchung der Kooperationshemmnisse zwischen Hersteller und Handel. 2005.

Band 2 Maximilian Seidel: Political Marketing. Explananda, konstitutive Merkmale und Implikationen für die Gestaltung der Politiker-Wähler-Beziehung. 2005.

Band 3 Tim Bendig: Image-Malus des Handels. Eine empirische Analyse. 2005.

Band 4 Kai-Michael Schaper: Der Integrierte Handel. Eine konzeptionelle Beziehungsgestaltung zwischen Hersteller, Handel und Letztnachfrager. 2006.

Band 5 Marc K. Mikulcik: Absatztreiber bei Filialisierung und Franchising im ordinalen Vergleich. Konzeptionelle Analyse auf Basis der Neuen Institutionen-Ökonomie und empirische Überprüfung am Beispiel des Mobilfunkmarkts. 2007.

Band 6 Thomas P. J. Feinen: Factory Outlet Stores. Status Quo, Perspektiven und Implikationen für die Hersteller-Handel-Beziehung. 2007.

Band 7 Benjamin Trespe: Geomarketing. Eine Analyse der Erfolgspotenziale aus Sicht der deutschen Automobilhersteller. 2007.

Band 8 Tobias Irion: Vertrauen in Transaktionsbeziehungen. Marketingwissenschaftliche Grundlegungen und praktische Ansatzpunkte für ein strategisches Vertrauensmanagement. 2007.

Band 9 Nadja Maisenbacher: Die Verantwortung des Marketing für Bezugsgruppen. Zum Stand der Integrationsorientierung in Unternehmen. 2008.

Band 10 Jochen Basting: Vertrauensgestaltung im Political Marketing. Eine marketingwissenschaftliche Analyse anbieterseitiger Ansatzpunkte der vertrauensorientierten Beziehungsgestaltung zwischen Politiker und Wähler. 2008.

Band 11 Nora Oettgen: Integriertes Marketing für professionelle Fußballvereine. Eine Analyse der Anspruchsgruppenorientierung in der deutschen Fußballbundesliga. 2008.

Band 12 Philipp Götting: Anbieterloyalität. Strategie und Instrument zur Gewinnung von Kunden und Kundenloyalität – theoretische Diskussion und empirische Befunde im B2C Marketing. 2008.

Band 13 Jörg Richartz: Anreizsysteme zur Steuerung der Hersteller-Händler-Beziehung in der Automobilindustrie. 2009.

Band 14 Sebastian Siebert: Bewertung von Markenlizenzierungspotenzialen. Ein Modellentwurf als Entscheidungsgrundlage für die Vergabe von Markenlizenzen. 2009.

Band 15 Saskia Reitzle: Markenleasing. Theoretische Fundierung und praxisorientierte Evaluation der Möglichkeiten und Grenzen. 2010.

Band 16 Nina Jochheim: Erfolgsfaktoren von medizinischen Versorgungszentren. Theoretische Diskussion und empirische Befunde: Handlungsempfehlungen für das Management. 2010.

Band 17 Markus Joseph Gräßler: Marktorientierte Unternehmensgestaltung. Ein Organisationsmodell auf Basis des Integrativ-Prozessualen Marketingansatzes. 2010.

Band 18 Sebastian Sigle: Corporate Social Responsibility. Eine Analyse der Wahrnehmung sozialer Werbekampagnen und deren Wirkung auf das Kaufverhalten. Theoretische Diskussion und empirische Befunde. 2010.

Band 19 Tobias Bischkopf: Vom Käufer zum Mitgestalter. Konsumentenmarketing in der Postmoderne. 2010.

Band 20 Tobias Schäfers: Konsumentenverhalten in Marktnischen. Theoretische Diskussion und empirische Befunde zu den Determinanten der Nischenorientierung von Konsumenten. 2011.

Band 21 Thomas Müller-Rehkopf: Marktorientierung und organisationales Lernen. Ansatzpunkte zur Gestaltung eines marktorientierten Unternehmenswandels auf der Basis des Integrativ-Prozessualen Marketingansatzes und einer radikal-sozialkonstruktivistischen Modellierung organisationalen Lernens. 2011.

Band 22 Frederik Böttcher: Handelsmarken und Retail Brands. Einfluss ausgewählter Handelsmarkenstrategien auf die Markenstärke des Händlers im deutschen Lebensmitteleinzelhandel. 2012.

Band 23 Ronja Gresel: Vertrauensgestaltung in der Beziehung zwischen Nonprofit-Organisation und Spender. Ableitung anbieterseitiger Kommunikationsmaßnahmen zur vertrauensorientierten Gestaltung der Transaktionsbeziehung. 2013.

Band 24 Sebastian Behre: Der Einfluss von Neuen Medien auf die Brand Equity. Mobile Applikationen und ihre Wirkung auf ausgewählte Dimensionen der Markenstärke. 2013.

Band 25 Johannes Zuberer: Strategisches Ingredient Branding. Entwicklung und Positionierung von Zulieferermarken durch Markenkooperationen. Eine empirische Analyse anhand ausgewählter Branchen. 2013.

Band 26 Christoph Look: Kunden-werben-Kunden-Programme - Facetten der Anreizsystemgestaltung. 2014.

Band 27 Linn Thomas: Die Bedeutung von Value Co-Creation für die Marke. Eine empirische Analyse aus Konsumentensicht am Beispiel von internetbasierten Anwendungen zur Produktindividualisierung im Konsumgütermarkt. 2014.

Band 28 Katharina Kurz: Der Kunsthändler als Intermediär. Eine institutionenökonomische Analyse von Markt und Marktteilnehmern. 2014.

Band 29 Felix Zöllner: Premium Price-Promotion. Spannungsfeld zwischen Absatzzielen und Markenwahrnehmung. 2015.

Band 30 Katharina Lange: Mobile Marketing. Eine experimentelle Studie über den Einfluss von mobilen Verkaufsfördermaßnahmen auf die Einstellungsbildung und die Verhaltensabsichten. 2017.

Band 31 Marcella von Hirschhausen: Performance Management im Luxusgütereinzelhandel. Entwicklung eines Kennzahlensystems für das Management von Luxusgeschäften. 2018.

Band 32 Jessica Gebauer: Strategische Positionierung und Markenführung von Flughäfen. Eine Analyse der strategischen Ausrichtung von Flughäfen und Entwicklung eines neuen Positionierungsmodells unter Berücksichtigung geeigneter Markenbildungsansätze. 2019.

www.peterlang.com